工业互联网工程实践

主　编：钟文基　宁爱民　苗志锋
副主编：张存吉　邓启润　王丽磊
　　　　吴丽萍　陆　腾

北京理工大学出版社
BEIJING INSTITUTE OF TECHNOLOGY PRESS

内 容 简 介

本书以工业互联网典型工程项目为主线，以职业能力为本位，按照岗位职业能力需求，构建教材框架结构；以工作过程为线索，按照从易到难的认知组织内容结构，每一项目包含若干学习任务，关联了该项目下所要求的全部知识与技能。

本书按照"双元编写＋数字资源＋思政元素＋学生中心＋分层教学"思路进行开发设计，具有职教特色。教材共 8 个项目 23 个工作任务，包括走进工业互联网、工业互联网网络搭建、工业大数据感知与采集、工业互联网网络传输、工业大数据集成与融合、工业互联网安全实践、工业数据边缘处理应用、工业互联网运维等内容。

本书可作为高职高专工业互联网技术、计算机网络技术、现代通信技术、物联网技术等相关专业的课程教材，也适合对工业互联网技术感兴趣的相关技术人员使用。

版权专有　侵权必究

图书在版编目（CIP）数据

工业互联网工程实践／钟文基，宁爱民，苗志锋主编．－－北京：北京理工大学出版社，2023.10
　ISBN 978-7-5763-3075-5

Ⅰ．①工… Ⅱ．①钟…②宁…③苗… Ⅲ．①互联网络-应用-工业发展-教材 Ⅳ．①F403-39

中国国家版本馆 CIP 数据核字（2023）第 200594 号

责任编辑：王玲玲	文案编辑：王玲玲
责任校对：刘亚男	责任印制：施胜娟

出版发行 /	北京理工大学出版社有限责任公司
社　　址 /	北京市丰台区四合庄路 6 号
邮　　编 /	100070
电　　话 /	（010）68914026（教材售后服务热线）
	（010）68944437（课件资源服务热线）
网　　址 /	http：//www.bitpress.com.cn
版 印 次 /	2023 年 10 月第 1 版第 1 次印刷
印　　刷 /	河北盛世彩捷印刷有限公司
开　　本 /	787 mm×1092 mm　1/16
印　　张 /	21.5
字　　数 /	500 千字
定　　价 /	95.00 元

图书出现印装质量问题，请拨打售后服务热线，负责调换

前 言

工业互联网是赋能工业企业、推动工业高质量发展的重要引擎。近年来，随着我国制造业智能制造转型升级步伐不断加快，工业互联网得到了快速发展，基于工业互联网与先进制造技术的深度融合，推动我国工业体系向数字化、网络化和智能化转型，促进了智能制造的发展。

本书以工业互联网典型应用项目为基础，改革传统教材以理论知识传播为主的模式，采用项目式开发，教材内容选取上突出教学内容的实用性和实践性，坚持以岗位职业能力培养为本位，以实践应用为目的，满足职业岗位的需要。

本书是一本活页式教材，可拆解、可组合，符合日新月异的知识变化，适用于个性化教学，能够结合企业需求，快速应对行业新业态、新技术。本书分为理论教材和任务工单教材两大部分。

理论教材以模块进阶、项目导向、任务驱动方式编写，把工业互联网的典型应用项目整合为8个工程项目23个工作任务，由浅入深，由易到难，语言简洁明快，浅显易懂，契合学生的心理特点和认知习惯。在每个工作任务创设真实的职业情境，并作为学习的主线贯穿于完成学习任务的全部过程。

任务工单教材树立以学习者为中心的教学理念，落实以实训为导向的教学改革，是任务驱动教学法的细化和落实；每个任务按学习情景、学习目标、任务要求、任务分组、获取信息、工作计划、进行决策、工作实施、评价反馈等编写。

本书作为广西高水平院校和专业群建设的成果，校企合作"双元"开发，由具有丰富教学经验的教师和企业技术支持一线工程师共同编写，所有案例均源于企业真实项目，反映最新的工业互联网技术发展成果。教材由钟文基、宁爱民、苗志锋担任主编，由张存吉、邓启润、王丽磊、吴丽萍、陆腾担任副主编。其中，邓启润、陆腾负责项目一、六的编写，钟文基、吴丽萍负责项目二的编写，张存吉、宁爱民负责项目三、四、五的撰写，苗志锋、王丽磊负责项目七、八的编写。

本书可作为高职高专工业互联网技术、计算机网络技术、现代通信技术、物联网技术等相关专业的课程教材，也适合对工业互联网技术感兴趣的相关技术人员使用。

在本书的编写过程中，参考了有关资料和文献，在此向相关的作者表示衷心的感谢，由于工业互联网技术发展迅速，书中不妥之处在所难免，恳请广大读者批评指正，编者电子邮箱：396860606@qq.com。

编　者

目 录

项目一　走进工业互联网 …………………………………………………… 1

　　任务1　认识工业互联网 ………………………………………………… 1
　　任务2　使用工业互联网平台 …………………………………………… 10

项目二　工业互联网网络搭建 ……………………………………………… 20

　　任务3　构建小型工业互联网络 ………………………………………… 20
　　任务4　确定计算机所在的网络 ………………………………………… 29
　　任务5　用路由器连接不同的网络 ……………………………………… 36
　　任务6　部署无线工业局域网 …………………………………………… 43

项目三　工业大数据感知与采集 …………………………………………… 55

　　任务7　感知工业大数据 ………………………………………………… 55
　　任务8　采集传感数据 …………………………………………………… 63
　　任务9　采集装备控制系统数据 ………………………………………… 69
　　任务10　采集管理软件系统数据 ………………………………………… 74

项目四　工业互联网网络传输 ……………………………………………… 78

　　任务11　认知工业互联网接口技术 ……………………………………… 78
　　任务12　构建工业物联网 ………………………………………………… 86
　　任务13　传输工业大数据 ………………………………………………… 94

项目五　工业大数据集成与融合 …………………………………………… 99

　　任务14　集成工业大数据 ………………………………………………… 99
　　任务15　融合工业大数据 ………………………………………………… 106

项目六　工业互联网安全实践　　112

任务 16　认知工业互联网安全框架　　112
任务 17　在等保 2.0 框架下保障工业控制系统安全　　120
任务 18　部署防火墙保障网络安全　　127
任务 19　部署入侵防御系统保障网络安全　　143

项目七　工业数据边缘处理应用　　174

任务 20　剖析边缘计算　　174
任务 21　搭建边缘计算实例　　180

项目八　工业互联网运维　　185

任务 22　搭建工业互联网监控架构　　185
任务 23　实现工业互联网 APP 可视化模块　　192

项目一

走进工业互联网

任务 1　认识工业互联网

学习目标

- 了解工业互联网的概念
- 了解工业互联网的诞生、发展及意义
- 了解工业互联网架构

任务 1　认识工业互联网

建议学时

2 课时

工作情境

人工智能、大数据、5G 等新一代信息技术革命性进步，加速推动工业的智能化变革。某公司作为传统制造企业，在世界经济局势发生深刻变革的当下，为谋求业务的转型升级，公司计划通过工业互联网，构建连接人、机、物、系统的基础网络。现公司需要对员工进行培训，要求员工通过学习，掌握关于工业互联网技术基础，为今后业务升级提供技术储备。

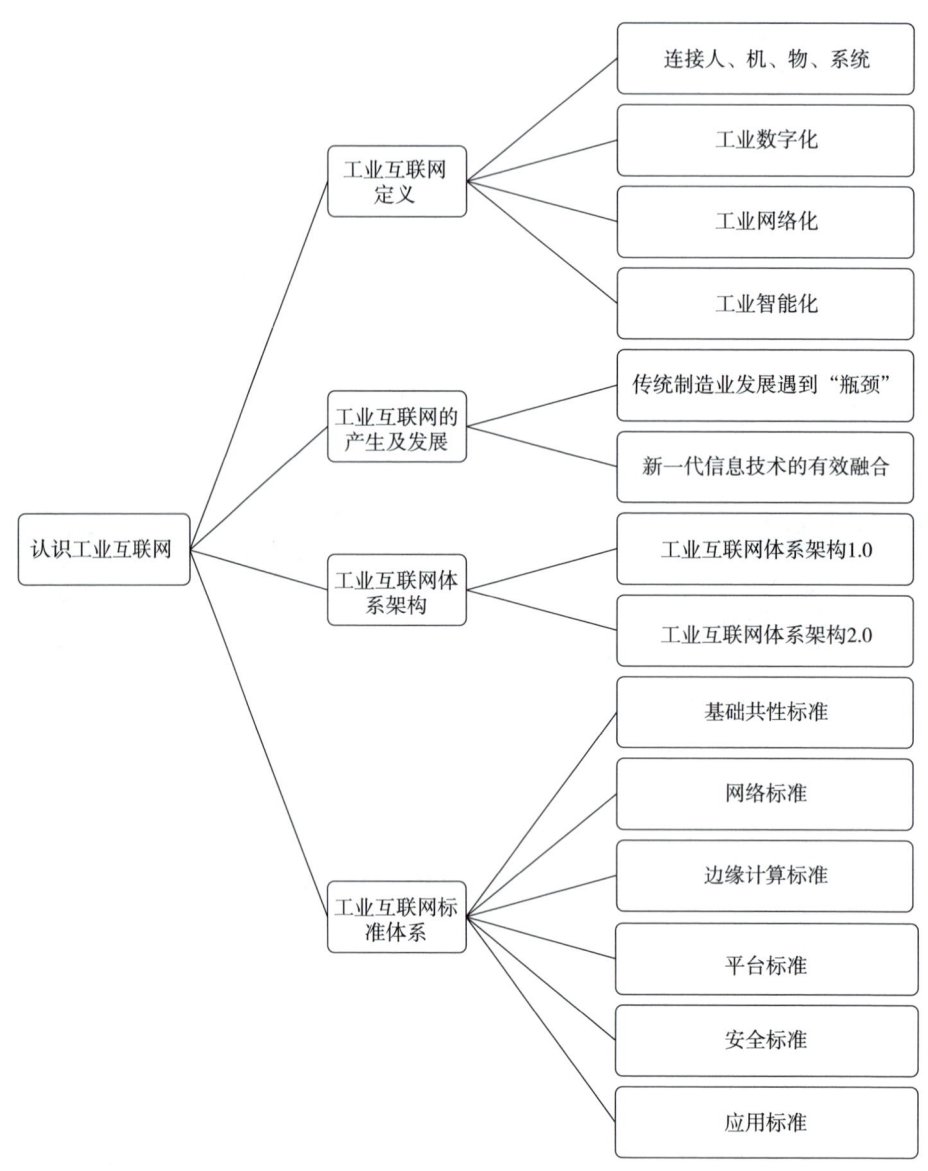

知识导图

```
                              ┌─ 连接人、机、物、系统
                              ├─ 工业数字化
              ┌─ 工业互联网定义 ┤
              │               ├─ 工业网络化
              │               └─ 工业智能化
              │
              │                    ┌─ 传统制造业发展遇到"瓶颈"
              ├─ 工业互联网的产生及发展 ┤
              │                    └─ 新一代信息技术的有效融合
认识工业互联网 ┤
              │                  ┌─ 工业互联网体系架构1.0
              ├─ 工业互联网体系架构 ┤
              │                  └─ 工业互联网体系架构2.0
              │
              │                 ┌─ 基础共性标准
              │                 ├─ 网络标准
              │                 ├─ 边缘计算标准
              └─ 工业互联网标准体系 ┤
                                ├─ 平台标准
                                ├─ 安全标准
                                └─ 应用标准
```

相关知识

1. 工业互联网定义

2012 年 11 月 26 日，美国通用电气公司（GE）发布白皮书《工业互联网：打破智慧与机器的边界》，首次提出了工业互联网的概念。其认为工业互联网是工业革命和互联网革命的融合。

白皮书中描述工业革命的下一波浪潮是这样的：工业互联网汇集了两大革命的进

步——工业革命带来的无数机器、设备组、设施和系统网络,以及互联网革命中涌现的计算、信息与通信系统方面最近的强大的进步。这些发展汇集了三大元素,这充分体现了工业互联网的精髓。一是智能机器:将世界上各种机器、设备组、设施、系统网络与先进的传感器、控制装置、软件应用程序相连接的新方式。二是高级分析:利用物理分析、预测算法、自动化,以及材料科学、电气工程及其他了解机器和更大的系统运转方式所需的重点学科的深厚的专业知识的力量。三是工作中的人:在任何时候将人相连——无论他们是在工业设施、办公室、医院中工作,还是在移动中——以支持更加智能的设计、运营、维护,以及更高质量的服务和安全性。

概括来说,工业互联网是新一代信息通信技术与工业经济深度融合的新型基础设施,同时也是一种新的应用模式和工业生态。其通过对人、机、物、系统等的全面连接,构建起覆盖全产业链、全价值链的全新制造和服务体系,为工业乃至产业数字化、网络化、智能化发展提供了实现途径,是第四次工业革命的重要基石。

2. 工业互联网的产生及发展

(1) 工业互联网产生的背景

传统制造模式陷入发展"瓶颈",迫切需要转型升级。主要体现在四个方面:一是设计生产管理的单向驱动。工厂生产任务逐级分解,无法根据现场生产情况动态优化生产计划排产和加工参数,产品设计、制造、服务逐环节推进,无法及时根据制造、服务改进产品设计。二是设计、生产、管理间缺乏协同。刚性的装备与生产线无法根据产品设计政策而灵活调整,刚性的资源组织与生产计划无法根据产品变化而灵活调整。三是基于经验的决策。以人为核心、基于经验的决策和优化无法实现更加准确的判断。四是有限范围的资源组织。在范围方面,以企业内部资源为主,无法以低成本有效整合分布于全球的优秀资源;在形式方面,以采购方式为主,缺乏不同主体间高效、紧密的协作。从以上四大特征总结得出,传统制造模式的生产效率与成本控制、产品质量与产品价值的提升已接近极限,并且无法应对灵活多变的市场需求。

云计算技术支撑工业云平台发展。云计算自 2006 年被提出至今,已从新兴技术发展成为热门技术。它的核心在于通过网络把多个成本相对较低的普通计算机服务器整合成一个具有强大计算能力的系统,并借助基础设施即服务(Infrastructure as a Service,IaaS)、平台即服务(Platform as a Service,PaaS)、软件即服务(Software as a Service,SaaS)等先进的商业模式把强大的计算能力按照用户变化的需求以可伸缩的方式分布到终端用户手中。云计算使存储和计算能力变成一种基础设施服务,人们可以根据需要购买存储和计算能力,按照实际使用付费,从而极大地降低了企业部署服务器的成本。

云计算是工业互联网核心的计算技术之一。在工业互联网平台的实际应用中,云计算呈现成本低、扩展性强和可靠性高的核心价值。随着互联网与各行业的深度融合,未来采用云平台进行计算的需求将呈爆发式增长。工业云是云计算在工业领域的应用,或者说是专门为工业提供的云计算服务。在工业云上的资源是云化工业软件。工业软件的分类决定了工业云也有相应分类,例如,工业设计云、工业制造云、工业管理云、工业控制云、工业供应链云、工业标准云等。近年来,以工业云作为基础服务设施,各种工具软件和业务系统开始了上云的历程。云企业资源计划（Enterprise Resource Planning，ERP）、云供应链管理（Supply Chain Management，SCM）已经逐渐进入实用状态。

大数据技术向工业大数据方向发展。工业数据来源于工业系统中人和物的活动，从人的行动、交往到产品的设计、制造、销售、使用与回收。没有数据作为支撑的工业是不可想象的，而在前信息时代，缺乏感知技术去记录，缺乏存储手段去保存，工业数据只能靠简单的工具来操作，数据运算更是一项耗时而低效的工作。直到信息革命的到来，人类在感知技术、传输技术、平台技术和数据分析技术上的突破，使数据的价值越来越大，人们开始有意识地收集各类数据。

在我国信息产业和工业高速发展的今天，工业大数据的发展方兴未艾。工业大数据技术是在工业领域中，围绕典型智能制造模式，从客户需求到销售、订单、计划、研发、设计、工艺、制造、采购、供应、库存、发货和交付、售后服务、运维、报废或回收再制造等整个产品全生命周期各个环节所产生的各类数据及相关技术和应用的总称。工业大数据以产品数据为核心，极大延伸了传统工业数据的范围，同时，还包括工业大数据相关数据和应用，通过海量数据的分析，找到相关性因素，获得机器智能，解决实际问题。

人工智能技术向工业智能方向发展。人工智能自诞生以来，经历了从早期的专家系统、机器学习，到当前的深度学习等多次技术交替与规模化应用的浪潮。随着硬件计算能力、软件算法、解决方法的快速进步与不断成熟，工业生产逐渐成为人工智能的重点探索方向。通过工业大数据分析获得的工业将成为工业互联网时代工业生产力提高的主要源泉。

工业智能的本质是通用人工智能技术与工业场景、机理、知识结合，实现设计模式创新、生产智能决策、资源优化配置等创新应用。需要具备自感知、自学习、自执行、自决策、自适应的能力，以适应变化的工业环境，并完成多样化的工业任务，最终达到提升企业洞察力，提高生产效率或设备产品性能等目的。例如，工业智能可以用来预测机器的工作情况，在机器出现故障征兆时发出预警，从而可以在故障发生前排除故障因素。工业智能另外的重要应用是其分析能力。对于许多工业上的复杂问题，人们目前还无法对其构造出准确的模型。工业智能使用大数据，可以帮助人们对复杂问题进行分析，找到问题的解决方案。

（2）国内工业互联网发展情况

我国工业互联网的发展经历两个阶段。

第一个阶段是"两化融合"，即信息化与工业化融合发展阶段。两化融合是信息化和工业化的高层次的深度结合，是指以信息化带动工业化、以工业化促进信息化，走新型工业化道路。两化融合的核心就是信息化支撑，追求可持续发展模式。从历史来看，西方发达国家走了一条先工业化后信息化的发展道路，而我国是在工业化还没有完成的情况下，迎来信息化发展浪潮。传统的资源密集型、劳动密集型工业体系已经难以为继。推动互联网、大数据、人工智能等新一代信息技术与传统产业融合发展，成为提升研发生产效率、创新管理服务模式、优化资源配置的有效路径。从发展趋势看，互联网自诞生之日起就体现出融合、渗透的特征，随着互联网应用领域从消费环节向制造环节的扩散，两化融合的发展历程也逐步由数字化阶段步入网络化阶段，工业互联网应运而生，智能制造成为两化深度融合的主攻方向。通过映射和具象，设备、系统、生产线、车间、工厂以及生产、管理和服务过程成为网络空间的组成部分，两化融合已经成为网络强国建设的重要推动力量。

大力推进信息化与工业化融合发展，是党中央、国务院作出的一项长期性、战略性部署。党的十五大首次提出"推进国民经济信息化",党的十六大提出"以信息化带动工业化,以工业化促进信息化",党的十七大正式提出"大力推进信息化与工业化融合",党的十八大又提出"推动信息化和工业化深度融合"。

第二个阶段就是当前的工业互联网阶段。2017年11月,国务院印发了《关于深化"互联网+先进制造业"发展工业互联网的指导意见》(以下简称《意见》),提出了深化"互联网+先进制造业"相关要求,部署了未来一段时期工业互联网发展的重点领域和政策措施。《意见》明确了到2025年、2035年、21世纪中叶的发展目标,强调到2025年,基本形成具备国际竞争力的基础设施和产业体系,成为推进工业互联网创新发展的纲领。《意见》提出建设和发展工业互联网的主要任务:一是夯实网络基础,推动网络改造升级提速降费,推进标识解析体系建设;二是打造平台体系,通过分类施策、同步推进、动态调整,形成多层次、系统化的平台发展体系,提升平台运营能力;三是加强产业支撑,加大关键共性技术攻关力度,加快建立统一、综合、开放的工业互联网标准体系,提升产品与解决方案供给能力;四是促进融合应用,提升大型企业工业互联网创新和应用水平,加快中小企业工业互联网应用普及;五是完善生态体系,建设工业互联网创新中心,有效整合高校、科研院所、企业创新资源,开展工业互联网产学研协同创新,构建企业协同发展体系,形成中央地方联动、区域互补的协同发展机制;六是提升安全防护能力,建立数据安全保护体系,推动安全技术手段建设;七是推动开放合作,鼓励国内外企业跨领域、全产业链紧密协作。《意见》还部署了7项重点工程:工业互联网基础设施升级改造工程、工业互联网平台建设及推广工程、标准研制及试验验证工程、关键技术产业化工程、工业互联网集成创新应用工程、区域创新示范建设工程、安全保障能力提升工程。

(3) 国外工业互联网发展情况

世界主要国家结合各自的优势和产业特色,加快了工业互联网产业布局。工业互联网成为世界主要国家推进制造业转型升级的共同选择和重要抓手。

德国围绕"工业4.0"战略推进工业互联网在智能制造领域的纵向延伸。在新一轮技术革命和产业变革中,为继续保持其在高端制造领域的全球地位,德国政府以"工业4.0"战略为核心,并将工业互联网作为"工业4.0"的关键支撑,通过研发投入、联邦支持、机构成立等多种方式,长期为相关领域的技术研发提供政策支持和资金投入,加快推动工业互联网在智能制造领域的纵向延伸,鼓励深度应用信息通信技术和信息物理系统,推进智能生产,建设智能工厂,积极抢占产业发展的制高点。

美国依托工业软件领先优势着力推动工业互联网在各产业的横向覆盖。为了在新一轮工业革命中占领先机,美国一直在用政府战略推动先进制造业发展,并将工业互联网作为先进制造的重要基础。自2006年起,美国先后出台一系列法案,对工业互联网关键技术的研发提供政策扶持和专项资金支持,确保美国先进制造业的未来竞争力。

英国为增强英国制造业对全球的吸引力,其政府致力于以智能化创新为导向重构制造业价值链,加快工业互联网布局,积极推动制造业转型升级,重振英国制造业。2022年7月,英国科技和数字经济部对前期发布的《英国数字战略》(UK Digital Strategy)进行更新,新增了《数字雇主的签证路线》。该战略旨在通过数字化转型建立更具包容性、竞争力和创新性的数字经济,使英国成为世界上开展和发展科技业务的最佳地点之一,提升英国在数字标准治理领域的全球领导地位,为此,英国将重点关注数字基础、创意和知识产权。

数字技能和人才为数字增长畅通了融资渠道，扩大了影响力，提升了英国的国际地位，促进了 6 个关键领域的发展。

巴西积极对接"工业 4.0"，加快工业互联网布局。巴西政府采取了一系列促进互联网和数字经济发展的政策与措施。2007 年，将发展信息产业列入"加速增长计划（PAC）"，大幅度降低了针对信息产业的税收。2016 年，发布"智慧巴西"国家统带发展计划，着力推进巴西数字基础设施建设。巴西政府积极推进数字政务发展，提高在线政府指数。

3. 工业互联网体系架构

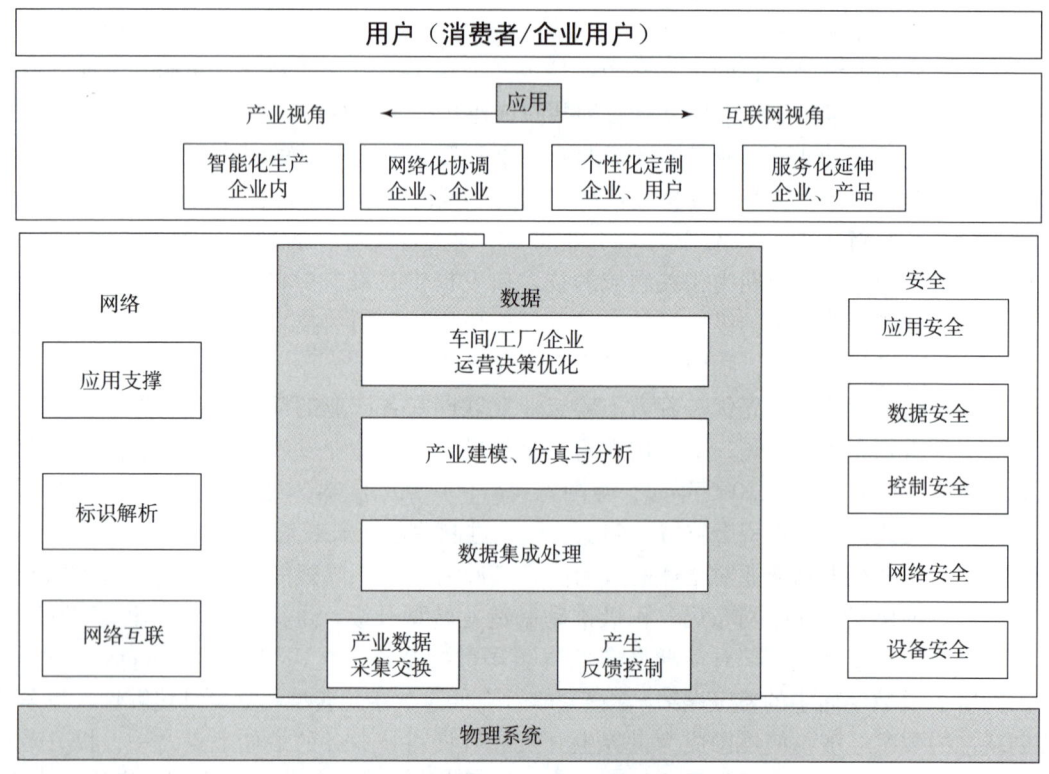

（1）工业互联网体系架构 1.0

在工业和信息化部的指导下，工业互联网产业联盟成立伊始即启动了工业互联网体系架构研究，在总结国内外发展实践的基础上，撰写了工业互联网体系架构报告（1.0 版）。其作为工业互联网前瞻性、系统性、战略性的顶层设计，旨在推动业界对工业互联网达成广泛共识，以体系架构为牵引，为我国工业互联网的技术创新、标准研制、试验验证、应用实践、产业生态等提供参考和引导，共同推动工业互联网的健康、快速发展。

工业互联网体系架构 1.0 如图 1.1 所示，在分析业务需求基础上，提出了工业互联网体系架构，指出网络、数据和安全是体系架构的三大核心，其中，"网络"是工业系统互联和数据传输交换的支撑基础，"数据"是工业智能化的核心驱动，"安全"是网络、数据以及工业融合应用的重要前提。

图 1.1 工业互联网体系架构 1.0

报告对网络、数据、安全三大体系的现状、存在问题、架构和发展趋势等进行了深度剖析。网络体系方面，提出工厂内部网络和工厂外部网络都将发生演进和变化，工厂内部网络呈现扁平化、IP化、无线化及灵活组网的发展趋势，公众网络在终端接入能力、业务能力、服务质量保障、安全性、网络柔性方面不断面临新的需求。IPv6将成为工业互联网发展的必然选择，对机器和产品进行识别的标识解析体系需要变革创新，以适应工业智能化的需要。数据体系方面，工业大数据在数据体量、数据分布、数据结构、数据处理速度、数据分析置信度方面具有鲜明的特征，并需要围绕智能制造的需求开展跨层次/跨环节数据整合、边缘智能处理、基于云平台的数据集成管理、深度数据分析挖掘和可视化呈现，以实现系统级的数据智能。安全体系方面，设备、网络、控制、应用和数据等不同层面将面临新的安全风险和安全挑战，设备内嵌安全、动态网络安全防御、信息安全和功能安全融合、面向工业应用的灵活安全保障能力、工业数据以及用户数据分类分级保护机制成为未来的发展方向。为有效指导企业的探索与实践，报告还给出了网络、数据、安全三大体系的实施建议。

其中，"网络"是工业数据传输交换和工业互联网发展的支撑基础，"数据"是工业智能化的核心驱动，"安全"是网络与数据在工业中应用的重要保障。基于三大体系，工业互联网重点构建三大优化闭环，即面向机器设备运行优化的闭环，面向生产运营决策优化的闭环，以及面向企业协同、用户交互与产品服务优化的全产业链、全价值链的闭环，并进一步形成智能化生产、网络化协同、个性化定制、服务化延伸等四大应用模式。

我国工业互联网体系架构1.0版本自发布以来，有效指导我国工业互联网技术创新、标准研制、试验验证、应用实践等工作，助推我国工业互联网产业发展。

(2) 工业互联网体系架构2.0

当前全球经济社会发展正面临全新挑战与机遇。一方面，上一轮科技革命的传统动能规律性减弱趋势明显，导致经济增长的内生动力不足；另一方面，以互联网、大数据、人工智能为代表的新一代信息技术发展日新月异，加速向实体经济领域渗透融合，深刻改变各行业的发展理念、生产工具与生产方式，带来生产力的又一次飞跃。在新一代信息技术与制造技术深度融合的背景下，在工业数字化、网络化、智能化转型需求的带动下，以泛在互联、全面感知、智能优化、安全稳固为特征的工业互联网应运而生。工业互联网作为全新工业生态、关键基础设施和新型应用模式，通过人、机、物的全面互联，实现全要素、全产业链、全价值链的全面连接，正在全球范围内不断颠覆传统制造模式、生产组织方式和产业形态，推动传统产业加快转型升级，新兴产业加速发展壮大。

在这一背景下，有必要对体系架构1.0进行升级，特别是强化其在技术解决方案开发与行业应用推广方面的实操指导性。具体来说，一是提供一套可供企业开展实践的方法论。重点是构建一套由"业务需求—功能定义—实施部署"构成的方法论，使企业能够结合自身业务特点，明确所需的工业互联网核心功能，并进而指导相应软硬件系统的设计、开发与部署。二是从战略层面为企业开展工业互联网实践指明方向。重点是明确企业通过工业互联网实现数字化转型的核心方向与路径，结合企业基础确立商业战略与细分目标，充分发挥工业互联网实践价值，构建企业转型升级优势。三是结合规模化应用需求对功能架构进行升级和完善。重点是从企业工程化应用视角，参考领先企业实践经验与最新技术发展，对工业互联网功能原理进行明确与完善，形成一套实操性更强的网络、平台、安全功能体系。四是提出更易于企业应用部署的实施框架。重点是强化与现有制造系统的结合，明确各层级的工业互联网部署策略，以及所对应的具体功能、系统和部署方式，以便对企业实践提供更强参考作用。基于上述四方面考虑，工业互联网产业联盟组织研究提出了工业互联网体系架构2.0，旨在构建一套更全面、更系统、更具体的总体指导性框架，如图1.2所示。

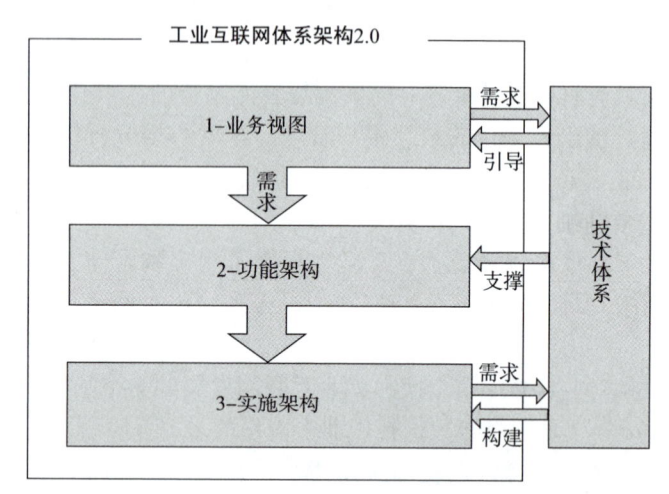

图 1.2　工业互联网体系架构 2.0

业务视图包括产业层、商业层、应用层、能力层四个层次。其中，产业层主要定位于产业整体数字化转型的宏观视角，商业层、应用层和能力层则定位于企业数字化转型的微观视角。四个层次自上而下来看，实质是产业数字化转型大趋势下，企业如何把握发展机遇，实现自身业务的数字化发展并构建起关键数字化能力；自下而上来看，实际也反映了企业不断构建和强化的数字化能力将持续驱动其业务乃至整个企业的转型发展，并最终带来整个产业的数字化转型。

工业互联网的核心功能架构，是基于数据驱动的物理系统与数字空间全面互联和深度协同，以及在此过程中的智能分析与决策优化。通过网络、平台、安全三大功能体系构建，工业互联网全面打通设备资产、生产系统、管理系统和供应链条，基于数据整合与分析实现IT与OT的融合和三大体系的贯通。工业互联网以数据为核心，数据功能体系主要包含感知控制、数字模型、决策优化三个基本层次，以及一个由自下而上的信息流和自上而下的决策流构成的工业数字化应用优化闭环。

实施框架是整个体系架构2.0中的操作方案，解决"在哪做""做什么""怎么做"的问题。当前阶段工业互联网的实施以传统制造体系的层级划分为基础，适度考虑未来基于产业的协同组织，按"设备、边缘、企业、产业"四个层级开展系统建设，指导企业整体部署。设备层对应工业设备及产品的运行和维护功能，关注设备底层的监控优化、故障诊断等应用；边缘层对应车间或产线的运行维护功能，关注工艺配置、物料调度、能效管理、质量管控等应用；企业层对应企业平台、网络等关键能力，关注订单计划、绩效优化等应用；产业层对应跨企业平台、网络和安全系统，关注供应链协同、资源配置等应用。

1.0版本定义的是功能架构，2.0版本则是一个组合，涵盖功能架构、业务指南、实施框架、技术体系等部分。编制和发布工业互联网体系架构2.0，旨在进一步丰富工业互联网的理论内涵，融合工业互联网最新技术、功能、范式和流程，建立起应用实施的指导框架，以满足数字化转型的时代需求。

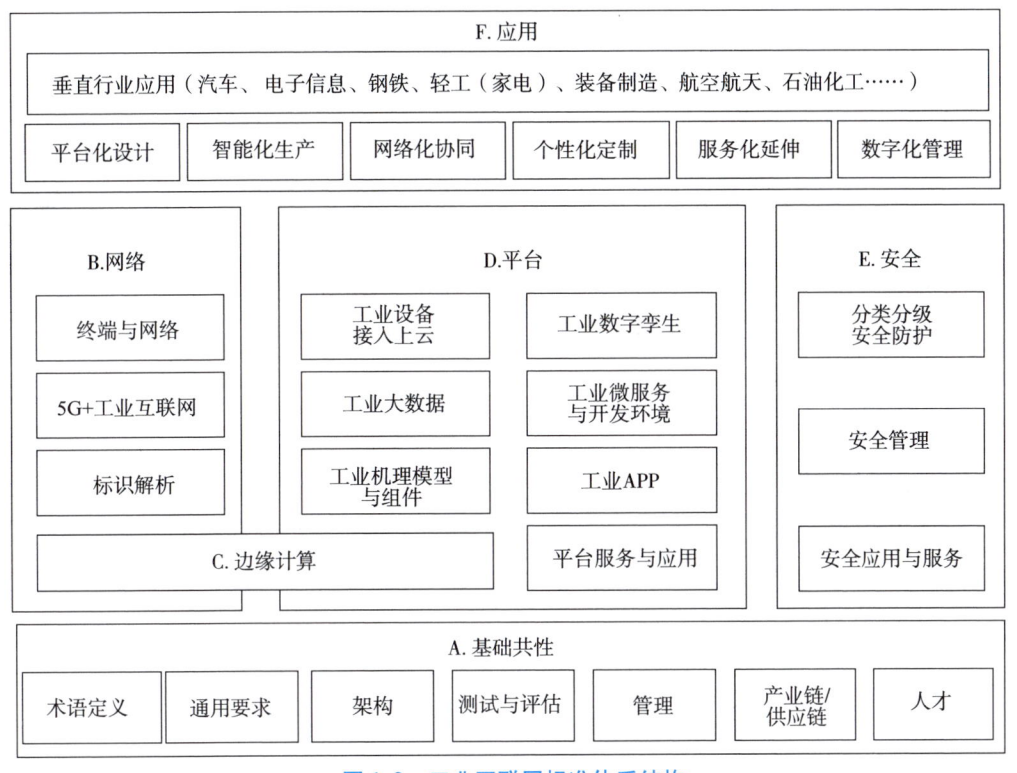

4. 工业互联网标准体系

工业互联网标准体系包括基础共性、网络、边缘计算、平台、安全、应用等六大部分，如图1.3所示。基础共性标准是其他类标准的基础支撑。网络标准是工业互联网体系的基础，平台标准是工业互联网体系的中枢，安全标准是工业互联网体系的保障，边缘计算标准是工业互联网网络和平台协同的重要支撑与关键枢纽。应用标准面向行业的具体需求，是对其他部分标准的落地细化。

图1.3 工业互联网标准体系结构

任务拓展

【中国制造2025】从中国制造2025看工业互联网与国家发展战略

中国制造2025是我国政府提出的一项重要战略规划，旨在推动中国制造业向制造强国迈进。中国制造2025战略的核心目标是通过推动信息化、智能化和绿色化等手段，提升中国制造业的技术水平、质量水平和竞争力。其中，工业互联网被视为实现中国制造2025战略的关键支撑和重要手段之一。通过工业互联网技术与制造业的深度融合，能实现工业生

9

产的数字化、网络化和智能化，提高制造业的整体效率和竞争力。

工业互联网在实现国家制造强国战略目标中扮演着重要角色。通过推动制造业的智能化、升级和创新，加强供应链管理和运营效率，保障数据安全和加强隐私保护，工业互联网可以提高我国制造业的竞争力和可持续发展能力，推动中国制造业向更高水平迈进。

当代大学生应把所学工业互联网专业知识与国家战略紧密关联，肩负责任和使命，将爱国情怀、社会责任感和创新精神投入国家发展建设中，为建设中国制造强国贡献力量。

作业： 分析调研，分析工业互联网与中国制造 2025 战略的关系，以及工业互联网对国家发展战略的重要作用，撰写报告分享启发。

任务 2　使用工业互联网平台

学习目标

- 了解工业互联网平台的定义及类型
- 了解工业互联网平台的主要功能
- 了解工业互联网平台的应用场景
- 了解国内外典型工业互联网平台

任务 2　使用工业互联网平台

建议学时

2 学时

工作情境

公司计划推进工业互联网建设项目，以提升生产和管理效率，优化产品研发，降低运营成本。现在派你去了解关于工业互联网平台的一些信息，以便结合自身情况做出选型，使用符合业务需求的工业互联网平台，发挥平台价值。

知识导图

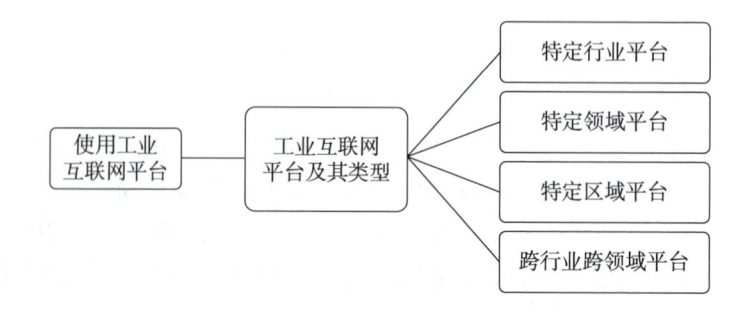

使用工业互联网平台 → 工业互联网平台及其类型 →
- 特定行业平台
- 特定领域平台
- 特定区域平台
- 跨行业跨领域平台

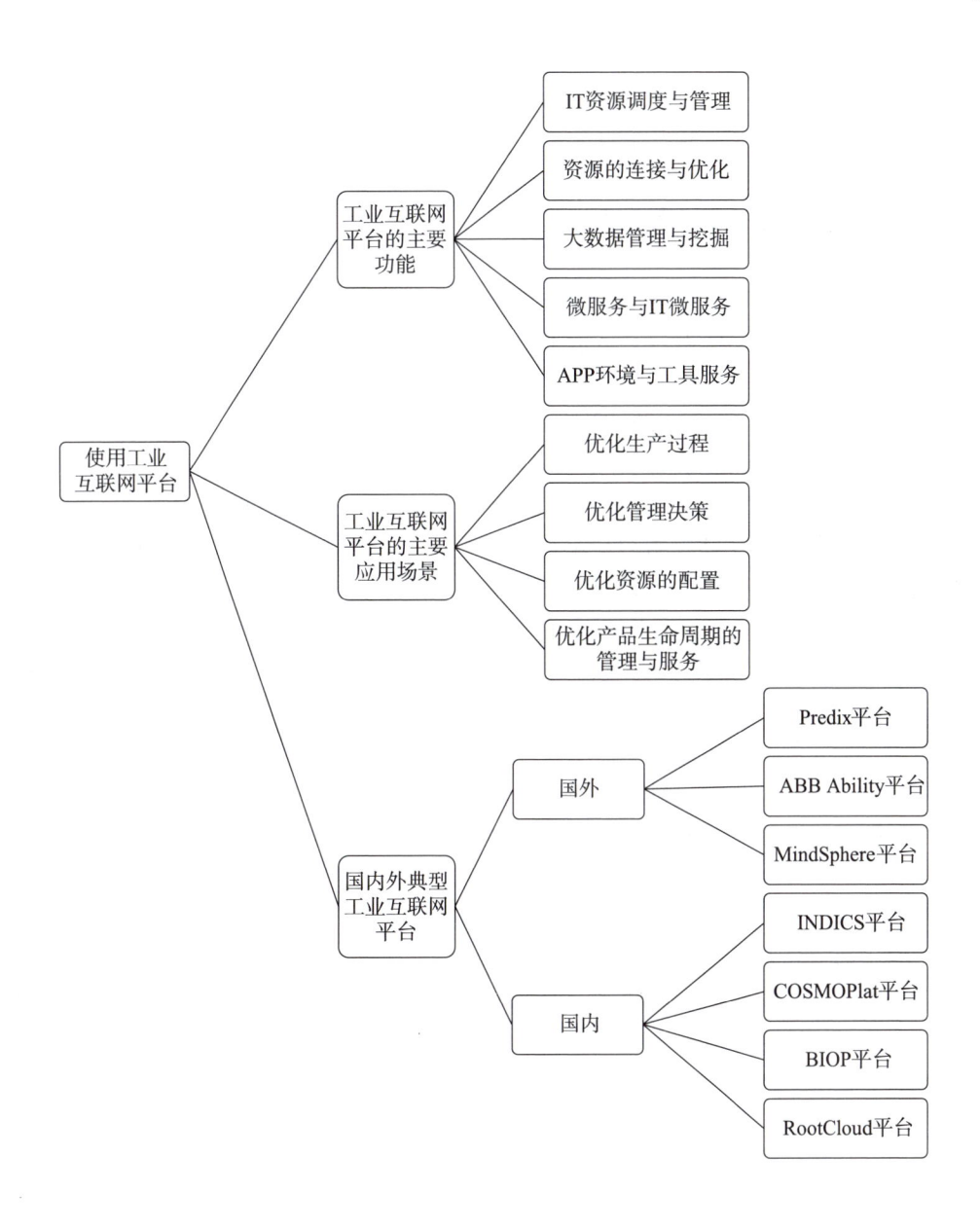

```
                            ┌─ IT资源调度与管理
                            ├─ 资源的连接与优化
            ┌─ 工业互联网 ──┼─ 大数据管理与挖掘
            │  平台的主要   ├─ 微服务与IT微服务
            │  功能        └─ APP环境与工具服务
            │
            │               ┌─ 优化生产过程
使用工业    │  工业互联网   ├─ 优化管理决策
互联网平台 ─┼─ 平台的主要 ──┼─ 优化资源的配置
            │  应用场景     └─ 优化产品生命周期的
            │                  管理与服务
            │
            │                      ┌─ Predix平台
            │               ┌─ 国外 ┼─ ABB Ability平台
            │  国内外典型   │       └─ MindSphere平台
            └─ 工业互联网 ──┤
               平台         │       ┌─ INDICS平台
                            │       ├─ COSMOPlat平台
                            └─ 国内 ┼─ BIOP平台
                                    └─ RootCloud平台
```

相关知识

1. 工业互联网平台及其类型

工业互联网平台是面向制造业数字化、网络化、智能化需求，向下接入海量设备、自身承载工业知识与微服务，向上支撑工业 APP 开发部署的工业操作系统，是工业全要素、全产业链、全价值链全面连接和工业资源配置的中心，是支撑制造资源泛在连接、弹性化、高效配置的载体。

工业互联网平台主要有 4 种类型：特定行业平台、特定领域平台、特定区域平台和跨行业跨领域平台。

(1) 面向特定行业的工业互联网平台

面向特定行业的工业互联网平台应具备行业设备接入能力、行业软件部署能力和行业用户覆盖能力。行业设备接入能力指的是平台在特定行业具有设备规模接入能力，连接不少于一定数量特定行业工业设备或不少于一定数量特定行业工艺流程数据采集点。行业软件部署能力是指平台在特定行业具有工业知识经验的沉淀、转化与复用能力，提供不少于一定数量行业软件集成接口、特定行业机理模型、微服务组件，以及不少于一定数量特定行业工业APP。行业用户覆盖能力是指平台在特定行业具有规模化应用能力，覆盖不少于一定数量特定行业企业用户或不少于一定比例特定行业企业。

(2) 面向特定领域的工业互联网平台

面向特定领域的工业互联网平台应具备特定领域平台，主要包括关键数据打通能力和关键领域优化能力。关键数据打通能力是指特定领域平台能够实现研发设计、物料采购、生产制造、运营管理、仓储物流、产品服务等产品全生命周期，供应链企业、协作企业、市场用户、外部开发者等各主体数据的打通，实现全流程的数据集成、开发、利用。关键领域优化能力是指特定领域平台能够实现在某一关键领域的应用开发与优化服务，提升关键环节生产效率与产品质量。例如协同设计、供应链管理、智能排产、设备预测性维护、产品质量智能检测、仓储与物流优化等。

(3) 面向特定区域的工业互联网平台

面向特定区域的工业互联网平台应具备区域地方合作能力、区域资源协同能力和区域规模推广的能力。区域地方合作能力是指平台在特定区域（工业园区或产业集聚区）落地，在该地具有注册实体，与地方政府签订合作协议，具备在地方长期开发投入、运营服务能力。区域资源协同能力是指平台具有面向特定区域产业转型升级共性需求的服务能力，能够促进区域企业信息共享与资源集聚，带动区域企业协同发展。区域规模推广能力是指平台具有特定区域企业的规模覆盖能力，为不少于一定数量特定区域企业或不低于一定比例特定区域企业提供服务。

(4) 跨行业跨领域的工业互联网平台

跨行业跨领域的工业互联网平台除了具备特定行业能力、特定领域能力、特定区域能力外，还应具备跨行业、跨领域、跨区域以及平台运营、平台安全可靠5个方面能力。

平台跨行业能力是指平台应覆盖不少于一定数量特定行业，每个行业连接不少于一定数量行业设备（离散制造业）或不少于一定数量行业工艺流程数据采集点（流程制造业）；每个行业部署不少于一定数量行业机理模型、微服务组件，以及不少于一定数量行业工业APP；每个行业覆盖不少于一定数量企业用户或不少于一定比例行业企业。

平台跨领域能力是指平台应覆盖不少于一定数量特定领域，每个领域之间能够实现不同环节、不同主体的数据打通、集成与共享；每个领域具有不少于一定数量面向该领域（关键环节）的工业机理模型、微服务组件或工业APP。

平台跨区域能力是指平台应覆盖不少于一定数量特定区域；平台在全国主要区域（华北华东、华南、华中、西北、东北）注册不低于一定数量的运营实体，负责平台在当地区域的运营推广；每个区域具有不少于一定数量的特定区域企业用户或为不低于一定比例的特定区域企业提供服务。

平台运营能力是指平台应具备独立运营能力，具有独立法人实体或完整组织架构的集团独立部门，人员不少于一定规模。平台具备开放运营能力，建立"产、学、研、用"长期合作机制，建有开发者社区，并且第三方开发者占平台开发者总数不低于一定比例。

平台安全可靠能力是指工控系统安全可靠。在平台中建立工控系统安全防护机制主动防护漏洞危害与病毒风险。在平台边缘计算或人工智能应用中，关键零部件安全可靠，并且平台创新开发一定数量工业机理模型、微服务组件或工业APP。

2. 工业互联网平台的主要功能

工业互联网平台已成为企业智能化转型的重要基础设施。第一，帮助企业实现智能化生产和管理。通过对生产现场"人、机、料、法、环"各类数据的全面采集和深度分析，发现导致生产"瓶颈"与产品缺陷的深层次原因，不断提高生产效率及产品质量。基于现场数据与企业计划资源、运营管理等数据的综合分析，实现更精准的供应链管理和财务管理，降低企业运营成本。第二，帮助企业实现生产方式和商业模式创新。企业通过平台可以实现对产品售后使用环节的数据打通，提供设备健康管理、产品增值服务等新型业务模式，实现从卖产品到卖服务的转变，实现价值提升。基于平台还可以与用户进行更加充分的交互，了解用户个性化需求，并有效组织生产资源，依靠个性化产品实现更高利润水平。第三，不同企业还可以基于平台开展信息交互，实现跨企业、跨区域、跨行业的资源和能力集聚，打造更高效的协同设计、协同制造、协同服务体系。

（1）分布式IT资源调度与管理

工业互联网平台建立IT软硬件的异构资源池，提供高效的资源调度与管理服务，通过实现IT能力平台化，降低企业信息化建设成本，加速企业数字化进程，推动核心业务向云端迁移，为运营技术和IT的融合与创新应用提供基础支撑。平台具备IT资源调度与管理服务，可以对接入平台的计算、存储、网络等云基础设施进行注册、认证、虚拟化运行维护等基础管理，结合微服务、工业APP的运行，实现IT资源的动态调节，并且可以按照实际需求提供弹性扩容、多租户的资源隔离与计量等服务。

（2）工业资源的泛在连接与优化配置

工业互联网平台通过在边缘层运用边缘处理技术，围绕"人、机、料、法、环"等方面，将分布在各地的各类工业资源接入平台，并实现识别、注册、认证等基础管理功能。另外，将数据化、模型化的工业资源进行加工、组合、优化，形成模块化的制造能力，并通过对工业资源的基础管理、动态调度、优化配置等，促进制造能力的在线交易、动态配置、共享利用。

（3）工业大数据管理与挖掘

工业互联网平台应具备海量异构工业数据的汇聚共享、价值挖掘能力，支持多源海量异构数据的转换、清洗、分级存储、可视化处理等，并应提供多种分析算法和工具，支持相关方基于大数据处理形成工业机理模型、知识图谱等，提升数据利用水平，实现各参与主体知识的复用、传播、提升，形成基于数据驱动、持续迭代的工业知识体系。

（4）工业微服务与IT微服务库

工业互联网平台应支持各类微服务组件提供商，围绕"人、机、料、法、环"等方面快速构建人员技能、设备、生产资源、工业环境等一系列高度解耦、可复用的工业微服务及微组件等。支持各类微服务组件提供商结合工业微服务及微组件、IT 微服务及微组的使用情况，对它们进行持续迭代优化。同时，支持平台建设运营主体对各类微服务及微组件进行认证、注销等基础管理，并结合工业 APP 的运行需求实现微服务及微组件的快速发现、编排与调用。

（5）覆盖工业 APP 全生命周期的环境与工具服务

工业互联网平台应建立开发社区，汇聚工业、IT、通信等领域的各类开发者，并提供覆盖工业 APP 全生命周期的环境与工具，支持各类工业 APP 的开发、测试验证、虚拟仿真实施部署、运行、调度、优化，为企业转型升级提供可用、好用的工业 APP。支持开发者在多种开发工具及语言环境下，快速将其掌握的工业技术、经验、知识和最佳实践进行模型化、软件化和再封装，形成一系列工业 APP，满足行业、领域的应用要求。

从实践上看，当把来自机器设备、业务系统、产品模型、生产过程，以及运行环境的大量数据汇聚到平台层，并将技术、知识、经验和方法以数字化模型的形式也沉淀到工业互联网平台上时，通过调用各种数字化模型与不同数据进行组合、分析、挖掘、展现，可以快速、高效、灵活地开发出各类工业 APP，提供全生命周期管理、协同研发设计、生产设备优化、产品质量检测、企业运营决策、设备预测性维护等多种多样的服务。

3. 工业互联网平台的主要应用场景

工业互联网平台主要应用于四个常见的场景。

一是应用于工业现场的生产过程优化。工业互联网平台能够有效采集和汇聚设备运行数据、工艺参数、质量检测数据、物料配送数据和进度管理数据等生产现场数据，通过数据分析和反馈，在制造工艺、生产流程质量管理、设备维护和能耗管理等具体场景中实现优化应用。其具体场景主要有制造工艺、生产流程、质量管理、设备维护和能耗管理。

制造工艺是指通过对工艺参数、设备运行等数据进行综合分析，找出生产过程中的最优参数，提升制造品质。

生产流程是指通过对生产进度、物料管理、企业管理等数据进行分析，实现提高排产进度、物料、人员等方面管理的准确性。

质量管理是指通过产品检验数据和"人、机、料、法、环"等过程数据进行关联性分析，实现在线质量检测和成品分析，降低产品不良率。

设备维护是指通过设备历史数据与实时运行数据构建"数字孪生"，及时监控设备运行状态，并实现设备预测性维护。

能耗管理是指通过现场能耗数据的采集与分析，对设备、生产线、场景能效使用进行合理规划，提升能源使用效率，实现节能减排。

二是应用于企业运营的管理决策优化。借助工业互联网平台打通生产现场数据、企业管理数据和供应链数据，提升决策效率并基于大数据挖掘分析实现管理决策优化。其具体场景主要有供应链管理、生产管控一体化和企业决策管理。

供应链管理是指通过实时跟踪现场物料消耗，结合库存情况安排供应商进行精准配货，实现零库存管理，降低成本。

生产管控一体化是指通过进行业务管理系统和生产执行系统集成，实现企业管理和现场生产的协同优化。

企业决策管理是指通过对企业内部数据的全面感知和综合分析，有效支撑企业智能决策。

三是应用于社会化生产的资源优化配置与协同。工业互联网平台可实现制造企业与外部用户需求、创新资源、生产能力的全面对接，推动设计、制造、供应和服务环节的协同优化。其具体场景主要有协同制造、制造能力交易、个性定制和产融结合。

协同制造是指通过有效集成不同设计企业、生产企业及供应链企业的业务系统，实现设计、生产的并行实施，大幅缩短产品研发设计与生产周期，降低成本。

制造能力交易是指通过对外开放空闲制造能力，实现制造能力的在线租用和利益分配。

个性定制是指过企业与用户的无缝对接，形成满足用户需求的个性化定制方案，提升产品价值，增强用户黏性。

产融结合是指通过工业数据的汇聚分析，为金融行业提供评估支撑，为银行放贷股权投资、企业保险等金融业务提供量化依据。

四是应用于产品全生命周期的管理与服务优化。工业互联网平台可以将产品设计、生产、运行和服务数据进行全面集成，以全生命周期可追溯为基础，在设计环节实现可制造性预测，在使用环节实现健康管理，并通过生产与使用数据的反馈改进产品设计。其具体场景主要有产品溯源、产品/装备远程预测性维护、产品设计反馈优化等。

产品溯源是指通过借助标识技术记录产品生产、物流、服务等各类信息，综合形成产品档案，为全生命周期管理应用提供支撑。

产品/装备远程预测性维护是指通过将产品/装备的实时运行数据与其设计数据、制造数据、历史维护数据进行融合，提供运行决策和维护建议，实现设备故障的提前预警、远程维护等设备健康管理应用。

产品设计反馈优化是指将产品运行和用户使用行为数据反馈到设计和制造阶段，从而改进设计方案，加速创新迭代。

4. 国内外典型工业互联网平台

（1）国外典型工业互联网平台

➢ 通用电气公司的 Predix 平台

美国通用电气公司是世界上最大的装备与技术服务企业之一，业务范围涵盖航空、能源、医疗、交通等多个领域。Predix 是通用电气公司推出的全球第一个工业互联网大数据分析服务平台，围绕工业设备健康管理、生产效率优化、能耗管理等提供了丰富的应用场景，并提供多种应用程序的微服务市场。通用电气公司的工业互联网平台经历了一个从企业内部的资产管理平台向综合工业平台转型，由 IT 向 OT 延伸，最终发展为工业互联网平台的过程。Predix 平台的主要功能是将各类数据按照统一的标准进行规范化梳理，并提供随时调取和分析的能力。

Predix 平台构分为 3 层：边缘连接层、基础设施层和应用服务层。其中，边缘连接层主要负责收集数据，并将数据传输到云端；基础设施层主要提供全球范围的安全的云基础架构，满足日常的工业工作和监督的需求；应用服务层主要负责提供工业微服务和各种服务交互的框架，主要提供创建、测试、运行工业互联网程序的环境和微服务市场，通用电气公司基于 Predix 平台开发部署了计划和物流、互联产品、智能环境、现场人力管理、工业分析、资产绩效管理、运营优化等多类工业 APP。

> ABB 公司的 ABB Ability 平台

ABB 是设备制造和自动化技术领域的领导厂商，拥有电力设备、工业机器人、传感器、实时控制和优化系统等广泛的产品线。ABB 于 2017 年推出了工业互联网平台 ABB Ability，探索将数字技术与其在电气自动化设备制造等领域的专业优势结合。

ABB Ability 定义为从设备、边缘计算到云服务的跨行业、一体化的数字化解决方案。简单来说，ABB Ability 平台就是"边缘计算+云"架构，边缘设备负责工业设备的接入，对关键设备的参数、值和属性进行数据采集，由 ABB Ability 边缘计算服务进行数据的处理和展现，最上层云平台用来对工业性能进行高级优化和分析。

第一种方式，通过 ABB Ability 智能传感器进行数据采集。第二种方式，对于不能通过贴附采集的工业设备，ABB Ability 也可通过对单台计算机或功能型服务器进行配置，来实现对关键设备数据的采集。对服务器进行有效配置，使服务器可支持 OPCUA、Modbus 等常用的工业通信协议。边缘计算通过两种数据采集方式基本解决了设备的数据采集问题。边缘计算硬件在采集数据之后，可以及时地对这些数据进行分析处理，包括关键性能指标绩效、趋势和聚合等状态。

AbilityCloud 基于 Microsoft90Azure 云基础架构及其应用服务，通过数据集成管理和大数据分析，形成智能化决策与服务应用。

> 西门子的 MindSphere 平台

西门子是全球电子电气工程领域的领先企业，业务主要集中在工业、能源、基础设施及医疗四大领域。西门子于 2016 年推出 MindSphere 平台，是德国"工业 4.0"平台的典型代表，主要面向广大工业企业提供预防性维护、能源数据管理等数字化服务。该平台采用基于云的开放物联网架构，可以将传感器、控制器及各种信息系统收集的工业现场设备数据，通过安全通道实时传输到云端，并在云端为企业提供大数据分析挖掘、工业 APP 开发和智能应用增值等服务。MindSphere 平台架构基于云的开放式物联网操作系统。MindSphere 平台包括边缘连接层、开发运营层、应用服务层 3 个层级。主要包括 MindConnect、MindClound、MindAPPs 3 个核心要素。其中，MindConnect 负责将数据传输到云平台，MindClound 为用户提供数据分析、应用开发环境及应用开发工具。MindAPPs 为用户提供集成行业经验和数据分析结果的工业智能应用。

在对工业设备进行数据采集时，提供的 MindConnect 工具盒子可以让设备连接入网。其中有 Nano 工具，其拥有配套的网关，使连接变得容易，并且可以集成到 MES 软件上。这个工具目前是有限制条件的，要求设备支持西门子 S7 的通信协议或 OPCUA 通信协议。MindSphere 平台主要依托 Nano 这一网关型硬件产品，向上与 MindSphere 的云端进行连接，向下与西门子众多的具有以太网通信能力的硬件产品和支持通用协议的其他品牌产品进行通信，完成数据采集与传输。如果设备的通信协议比较特殊，用户可以基于 Nano 中的开源软件自行开发设备通信与数据采集程序。

MindSphere 平台向下提供数据采集 APT，既支持开放式通信标准 OPCUA，又支持西门子和第三方设备的数据连接；向上提供开发 API，方便合作伙伴和用户开发应用程序。MindSphere 平台应用开发也是基于 CloudFoundry 框架构建，即搭建完整的大数据预处理存储及分析的技术框架，融合了西门子以前在若干个领域积累的分析模型与算法，提供开放的接口，便于用户嵌入满足个性化需求的分析算法模型。

（2）国内典型工业互联网平台

➢ 航天云网 INDICS 平台

航天科工集团基于自身在制造业的雄厚实力和在工业互联网领域的先行先试经验，打造了工业互联网平台——航天云网 INDICS。航天云网 INDICS 平台是一个以云制造服务为核心，以信息互通、资源共享、能力协同、开放合作、互利共赢为理念的"互联网+智能制造"产业化创新服务平台。

航天云网 INDICS 平台总体架构包括资源层、工业物联网层、平台接入层、INDICS 云平台层、INDICS 工业应用 APP 层等 5 层。

资源层：实现产品研制全产业链资源/能力的接入，提供生产制造、试验验证、计量检测等各类资源/能力的接入能力，以及各类工业设备，包括机械加工、环境试验、电器互联、计量器具、仿真试验等 21 类工业设备的接入能力。

工业物联网层：实现各类工业设备的通信互联，支持 OPCUA、MQTT、Modbus、PROFINET 等主流工业现场通信协议的通信互联，支持工业现场总线、有线网络、无线网络的通信互联。

平台接入层：实现工厂/车间的云端接入，提供自主知识产权的 SmartoT 系列智能网关接入产品（标准系列、传感器系列、高性能系列）和 INDICS – APIS 软件接入接口支持"云计算+边缘计算"的混合数据计算模式。

INDICS 云平台层：提供云资源基础设施管理、大数据管理和应用支撑公共服务等云服务功能。以业界主流开源 PaaS 云平台 CloudFoundry 基础架构作为底层支撑架构，有效支持工业云的能力扩展，同时自建数据中心，直接提供 PaaS 层和通用平台 IaaS 层的基础云服务。

INDICS 工业应用 APP 层：提供面向制造全产业链、基于平台开发的原生工业应用 APP，同时提供开发接口，形成基于平台的第三方应用，支持多样化、个性化的用户需求。

➢ 海尔 COSMOPlat 平台

海尔 COSMOPlat 是一个以用户驱动实现大规模定制的平台。COSMOPlat 将社会资源纳入平台中，能够有效连接人、机、物，不同类型的企业可快速匹配智能制造解决方案。该平台强调用户全流程参与、零距离互联互通、打造开放共赢的新生态三大特性，用户可以全流程参与产品交互、设计、采购、制造、物流、体验和迭代升级等环节，形成了用户、企业、资源三位一体，开放共赢的有机全生态。

COSMOPlat 平台全流程共有七大模块，包括用户交互定制平台、精准营销平台、开放设计平台、模块化采购平台、智能生产平台、智慧物流平台、智慧服务平台。COSMOPlat 平台已打通交互定制、开放研发、数字营销、模块采购、智能生产、智慧物流智慧服务等业务环节，通过智能化系统使用户持续、深度参与产品设计研发、生产制造物流配送、迭代升级等环节，满足用户个性化定制需求，为各方协同创造条件，帮助更多中小制造企业借助规范的平台进行转型升级。

第一层是资源层，以开发模式对全球资源，包括软件资源、服务资源、业务资源、硬件资源等，进行聚集整合，打造平台资源库，为以上各层提供资源服务。

第二层是平台层，是 COSMOPlat 平台的核心技术所在，支持工业应用的快速开发、部署、运行、集成，实现工业技术的软件化、各类资源的分布式调度和最优匹配。

第三层是应用层，通过模式软件化、云化等，为企业提供具体的互联工厂应用服务，形成全流程的智能解决方案。

第四层是模式层，依托互联工厂应用服务实现模式复制和资源共享，实现跨行业的复制，通过赋能中小企业，助力中小企业提质增效，转型升级。

➢ 东方国信 BIOP 平台

东方国信基于软硬件相结合的端到端工业大数据解决方案，推出工业互联网平台——BIOP。

东方国信 BIOP 平台架构包含采集层、传输层、IaaS 层、PaaS 层、SaaS 层 5 个部分。其中，主要的是采集层、PaaS 层和 SaaS 层。采集层包含 BIOP – EG 智网关接入设备和接口组件，支持各类数据的接入。PaaS 层集成了工业微服务、大数据分析、应用开发等功能。SaaS 层面向工业各个环节和场景，向平台内租户提供工业领域通用专用服务，以及基于大数据分析的云化、智能化工业应用及解决方案服务。

➢ 树根互联根云（RootCloud）平台

树根互联技术有限公司由三一重工物联网团队创建，是独立开放的工业互联网平台企业。2017 年年初，树根互联发布了根云（RootCloud）平台。根云平台主要基于三一重工在装备制造及远程运维领域的经验，由 OT 层向 IT 层延伸构建平台，重点面向设备健康管理，提供端到端工业互联网解决方案和服务。树根互联根云平台主要具备三方面功能。

一是智能物联。通过传感器、控制器等感知设备和物联网，采集、编译各类设备数据。

二是大数据和云计算。面向海量设备数据，提供数据清洗、数据治理、隐私安全管理等服务，以及稳定、可靠的云计算能力，并依托工业经验知识图谱构建工业大数据工作台。

三是 SaaS 应用和解决方案。为企业提供端到端的解决方案和即插即用的 SaaS 应用，并为应用开发者提供开发组件，方便其快速构建工业互联网应用。

目前，根云平台能够为企业提供资产管理、智能服务、预测性维护等工业应用服务。同时，基于平台开展产业链金融创新，已有 UBI 保险、维保等产品实践，服务于保险公司等金融机构，提升其风险管控和金融服务能力。

任务拓展

【速度中国】从工业互联网技术的应用看中国数字经济的飞速发展

党的二十大报告中提出"加快发展数字经济，促进数字经济和实体经济深度融合"。工业互联网通过结合新一代信息技术，为数字化、网络化、智能化提供实现途径，加速了我国产业数字化进程。工业互联网是未来制造业竞争的制高点，正在推动创新模式、生产方式、组织形式和商业范式的深刻变革，推动工业链、产业链、价值链的重塑再造，必将对未来工业发展产生全方位、深层次、革命性的变革，对社会生产力、人类历史发展产生深远影响。

当今世界，新一轮科技革命和产业变革蓬勃兴起，工业互联网作为制造业与互联网深度融合的产物，已经成为新工业革命的关键支撑和智能制造的重要基石。在5G及工业互联网推动下，产业数字化将成为数字经济发展的引擎，工业互联网对数字经济的带动作用也会变得更加明显。工业互联网时代，切实提高自身的综合素质，担负起时代赋予的历史使命和社会责任，是当代大学生应有的使命感和责任感。

作业： 分析调研我国工业互联网发展现状，撰写报告分享启发。

项目二

工业互联网网络搭建

任务3　构建小型工业互联网络

学习目标

- 理解交换机和路由器在网络中的作用
- 理解交换机的基本工作原理
- 掌握使用以太网交换机实现多台计算机的互联

任务3　构建小型工业互联网

建议学时

2课时

工作情境

用一根交叉双绞线将两台计算机或者工业设备相互连接在一起，就能搭建一个简单的工业互联网络。在这个最简单的网络中，只有两台主机之间能相互访问，如图2.1所示。

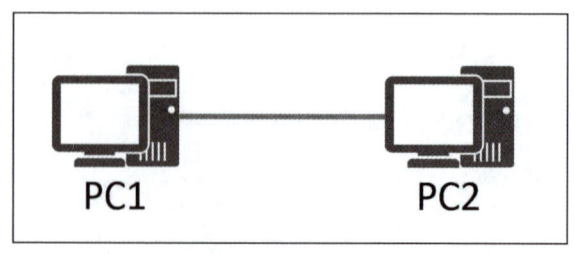

图2.1　两个节点的网络

但是工业环境中一般都是几台设备甚至几十台设备需要联网，那么如何把这几十台工业设备连接在一起，组建一个工业互联网络呢？一般人会直观地想到这样一个全互联型的拓扑，如图2.2所示。

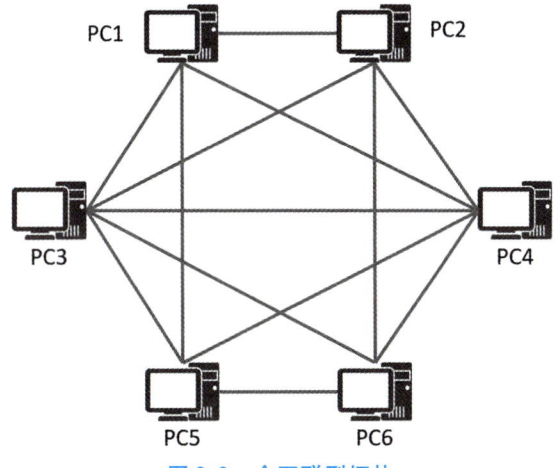

图 2.2　全互联型拓扑

这样的拓扑非常复杂，而且成本很高。因为这种联网方式需要每台工业设备（计算机）安装多块网卡，才有足够的接口连接到其他的工业设备（计算机）中。而且，全世界几亿台工业设备（计算机），通过这样的方式显然无法实现互联。

使用星型拓扑结构或者拓展星型拓扑结构可以很好地解决这个问题。

知识导图

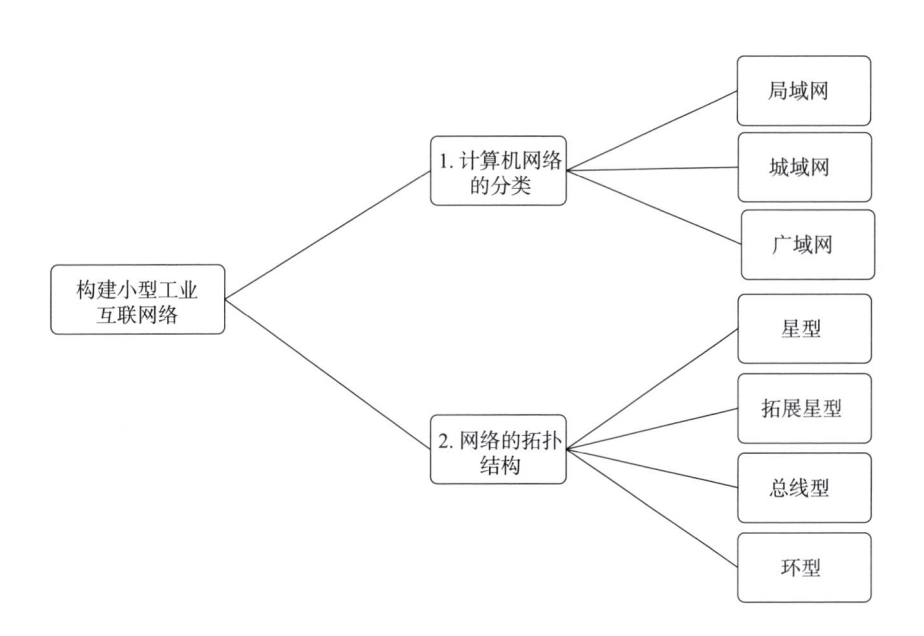

构建小型工业互联网络
- 1. 计算机网络的分类
  - 局域网
  - 城域网
  - 广域网
- 2. 网络的拓扑结构
  - 星型
  - 拓展星型
  - 总线型
  - 环型

```
                                      ┌─ 交换机
                   ┌─ 3. 主流工业 ─────┤
                   │   互联网络的     └─ 路由器
                   │   组网设备
                   │
                   │                  ┌─ 学习
构建小型工业 ──────┼─ 4. 交换机的 ────┼─ 转发
互联网络           │   工作原理       └─ 过滤
                   │
                   │                  ┌─ MAC地址的
                   │                  │   概念
                   └─ 5. 工业设备 ────┼─ MAC地址的
                       网卡MAC地址    │   组成
                                      └─ MAC地址的
                                          作用
```

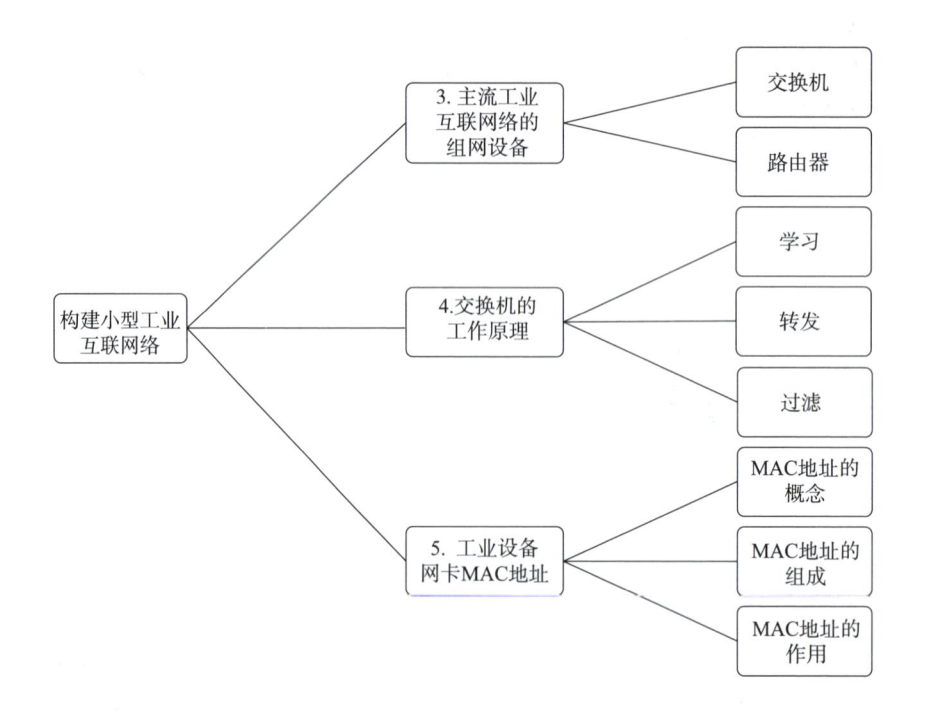

相关知识

1. 计算机网络的分类

计算机网络按覆盖的范围大小来分类，可以分为以下三类：

（1）局域网（Local Area Network，LAN）

局域网指在某一地理区域内由计算机、服务器以及各种网络设备组成的网络。局域网的覆盖范围一般是方圆几千米以内。典型的局域网有一个厂区的工业互联网络、一家公司的办公网络、一个网吧的网络、一个家庭网络等。

（2）城域网（Metropolitan Area Network，MAN）

城域网指在一个城市范围内所建立的计算机通信网络。典型的城域网有宽带城域网、教育城域网、市级或省级电子政务专网等。

（3）广域网（Wide Area Network，WAN）

广域网通常覆盖很大的地理范围，从几十千米到几千千米。它能连接多个城市甚至国家，并能提供远距离通信，形成国际性的大型网络。典型的广域网有Internet（因特网）。

2. 网络的拓扑结构

网络拓扑结构，是指用传输媒体互连各种设备的物理布局，就是用什么方式把网络中的计算机等设备连接起来。常见的网络拓扑结构有星型、扩展星型、树型、总线型、环型、网状、混合型等结构。

（1）星型

星型结构的网络是以中央节点为中心，与各个节点相互连接组成。如果站点之间需要传输数据，首先传输到中央节点，再通过中央节点转发给相应节点。星型拓扑结构网络搭建简单、可扩展性好，容易添加和删除节点，故障排除简单，是局域网组网的主流拓扑，如图2.3所示。

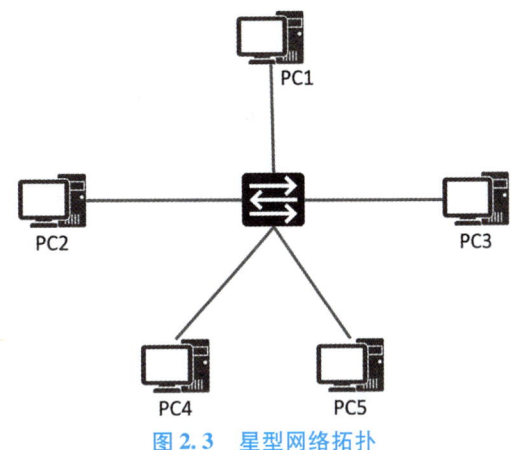

（2）扩展星型

一个中心节点（例如：以太网交换机）的接口是有限的，满足不了更多用户接入，需要将交换机互连，以拓展出更多接口，供更多用户的接入需求。在扩展星型拓扑中，额外的以太网交换机与其他星型拓扑互连，如图2.4所示。

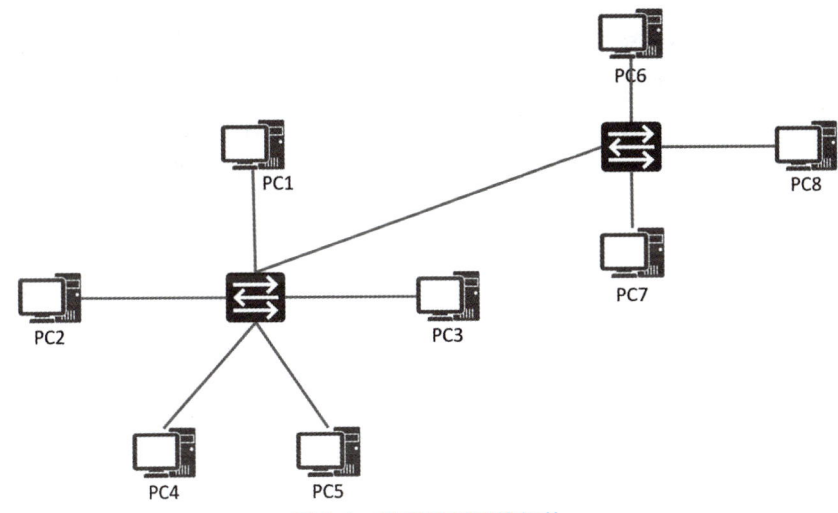

图2.3 星型网络拓扑

图2.4 扩展星型网络拓扑

（3）树型

树型拓扑结构是网络节点呈树状排列，形状像一棵倒置的树，顶端是树根，树根以下带多个分支，每个分支还可再带子分支，树根接收各站点发送的数据，如图2.5所示。树型拓扑节点扩展简单快捷，容易管理和维护，一个节点的故障不会影响网络的其余部分，在园区网中经常被使用。

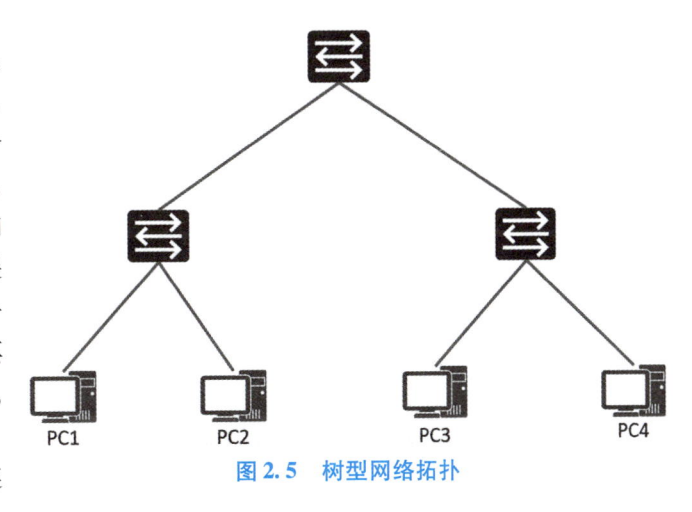

（4）总线型

总线型拓扑使用一根电缆连

图2.5 树型网络拓扑

接所有的节点，电缆充当整个网络的主干，并在两端各自挂载一个 50 Ω 的电阻吸收电磁信号。总线型拓扑不需要中心节点设备，因此价格低廉，并且安装简易。但是总线型拓扑存在诸多缺点，例如：链路上一台设备发生故障，则整个系统将崩溃；当网络流量较大或节点过多时，很容易在网络中产生冲突，网络性能较低；线缆长度有限时，不利于网络扩展。因此，在现代工业网络组网中，使用较少。如图 2.6 所示。

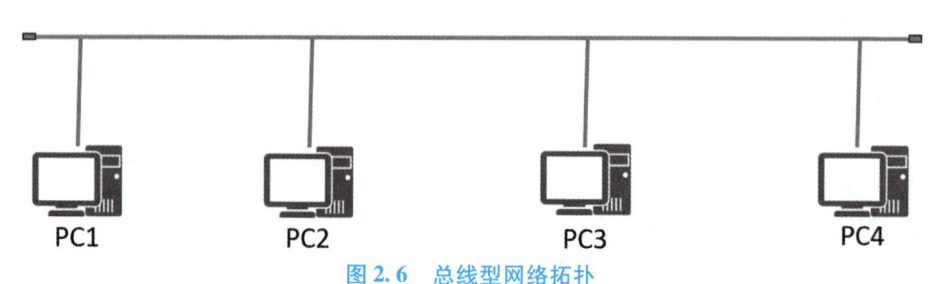

图 2.6 总线型网络拓扑

（5）环型拓扑

环型拓扑中每台设备都连接到另一台设备，最后一个节点与第一个节点组合在一起，形成一个闭环，如图 2.7 所示。环型拓扑中使用令牌将信息从一台计算机传递到另一台计算机，所有消息都以相同的方向通过环，安装和配置简单，添加或删除环内设备较为方便。但环型网络是单向流量，单环中断可能会导致整个网络中断，故障排除非常困难，在局域网中也较为少见。

（6）混合型拓扑

混合型拓扑使用任何两种或多种网络拓扑结构的组合，以这种方式得到的网络呈现不同标准的拓扑结构，如图 2.8 所示。

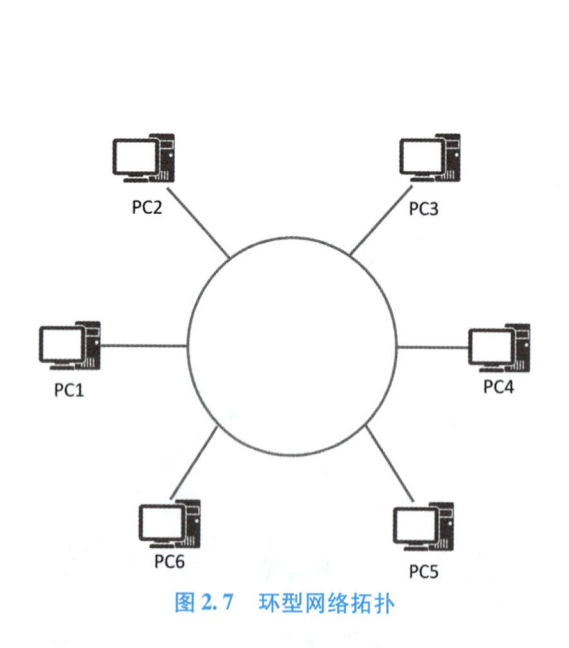

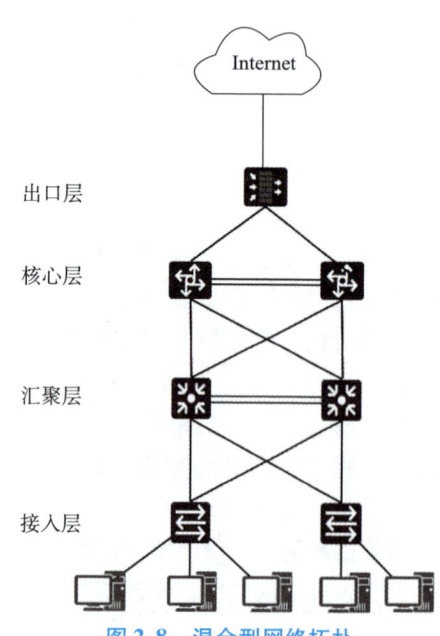

图 2.7 环型网络拓扑

图 2.8 混合型网络拓扑

3. 主流工业互联网络的组网设备

工业互联网络的主流组网拓扑是星型拓扑结构，星型拓扑结构的中心节点主要由交换机担当。因此，在工业互联网络组网中，最常见的网络设备是交换机。

交换机的功能是连接工业设备、计算机、服务器、网络打印机、网络摄像头、IP 电话等终端设备，并实现与其他交换机、无线接入点、路由器、网络防火墙等网络设备的互联，从而构建局域网络，实现所有设备之间的通信。随着交换技术的不断发展，交换机的价格不断下降，交换到终端已是大势所趋。

4. 交换机的工作原理

交换机的功能主要由学习、转发、过滤等。交换机有一个 MAC 地址表，MAC 地址记录了每个终端的 MAC 地址和对应的端口关系，当交换机接收到数据时，就会根据 MAC 地址表来决定数据该从交换机的哪个端口转发出去，如图 2.9 所示。

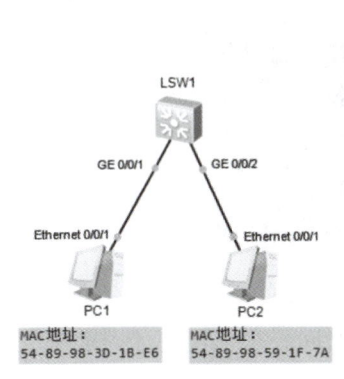

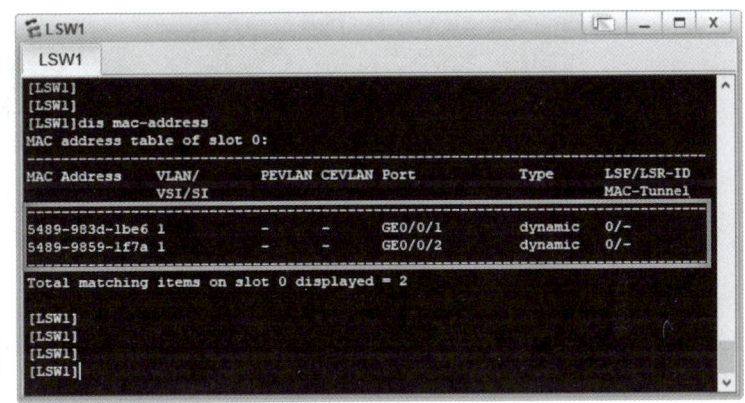

图 2.9　Switch1 的 MAC 地址表信息

交换机是如何学习到 MAC 地址表的？交换机刚开机的时候，这个 MAC 地址表是空的，但交换机有很好的学习能力。当有数据从某个端口流进交换机的时候，会自动读取数据包中发送方的 MAC 地址，建立该 MAC 地址和接收到该数据的端口的一一对应的映射关系，并将其写入 MAC 地址表中。经过多次学习，就会学习到一个较为完整的 MAC 地址表。需要注意的是，MAC 地址表是临时生成的，在交换机断电以后会丢失，并且有过期老化的时间。当某个端口长时间没有该 MAC 地址的流量流入时，该 MAC 地址和端口的映射也会因为过期被删除。也可以通过命令 undo mac–address 在不断电的状态下清空交换机的 MAC 地址表。

那么交换机又是如何转发数据包的？当需要转发数据帧时，交换机将数据帧中的目的 MAC 地址同已建立的 MAC 地址表进行比较，以决定由哪个端口进行转发；如果数据帧中的目的 MAC 地址不在 MAC 地址表中，则向所有端口转发，这一过程称为泛洪（flood）。如果交换机收到广播帧和组播帧，也会向所有的端口转发。

以图 2.9 中 PC1 发送数据给 PC2 为例进行解析。PC1 把数据发到交换机 LSW1 后，LSW1 就像快递员一样，去读取数据帧上接收方 MAC 地址（目的 MAC 地址），如图 2.10 所示。

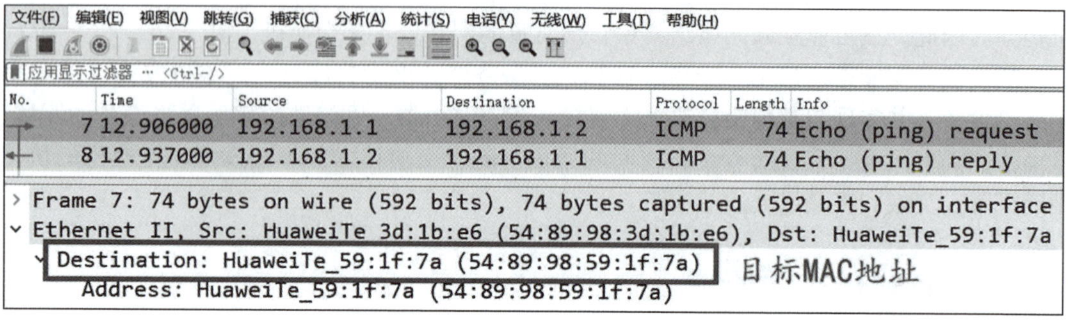

图 2.10　PC1 发送 PC2 的数据帧

然后去查 MAC 地址表，如图 2.11 所示。

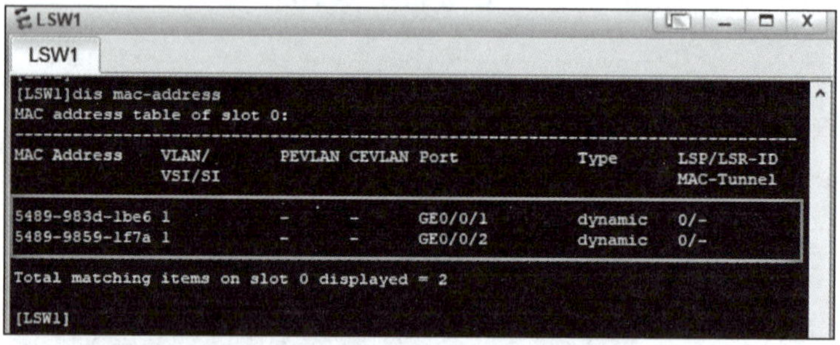

图 2.11　交换机 LSW1 的 MAC 地址表信息

发现接收方接入的端口号是 GE0/0/2，同时，接收方跟自己同属 VLAN1，于是将发送给 PC2 的数据从 GE0/0/2 发出去。

5. 工业设备网卡 MAC 地址

MAC 地址是 Media Access Control Address 的简称，直译为介质访问控制位址，也称为物理地址（Physical Address），是由网络设备制造商生产时烧录在硬件内部的 EPROM（Erasable Programmable Read Only Memory）芯片上的一个参数，这个参数代表着主机在网络中的唯一标识。

MAC 地址的长度为 48 位（6 字节），通常表示为 12 个 16 进制数，例如 00 - 16 - EA - AE - 3C - 40 就是一个 MAC 地址。其中，前 6 位 16 进制数 00 - 16 - EA 代表网络硬件制造商的编号，它由 IEEE（电气与电子工程师协会）分配，而后 6 位 16 进制数 AE - 3C - 40 代表该制造商所制造的某个网络产品（如网卡）的系列号。如果不更改自己的 MAC 地址，MAC 地址在世界就是唯一的，形象地说，MAC 地址就如同身份证上的身份证号码，具有唯一性。

如果不用非常规手段去修改它，那么 MAC 地址是固定的，不会随着设备处于不同的网络而发生变化。与 MAC 地址不一样的是，IP 地址则是随着设备迁移到不同的网络，必须要获得该网络的主机地址才能参与网络通信。从这个角度去比较，MAC 地址可以类比成身份证号，将伴随着人们的一生；而 IP 地址就类似于人的住址，处于不同的城市，街道名称和门牌号不会是一样的。

6. 课堂实践

下面基于华为虚拟仿真软件 eNSP 组建一个小型局域网，实现多台计算机的互联互通。

步骤 1：在 eNSP 工作区中拖出 1 台 S5700 交换机（LSW1）、4 台计算机（PC1～PC4），如图 2.12 所示。

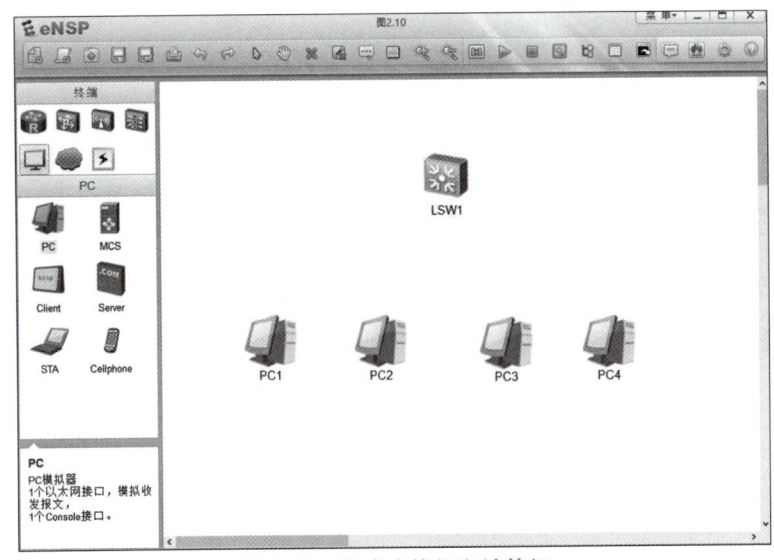

图 2.12　拖出交换机和计算机

步骤 2：用线缆将计算机（工业网络设备）连接到交换机，如图 2.13 所示。

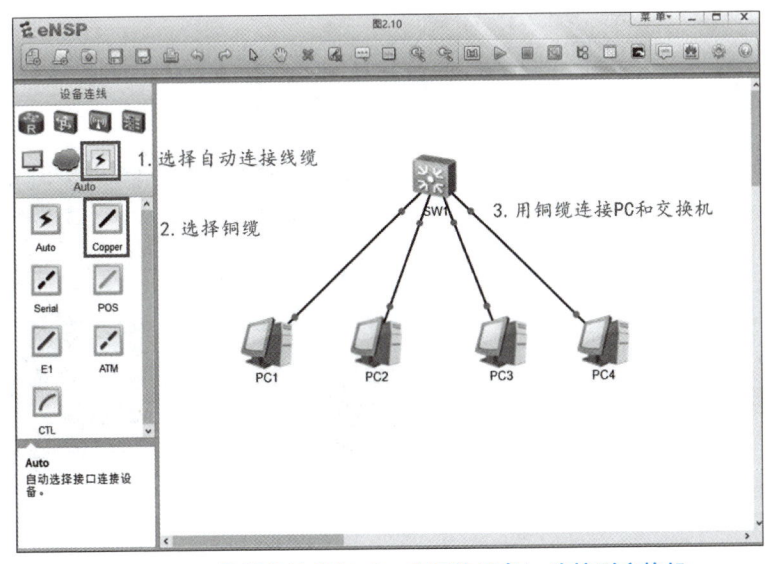

图 2.13　用线缆将计算机（工业网络设备）连接到交换机

步骤3：按表2.1为四台计算机（工业网络设备）配置IP地址（子网掩码使用默认值）。

表2.1 IP地址分配表

主机名	IP地址	子网掩码
PC1	192.168.1.1	255.255.255.0
PC2	192.168.1.2	255.255.255.0
PC3	192.168.1.3	255.255.255.0
PC4	192.168.1.4	255.255.255.0

设置PC1的IP地址，如图2.14所示。

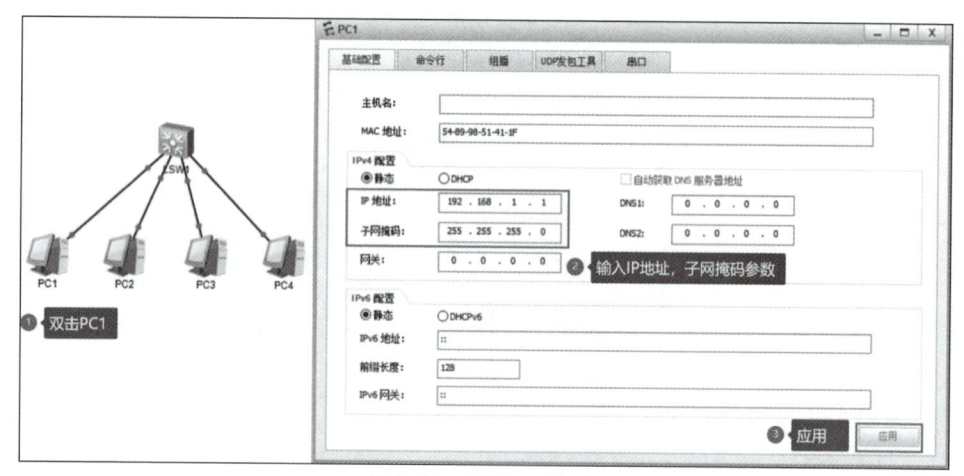

图2.14 配置IP地址

用同样的方法配置其他三台计算机（工业网络设备）的IP地址。
步骤4：开启设备，测试。
单击"开启设备"按钮，启动所有设备，从PC1主机ping PC2，结果如图2.15所示。

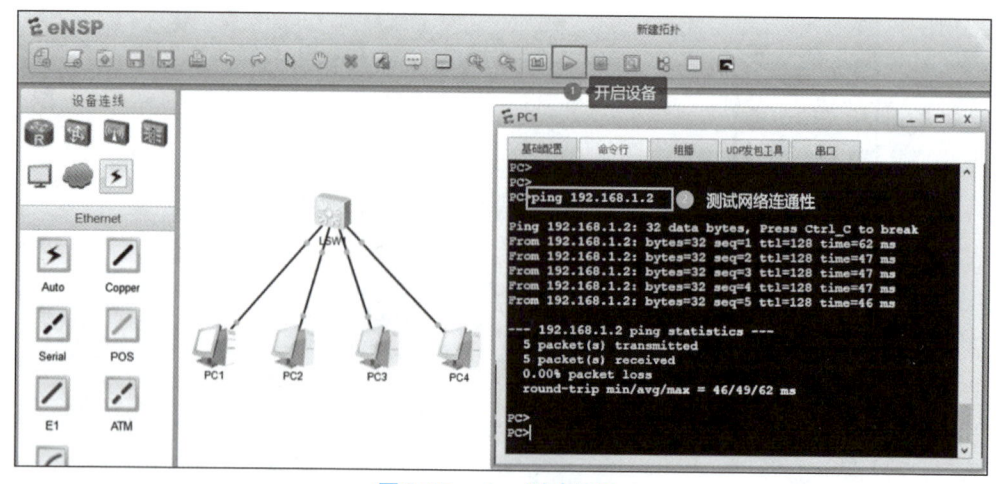

图2.15 ping测试结果

从其他主机相互ping，结果也是通的。

任务拓展

【团队协作筑就高效桥梁】小型局域网的打造与实践

一个完整的网络工程项目实施，需要与团队成员合作，进行需求分析、方案设计、实施建设等工作。这要求项目团队人员具备良好的组织与协作能力，能够有效地与他人合作、沟通和协调，达成共识并共同完成任务。

小型局域网络的部署，为团队协作创造了更好的条件。团队精神已经成为职业发展中最重要的软技能之一，在学习和工作中培养正确的集体观念显得尤为重要。团队协作建立在团队的基础之上，发挥团队精神、互补互助以达到团队最大工作效率。对于团队成员来说，不仅要有个人能力，更需要在不同的位置上各尽所能，与其他成员协调合作。当代大学生在工作中要学会有效沟通、分工合作，同时，在工程实践中注重学思结合、知行合一，培养善于发现问题、解决问题的实践能力。

作业：随着国家技术水平的提升，华为等一大批国产网络设备越来越多地用在局域网中，请参照本任务，使用国产网络设备组建小型办公局域网，实现不同工业网络设备之间的相互通信。

任务 4 确定计算机所在的网络

学习目标

- 理解子网掩码的作用
- 掌握计算一台主机所在网络的网络地址、广播地址和可用的主机地址范围

任务 4 确定计算机所在网络

建议学时

2 课时

工作情境

在配置 IP 地址的时候，用鼠标单击子网掩码（Subnet Mask）文本框，子网掩码就会自动出现。

子网掩码重要吗？在 Windows 系统做一个测试：删除网卡的子网掩码参数，然后单击"确定"按钮，提示如图 2.16 所示。

出现的警告信息告诉我们，必须添加子网掩码，否则无法设置 IP 地址。显然，对于 IP

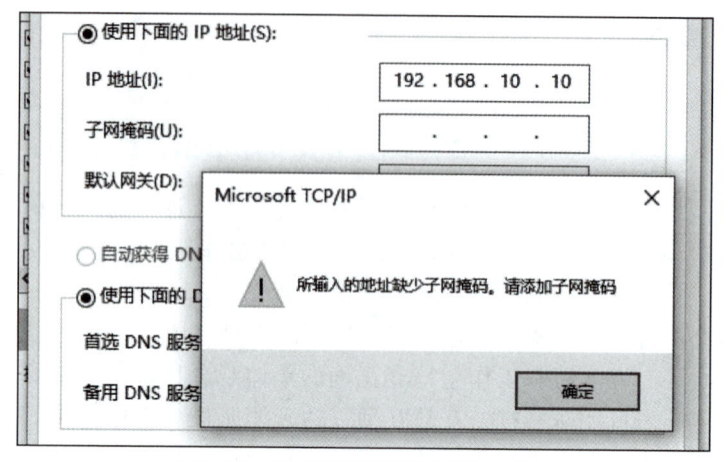

图 2.16　删除子网掩码后的提示信息

地址而言，子网掩码是必需的。

那么子网掩码到底是什么？有什么用？为什么如此重要？

知识导图

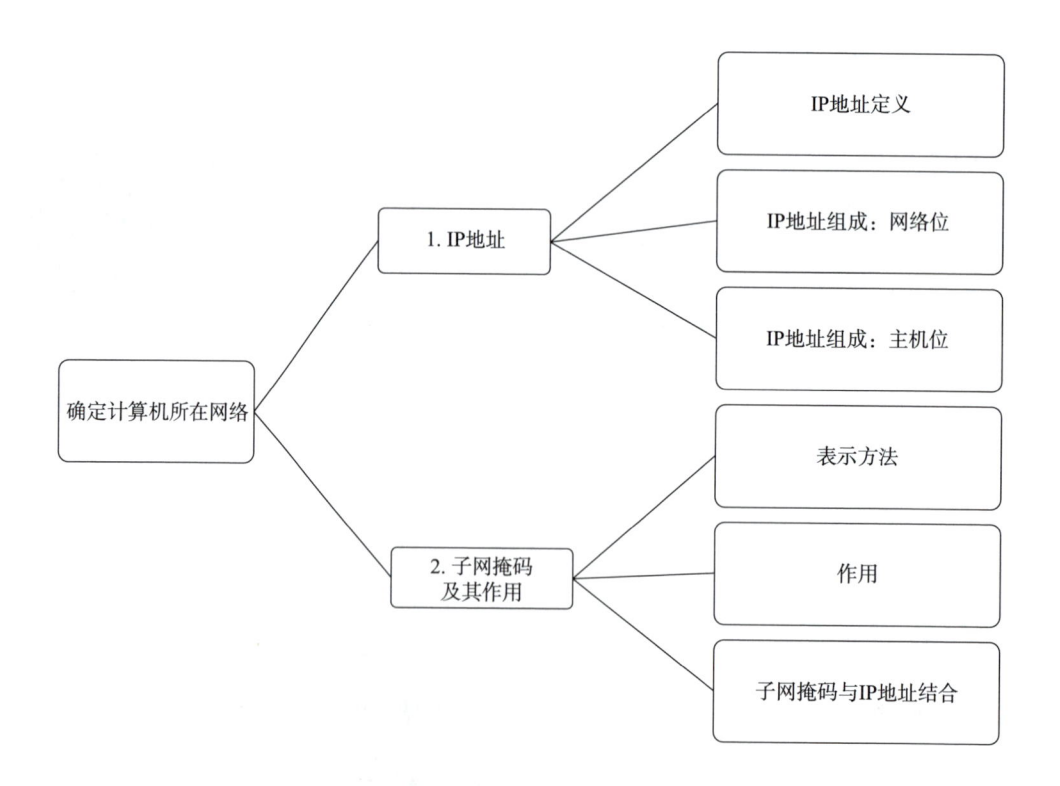

确定计算机所在网络
- 1. IP地址
  - IP地址定义
  - IP地址组成：网络位
  - IP地址组成：主机位
- 2. 子网掩码及其作用
  - 表示方法
  - 作用
  - 子网掩码与IP地址结合

项目二 工业互联网网络搭建

```
                              ┌── 网络地址
                              │
              3. IP地址的计算 ──┼── 广播地址
              │               │
              │               └── 可用主机IP地址范围
确定计算机所在网络
              │               ┌── A类
              │               │
              4. IP地址的分类 ──┼── B类
                              │
                              └── C类
```

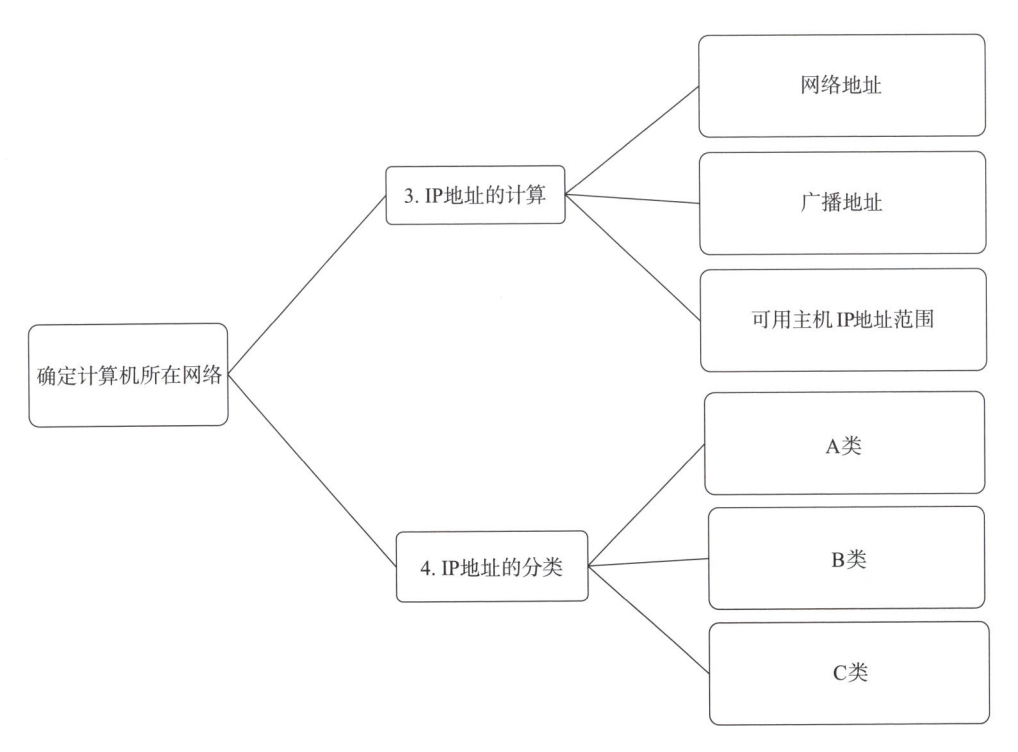

相关知识

1. IP 地址

IP 地址是主机在网络中的一个标识，用来标志网络中计算机（工业设备）的身份，每台计算机有唯一的编号。根据协议版本不一样，分为 IPv4 地址和 IPv6 地址，这里讨论的是 IPv4 地址。IPv4 地址由 32 位二进制组成，一般将其用 3 个点号分四段，并将这四段数字分别转换成十进制来表达，提高可读性，如图 2.17 所示。

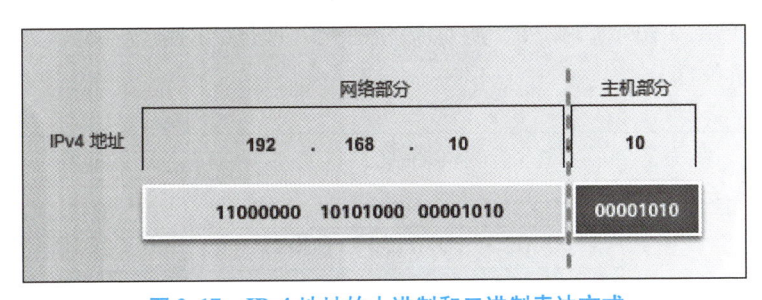

	网络部分	主机部分
IPv4 地址	192 . 168 . 10	10
	11000000 10101000 00001010	00001010

图 2.17　IPv4 地址的十进制和二进制表达方式

IP 地址由网络位和主机位两部分组成。网络位部分标记的是该 IP 地址所在网络的编号，主机位部分是拥有该 IP 地址的主机在网络里边的编号。可以把互联网类比成一个城市或者更大的区域，那么一个小网络可以类比成一条街，网络位部分就是这条街的编号，而主机位部分就是这条街上每个单位的门牌号。网络设备是通过识别 IP 地址的网络位部分找到目标网络，然后在这个网络内找到目标主机。就像快递员根据地址上的街道名称找到接

31

收方所在的街道，然后通过门牌号在这条街上找到他的具体位置一样。

互联网中的每个网络的网络号必须是唯一的，同一网络中的主机号也必须是唯一的，不能重复，否则会导致冲突，进而影响数据通信。

2. 子网掩码及其作用

子网掩码和 IP 地址本身的表示方法一样，也是采用点分十进制表示法。它是一种用来指明一个 IP 地址的哪部分是主机所在的网络地址以及哪些部分是主机地址。

子网掩码用于标识 IPv4 地址的网络部分/主机部分，本质上是一个 1 位序列后接 0 位序列的序列。

从以上信息可以归纳出子网掩码的两个特点：

① 子网掩码跟 IP 地址一样，也是由 32 位二进制组成的，但是 1 和 0 必须是连续的，不能交叉，如图 2.18 所示。

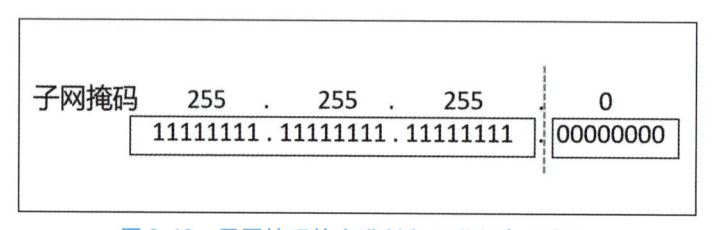

图 2.18　子网掩码的十进制和二进制表示方法

子网掩码还有另外一种很常用的更便捷的表达方式，那就是用二进制的子网掩码中"1"的个数来表示。如图 2.18 所示，子网掩码 255.255.255.0 的二进制表达有 24 个"1"，则该子网掩码可以表示成"/24"的方式。因为便捷，所以用得最多的其实就是这种方式。

② 子网掩码跟 IP 地址一起使用，以便区分在 32 位的 IP 地址中，哪些是网络位部分，哪些是主机位部分。

如图 2.19 所示，子网掩码"1"所对应的就是 IP 地址的网络位部分，"0"所对应的就是 IP 地址的主机位部分。

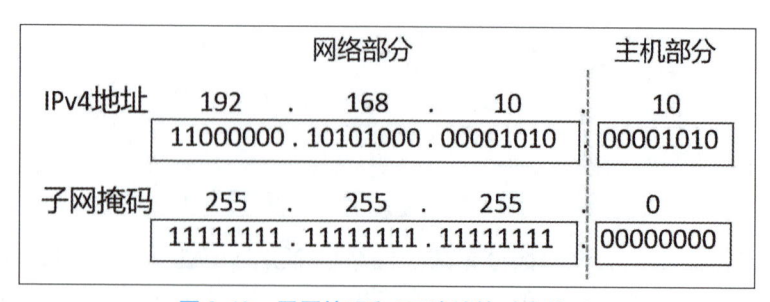

图 2.19　子网掩码和 IP 地址的对应关系

需要注意的是，子网掩码本身并不包含 IP 地址的网络信息，而只是负责告诉主机：你那串 32 位的二进制 IP 地址，哪些位是网络位，哪些位是主机位。如果没有子网掩码，主机就无法知道自己的网络位是哪些，主机位是哪些。而网络位是一个网络的编号，如果无法明确，主机的身份也就不明确。因为不知道自己所处的是哪个网络，导致无法发送数据。类似地一个人如果不知道自己在哪里，是无法发快递的，别人也不知道如何寄快递给他。

3. 计算主机所在网络的网络地址、广播地址和可用的主机地址范围

知道了 IP 地址及其子网掩码，就可以明确主机所在的网络。方法很简单，就是把 IP 地址和子网掩码分别转换成二进制表达，然后进行逻辑"与"（AND）运算。

二进制的逻辑"与"运算见表 2.2。

表 2.2　二进制的逻辑"与"运算表

逻辑变量	逻辑运算符	逻辑变量	结果
1	AND	1	1
0	AND	1	0
0	AND	0	0
1	AND	0	0
注：逻辑运算中的 AND 运算，可以用算数运算的"乘法"去类比，其运算结果一样。			

子网掩码用来确定一个 IP 地址的网络位部分和主机位部分，同时，确定了该 IP 地址属于哪一个逻辑网络。互联网中的计算机分布在不同的逻辑网络中，但是不管是哪个逻辑网络中的计算机，必须要遵守网络的通信规则，才能实现互联网中不同计算机之间的相互通信。

4. A/B/C 类 IP 地址默认的子网掩码

最初设计互联网络时，为了便于寻址以及层次化构造网络，每个 IP 地址包括两个标识码（ID），即网络 ID 和主机 ID。同一个物理网络上的所有主机都使用同一个网络 ID，网络上的一个主机（包括网络上工业设备、计算机、服务器等）有一个主机 ID 与其对应。Internet 委员会定义了 5 种 IP 地址类型以适合不同容量的网络，即 A～E 类。

其中，A、B、C 3 类（表 2.3）由 Internet NIC 在全球范围内统一分配，D、E 类为特殊地址。

表 2.3　各类 IP 地址默认子网掩码

类别	IP 地址范围	单个网段最大主机数	私有 IP 地址范围
A	1.0.0.1～127.255.255.254	16 777 214	10.0.0.0～10.255.255.255
B	128.0.0.1～191.255.255.254	65 534	172.16.0.0～172.31.255.255
C	192.0.0.1～223.255.255.254	254	192.168.0.0～192.168.255.255

在给计算机配置 IP 地址的时候，系统会自动分配一个默认的子网掩码。它是根据表 2.4 确定这个默认的子网掩码的。

表 2.4　各类 IP 地址默认子网掩码

网络类型	默认子网掩码	掩码长度
A	255.0.0.0	/8
B	255.255.0.0	/16
C	255.255.255.0	/24

5. 课堂实践

下面通过一个案例掌握计算一台主机所在网络的网络地址、广播地址和可用的 IP 地址范围的方法。

案例：一台主机的 IP 地址为 192.168.10.10，子网掩码为 255.255.255.0，计算出该主机所在网络的网络地址、广播地址和可用的主机地址范围。

步骤 1：将十进制的 IP 地址、子网掩码转换成二进制的表达方式，见表 2.5。

表 2.5　IP 地址、子网掩码的十进制和二进对应关系

IP 地址	192	168	10	10
子网掩码	255	255	255	0
二进制 IP 地址	11000000	10101000	00001010	00001010
二进制子网掩码	11111111	11111111	11111111	00000000

步骤 2：将 IP 地址和子网掩码进行逻辑"与"运算，得到该主机所在网络的网络地址，见表 2.6。

表 2.6　二进制 IP 地址和二进制子网掩码进行逻辑"与"运算表

二进制 IP 地址	11000000	10101000	00001010	00001010
逻辑运算	AND			
二进制子网掩码	11111111	11111111	11111111	00000000
结果	11000000	10101000	00001010	00000000

所以，IP 地址为 192.168.10.10/24 的主机所在网络的网络地址是 11000000.10101000.00001010.00000000/24，这是一个主机位为全"0"的地址。"0"是二进制数中最小的数字。因此，网络地址就是网络中最小的地址。将网络地址转换成十进制，增加可读性，得到 192.168.10.0/24。网络地址是一个网络的编号，是网络在互联网中唯一的标记。

注意：表达一个 IP 地址的时候，一定要附带子网掩码，否则，更改 IP 地址就没有意义。

步骤 3：将网络地址主机位部分的每一个二进制位全部换成"1"，就得到该主机所在网络的广播地址，如图 2.20 所示。

	网络位			主机位
二进制 IP 地址	11000000	10101000	00001010	00001010
逻辑运算		AND		
二进制子网掩码	11111111	11111111	11111111	00000000
网络地址	11000000	10101000	00001010	00000000
广播地址	11000000	10101000	00001010	11111111

图 2.20　广播地址计算过程

广播地址的主机位为全"1"。"1"是二进制数中最大的数字，因此，广播地址就是该网络中最大的地址。将广播地址转换成十进制，增加其可读性，得到 192.168.10.255/24。

步骤 4：确定可以分配给主机使用的 IP 地址。

通过以上步骤的计算，得出 IP 地址为 192.168.10.10/24 的主机所在网络的网络地址和广播地址分别见表 2.7。

表 2.7　网络地址和广播地址表

地址类型	值	备注
网络地址	192.168.10.0/24	该主机所在网络中的最小 IP 地址
广播地址	192.168.10.255/24	该主机所在网络中的最大 IP 地址

知道了最小 IP 地址和最大 IP 地址，就可以得出一个范围，如图 2.21 所示。

图 2.21　IP 地址坐标区间图

该网络中可用的主机地址就应该在 0 ~ 255 之间。但是，192.168.10.0/24 已经被当作网络地址使用，192.168.10.255/24 已经被当作广播地址使用。所以，剩下的 192.168.10.1 ~ 192.168.10.254 可以被分配给主机使用，这就是该网络中实际可用的主机地址。需要注意的是，192.168.10.0/24 和 192.168.10.255/24 不能再被分配给主机使用。

任务拓展

【IP 地址】连接世界的数字通行证

IP 地址是互联网通信中用于标识设备的一组数字，可以看作设备在网络上的"住址"。在组建小型局域网的过程中，IP 地址的规划和管理是非常重要的一环，也涉及用户隐私的保护。同学们需要了解 IP 地址的分类和分配方式，合理规划和管理 IP 地址资源，确保网络的正常运行和信息的安全传输，同时，也要认识到网络通信的基础和风险，提高网络安全意识，培养个人信息保护的能力。此外，也要正确使用网络资源，遵守网络道德规范，促进网络环境的健康和秩序发展。

作业：在小组内展开讨论和合作，通过实践项目的设计与实施，深入理解 IP 地址在数字化时代的重要性，并思考数字化技术应用的社会责任。

任务 5　用路由器连接不同的网络

学习目标

- 理解路由器的作用及其工作原理
- 掌握路由器的配置，实现不同网络之间的通信

任务 5　用路由器连接不同的网络

建议学时

2 课时

工作情境

交换机只能转发相同网络的数据，不能转发不同网络之间的数据。要转发不同网络之间的数据，需要借助三层网络设备，比如路由器和三层交换机等。

路由器是连接两个或多个网络的硬件设备，在网络间起网关的作用，工业互联网数据从一个网络传输到另一个网络中，需要通过路由器的路由功能进行处理。

那么应该如何配置路由器实现不同网络之间的通信呢？

知识导图

用路由器连接不同的网络
- 1. 网关
  - 网关的作用
  - 网关的工作原理
- 2. 路由器
  - 路由器的作用
  - 路由器的工作机制
- 3. 路由表
  - 直连路由
  - 静态路由
  - 动态路由
  - 路由表解读

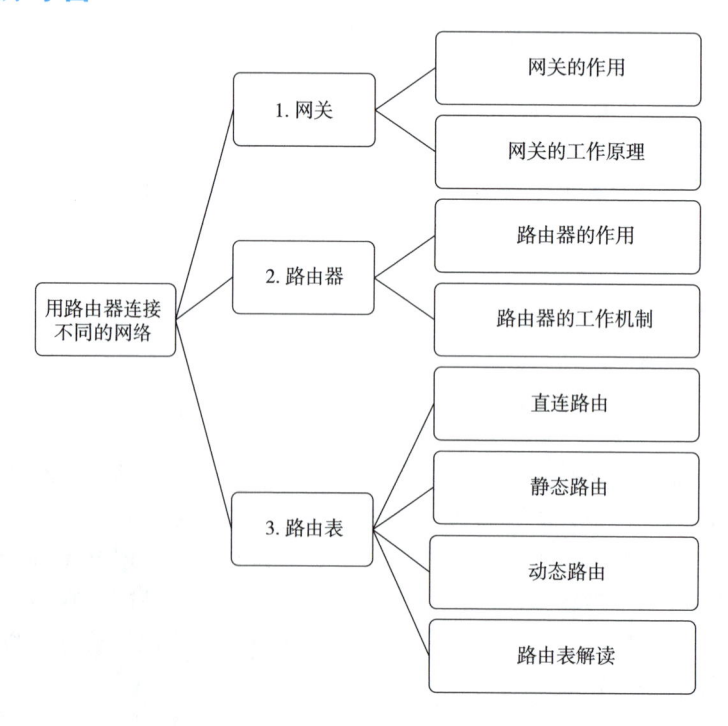

相关知识

1. 网关

顾名思义，网关（Gateway）是一个网络连接到另一个网络的"关口"，是网络的关卡。网关的作用就是帮助实现不同网络之间互联互通，一般用作网络的入口点和出口点。从一个房间走到另一个房间，必然要经过一扇门。同样，从一个网络向另一个网络发送信息，也必须经过一道"关口"，这道关口就是网关。

如图 2.22 所示，数据要从网络 A 发到网络 B，数据先从网络 A 的网关进入，再由网络 A 的网关转发给网络 B 的网关（如果网络 A 和网络 B 是邻接网络），最后从网络 B 的网关出来，转发给网络 B 内的接收方。

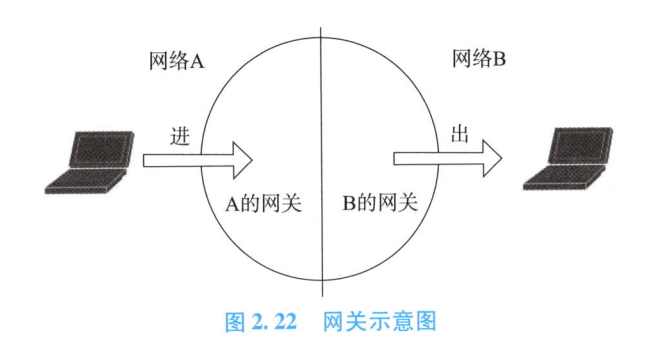

图 2.22 网关示意图

根据不同的分类标准，网关有很多种，它可以将两个使用不同传输协议的网络连接在一起，对两个网段中使用不同传输协议的数据进行互相的翻译转换。其也可以充当 TCP/IP 网络的关卡，当工业网络设备（计算机）要把数据包从一个网络发往另外的网络时，需要把数据转发给网关，再由网关处理后转发出去。

2. 路由器

路由器（Router）是连接两个或多个网络的硬件设备，在网络中起到网关的作用。路由器相当于一台计算机，有很多网络接口，每个网络接口都需要配置一个 IP 地址才可以参与通信。要让路由器正常工作，转发不同网络之间的数据，至少需要给路由器接口配置 IP 地址，充当计算机的网关。

当路由器从某个接口收到 IP 数据包时，它会确定使用哪个接口来将该数据包转发到目的地。那么路由器是怎么知道它可以向哪里发送数据包呢？它会根据自己所在的网络来创建一个路由表。路由表的主要功能是当路由器接收到数据包后，根据路由表判断转发数据包的最佳路径，并将数据包转发到其目的地。

3. 路由表

路由器根据缓存中的 IP 路由表来决定数据该从哪个端口转发出去。路由表中包含去往已知网络的路由条目列表，这些信息的源来自直连网络、静态路由、动态路由协议。直连网络用"Direct"标记，路由信息就在自己缓存中，不需要别的设备发给它；静态路由是网络管理员手动配置进去的，用"Static"标记，表示静态的意思；动态路由是路由器通过路由协议（RIP、OSPF、BGP 等）跟邻居学习到的，或者是通过邻居发来的信息，自己算出来的。

可以通过 display ip routing – table 命令来查看路由表，如图 2.23 所示。

```
[Huawei]dis ip routing-table
--------------------------------------------------
Destination/Mask    Proto    Pre    Cost    Flags    NextHop    Interface

192.168.1.0/24     Direct    0      0       D        192.168.1.1    GigabitEthernet0/0/0
目标网络地址        路由条目类型                                     转发接口
```

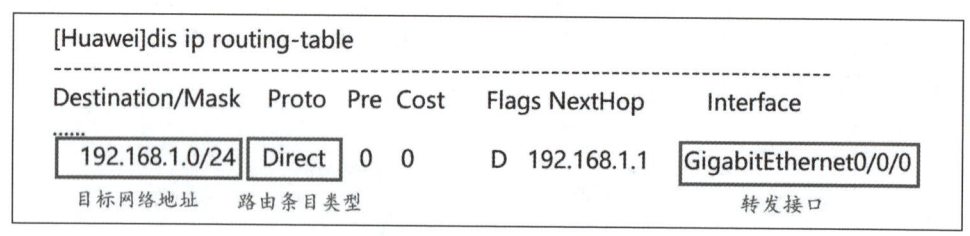

图 2.23　MS0 的路由表

这个路由表中的记录，记录了什么信息呢？这里解读其中一个路由条目。首先第一个字段是网络号（192.168.2.0/24）；第二个字段"Direct"表示这是一个直连网络，也就是说这个网络是直接连在这台设备上的；最后一个字段表示发往 192.168.2.0/24 网络数据要从 Vlanif20 接口转发出去。

跟交换机一样，路由器将数据包转发出去以后，就完成任务了。它不会去管接收方是否会接收到，甚至不知道接收方是否真的存在。只要路由条目里写的该从哪个端口转发出去，它就严格按照路由表中路由条目的要求去转发。

与交换机转发数据帧不一样的是，路由器去查询路由表，如果查不到目的网络的路由条目，则会把这个数据包丢弃。

4. 课堂实践

通过使用路由器连接两个不同的网络，实现不同网络的互联互通。如图 2.24 所示，路由器 AR1 的 GE0/0/0 接口就是网络 A 的网关，负责网络 A 与其他网络的数据流量转发；GE0/0/1 接口就是网络 B 的网关，负责网络 B 与其他网络的数据流量转发。

步骤 1：用一根 CTL 线缆（设备配置线缆）将管理计算机 PC5 的 RS232 接口连接到路由器的 Console 接口，如图 2.25 所示。

步骤 2：启动管理计算机 PC5，通过超级终端软件登录到路由器的控制台界面，如图 2.26 所示。

注：在华为虚拟仿真软件 eNSP 中，也可直接双击设备登录设备的配置界面，如图 2.27 所示。

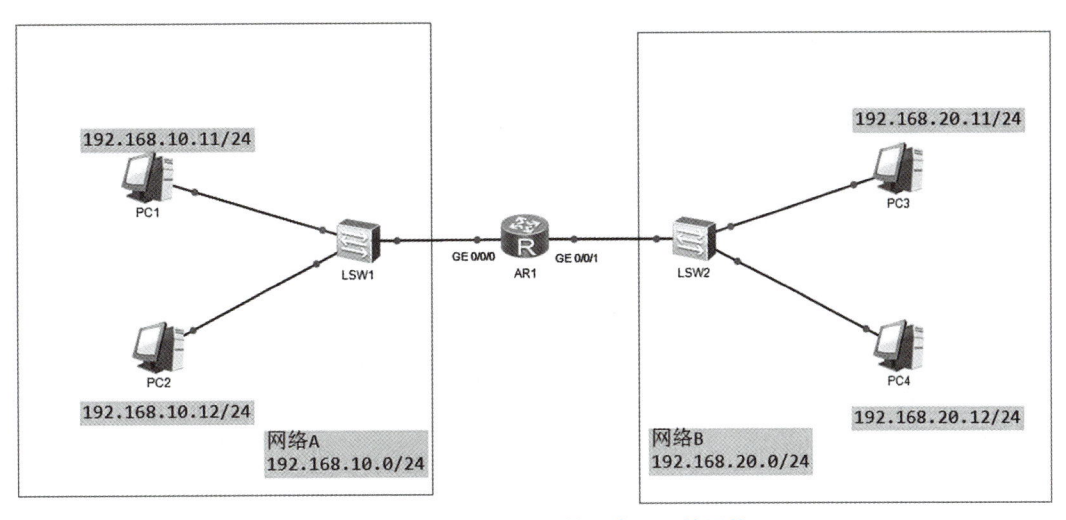

图 2.24　使用路由器连接两个不同的网络

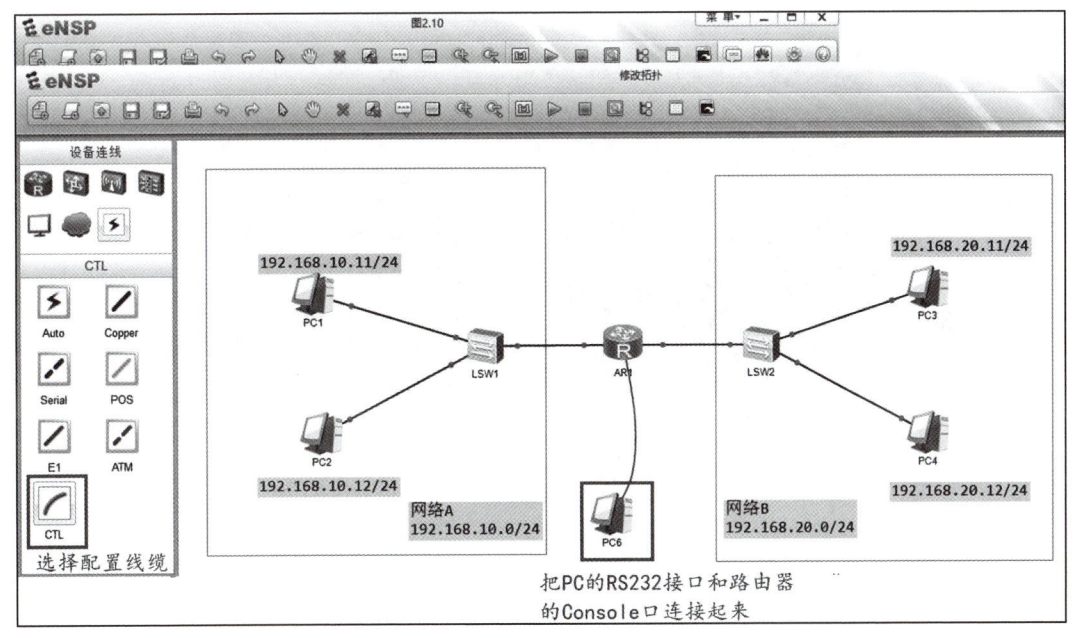

图 2.25　管理计算机连接设备 Console 接口

39

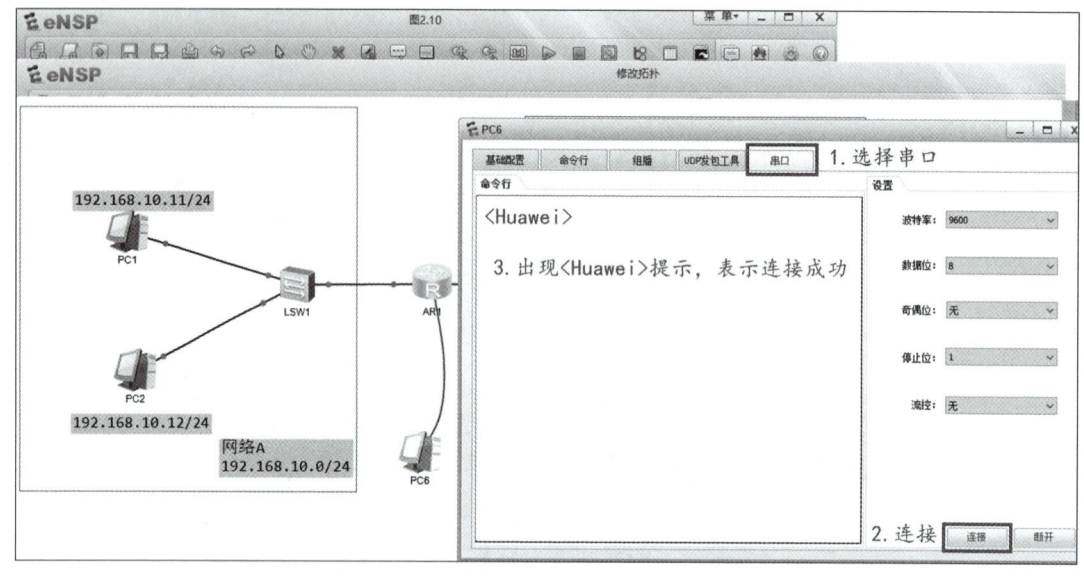

图 2.26　通过超级终端登录设备配置界面

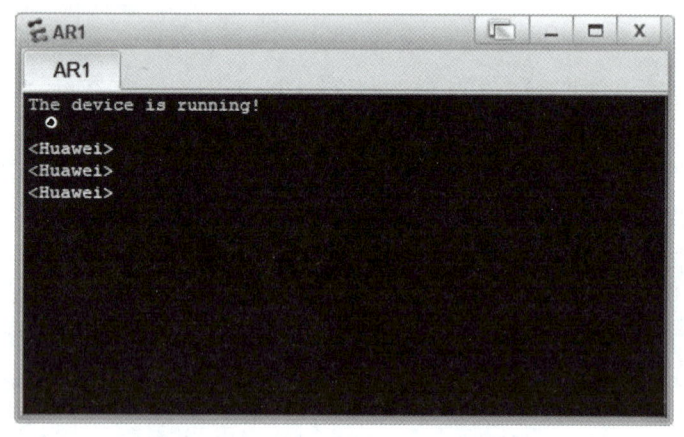

图 2.27　通过双击设备登录设备配置界面

步骤3：配置路由器GE0/0/0接口的IP地址为192.168.10.1/24，作为网络A的网关，为网络A的主机提供跨网络的数据转发服务。

```
<Huawei>sys    //进入特权模式
[Huawei]interface G0/0/0    //进入端口 GE0/0/0
[Huawei-GigabitEthernet0/0/0]ip address 192.168.10.1 24    /* 配置端口IP地址*/
[Huawei-GigabitEthernet0/0/0]quit    //退出当前端口
```

步骤4：配置路由器GE0/0/1的接口的IP地址为192.168.20.1/24，作为网络B的网关，为网络B的主机提供跨网络的数据转发服务。

```
<Huawei>sys    //进入特权模式
[Huawei]interface G0/0/1    //进入端口 GE0/0/1
```

[Huawei-GigabitEthernet0/0/1]ip address 192.168.20.1 24　　/* 配置端口 IP 地址*/

　　[Huawei-GigabitEthernet0/0/1]quit　　//退出当前端口

步骤 5：测试 PC 与网关的连通性。

先测试主机是否可以 ping 通自己的网关，从主机 PC1 ping 路由器的 GE0/0/0 接口的地址（192.168.10.1），结果如图 2.28 所示。

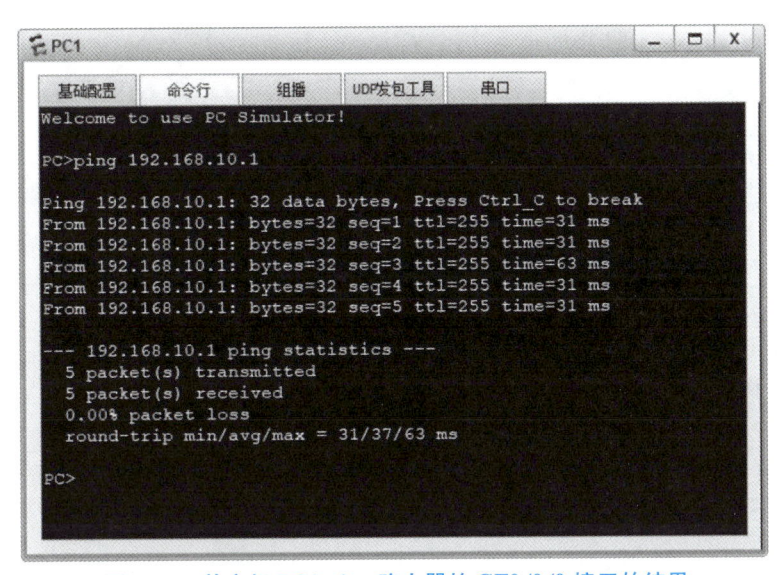

图 2.28　从主机 PC1 ping 路由器的 GE0/0/0 接口的结果

从主机 PC3 ping 路由器的 GE0/0/1 接口的地址（192.168.20.1），结果如图 2.29 所示。

图 2.29　从主机 PC3 ping 路由器的 GE0/0/1 接口的结果

显然，网络 A 和网络 B 的主机都可以跟自己的网关通信，如图 2.30 所示。

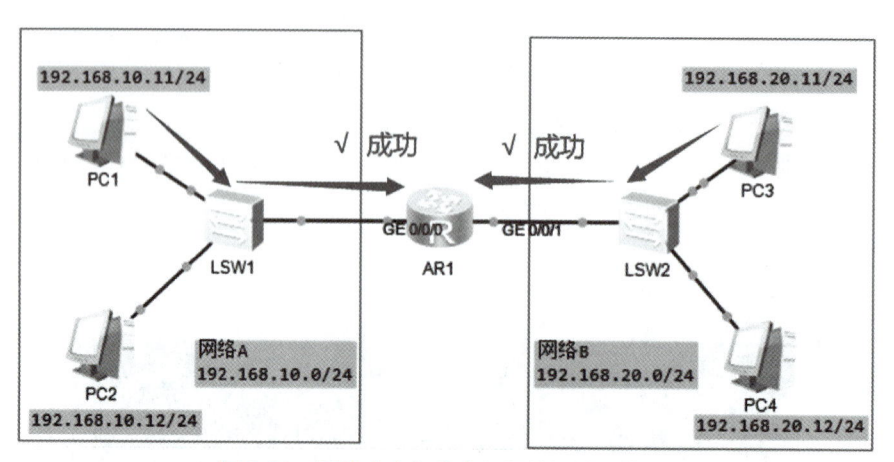

图 2.30　网络内主机和自己网关通信示意图

步骤 6：为主机配置网关参数。

在配置 IP 地址的界面，如图 2.31 所示，为主机 PC1 配置网关信息，告诉主机 PC1 它的网关是 192.168.10.1，如果有数据要发到其他网络，请把数据发给它。

图 2.31　为主机 PC1 配置网关

用同样的方法配置其他主机的网关。注意：网络 B 的网关是 192.168.20.1。

最后，从主机 PC1 去 ping 主机 PC2，测试一下不同网络之间的通信是否正常，结果如图 2.32 所示。

PC1 和 PC3 能正常通信，说明成功实现了跨网络的数据传输。

项目二　工业互联网网络搭建

图 2.32　从主机 PC1 ping 主机 PC3 结果

任务拓展

【路由技术】网络通信的核心

在信息化时代，网络通信已经成为人们日常生活和工作不可或缺的一部分，而路由技术作为网络通信的核心技术，对于构建高效可靠的网络基础设施至关重要。一方面，路由技术可以实现数据的安全传输，确保信息在传输过程中不被非法获取或篡改，通过使用加密算法、访问控制和认证机制，路由技术可以保护敏感信息的机密性，防止国家机密和个人隐私受到侵害。另一方面，路由技术可以对网络流量进行管理和控制，确保网络资源的合理分配和使用，通过实施流量监测、负载均衡和优先级设置等策略，可以提高网络的稳定性和性能，防止网络拥塞和资源滥用，保障国家重要的网络应用和服务的正常运行。

大学生应具备安全风险管控及隐患排查治理的能力，通过合理应用和配置路由技术，保护国家重要信息的机密性、防御网络攻击、提高网络稳定性和应急响应能力，确保国家网络的安全运行，维护国家安全和社会稳定。

作业：路由技术作为网络通信的核心技术之一，对社会的发展和个人的生活产生了深远的影响。请分组探讨路由技术的发展历程、社会影响和责任。

任务 6　部署无线工业局域网

学习目标

- 理解无线局域网的工作原理
- 掌握无线路由器的配置，为移动用户提供网络访问服务

任务 6　部署无线工业互联网

建议学时

2 课时

工作情境

移动互联网的快速发展，移动终端呈现爆炸式增长，极大地推动了无线网络的快速发展。无线网络由于其便捷性和灵活性，具有传输速率快、传输质量高、误码率低等优势，可以在工业环境中将小范围内的工业设备、计算机、终端和各类信息设备互相连通，给工业网络的前期组建、中期维护和后期拓展都带来了极大的便利。

知识导图

```
                                    ┌── 概念
                        ┌─1.无线局域网─┤
                        │             └── 优点
                        │
                        │             ┌── 802.11
                        │             ├── 802.11b
                        │             ├── 802.11a
           部署无线工业互联网─2.无线局域网标准─┤── 802.11n
                        │             ├── 802.11ac
                        │             └── 802.11ax
                        │
                        │               ┌── 无线路由器
                        └─3.无线局域网网络设备─┤── 无线接入点AP
                                        └── 无线控制器AC
```

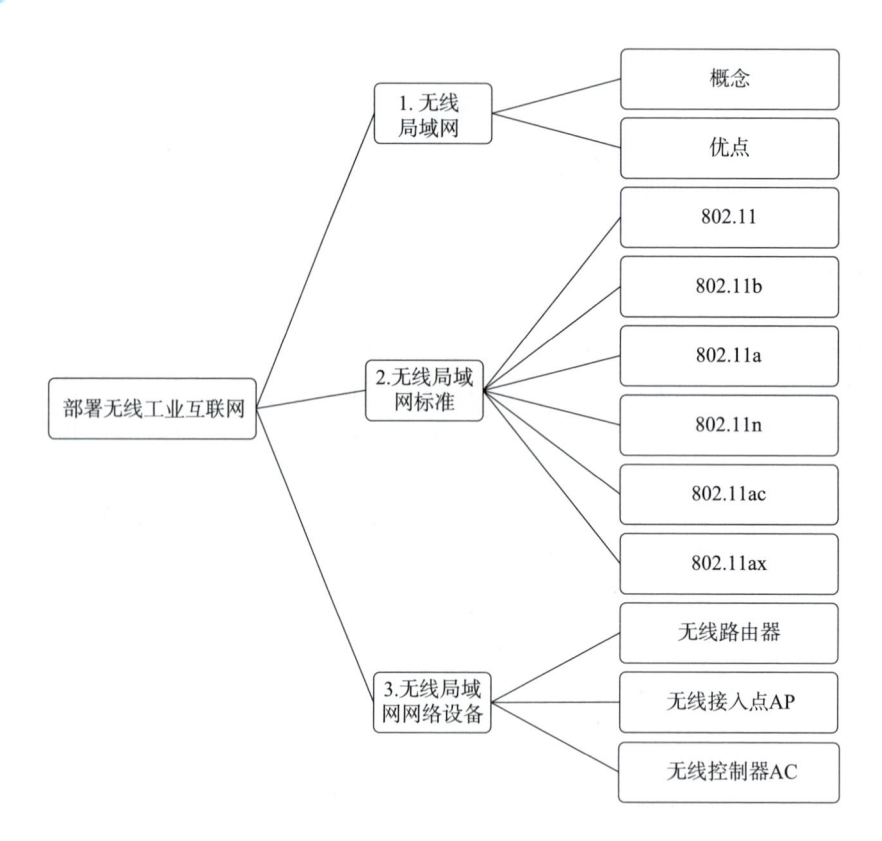

相关知识

1. 无线局域网

无线局域网也就是平常人们所说的 WLAN，它由一个无线路由设备在一定区域内发射无线电波组成，是近年来一项新兴的网络技术。无线局域网使用射频技术，利用电磁波在空气中传输网络信号,不需要使用网络缆线,取代了由传统双绞线组建的局域网,更方便快捷。

与有线局域网相比较,无线局域网具备以下优点:

(1) 安装便捷

一般的网络建设中,施工周期较长,对周边环境影响最大的就是网络综合布线工程。有线网络在施工过程中,往往要破墙掘地、架管穿线,而无线局域网最大的优势就是免去或减少了网络布线的工作量。一般只要安装一个或多个接入点无线网络设备,就可建立覆盖整个建筑或地区的局域网络。

(2) 使用灵活

由于有线网络缺少灵活性,要求在网络规划时尽可能地考虑未来发展的需要,这就导致往往要预设大量利用率较低的信息点。一旦网络发展超出了设计规划,又要花费较多费用进行网络改造。而无线局域网可以避免或减少以上情况的发生,对于无线局域网而言,在无线网的信号覆盖区域内任何一个位置都可以接入网络。与有线局域网相比,无线局域网的应用范围更加广泛,而且开发运营成本低、时间短、投资回报快、易扩展、受自然环境地形及灾害影响小、组网灵活快捷。

(3) 易于扩展

无线局域网有多种配置方式,能够根据需要灵活选择。这样,无线局域网就能胜任从只有几个用户的小型局域网到有上千用户的大型网络,并且能够提供像"漫游"等有线网络无法提供的服务。

2. 无线局域网的标准

无线局域网第一个版本 IEEE 802.11 发表于 1997 年,其中定义了介质访问接入控制层和物理层。物理层定义了工作在 2.4 GHz 的 ISM 频段上的两种无线调频方式和一种红外传输的方式,总数据传输速率设计为 2 Mb/s。经过几十年的发展,无线局域网技术已经广泛应用在商务区、大学、机场及其他需要无线网的公共区域。

通常情况下,很多人认为 WLAN 就是 Wi-Fi。需要说明的是,它们不是同一个概念。WLAN 的标准叫 IEEE 802.11,Wi-Fi 只是 IEEE 802.11 标准的一种实现,只是对于普通用户来说,Wi-Fi 使用得最普遍。基于 IEEE 802.11 标准的产品除了 Wi-Fi 外,还有无线千兆(Wireless Gigabit,WiGig)联盟。WiGig 联盟于 2013 年 1 月 4 日并入 Wi-Fi 联盟。

目前为止,Wi-Fi 已发展到第六代,见表 2.8。

表 2.8 Wi-Fi 发展世代表

世代	年份	依据的标准	工作频段	最高速率
第一代	1997	IEEE 802.11(原始标准)	2.4 GHz	2 Mb/s
第二代	1999	IEEE 802.11b	2.4 GHz	11 Mb/s
第三代	1999	IEEE 802.11a	5 GHz	54 Mb/s

续表

世代	年份	依据的标准	工作频段	最高速率
第四代	2009	IEEE 802.11n	2.4 GHz 和 5 GHz	600 Mb/s
第五代	2013	IEEE 802.11ac	5 GHz	6.9 Gb/s
第六代	2019	IEEE 802.11ax	2.4 GHz 和 5 GHz	9.6 Gb/s

3. 无线局域网络设备

与有线网络相同，无线网络也需要网络设备充当中心节点。但与有线网络不同的是，在无线网络中使用到的设备主要是无线路由器和无线接入点。其中，无线路由器主要应用于小型无线网络，而无线接入点则可应用于大中型无线网络中。

（1）无线路由器

无线路由器是无线接入点与宽带路由器的结合，借助于无线路由器，可实现家庭或小型网络的无线互联和 Internet 连接共享。

无线路由器除可用于无线网络连接外，还拥有 4 个以上以太网口，用于直接连接传统的计算机或工业网络设备。也可以用于连接交换机，为更多的计算机提供 Internet 连接共享。

（2）无线接入点

无线接入点或称为无线 AP（Access Point），其作用类似于以太网中的集线设备，用于为无线终端设备（如便携式计算机、无线打印机、无线摄像头等）提供无线网络接入。通常情况下，大部分 AP 最多可以支持多达 30 台计算机的接入，有些大吞吐量的 AP 甚至可以接入 50~80 台计算机，但为了保证无线 AP 的性能，建议数量以不超过 20 台为宜。在大规模的工业互联网络中，无线 AP 需要结合无线控制器（AC）使用。

AP 分为"瘦"AP 和"胖"AP。"瘦"AP 相当于有线网络中的交换机，在无线局域网中不停地接收和传送数据，"瘦"AP 本身并不能进行配置，需要一台无线控制器进行集中控制管理配置。"胖"AP 除无线接入功能外，还具备 WAN、LAN 两个接口，支持地址转换（NAT）功能，功能跟无线路由器类似。

（3）无线控制器

无线控制器是一种网络设备，用来集中控制局域网内所有的无线 AP，也称为 AP "管家"。无线控制器是在大规模无线覆盖中使用的，通过集中管理所有的 AP，使得所有的 AP 能够协同工作，提供漫游、信号自动切换等功能。

4. 课堂实践

下面通过一个案例来一起学习无线工业局域网的部署。无线网络由于组网灵活、安装便捷、易于扩展的特点，在工业互联网领域越来越受到大家的欢迎。通过利用华为虚拟仿真软件 eNSP 组建一个全新的无线互联网络，更好地服务于工业互联网。

步骤 1：在网络中部署无线 AC、AP，拓扑如图 2.33 所示。

网络规划：
（1）VLAN 10：AP 管理 VLAN
　　　　　　192.168.10.1/24
（2）VLAN 20：无线业务 VLAN
　　　　　　192.168.20.1/24

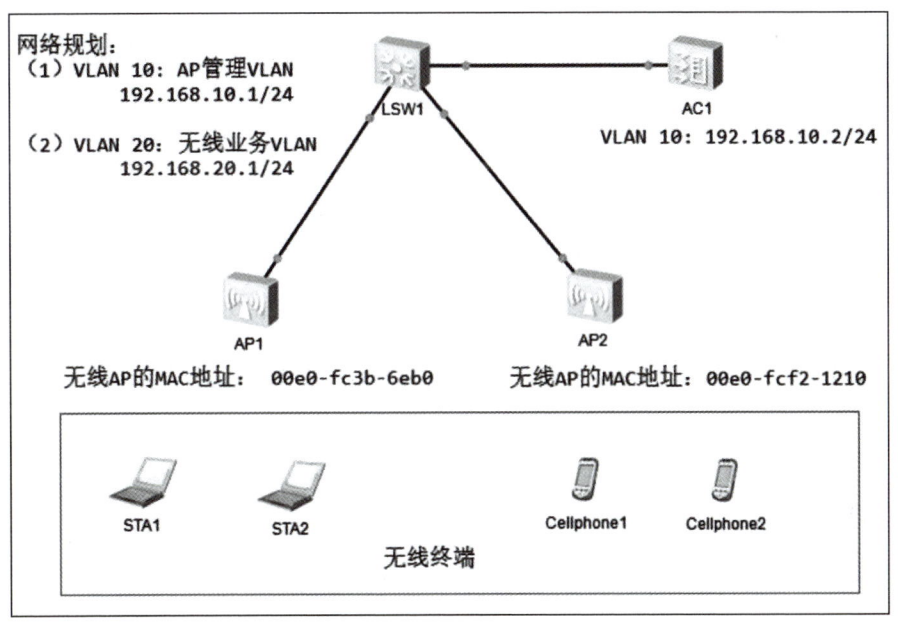

LSW1
AC1　VLAN 10：192.168.10.2/24

AP1　无线AP的MAC地址：00e0-fc3b-6eb0
AP2　无线AP的MAC地址：00e0-fcf2-1210

STA1　STA2　Cellphone1　Cellphone2
无线终端

图 2.33　部署无线 AC 和 AP

步骤 2：开启设备，配置交换机 LSW1。
划分 VLAN：

```
<Huawei>sys                          //进入特权模式
Enter system view,return user view with Ctrl+Z.
[Huawei]vlan batch 10 20             //划分 VLAN10、VLAN20
Info: This operation may take a few seconds.Please wait for a moment...done.
[Huawei]
```

给 VLAN 配置 IP 地址：

```
[Huawei]int vlan 10                                //进入 VLAN10
[Huawei-Vlanif10]ip address 192.168.10.1 24        //配置 IP 地址
[Huawei-Vlanif10]quit                              //退出
[Huawei]int vlan 20                                //进入 VLAN10
[Huawei-Vlanif20]ip address 192.168.20.1 24        //配置 IP 地址
[Huawei-Vlanif20]quit                              //退出
```

配置 DHCP：

```
[Huawei]dhcp enable                  //启用 DHCP 服务
```

Info:The operation may take a few seconds. Please wait for a moment. done.

　　[Huawei]ip pool vlan10　　　　　　　　/* 创建地址池 VLAN10,该地址池是分配给无线 AP*/

　　Info:It's successful to create an IP address pool.

　　[Huawei-ip-pool-vlan10]network 192.168.10.0 mask 24　　/* 分配网络号和掩码*/

　　[Huawei-ip-pool-vlan10]gateway-list 192.168.10.1　　　　//分配网关

　　[Huawei-ip-pool-vlan10]option 43 sub-option 3 ascii 192.168.10.2//指定无线控制器 AC 地址

　　[Huawei-ip-pool-vlan10]quit　　　　　　　　　　　//退出

　　[Huawei]

　　[Huawei]ip pool vlan20　　　　　　　　/* 创建地址池 VLAN10,改地址池是分配给无线用户*/

　　Info:It's successful to create an IP address pool.

　　[Huawei-ip-pool-vlan20]network 192.168.20.0 mask 24　　/* 分配网络号和掩码*/

　　[Huawei-ip-pool-vlan20]gateway-list 192.168.20.1　　　　//分配网关

　　[Huawei-ip-pool-vlan20]dns-list 114.114.114.114　　　　//分配 DNS

　　[Huawei-ip-pool-vlan20]quit　　　　　　　　　　　//退出

　　[Huawei]int vlan 10　　　　　　　　　　　　　/* 进入 VLAN10 端口*/

　　[Huawei-Vlanif10]dhcp select global　　　　　　　//该 VLAN 用户从刚创建的地址池获取地址*/

　　[Huawei-Vlanif10]quit　　　　　　　　　　　　//退出

　　[Huawei]int vlan 20　　　　　　　　　　　　　/* 进入 VLAN20 端口*/

　　[Huawei-Vlanif20]dhcp select global　　　　　　　/* 该 VLAN 用户从刚创建的地址池获取地址*/

　　[Huawei-Vlanif20]quit　　　　　　　　　　　　//退出

　配置干道协议:

　　[Huawei]port-group group-member g0/0/1 to g0/0/3　　/* 进入端口组 G0/0/1 到 G0/0/3*/

　　[Huawei-port-group]port link-type trunk　　　　　　/* 端口组所有端口设置为干道 Trunk*/

　　[Huawei-GigabitEthernet0/0/1]port link-type trunk

　　[Huawei-GigabitEthernet0/0/2]port link-type trunk

```
[Huawei-GigabitEthernet0/0/3]port link-type trunk
[Huawei-port-group]port trunk allow-pass vlan 10 20    /*允许通过的VLAN是10和20*/
[Huawei-GigabitEthernet0/0/1]port trunk allow-pass vlan 10 20
[Huawei-GigabitEthernet0/0/2]port trunk allow-pass vlan 10 20
[Huawei-GigabitEthernet0/0/3]port trunk allow-pass vlan 10 20
[Huawei-port-group]port trunk pvid vlan 10          /*端口组所有端口的PVID是10*/
[Huawei-GigabitEthernet0/0/1]port trunk pvid vlan 10
[Huawei-GigabitEthernet0/0/2]port trunk pvid vlan 10
[Huawei-GigabitEthernet0/0/3]port trunk pvid vlan 10
[Huawei-port-group]quit
[Huawei]
```

注：PVID，端口默认的VLANID号，用来标识端口接收到的未标记的帧。

步骤3：配置无线控制器AC。

划分VLAN并且给VLAN配置地址：

```
<AC6605>sys                                          //进入特权模式
Enter system view,return user view with Ctrl+Z.
[AC6605]vlan batch 10 20                             //划分VLAN10、VLAN20
Info:This operation may take a few seconds. Please wait for a moment...done.
[AC6605]
[AC6605]int vlan 10                                  //进入VLAN10
[AC6605-Vlanif10]ip address 192.168.10.2 24          //配置IP地址
[AC6605-Vlanif10]quit                                //退出
```

配置干道协议：

```
[AC6605]int G0/0/1                                   //进入端口G0/0/1
[AC6605-GigabitEthernet0/0/1]port link-type trunk    /*端口的类型设置为干道Trunk*/
[AC6605-GigabitEthernet0/0/1]port trunk allow-pass vlan 10 20 /*允许VLAN10、VLAN20通过干道*/
[AC6605-GigabitEthernet0/0/1]port trunk pvid vlan 10 /*干道PVID是VLAN10*/
[AC6605-GigabitEthernet0/0/1]quit
```

配置AP认证模式：

```
[AC6605]wlan                                         //进入无线配置模式
```

[AC6605-wlan-view]ap auth-mode mac-auth　　//无线AP认证是基于MAC认证
　　[AC6605-wlan-view]quit

绑定无线AP：

　　[AC6605]capwap source interface vlan 10　　/* 配置AC建立CAPWAP隧道使用的接口,作为AC的源接口,用于AC和AP间建立CAPWAP隧道通信。*/
　　[AC6605]wlan　　　　　　　　　　　　　　　　//进入无线配置模式
　　[AC6605-wlan-view]ap-id 1 ap-mac 00e0-fc38-40a0　　/* 绑定第一个AP的MAC*/
　　[AC6605-wlan-ap-1]ap-name ap1　　　　　　　　//命名为AP1
　　[AC6605-wlan-ap-1]quit　　　　　　　　　　　　//退出
　　[AC6605-wlan-view]ap-id 2 ap-mac 00e0-fc87-2400　　/* 绑定第二个AP的MAC*/
　　[AC6605-wlan-ap-2]ap-name ap2　　　　　　　　//命名为AP2
　　[AC6605-wlan-ap-2]quit　　　　　　　　　　　　//退出
　　[AC6605-wlan-view]quit　　　　　　　　　　　　//退出
　　[AC6605]display ap all　　　　　　　　　　　　//查看AP是否上线了
　　Info: This operation may take a few seconds.Please wait for a moment.done.
　　Total AP information:
　　nor:normal[2]

　　ID MAC   Name Group IP   Type State STA Uptime
　　---
　　1   00e0-fc38-40a0 ap1 default 192.168.10.254 AP2050DN nor 0 2M:50S
　　2   00e0-fc87-2400 ap2 default 192.168.10.253 AP2050DN nor 0 3M:3S
　　-- Total:2
　　[AC6605]

当状态是nor的时候，表示AP已经上线了。
配置无线信号模板：需要配置信号模板、安全模板、调用模板。

　　[AC6005]wlan　　　　　　　　　　　　　　　　//进入无线配置模式
　　[AC6005-wlan-view]ssid-profile name aa　　/* 创建一个ssid模板,名称是aa*/
　　[AC6005-wlan-ssid-prof-aa]ssid GYHLW　　//广播出来的ssid是GYHLW
　　Info:This operation may take a few seconds,please wait.done.
　　[AC6005-wlan-ssid-prof-aa]quit　　　　　　　//退出
　　[AC6005-wlan-view]

[AC6005 - wlan - view]security - profile name bb　　/* 创建一个安全模板，名称是 bb*/

[AC6005 - wlan - sec - prof - bb]security wpa2 psk pass - phrase Aa123456 aes 密码是 Aa123456

[AC6005 - wlan - sec - prof - bb]quit

[AC6005 - wlan - view]

[AC6005 - wlan - view]vap - profile name cc　　　　//创建调用模板，名称是 cc

[AC6005 - wlan - vap - prof - cc]ssid - profile aa　　/* 调用 ssid 模板 aa 的参数*/

Info:This operation may take a few seconds,please wait. done.

[AC6005 - wlan - vap - prof - cc]security - profile bb　　/* 调用安全模板 bb 的参数*/

Info:This operation may take a few seconds,please wait. done.

[AC6005 - wlan - vap - prof - cc]service - vlan vlan - id 20　　/* 指定业务无线用户的业务 VLAN 是 20*/

Info:This operation may take a few seconds,please wait. done.

[AC6005 - wlan - vap - prof - cc]quit　　　　　　　　　　　　//退出

[AC6005 - wlan - view]

发射无线信号：

[AC6005]wlan　　　　　　　　　　　　　　　　　//进入无线配置模式

[AC6605 - wlan - view]ap - group name default　　/* 进入默认 AP 组 default,默认情况下,所有的 AP 都在默认组 default 中*/

[AC6605 - wlan - ap - group - default]vap - profile cc wlan 1 radio all
　　//按调用模板 cc 的配置要求,发射无线信号

发射无线信号后，效果如图 2.34 所示。

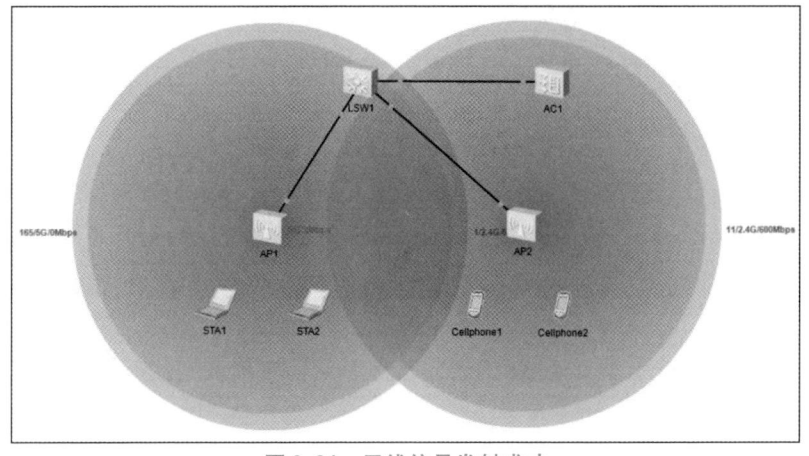

图 2.34　无线信号发射成功

步骤3：测试无线信号连接情况。

把无线终端连上无线信号，如图2.35所示。

图 2.35 把无线终端连上无线信号

终端连上无线信号效果如图2.36所示。

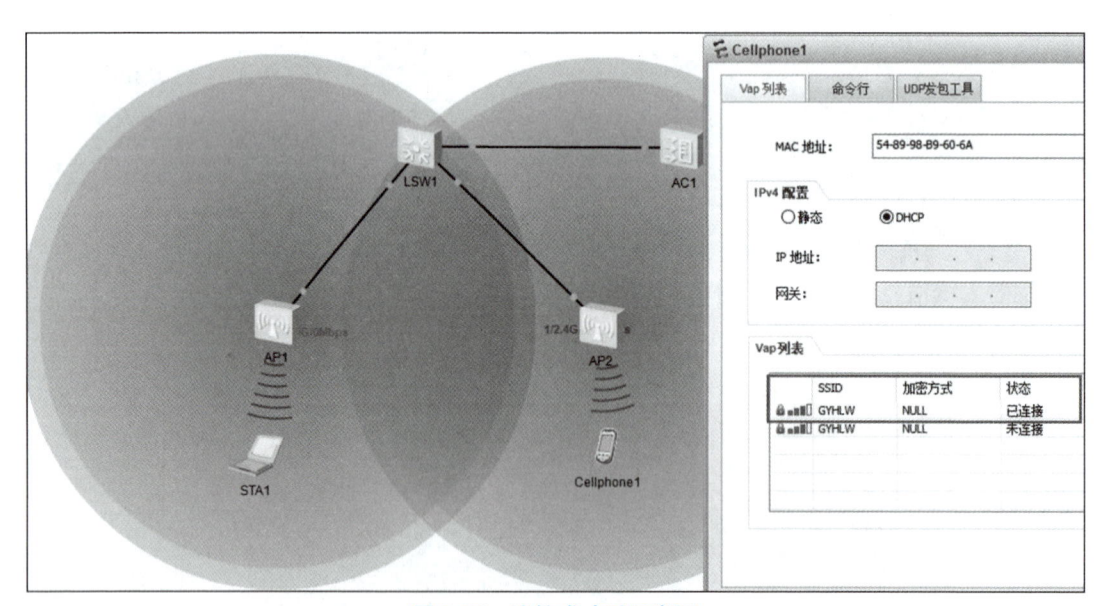

图 2.36 连接成功后示意图

通过ipconfig命令查看无线终端的IP地址，并且测试网络连通性，效果如图2.37所示。

测试无线漫游功能，效果如图2.38所示。

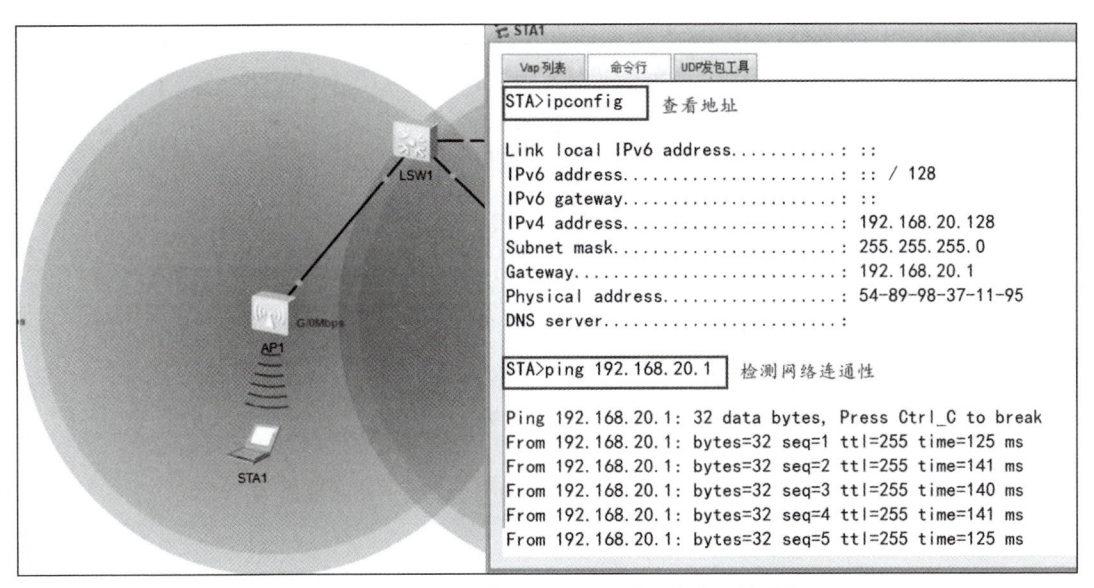

图 2.37　无线终端获取地址和测试网络连通性截图

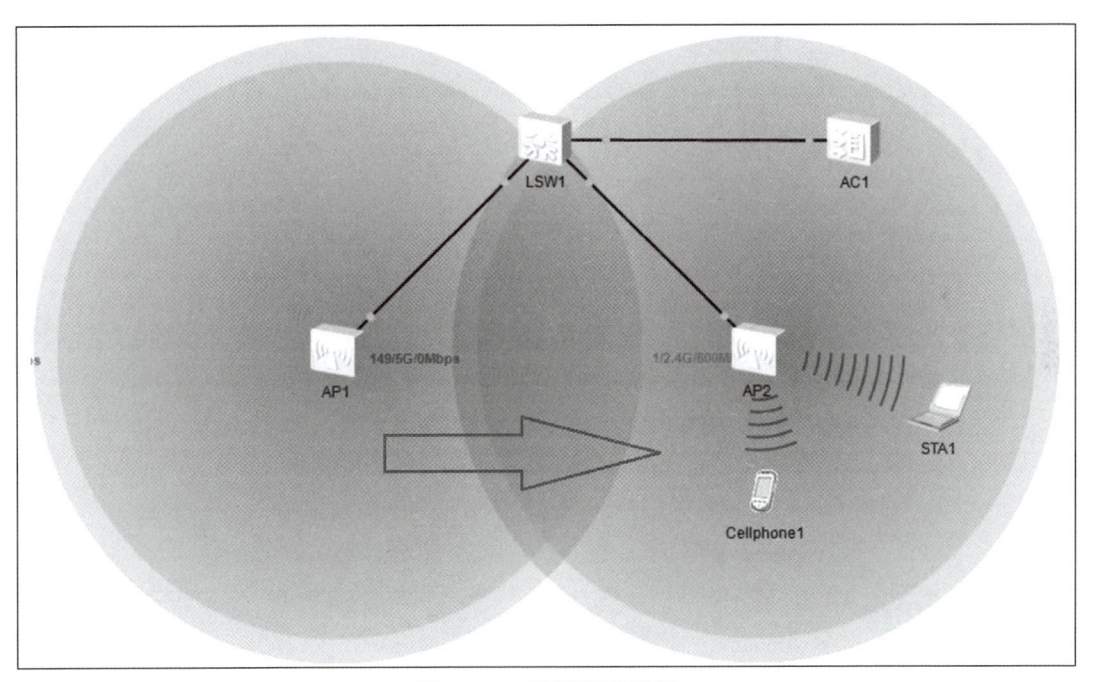

图 2.38　无线漫游效果图

任务拓展

【中国互联网 30 周年礼赞】科技发展与网络经济的辉煌成就

自 1994 年中国正式接入国际互联网以来，中国互联网已进入发展的第 30 年。30 年间，中国互联网在科技创新方面取得了举世瞩目的成果，从最初的电子邮件、新闻网站，到如今的社交媒体、电商平台，中国的互联网产业不断创新发展，为人民群众提供了更加便捷、丰富的信息服务。特别是近年来，中国政府大力支持科技创新，快速推进数字基础设施建设，鼓励企业加大研发投入，推动产学研用紧密结合，为中国互联网产业的快速发展奠定了坚实基础，千行百业实现"触网"，新业态、新模式不断涌现，数字经济成为推动经济增长的重要引擎。工业互联网呈现出较快发展态势，工业互联网标识解析体系覆盖31个省（区、市），具有一定影响力的工业互联网平台超过240家，国家工业互联网大数据中心体系基本建成。

短短30年，中国的互联网技术和产业从一无所有发展为引领者。长足进步的背后是国家的高度重视、对自主创新理念的秉承和坚持。作为青年学生，要坚定四个自信，从自身做起，勤于学习、刻苦钻研，为实现科技强国的建设和中华民族的伟大复兴贡献自己的力量。

作业：分析调研我国工业互联网平台发展现状，撰写报告分享启发。

项目三

工业大数据感知与采集

任务 7　感知工业大数据

学习目标

- 掌握制造资源标识解析技术
- 掌握工业大数据传感技术
- 掌握制造资源定位技术
- 理解群智感知技术

任务7　感知工业大数据

建议学时

2 课时

工作情境

工业大数据的发展与数据感知技术密不可分，数据感知为工业数据分析提供源源不断的数据资源，是工业数据技术的基石，其效率、准确度和鲁棒性直接影响到后续数据处理与分析业务的效果。充分了解工业大数据感知技术，为后续数据采集、传输、处理及分析打下坚实基础。

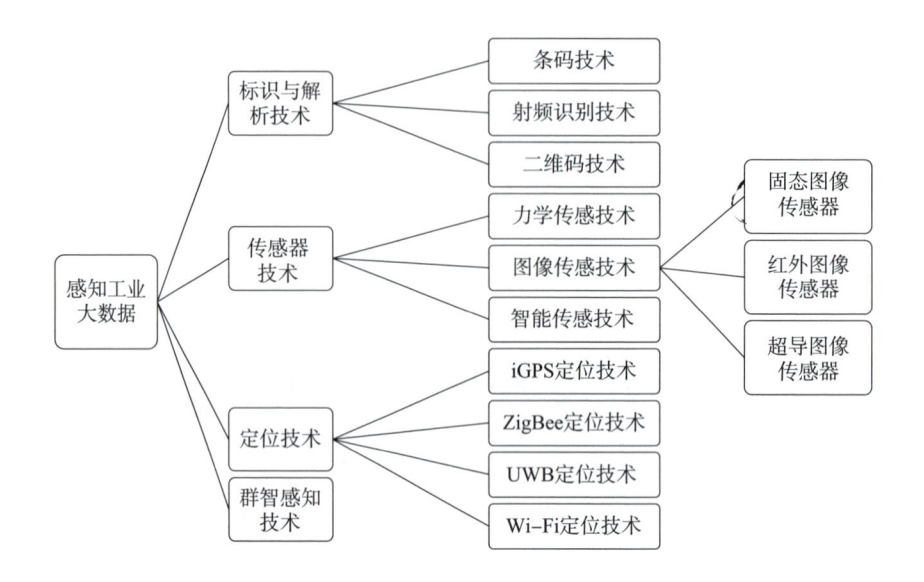

知识导图

```
                    ┌─ 标识与解析技术 ─┬─ 条码技术
                    │                 ├─ 射频识别技术
                    │                 └─ 二维码技术
                    │
                    │                 ┌─ 力学传感技术        ┌─ 固态图像传感器
感知工业大数据 ─────┼─ 传感器技术 ────┼─ 图像传感技术 ──────┼─ 红外图像传感器
                    │                 └─ 智能传感技术        └─ 超导图像传感器
                    │
                    │                 ┌─ iGPS定位技术
                    ├─ 定位技术 ──────┼─ ZigBee定位技术
                    │                 ├─ UWB定位技术
                    │                 └─ Wi-Fi定位技术
                    │
                    └─ 群智感知技术
```

相关知识

数据感知技术是一种通过物理、化学或生物效应感知目标的状态、特征和方式信息，并按照一定的规律将其转换成可利用信号，用于表征目标特征信息的信息获取技术。工业数据感知的核心技术体系包括标识与解析技术、定位技术、传感技术等。以智能车间的数据感知为例，编码与标识技术表明了工件等物料的身份编码，定位技术可以感知工件物流数据，智能传感技术可以感知工件的加工表面质量、形位误差等数据。近年来，随着智能AGV、智能手持终端等智能移动设备的广泛普及，群智感知技术通过设备在移动过程中完成大范围的感知任务，受到了大量关注，逐渐成为一种新的数据感知手段。

1. 标识与解析技术

在数字化的工业系统中，标识指设备、物料、工装、夹具等资源的"身份证"号码；标识的解析，就是利用所建立的标识，对设备、物料、工装、夹具等资源进行唯一性的定位和信息查询。常见的标识解析技术包括条码技术、射频识别技术（Radio Frequency Identification，RFID）、二维码技术等。

（1）条码技术

条码是将线条与空白按照一定的编码规则组合起来的符号，用于代表一定的字母、数字等资料，如图3.1所示。最早的条码标识通过条码的宽度和

图3.1 条码

数量来标识数据，通过扫描条码进行不同色条、不同宽度的识别，进而可以获取到条码上的信息。条码技术主要由扫描阅读、光电转换和译码输出到计算机三大部分组成。这种技术的最大优点是速度快、错误率低、可靠性高、性价比高，但损污后可读性差。

在工业领域中，其通常应用于仓库管理和生产管理。将条码技术与信息处理技术结合，实施条码化的仓库管理，可确保库存量的准确性，保证必要的库存水平及仓库中物料的移动与进货发货协调一致，减少库存积压。在汽车等现代化、大规模的生产行业中，条码技术不仅应用于生产过程控制和生产效率统计等领域，同时，还具有对成品终身质量跟踪等功能，可保证数据的实时性和准确性。

在进行解析的时候，是用条码阅读机（即条码扫描器，又称条码扫描枪或条码阅读器）扫描，得到一组反射光信号，此信号经光电转换后，变为一组与线条、空白相对应的电子信号，经解码后，还原为相应的文字或数字，再传入计算机。目前也能够通过手机拍照方法对照片进行识别来获取条码中的数据。

（2）射频识别技术

无线射频识别技术是一种非接触的自动识别技术，其基本原理是利用射频信号和空间耦合（电感或电磁耦合）传输特性实现识读器与标签间的数据传输。射频识别系统一般由三个部分组成，如图 3.2 所示，即标签、识读器和天线，部分功率要求不高的 RFID 设备把识读器和天线集成在一起，统一称作识读器。在应用方面，射频电子标签黏附在被识别的物品上，当该物品移动至识读器驱动的天线工作范围内时，识读器可以无接触地把物品所携带的标签中的数据读取出来，从而实现物品的无线识别。可读写的 RFID 设备还可以通过识读器在标签所附着的物品把需要的数据写入标签，从而完整地实现产品的标记与识别。

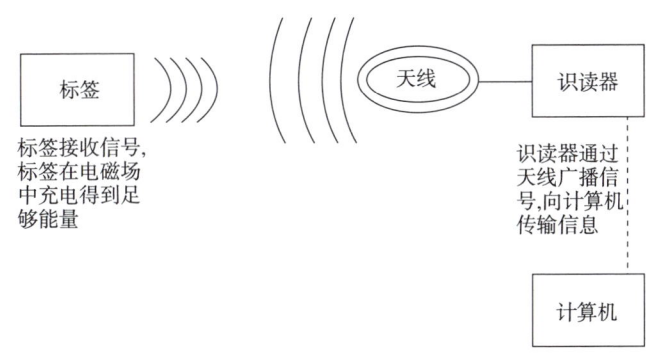

图 3.2　RFID 系统

在工业生产中，利用 RFID 技术可以实时对生产计划执行过程进行监控及可视化管理，增强生产计划与调度的时效性，大大降低了工作中的人为失误。可以通过工位读写器、电子托盘、RFID 标签挂件等产品，实现可视化的生产过程监控平台，从毛坯到成品进行全程跟踪，记录产品的自动报工、各产品/批次的完工数量、工件的当前工序、各工序的执行设备和操作工人、各工序的实时状态等，为计划调度、线边物料管理、现场物流、质量追溯提供原证数据，也为企业开展价值工程活动提供依据。基于 RFID 技术形成产品溯源追踪系统，可大大提高公司产品的信誉度，建立一个完善的质量体系。

(3) 二维码技术

二维码可以分为行排式二维码和矩阵式二维码。行排式二维码由多行一维码堆叠在一起构成，但与一维码的排列规则不完全相同；矩阵式二维码是深色块与浅色块组成的矩阵，通常呈正方形，在矩阵中，深色块和浅色块分别表示二进制中的1和0。

行排式二维码又称堆积式或层排式二维码。其形态类似于一维码，编码原理与一维码的编码原理类似，可以用相同的设备对其进行扫描识读。由于行排式二维码的容量更大，所以校验功能有所增强，但不具有纠错功能。行排式二维码中具有代表性的有PDF417码，如图3.3所示。

矩阵式二维码以矩阵的形式组成，每一个模块的长与宽相同，模块与整个符号通常都以正方形的形态出现。矩阵式二维码是一种图形符号自动识别处理码制，通常都有纠错功能。具有代表性的矩阵式二维码有Data Matrix码、Code One码、Quick Response码、汉信码，如图3.4所示。

图3.3　行排式二维码　　　　　图3.4　矩阵式二维码

2. 传感器技术

传感器技术是数据感知的核心技术，是数据处理与分析的源头和基础。智能传感技术在普通传感的基础上，利用微处理器对相关数据执行运算、分析等操作，从而使传感器更好地与外部环境交互，以更快、更好地获取设备需要的信息。在大数据时代，智能传感器技术的应用已经渗透到了仓储供应、生产加工、能源保障、环境控制、楼宇办公、安全保卫等各个方面。

（1）力学传感技术

力传感器（Force Sensor）是将力的量值转换为相关电信号的器件。力是引起物体运动状态变化的直接原因。力传感器包括力、力矩、振动、转速、加速度、质量、流量、硬度和真空度等传感器。按照用途来分，力传感器又可分为力、称重（衡器）和压力传感器。按照工作原理来分，力传感器又可分为电阻式（应变式、压阻式和电位器式）、电感式（压磁式）、电容式、磁电式（霍尔式）、压电式、表面声波（Surface Acoustic Wave，SAW）、光纤、薄膜（连续膜）力传感器等。

（2）图像传感技术

图像传感技术是在光电技术基础上发展起来的，利用光电器件的光电转换功能，将其感光面上的光信号转换为与光信号成对应比例关系的电信号"图像"的一门技术。该技术将光学图像转换成一维时序信号，其关键器件是图像传感器。

> 固态图像传感器

固态图像传感器是利用光敏元件的光电转换功能将投射到光敏单元上的光学图像转换成电信号"图像"，即将光强的空间分布转换为与光强成比例的电荷包空间分布，然后利用移位寄存器功能将这些电荷包在时钟脉冲控制下实现读取与输出，形成一系列幅值不等的时钟脉冲序列，完成光图像的电转换。固态图像传感器一般包括光敏单元和电荷寄存器两个主要部分。根据光敏元件的排列形式不同，固态图像传感器可分为线型和面型两种。根据所用的敏感器件不同，又可分为 CCD、MOS 线型传感器以及 CCD、CID、MOS 阵列式面型传感器等。

> 红外图像传感器

遥感技术多应用于 5~10 μm 的红外波段，现有的基于 MOS 器件的图像传感器和 CCD 图像传感器均无法直接工作于这一波段，因此，需要研究专门的红外图像传感技术及器件来实现红外波段的图像探测与采集。目前，红外 CCD 图像传感器有集成（单片）式和混合式两种。集成式红外 CCD 固态图像传感器是在一块衬底上同时集成光敏元件和电荷转移部件而构成的，整个片体要进行冷却。混合式红外 CCD 图像传感器的感光单元与电荷转移部件相分离，工作时，红外光敏单元处于冷却状态，而 Si – CCD 的电荷转移部件工作于室温条件。

> 超导图像传感器

超导传感器包括超导红外传感器、超导可见光传感器、超导微波传感器、超导磁场传感器等。超导传感器的最大特点是噪声很小，其噪声电平小到接近量子效应的极限，因此，超导传感器具有极高的灵敏度。超导图像使用时，还要配以准光学结构组成的测量系统。来自电磁喇曼的被测波图像，通常用光学透镜聚光，然后在传感器上成像。因此，在水平和垂直方向上，微动传感器总是能够探测空间的图像。这种测量系统适用于毫米波段。

（3）智能传感技术

智能传感器（Intelligent Sensor）是具有信息处理功能的传感器。智能传感器带有微处理机，具有采集、处理、交换信息的能力，是传感器集成化与微处理机相结合的产物。与一般传感器相比，智能传感器有三个优点：通过软件技术可实现高精度的信息采集，而且成本低；具有一定的编程自动化能力；功能多样化。

现有的智能传感器保留了传统传感器中数据获取的功能，通过无线网络实现数据交互。而得益于人工智能技术的发展，海量的数据得以有发挥的空间，通过模糊逻辑、自动知识收集、神经网络、遗传算法、基于案例推理和环境智能对传感器进行优化，给予用户相关建议并协助其完成任务。

鉴于智能传感器在灵活性、可重新配置能力和可靠性方面的优势，配备了智能传感器的设备与系统在越来越多的任务中表现出超过人类的性能。智能传感器因而广泛应用于装配、建筑建模、环境工程、健康监控、机器人、遥控作业等领域。

3. 定位技术

在以智能车间为代表的工业系统中，工件资源、人员信息与位置是自动控制、系统调度等系统运行优化业务所必需的基础信息。定位技术是指利用无线通信和传感器来感知当前资源位置的技术，是车间常用的感知技术之一。本节重点介绍 iGPS、ZigBee 定位、UWB 定位、Wi-Fi 定位等主流技术。

（1）iGPS 定位技术

iGPS 又称室内 GPS 技术，它是一种三维测量技术，其借鉴了 GPS 定位系统的三角测量原理，通过在空间建立三维坐标系，并采用红外激光定位的方法计算空间待测点的详细三维坐标值。iGPS 具有高精度、高可靠性和高效率等优点，主要用于解决大尺寸空间的测量与定位问题。iGPS 技术为大尺寸的精密测量提供了全新的思路。在 iGPS 技术之前，很难对飞机整机、轮船船身等大尺寸物体进行精密的测量。iGPS 技术可以很方便地解决这一难题，同时具有相当高的测量精度，在 39 m 的测量区域内，其测量精度可以高达 0.25 mm。此外，iGPS 系统可以通过建立一个大尺寸的空间坐标系，实现坐标测量、精确定位和监控装配等。

iGPS 系统主要包括三个部分：发射器、接收器和控制系统。发射器分布在测量空间的不同位置，发出一束线性激光脉冲信号和两束扇形激光平面信号；接收器又称 3D 靶镜，即能采集激光信号的传感器，位于待测点处，负责接收发射器发出的激光信号，并根据发射器投射来的激光时间特征参数计算待测点的角度和位置，将其转换为数字脉冲信号并通过 ZigBee 无线网络传输给控制系统；控制系统负责数字脉冲信号的分析处理工作，通过解码，并根据各发射器的相对位置和位置关系计算出各待测点的空间三维坐标。

（2）ZigBee 定位技术

ZigBee 定位由若干个待定位的盲节点和一个已知位置的参考节点与网关形成组网，每个微小的盲节点之间相互协调通信，以实现全部定位。其优点在于成本低、功耗低。但 ZigBee 的信号传输容易受到多径效应和移动的影响，而且定位精度取决于信道物理品质、信号源密度、环境和算法的准确性，定位软件的成本较高。

ZigBee 在工业场景中常用于厂内人员定位，采用新导智能的无线室内人员实时定位系统能够实现精确定位、实时跟踪、历史轨迹回放、区域准入、移动考勤、安保巡检等功能，定位最高精度可达 3 m。ZigBee 的应用可以对企业员工以及进出工厂的临时人员进行有效管理，从而提高工厂人员的管理效率。

（3）UWB 定位技术

UWB（Ultra Wide Band）即超宽带技术，它是一种无载波通信技术，利用纳秒级的非正弦波窄脉冲传输数据，因此，其所占的频谱范围很宽。UWB 定位采用宽带脉冲通信技术，具备极强的抗干扰能力，使定位误差减小。该技术的出现填补了高精度定位领域的空白，它具有对信道衰落不敏感、发射信号功率谱密度低、截获能力低、系统复杂度低、能提供厘米级的定位精度等优点，但实施成本相对较高，主要用于重要产品和资产的定位跟踪。

（4）Wi-Fi 定位技术

Wi-Fi 定位的原理和基站定位的相似，每一个无线接入点（AP）都有全球唯一的媒体存取控制地址（MAC），同时，无线 AP 在通常情况下不会移动。目标设备在开启 Wi-Fi 的情况下，即可扫描并收集周围的 AP 信号，无论是否加密，是否已连接，甚至信号强度不足以显示在无线信号列表中，都可以获取到 AP 广播出来的 MAC 地址。设备将这些能够标识 AP 的数据发送到位置服务器，服务器检索出每一个 AP 的地理位置，并结合每个信号的强弱程度，计算出设备的地理位置并返回到用户设备。

目前 Wi-Fi 定位技术有两种：一种是通过移动设备和 3 个无线网络接入点的无线信号强度，通过差分算法来比较精准地对移动设备进行三角定位；另一种是事先记录巨量的确定位置点的信号强度，通过用新加入的设备的信号强度对比拥有巨量数据的数据库来确定位置。在工业生产中，Wi-Fi 定位在厂区巡查、移动作业和参观引导方面有相关应用。

4. 群智感知技术

群智感知是指通过已有的移动设备形成交互式的、参与式的感知网络，并将感知任务发布给网络中的个体或群体来完成，从而帮助专业人员或公众收集数据、分析信息和共享知识。

群智感知主要涉及两个关键因素，即用户与数据，可以提供高质量的感知与计算服务。根据关注因素不同，可将群智感知划分为移动群智感知和稀疏群智感知。其中，移动群智感知主要关注用户，强调利用移动用户的广泛存在性、灵活移动性和机会连接性来执行感知任务；而稀疏群智感知则更加关注数据，通过挖掘和利用已感知数据的时空关联，来推断未感知区域的数据。

移动群智感知的典型架构如图 3.5 所示，主要划分为应用层、网络层和感知层。应用层主要处理任务发起者自身需求及网络层获得的数据，应用层向所有用户发布任务，移动用户携带着智能设备执行任务并上传数据至网络层，以向任务发起者提供感知与计算服务。

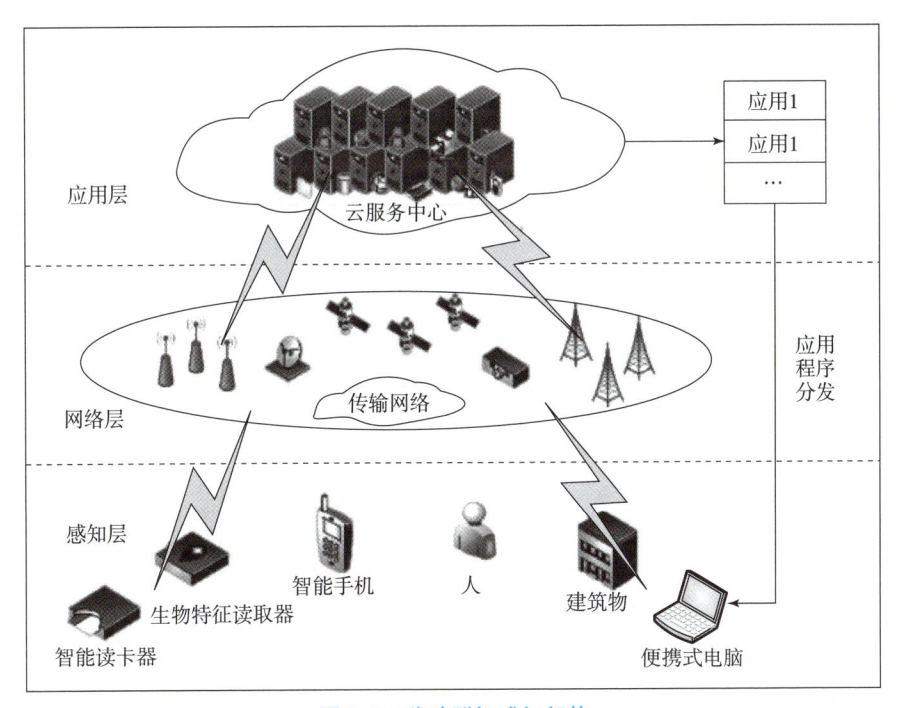

图 3.5　移动群智感知架构

如图 3.6 所示，典型的稀疏群智感知系统通常由少量的参与用户利用其随身携带的智能设备采集其所在区域的感知数据；接下来，通过挖掘和利用已经采集感知数据中存在的时空关联，推断其他未感知区域的数据。以这种方式，稀疏群智感知可以大幅度减少需要感知的区域数量，从而减少感知消耗；同时，利用感知数据的时空关联，可以由稀疏的感知数据准确地推断完整感知地图，为大规模且细粒度的感知任务提供了一个更为实际的感知范例。

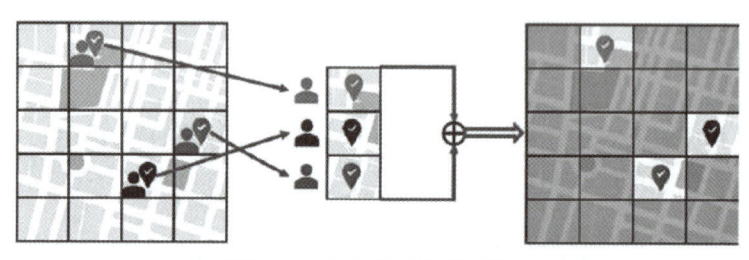

图 3.6　稀疏群智感知示意图

车联网是物联网和移动互联网在交通运输领域应用后的衍生概念，它借助新一代通信与信息处理技术，实现车与人、车、路、服务平台的全方位网络连接与智能信息交换，如图 3.7 所示。其可以提升汽车智能化水平，是实现自动驾驶、智能交通和智慧城市的重要途径。车辆通过车联网进行群智协作，可以改善单辆车感知精度、感知范围、通信能力、计算能力和存储能力方面的局限性。通过利用车与车、车与云端、车与边缘协作来提高车联网中"车－网－环境"感知与信息服务的质量，同时，降低对车联网中感知与通信资源的开销。

图 3.7　车联网群智感知与服务信息流转

任务拓展

【科教兴国】加快建设国家战略人才力量

习近平总书记在党的二十大报告中鲜明提出，要实施科教兴国战略，强化现代化建设人才支撑。科教兴国，就是全面落实科学技术是第一生产力的思想，坚持教育为本，把科技和教育摆在经济、社会发展的重要位置，增强国家的科技实力及向现实生产力转化的能力，提高全民族的科技文化素质，把经济建设转移到依靠科技进步和提高劳动者素质的轨道上来，加速实现国家的繁荣强盛。

工业大数据作为当今科技发展的重要组成部分，对于实现科教兴国具有重要意义。工业大数据为科研和技术发展提供了广阔的空间和机遇，工业大数据的应用为教育教学改革提供支持和指导，有助于产业培训和人才培养的提升。党和国家为人才提供广阔的发展平台和机会，当代大学生应树立正确的爱国观念和党性修养，增强对党和国家的忠诚意识，深入了解国家战略需求，激发报效国家的热情和动力。

作业：选取一些典型的工业大数据应用案例，例如智能制造、智慧城市等领域的案例，分析案例中数据的应用方式和取得的成效，同时总结案例中的经验和不足之处。

任务 8　采集传感数据

学习目标

- 理解工业现场传感器感知数据类型
- 掌握 RFID 系统原理及数据格式
- 理解基于 RFID 数据的订单与生产进度跟踪

任务 8　采集传感数据

建议学时

2 课时

工作情境

工业现场传感器的类型和数量众多，比如加装在设备、产品、工具上的传感器，其目的是监测设备、产品、工具的实时状态信息（振动、温度、磨损量、尺寸偏移量、能耗等）；又如加装在移动物体上的识别跟踪装置，用于监测移动物体（工具、物流设施、在制品、人）的位置信息；再如生产环境传感器，用于监测温度、湿度、灰尘、电磁等；还有用于实时视频和图像获取的监控设施等。这类数据是典型的时序数据，由于采集频率较高，数据规模通常非常大，但价值密度异常低。

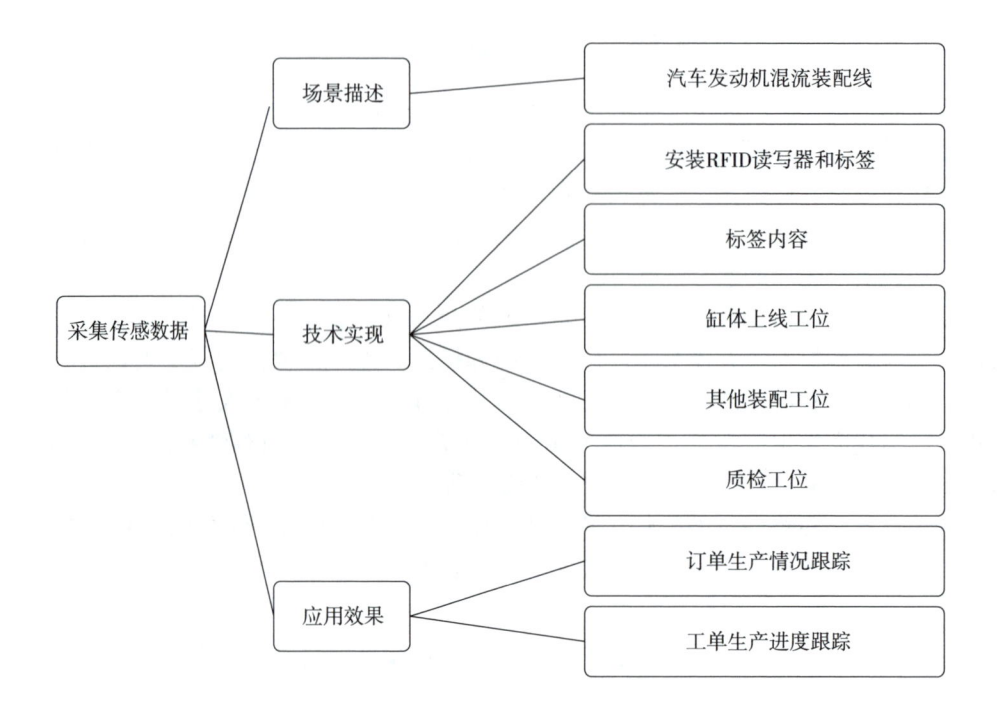

知识导图

```
                    ┌─ 场景描述 ──── 汽车发动机混流装配线
                    │
                    │              ┌─ 安装RFID读写器和标签
                    │              ├─ 标签内容
采集传感数据 ───────┼─ 技术实现 ──┼─ 缸体上线工位
                    │              ├─ 其他装配工位
                    │              └─ 质检工位
                    │
                    └─ 应用效果 ──┬─ 订单生产情况跟踪
                                   └─ 工单生产进度跟踪
```

相关知识

1. 场景描述

汽车发动机混流装配线可同时组装多种型号的发动机。如图 3.8 所示，一条完整的装配线由缸体分装线、缸盖分装线、活塞连杆分装线及合装线组成，共有多达上百个工位。各装配线铺设有辊轮，由 PLC 控制，发动机放置在有特定支架的托盘上，托盘通过线体的辊轮带动传输，发动机的整个装配过程都在托盘上进行。当承载发动机的托盘在生产线上流转时，由于发动机型号不同，生产线控制系统需要让托盘在不同的工位停留，并且根据 BOM 结构的要求装配不同的零部件。因此，如何自动识别发动机的订单和型号成为生产跟踪和装配防错的关键。

2. 技术实现

如图 3.9 所示，在装配线的每一个工位安装固定的 RFID 读写器，并在发动机托盘底下装上 RFID 标签，当托盘到达某工位光电传感器处时，光电传感器检测到发动机托盘到达，通知 RFID 读写器读取 RFID 标签，获取发动机 ID 等信息。各工位的 PC 终端根据该 ID 调用并显示相应的装配工艺指导文档。待该工序完成报工后，托盘离开光电传感器处，光电传

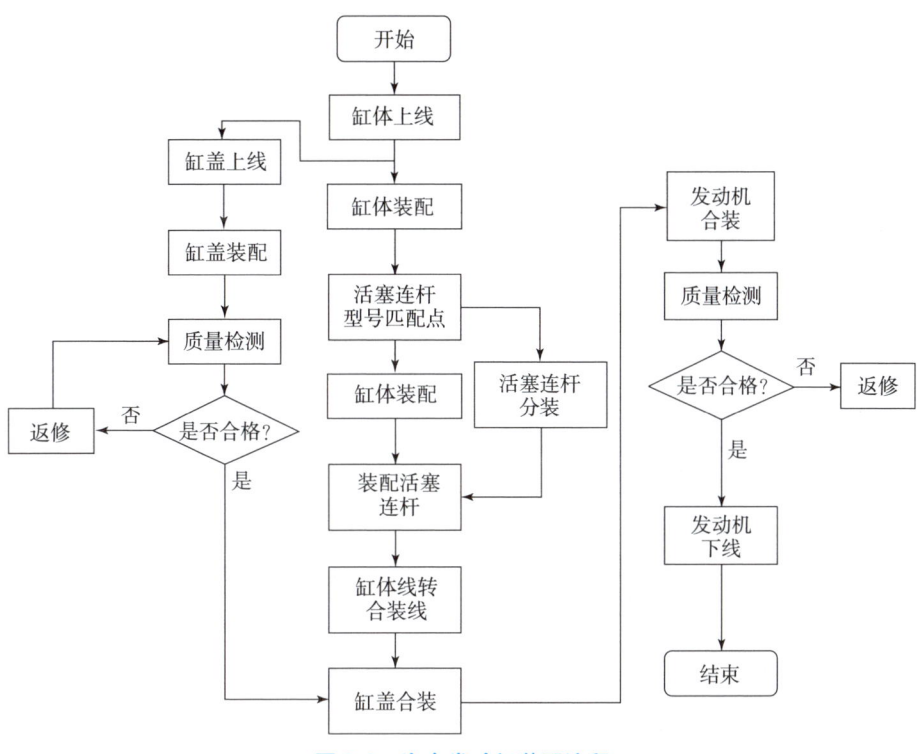

图 3.8 汽车发动机装配流程

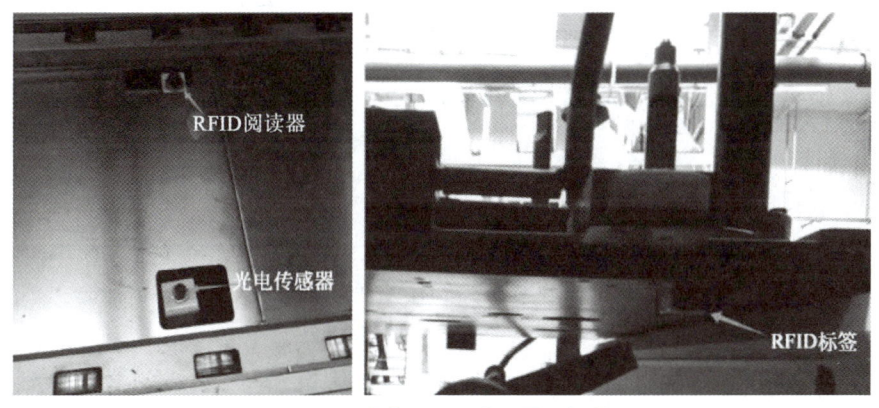

图 3.9 安装 RFID 读写器和标签

感器即可检测到发动机离开,通知 RFID 读写器往 RFID 标签中写入新的信息。

RFID 标签存储的内容见表 3.1,含托盘信息、产品信息和加工信息。其中,托盘信息包括托盘号、托盘区域号和标签数据初始化状态,托盘信息在产品上线前已提前写入并初始化;产品信息包括订单号、发动机 ID 号、产品型号、缸体型号、缸盖型号和活塞连杆型号,产品信息在缸体上线工位写入,实现托盘和发动机的信息关联;加工信息包括总合格状态、最后加工工位、各工位加工状态和合格状态等,加工信息在每个工位逐步写入。

表 3.1　RFID 标签存储内容

内容分组	存储内容	字节长	释义
托盘信息	托盘号	2	每个 RFID 标签对应一个托盘，示例：0001
	托盘区域号	1	1—缸体分装线，2—缸盖分装线，3—活塞连杆分装线，4—合装线
	标签数据初始化状态	1	0—未初始化，1—已初始化。产品上线设为 1，下线设为 0
产品信息	订单号	9	一个生产订单对应一个订单号，示例：EEO100098
	发动机 ID 号	8	每台发动机都刻有唯一的 ID 号，与工单号一一对应，示例：E4039415
	产品型号	13	示例：JND412D167－42
	缸体型号	13	与产品型号一致，示例：JND412D167－42
	缸盖型号	13	与产品型号一致，示例：JND412D167－42
	活塞连杆型号	13	与产品型号一致，示例：JND412D167－42
加工信息	总合格状态	1	1—未加工，2—合格，3—不合格
	最后加工工位	5	示例：OP010
	OP010 工位加工状态	1	1—未加工，2—合格，3—线下返修
	OP010 工位合格状态	1	1—未加工，2—合格，3—不合格
	OP020 工位加工状态	1	—
	OP020 工位合格状态	1	—
	OP030 工位加工状态	1	—
	OP030 工位合格状态	1	—
	……	1	后续工位同上

在各个工位，RFID 标签的内容都要更新，由 RFID 读写器完成，具体过程如下：

(1) 缸体上线工位

该工位是在制品跟踪的开始，需完成产品信息的绑定和写入。当缸体托盘到达时，首先初始化托盘 RFID 标签数据：清除原来的产品信息，初始化加工信息，保留托盘信息。缸体上线后，通过扫描条码，获取缸体的机加工 ID 号。MES 系统根据生产订单分配发动机 ID 号，并与机加工 ID 号绑定，然后将发动机产品信息和加工信息写入 RFID 标签。

(2) 其他装配工位

根据产品型号展示装配工艺指导文档和采集发动机组装的零件信息，并验证零件型号是否匹配。当线体 PLC 检测到有托盘到达时，RFID 读写器读取托盘标签数据，MES 终端显示产品信息，并展示相应产品型号的工艺指导文档。工人装配前先扫描零件条码，MES 检测零件型号与产品型号是否匹配。若不匹配，则提示需更换零件，工人无法完成报工操作；若匹配，则允许完成报工，并更新 RFID 标签内的加工信息，将当前工位改为"已加工"

状态，将当前工位的合格状态改为“合格”，将最后加工工位改为当前工位。

（3）质检工位

质检工位的质检设备将检测结果上传给车间数据采集系统，系统发送相应的写入指令给 RFID 读写器，对 RFID 标签的数据进行更新。除了更新最后加工工位外，若发动机质量检测合格，将当前工位合格状态和总合格状态设为“合格”，并将当前工位状态设为“已加工”，在制品流入下一道工序；若检测不合格，则当前工位合格状态和总合格状态设为“不合格”，并将当前工位状态设为“下线返修”，线体 PLC 控制回转台将不合格在制品下线返修，返修完成后重新上线，再次进行质量检测，直到在制品检测合格。

3. 应用效果

RFID 应用环境搭建好后，MES 系统可对发动机在制品进行跟踪，具体包括对订单生产情况的跟踪、工单生产进度的跟踪、发动机装配的关键件数据采集与追溯等。

（1）订单生产情况跟踪

通过检测各在制品在各工位的到达和离开信号，数据采集系统可以统计各订单生产情况。订单包括若干个工单，每个工单对应一台发动机产品。系统可统计每个订单的开工工单个数、完工工单个数、冻结工单个数、报废工单个数等，也可以记录各订单的开工时间、结束时间等整体信息。

（2）工单生产进度跟踪

一个订单可分解为若干个工单，系统也可以跟踪每个工单的具体生产进度，如图 3. 10 所示，可以查询到各工单目前所在工位、生产状态、生产进度等信息。其中，尾号为“0030”的工单共有 197 道工序，目前完成 97 道，当前工位为“A7270”，目前处于开工状态。系统也记录了每个工单经过各工序的完工时间、合格状态等信息。

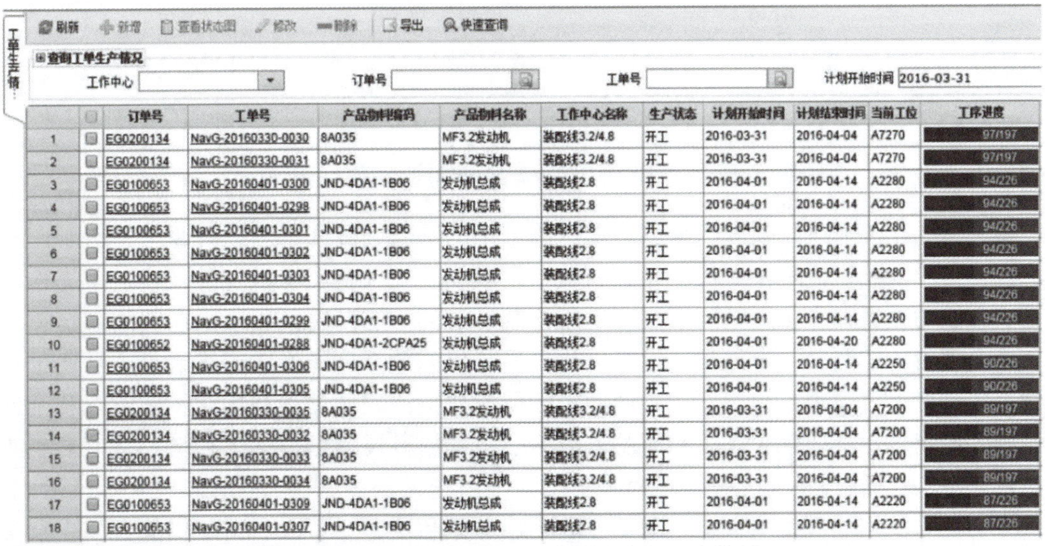

	订单号	工单号	产品物料编码	产品物料名称	工作中心名称	生产状态	计划开始时间	计划结束时间	当前工位	工序进度
1	EG0200134	NavG-20160330-0030	8A035	MF3.2发动机	装配线3.2/4.8	开工	2016-03-31	2016-04-04	A7270	97/197
2	EG0200134	NavG-20160330-0031	8A035	MF3.2发动机	装配线3.2/4.8	开工	2016-03-31	2016-04-04	A7270	97/197
3	EG0100653	NavG-20160401-0300	JND-4DA1-1B06	发动机总成	装配线2.8	开工	2016-04-01	2016-04-14	A2280	94/226
4	EG0100653	NavG-20160401-0298	JND-4DA1-1B06	发动机总成	装配线2.8	开工	2016-04-01	2016-04-14	A2280	94/226
5	EG0100653	NavG-20160401-0301	JND-4DA1-1B06	发动机总成	装配线2.8	开工	2016-04-01	2016-04-14	A2280	94/226
6	EG0100653	NavG-20160401-0302	JND-4DA1-1B06	发动机总成	装配线2.8	开工	2016-04-01	2016-04-14	A2280	94/226
7	EG0100653	NavG-20160401-0303	JND-4DA1-1B06	发动机总成	装配线2.8	开工	2016-04-01	2016-04-14	A2280	94/226
8	EG0100653	NavG-20160401-0304	JND-4DA1-1B06	发动机总成	装配线2.8	开工	2016-04-01	2016-04-14	A2280	94/226
9	EG0100653	NavG-20160401-0299	JND-4DA1-1B06	发动机总成	装配线2.8	开工	2016-04-01	2016-04-14	A2280	94/226
10	EG0100652	NavG-20160401-0288	JND-4DA1-2CPA25	发动机总成	装配线2.8	开工	2016-04-01	2016-04-20	A2280	94/226
11	EG0100653	NavG-20160401-0306	JND-4DA1-1B06	发动机总成	装配线2.8	开工	2016-04-01	2016-04-14	A2250	90/226
12	EG0100653	NavG-20160401-0305	JND-4DA1-1B06	发动机总成	装配线2.8	开工	2016-04-01	2016-04-14	A2250	90/226
13	EG0200134	NavG-20160330-0035	8A035	MF3.2发动机	装配线3.2/4.8	开工	2016-03-31	2016-04-04	A7200	89/197
14	EG0200134	NavG-20160330-0032	8A035	MF3.2发动机	装配线3.2/4.8	开工	2016-03-31	2016-04-04	A7200	89/197
15	EG0200134	NavG-20160330-0033	8A035	MF3.2发动机	装配线3.2/4.8	开工	2016-03-31	2016-04-04	A7200	89/197
16	EG0200134	NavG-20160330-0034	8A035	MF3.2发动机	装配线3.2/4.8	开工	2016-03-31	2016-04-04	A7200	89/197
17	EG0100653	NavG-20160401-0309	JND-4DA1-1B06	发动机总成	装配线2.8	开工	2016-04-01	2016-04-14	A2220	87/226
18	EG0100653	NavG-20160401-0307	JND-4DA1-1B06	发动机总成	装配线2.8	开工	2016-04-01	2016-04-14	A2220	87/226

图 3. 10　工单生产进度跟踪

(3) 关键件数据采集与追溯

对于发动机装配的关键零部件，工人在装配之前必须先使用扫码枪扫描关键件条码，并由数据采集系统将其与发动机进行型号匹配，只有型号匹配的关键件才能进行装配。系统通过读取 RFID 标签内的产品信息可获取发动机 ID 和型号，并与装配的关键件进行验证和绑定。图 3.11 是已采集的关键件信息，包括关键件条码、物料编码、物料名称，以及绑定的发动机 ID 号（批次号）、工单号、产品编码、产品名称等信息。通过关键件与发动机绑定，可实现质量追溯。一旦某台发动机出现质量问题，它所装配的关键件都可查询，并进一步找到责任供应商和问题批次。

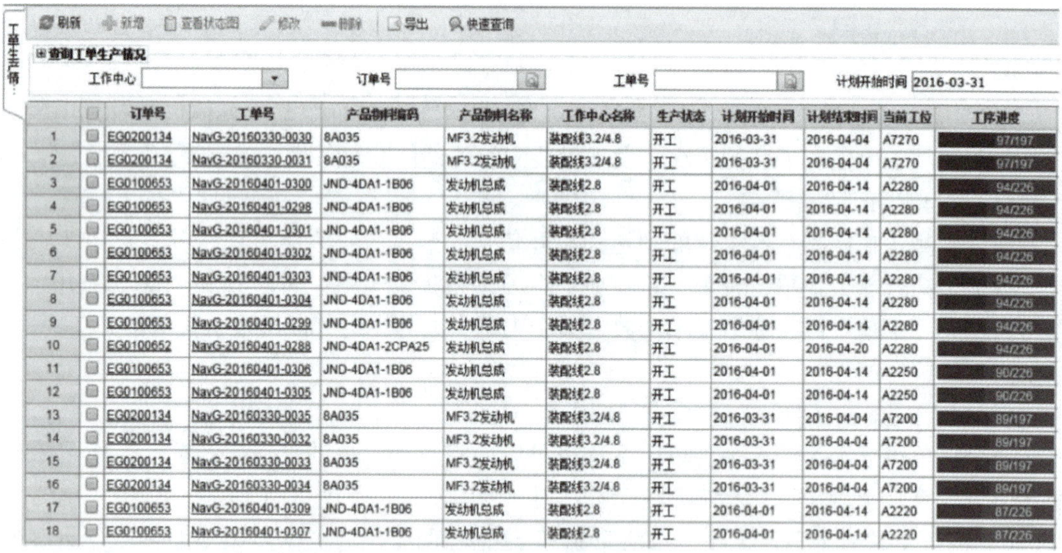
刷新 新增 查看状态图 修改 删除 导出 快速查询

工单生产情…

查询工单生产情况

工作中心 订单号 工单号 计划开始时间 2016-03-31

	订单号	工单号	产品物料编码	产品物料名称	工作中心名称	生产状态	计划开始时间	计划结束时间	当前工位	工序进度
1	EG0200134	NavG-20160330-0030	8A035	MF3.2发动机	装配线3.2/4.8	开工	2016-03-31	2016-04-04	A7270	97/197
2	EG0200134	NavG-20160330-0031	8A035	MF3.2发动机	装配线3.2/4.8	开工	2016-03-31	2016-04-04	A7270	97/197
3	EG0100653	NavG-20160401-0300	JND-4DA1-1B06	发动机总成	装配线2.8	开工	2016-04-01	2016-04-14	A2280	94/226
4	EG0100653	NavG-20160401-0298	JND-4DA1-1B06	发动机总成	装配线2.8	开工	2016-04-01	2016-04-14	A2280	94/226
5	EG0100653	NavG-20160401-0301	JND-4DA1-1B06	发动机总成	装配线2.8	开工	2016-04-01	2016-04-14	A2280	94/226
6	EG0100653	NavG-20160401-0302	JND-4DA1-1B06	发动机总成	装配线2.8	开工	2016-04-01	2016-04-14	A2280	94/226
7	EG0100653	NavG-20160401-0303	JND-4DA1-1B06	发动机总成	装配线2.8	开工	2016-04-01	2016-04-14	A2280	94/226
8	EG0100653	NavG-20160401-0304	JND-4DA1-1B06	发动机总成	装配线2.8	开工	2016-04-01	2016-04-14	A2280	94/226
9	EG0100653	NavG-20160401-0299	JND-4DA1-1B06	发动机总成	装配线2.8	开工	2016-04-01	2016-04-14	A2280	94/226
10	EG0100652	NavG-20160401-0288	JND-4DA1-2CPA25	发动机总成	装配线2.8	开工	2016-04-01	2016-04-20	A2280	94/226
11	EG0100653	NavG-20160401-0306	JND-4DA1-1B06	发动机总成	装配线2.8	开工	2016-04-01	2016-04-14	A2250	90/226
12	EG0100653	NavG-20160401-0305	JND-4DA1-1B06	发动机总成	装配线2.8	开工	2016-04-01	2016-04-14	A2250	90/226
13	EG0200134	NavG-20160330-0035	8A035	MF3.2发动机	装配线3.2/4.8	开工	2016-03-31	2016-04-04	A7200	89/197
14	EG0200134	NavG-20160330-0032	8A035	MF3.2发动机	装配线3.2/4.8	开工	2016-03-31	2016-04-04	A7200	89/197
15	EG0200134	NavG-20160330-0033	8A035	MF3.2发动机	装配线3.2/4.8	开工	2016-03-31	2016-04-04	A7200	89/197
16	EG0200134	NavG-20160330-0034	8A035	MF3.2发动机	装配线3.2/4.8	开工	2016-03-31	2016-04-04	A7200	89/197
17	EG0100653	NavG-20160401-0309	JND-4DA1-1B06	发动机总成	装配线2.8	开工	2016-04-01	2016-04-14	A2220	87/226
18	EG0100653	NavG-20160401-0307	JND-4DA1-1B06	发动机总成	装配线2.8	开工	2016-04-01	2016-04-14	A2220	87/226

图 3.11　关键件数据采集

任务拓展

【传感器技术】推动可持续发展和智慧生活的引擎

传感器始于工业生产领域，经过了长达数十年的不断突破和创新，现今已经得到广泛的应用。传感器技术应用在光伏新能源领域中，能提高光伏新能源系统的效率、可靠性和维护管理能力，帮助光伏发电领域实现更可持续和清洁的能源转换；应用在智能制造领域中，能实现设备监测、故障预测和生产优化，提高生产效率、降低成本、改善产品质量和实现可持续发展；应用在智慧生活领域中，能使智慧生活领域更加智能化、便捷化和个性化，为人们提供更好的生活品质和体验。传感器技术的科技创新推动了社会经济发展，改善了人民生活品质，对社会的影响和贡献巨大。

党的二十大强调科技创新是国家发展的战略支撑和核心竞争力，新时代的大学生是国家未来科技创新的主力军和接班人，应当深刻理解和践行党的二十大关于科技创新的要求，应当深入理解党的二十大的精神，增强科技创新意识，培养创新能力，关注国家科技创新战略，积极参与科技创新实践，为实现国家科技强国的目标贡献自己的力量。

作业：小组讨论，分享对传感器的认识和理解，探讨传感器技术在不同领域的应用前景和挑战，鼓励同学们关注相关技术的发展动态和行业趋势。

任务 9　采集装备控制系统数据

学习目标

- 掌握数控机床控制系统的状态数据
- 掌握状态数据的含义
- 理解数控机床控制系统数据的应用

任务 9　采集装备控制系统数据

建议学时

2 课时

工作情境

数控机床是机械加工车间最重要的制造设备，其健康状态对车间生产效率和产品质量有关键性的影响。因此，实现数控机床的状态数据采集与可视化监控是大多数制造企业的典型应用场景。进一步地，基于对所采集数据的分析，实现健康状态评估和预测性维护也是目前国内外广泛关注的热点。

知识导图

```
                    ┌─ 场景描述 ──── 数控机床数控系统数据
                    │
                    │                ┌─ 基于OPC协议的数控系统
采集装备控制 ───────┼─ 技术实现 ─────┤   数据采集
系统数据            │                │
                    │                └─ 基于智能电表的机床能耗
                    │                    数据采集
                    │
                    └─ 应用效果 ──── 机床状态监测
```

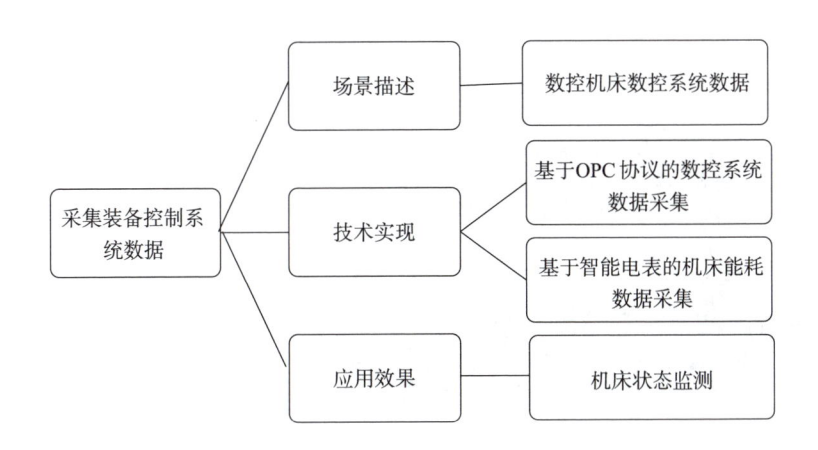

相关知识

1. 场景描述

数控机床数控系统中记录了大量状态数据，比如开机时间、关机时间、报警状态、报警号、报警信息、设备状态、程序号、加工时间、产量、进给量、进给倍率、主轴转速、主轴倍率、主轴负载、各轴负载、当前刀具号等。数控系统的类型非常多，常见的包括西门子 840D/810D 系列、FANUC 系统、Heidenhain 系统、MAZAK640、三菱 M70 系列、华中数控等，其数据采集方式各有差异。

2. 技术实现

下面以某机床公司的大型双龙门铣床为例，介绍数据采集的实现过程。该机床采用西门子 840D 数控系统，数据采集示意图如图 3.12 所示。

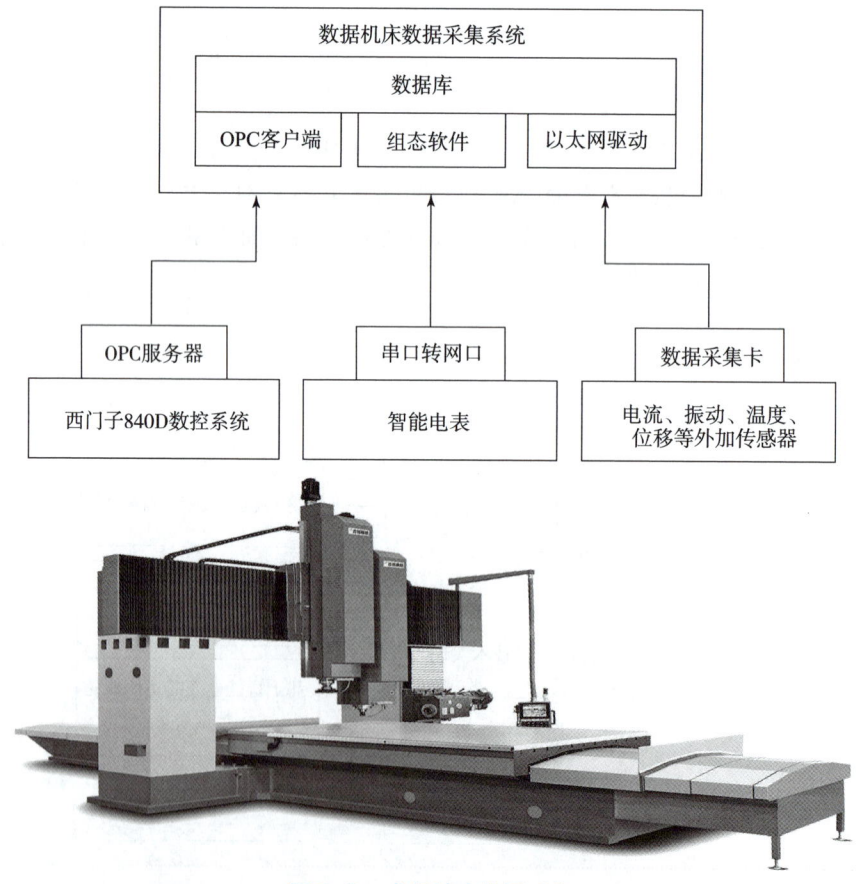

图 3.12 龙门铣床数据采集

（1）基于 OPC 协议的数控系统数据采集

西门子 840D 数控系统是一种开放式的数控系统，具有 OPC 服务器接口，可以通过 OPC 技术实现数控系统内部数据的采集。数据采集软件建立 OPC 客户端，通过标准的 OPC 接口访问 OPC 服务器，完成数据交互。西门子 840D 数控系统包含三大类数控（NC）变量，分别为静态变量、动态变量及 PLC 变量。这 3 种变量均可通过 OPC 规范的接口函数，以统一的方式进行访问。三大类数据变量有 12 000 多个，通过对变量文件的分析及筛选，最终确定主轴转速、进给量、刀具坐标、各主轴电流等对设备状态监控及状态评估较为重要的数据，有 20 个左右变量。NC 变量存储于数据块中，数据块将不同的区域分配给 NC 变量。各个区域分配的变量详细情况见表 3.2。有 3 种变量：由一行构成的 NC 变量；由多行构成的 NC 变量；由多行多列构成的 NC 变量。

表 3.2　NC 区域分配

区域	NC 变量
NC（N）	含有适用于整个数控系统的所有变量，例如系统数据（Y）、保护区（PA）、G 功能组（YNCFL）等
BAG（B）	含有适用于运行方式组的所有变量，例如状态数据（S）
通道（C）	含有适用于各个通道的所有变量，例如系统数据（Y）、保护区（PA）、全局状态数据（S）等
刀具（T）	含有适用于机床上刀具的所有变量，例如刀具补偿数据（TO）、通用刀具数据（TD）、刀具监控数据（TS）等。每个刀具区域 T 分配给一个通道
轴（A）	包含了适用于每根进给轴或主轴的机床数据和设定数据
进给驱动/主驱动（A/H）	包含了适用于每个驱动的机床数据或作为服务参数的机床数据

访问 NC 变量时，须在地址中对相关信息进行说明。对于单行 NC 变量，在地址中提供区域、数据块和 C 变量名称；对于多行变量，提供了区域和区块号、数据块、NC 变量名称以及行号。以下列出了一些变量的读取示例：

操作模式：/Bag/State/opMode；
程序状态：/Channel/State/AcProg；
主轴转速：/Nck/Spindle/actSpeed[ul,7]；
主轴负载：/Nck/Spindle/driveLoad[ul,7]；
轴向进给实际值：/Channel/MachineAxis/actFeedRate[ul,3]。

以轴向进给实际值为例进行说明：[.] 为区域，actFeedRate 为变量名，ul 为通道号，3 为行号。

数据采集软件安装了组态软件和 OPC 客户端驱动，OPC 客户端驱动通过变量文件实现从数控机床 OPC 服务器中读取变量数据，组态软件将所读取的数据实时存入数据服务器中进行管理，从而实现 840D 数控系统内部数据的整体采集过程。

（2）基于智能电表的机床能耗数据采集

如图 3.13 所示，智能电表是机床能耗数据的采集终端，安装在机床电柜里，通过

RS485 总线终端，智能电表外接互感器可获取机床的电压、频率、功率、电流等各项能耗参数。通过 RS485 串口转网口通信模块进行协议转换，实现能耗数据的无线传输。组态软件安装以太网驱动，使用 TCP/IP 协议来实现和通信模块的连接，并监听端口，读取对应电表的实时能耗数据，然后通过批量数据库连接功能将数据存入数据库中。

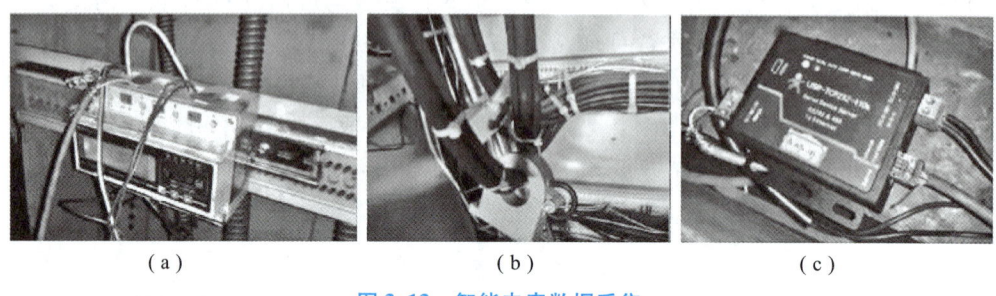

图 3.13　智能电表数据采集
（a）智能电表；（b）互感器；（c）串口转网口

3. 应用效果

基于上述数据采集技术的实现，开发了机床状态监控系统，实现了数据接入、数据存储、数据可视化展示、数据分析等功能。对各数控机床当前的主轴、进给轴、当前操作模式、能耗、机床特定位置的状态（振动、温度）等进行实时监控。如图 3.14 所示，总体状态监控页面每隔 1～5 s 刷新数据，实时监控所有设备状态，包含主轴信息、生产信息、设备信息、能耗信息等详情，特别是各个主轴的转速、负载、电流，进给轴的负载、速度、电流，机床的电流、能耗等情况等。如图 3.15 所示，通过传感器接入的机床特定位置的振动、温度、位移等数据也在监控界面中进行显示，一旦数值超标，将自动报警。

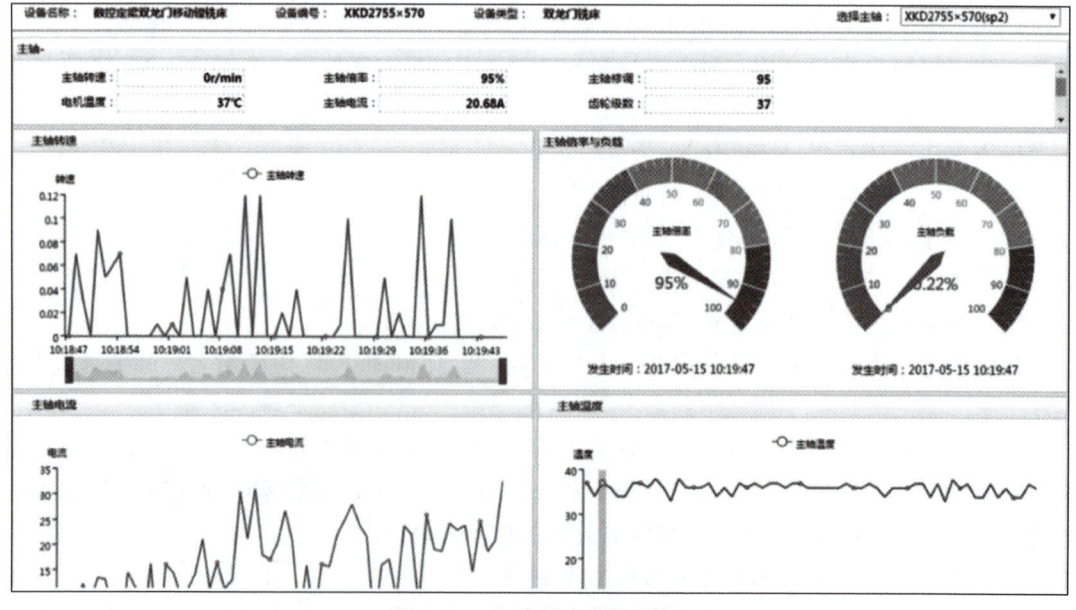

图 3.14　机床状态监控界面

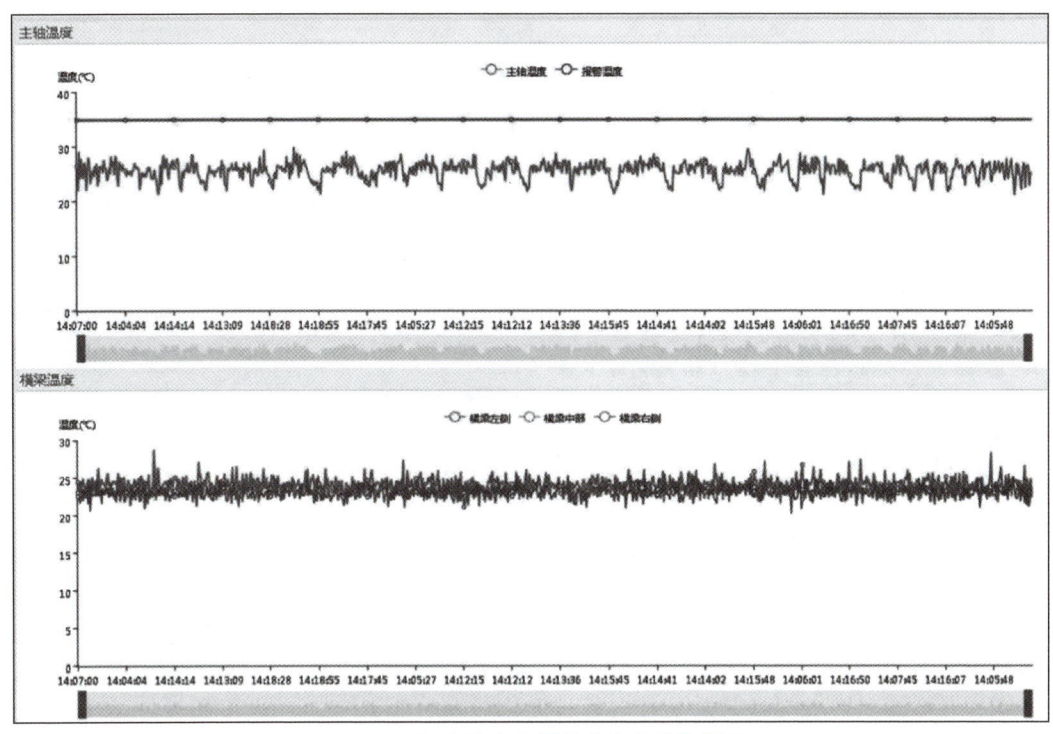

图 3.15　机床特定位置状态参数监控界面

任务拓展

【精益求精】精确可靠采集装备控制系统数据

采集装备控制系统数据是指通过传感器和其他设备收集和记录与装备控制系统相关的信息和数据。这些数据可以包括设备运行状态、传感器测量值、控制信号等。采集装备控制系统数据可以用于监测和分析设备性能，进行故障诊断和预测，优化设备运行和维护管理，提高生产效率和质量。通过精确、可靠地采集和利用装备控制系统数据，可以实现对生产过程的实时监控和精细化管理，提高生产效率和产品质量，降低成本和能源消耗，推动工业智能化和可持续发展。

在数据的采集中要有精益求精的工匠精神，任何数据的误差都会导致信息的不准确或失真，进而影响后续的分析和决策。精益求精的工匠精神要求我们在数据采集过程中注重细节，严格控制每个环节的准确性和可靠性，确保数据的真实性和完整性。只有这样，我们才能基于可靠的数据进行准确的分析和判断，做出正确的决策和行动，推动工作和项目的顺利进行。因此，在数据采集中，精益求精的工匠精神是非常重要的。

作业：通过网络查询我国智能装备发展的现状，结合工匠精神谈谈自己的对工匠精神的理解。

任务 10　采集管理软件系统数据

学习目标

- 掌握 OPC XML 接口规范
- 掌握 OPC XML 数据采集流程
- 理解管理软件系统数据的应用

任务 10　采集管理软件系统数据

建议学时

2 课时

工作情境

制造设备运行参数数据的采集对实时性要求较高，企业可开发专门的设备运行参数自动采集模块来采集设备信号数据，也可开发特定软件与设备通信并获取数据。但由于企业的生产设备多种多样，各设备生产厂家的设备通信协议不一样，而且很多不对外公开，企业开发成本高，工作量大。

知识导图

```
                        ┌── 场景描述 ── 汽车发动机装配线数据采集
                        │
                        │              ┌── OPC DA 服务器
采集管理软件系统数据 ───┼── 技术实现 ──┼── OPC XML 服务器
                        │              └── OPC XML 客户端
                        │
                        └── 应用效果 ── 设备状态监测
```

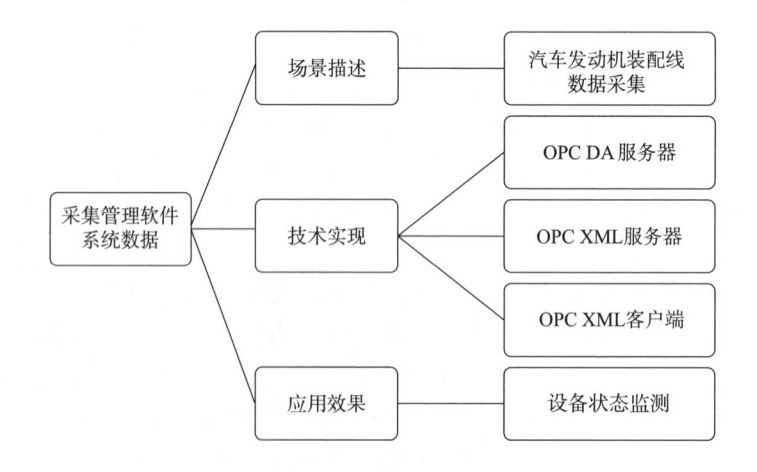

相关知识

1. 场景描述

针对不同类型设备，相对而言，基于 OPC 标准的数据采集技术效率更高，成本更低，特别是 OPC XMI 技术。OPC XML–DA 规范是第一个 OPC XML 接口规范，定义了所支持的数据类型、数据结构、调用方法，并对底层传输协议、错误处理、发现机制、互操作性等进行了规定，它与 OPC DA 支持相同的数据类型。OPC XML–DA 规范根据 SOAP 协议将生产信息进行 XML 描述，并封装成 Web 服务，再通过 HTTP 协议在局域网或广域网上传输，将生产信息或控制信息传递给 OPC XML–DA 客户端或服务器上。这样可实现 OPC 数据在异构网络和不同操作平台上的共享，有效解决底层生产控制系统和上层信息系统的信息集成问题。因此，本节采用 OPC XML 技术采集制造设备运行参数数据。

2. 技术实现

基于 OPC XML 的汽车发动机装配线数据采集方案硬件构成如图 3.16 所示，主要由 OPC DA 服务器、OPC XML 服务器、OPC XML 客户端构成，各硬件通过以太网分层连接。

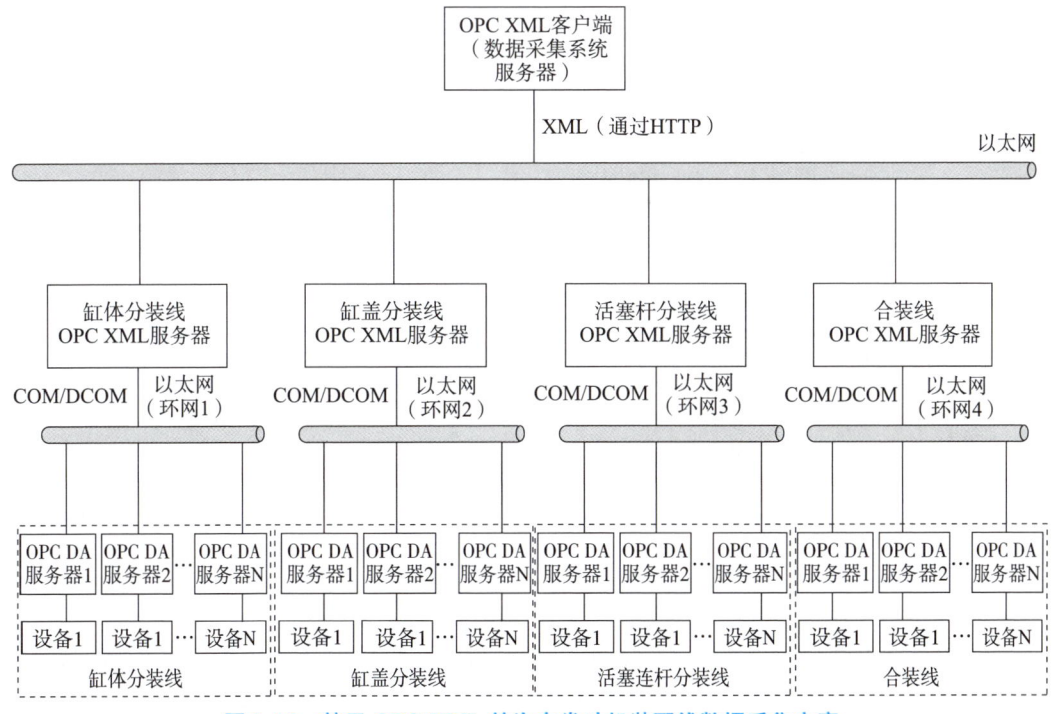

图 3.16 基于 OPC XML 的汽车发动机装配线数据采集方案

（1）OPC DA 服务器

OPC DA 服务器与线体设备是一对一的关系，每台设备都需安装 OPC DA 服务器。生产设备一般由工控机和PLC设备两部分组成，OPC DA服务器安装在工控机上；而装配线线体根据线体工位数量不同，可以统一由一台工控机控制，也可以由多台工控机分区控制，每台工控机都需安装OPC DA服务器。OPC DA服务器采集到数据后，将数据推送给OPC XML服务器。

（2）OPC XML服务器

OPC XML服务器安装于各线体的上线点或下线点终端上，与OPC DA服务器在同一环网内。OPC XML服务器由OPC DA客户端、数据管理模块、数据库和Web服务接口构成。OPC DA客户端负责从OPC DA服务器获取数据；数据管理模块负责对数据进行转换、保存、解析、封装等；数据库用于缓存现场数据；Web服务接口负责向OPC XML客户端提供Web服务。

（3）OPC XML客户端

OPC XML客户端即数据采集系统服务器，可通过HTTP的方式向OPC XML服务器提出获取数据的请求，并将接收的数据存入后台数据库进行集中管理。

基于OPC XML的汽车发动机装配线数据采集流程如图3.17所示。PLC设备采集相关数据，并将数据存入指定寄存器；OPC DA服务器通过现场设备驱动程序从寄存器中读取数据并放入数据缓冲区；当OPC XML客户端向OPC XML服务器请求获取数据时，OPC XML服务器的数据管理模块解析请求数据，并传递给OPC DA客户端；OPC DA客户端再向OPC DA服务器请求获取数据；OPC DA服务器接收到请求后，返回相关数据；OPC XML服务器接收到返回数据后，再返回给OPC XML客户端；OPC XML客户端收到返回数据后，存入数据库，供其他应用模块使用。其中，各客户端对服务器的访问采用异步方式，单独为每个服务器的访问分配一个线程，这样可以同时连接多个服务器，减少等待时间。

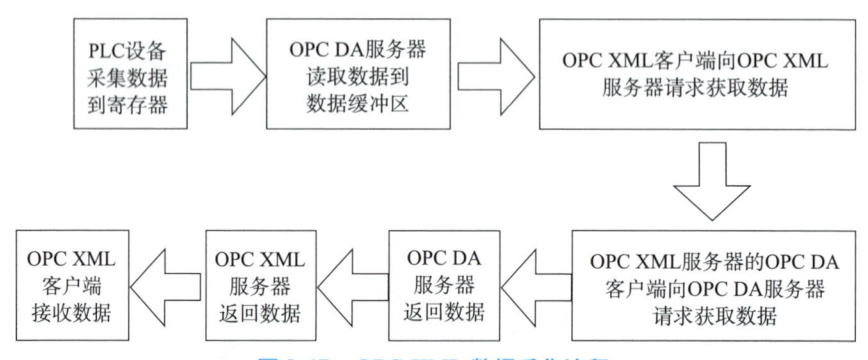

图3.17 OPC XML数据采集流程

3. 应用效果

要实现生产设备的状态监控，首先需为生产线每台设备安装OPC DA服务器。工厂采用的OPC DA服务器为Kepware KEPServerEX V5。由于OPC DA服务器可同时采集多台设备的数据，为节省成本，距离较近的几台生产设备可共用一个服务器。其中，内装线安装了3个服务器，缸盖分装线安装了1个，外装线安装了4个。活塞连杆分装线的生产设备由内装线的服务器采集。

OPC XML 应用环境搭建好后，数据采集系统作为 OPC XML 客户端，将 OPC XML 服务器采集的设备状态数据存入后台数据库，并在页面上进行状态显示，同时，可将各设备的运行状态展示到车间的 LED 大屏上，也可以将设备的统计数据显示到电视大屏上，方便用户进行实时监控。图 3.18 所示为数据采集系统设备状态数据报表展示页面，车间所有采集到的设备状态数据都在该页面进行集中显示和查询。该页面可显示生产设备、采集项、采集值、采集时间等内容，其中，采集值为“true”表示对应项（设备状态）已发生，采集值为“false”表示对应采集项未发生。

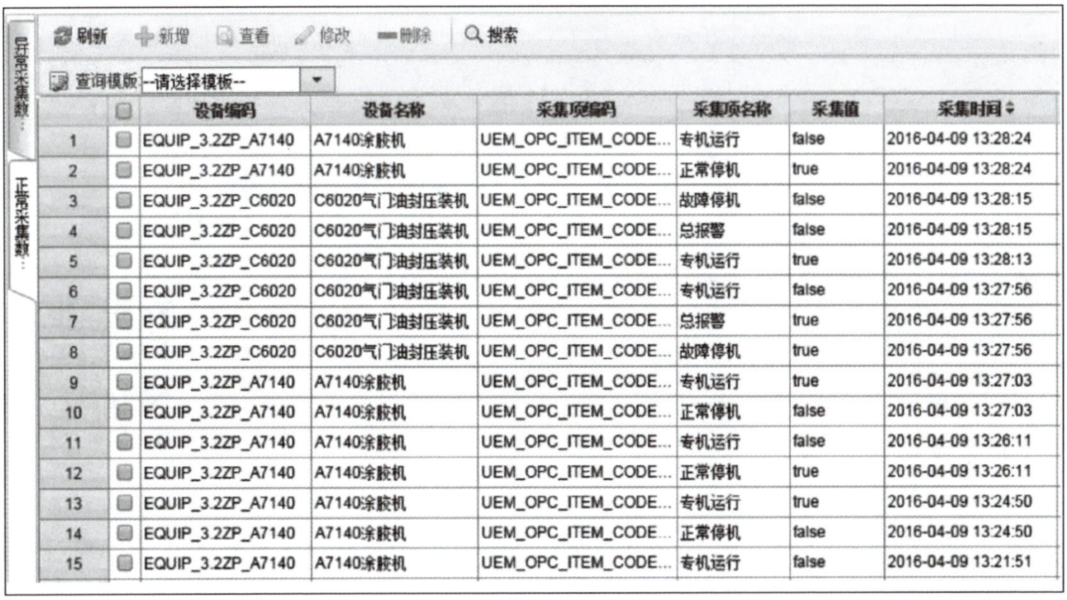

	设备编码	设备名称	采集项编码	采集项名称	采集值	采集时间
1	EQUIP_3.2ZP_A7140	A7140涂胶机	UEM_OPC_ITEM_CODE...	专机运行	false	2016-04-09 13:28:24
2	EQUIP_3.2ZP_A7140	A7140涂胶机	UEM_OPC_ITEM_CODE...	正常停机	true	2016-04-09 13:28:24
3	EQUIP_3.2ZP_C6020	C6020气门油封压装机	UEM_OPC_ITEM_CODE...	故障停机	false	2016-04-09 13:28:15
4	EQUIP_3.2ZP_C6020	C6020气门油封压装机	UEM_OPC_ITEM_CODE...	总报警	false	2016-04-09 13:28:15
5	EQUIP_3.2ZP_C6020	C6020气门油封压装机	UEM_OPC_ITEM_CODE...	专机运行	true	2016-04-09 13:28:13
6	EQUIP_3.2ZP_C6020	C6020气门油封压装机	UEM_OPC_ITEM_CODE...	专机运行	false	2016-04-09 13:27:56
7	EQUIP_3.2ZP_C6020	C6020气门油封压装机	UEM_OPC_ITEM_CODE...	总报警	true	2016-04-09 13:27:56
8	EQUIP_3.2ZP_C6020	C6020气门油封压装机	UEM_OPC_ITEM_CODE...	故障停机	true	2016-04-09 13:27:56
9	EQUIP_3.2ZP_A7140	A7140涂胶机	UEM_OPC_ITEM_CODE...	专机运行	true	2016-04-09 13:27:03
10	EQUIP_3.2ZP_A7140	A7140涂胶机	UEM_OPC_ITEM_CODE...	正常停机	false	2016-04-09 13:27:03
11	EQUIP_3.2ZP_A7140	A7140涂胶机	UEM_OPC_ITEM_CODE...	专机运行	false	2016-04-09 13:26:11
12	EQUIP_3.2ZP_A7140	A7140涂胶机	UEM_OPC_ITEM_CODE...	正常停机	true	2016-04-09 13:26:11
13	EQUIP_3.2ZP_A7140	A7140涂胶机	UEM_OPC_ITEM_CODE...	专机运行	true	2016-04-09 13:24:50
14	EQUIP_3.2ZP_A7140	A7140涂胶机	UEM_OPC_ITEM_CODE...	正常停机	false	2016-04-09 13:24:50
15	EQUIP_3.2ZP_A7140	A7140涂胶机	UEM_OPC_ITEM_CODE...	专机运行	false	2016-04-09 13:21:51

图 3.18　设备状态数据展示

任务拓展

【严谨态度与责任意识】数据采集中的科学精神和职业操守

采集管理软件系统数据是指通过特定的软件系统收集、记录和管理与采集过程相关的数据。这些数据可以包括采集设备的状态信息、采集参数和采集结果等。采集管理软件系统数据可以帮助实现对采集过程的监控和控制，提高数据采集的效率和准确性。通过对采集管理软件系统数据的分析和处理，可以获得有关采集过程的关键指标和统计信息，为决策和优化提供依据。

在数据采集过程中要有严谨的工作态度和责任意识，注重数据的准确性、完整性和一致性。同时，注重数据的准确性、完整性和一致性也符合社会主义核心价值观中的科学精神和诚信原则，大学生要树立良好的道德观念和职业操守。

作业：以数据采集系统数据的重要性为主题，撰写一篇体会，指出采集管理软件系统数据的重要性以及培养良好道德观念和职业操守的意义。

项目四

工业互联网网络传输

任务 11　认知工业互联网接口技术

学习目标

- 理解 PLCopen 接口规范
- 掌握 OPC UA 架构
- 理解 MTConnect 标准
- 理解 MQTT 协议

任务 11　认知工业互联网接口技术

建议学时

2 课时

工作情境

车间内装备一般来自不同的厂商,搭载不同控制系统。不同系统之间采用不同的数据类型和格式,导致了设备系统间的异构性。异构设备之间信息的类型、格式和语义方面的差异对设备间的数据交换和通信造成障碍,并产生"信息孤岛"。

项目四　工业互联网网络传输

知识导图

```
                    ┌─────────┐      ┌──────────────┐
                 ┌─│ PLCopen │──────│汽车发动机装配│
                 │  └─────────┘      │线数据采集    │
                 │                    └──────────────┘
                 │                    ┌──────────────┐
┌──────────┐     │  ┌─────────┐   ┌──│ OPC UA典型   │
│工业互联网│     │  │         │───│  │通信架构      │
│接口技术  │─────┼──│ OPC UA  │   │  └──────────────┘
└──────────┘     │  │         │───│  ┌──────────────┐
                 │  └─────────┘      │ OPC UA数据   │
                 │                    │访问方式      │
                 │  ┌──────────┐     └──────────────┘
                 ├──│MTConnect │
                 │  └──────────┘
                 │  ┌──────────┐
                 └──│  MQTT    │
                    └──────────┘
```

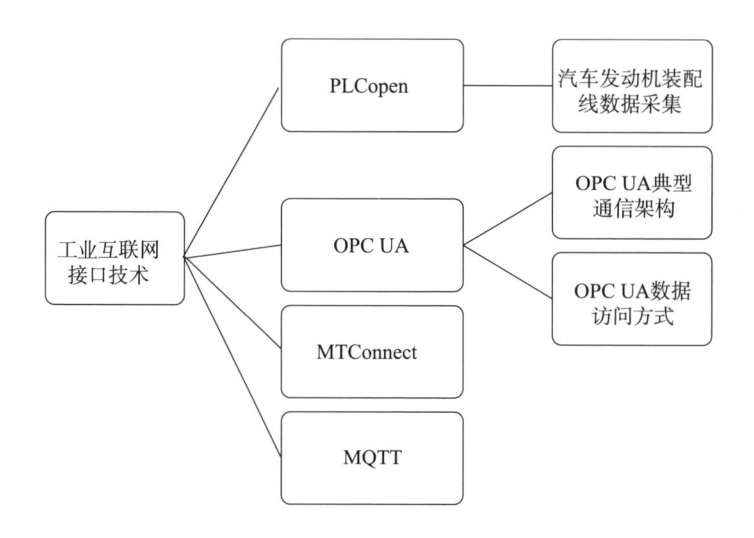

相关知识

解决数字化车间内的信息孤岛问题，实现设备间的互联互通和互操作，是实现智能制造的重要基础，具有严格规范的标准化信息模型则是解决这一问题的关键。PLCopen 和 OPC 正在开展合作，定义一组功能块，将 IEC 61131-3 工业控制编程全球标准映射到 OPC UA 信息通信模式。OPC UA 协议是一种跨平台的、具有更高的安全性和可靠性的通信协议，可以满足制造车间与企业之间信息的高度联通及互操作需求。MTConnect 标准有助于工业互联网制造设备数据的标准化收集。消息队列遥测传输（MQTT）是一种支持在各方之间异步通信的消息协议。

1. PLCopen

PLC 的软硬件集成技术以 PLCopen 国际组织为先导，一直在为满足工业 4.0 和智能制造日益清晰的要求做准备。图 4.1 显示了 PLCopen 历年来所开发的各种规范（运动控制、安全控制、OPC UA 通信、XML 等）在工业 4.0 参考架构模型（RAMI4.0）相应制造环境的软硬件功能层级维度及其层级中的位置。

对于将物理实体资产经过数字化的途径映射为相关资产的产品描述（数据性能）的标准化过程，一种可行的方法是按照国际标准化组织制定的国际标准 ISO 29002-5，即《工业自动化系统和集成特征数据交换》的第五部分"标识方法"，利用分类产品描述的软件包 eCl@ss Version 9.1，用 URI 和 URL 进行唯一资源标识和唯一资源定位。ISO 29002-5 规定了唯一标识管理项的数据元素和语法。

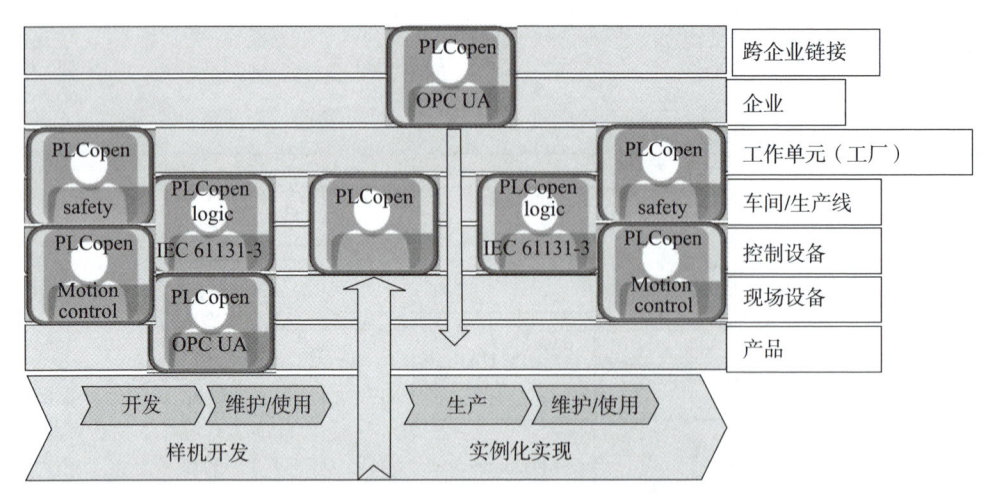

图 4.1　PLCopen 各规范在 RAMI4.0 中的位置

图 4.2 描述的就是这种统一的格式。标识符是 URL，为每一种资产提供唯一的识别符，并与该资产相应的信息空间对应。该标识符既参照该资产的物理分类，又可链接该资产的信息空间，而信息空间的虚拟描述完全建立在其物理特性和相关数据之上。

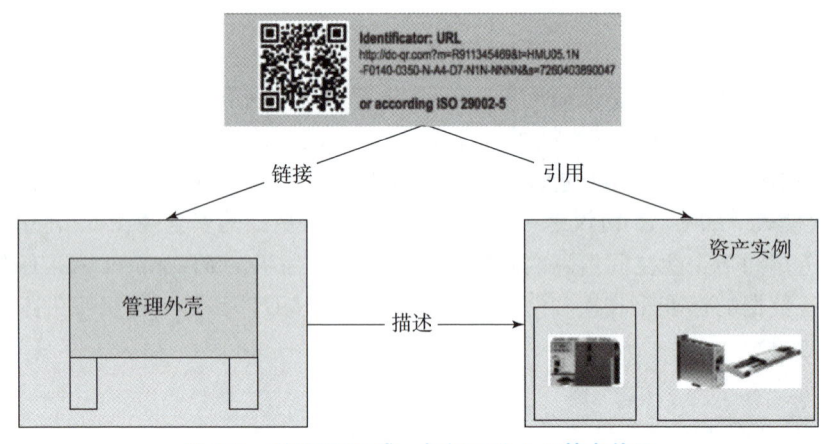

图 4.2　利用 URL 唯一标识工业 4.0 基本单元

图 4.3 给出了许多标准作为信息空间中产品信息纵向集成领域/子模型的样板。

2. OPC UA

OPC（OLE for Process Control）是自动化行业及其他行业用于数据安全交换时的一种主流互操作标准，是由行业供应商、终端用户和软件开发者共同制定的一系列规范。它独立于平台，并确保来自多个厂商的设备之间信息的无缝传输，目的是把 PLC 特定的协议（如 Modbus、Profibus 等）抽象成标准化的接口，作为"中间人"的角色把其通用的"读写"要求转换成具体的设备协议，以便 HMI/SCADA 系统可以对接。我们所熟知的 OPC 规范一般是指经典 OPC。

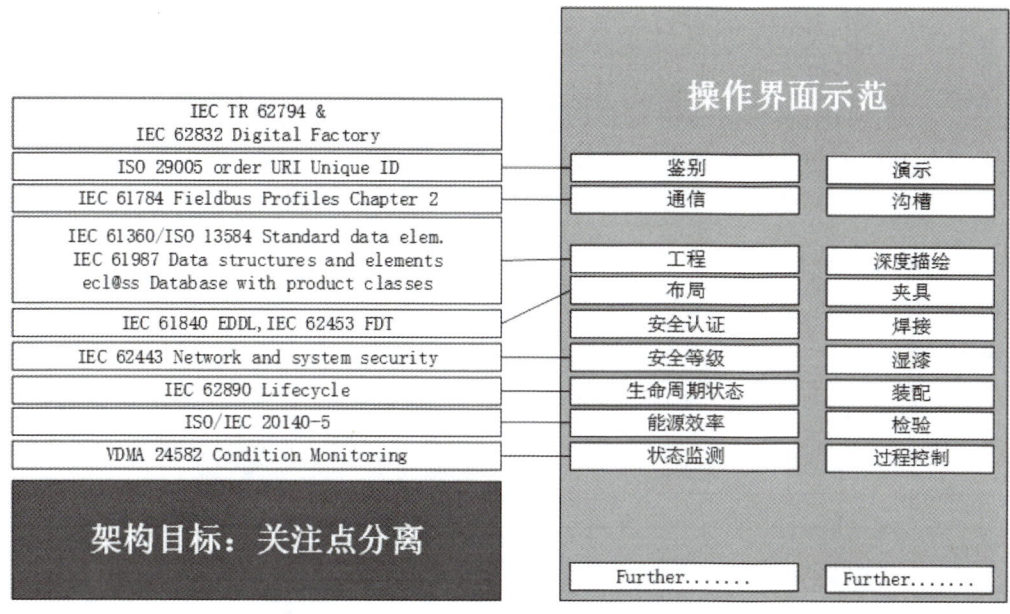

图 4.3　信息空间的领域/子模型的样板标准

图 4.4 是经典 OPC 规范的组成概览，包括三个主要 OPC 规范：数据访问（DA）、报警和事件（A&E）、历史数据访问（HDA）。

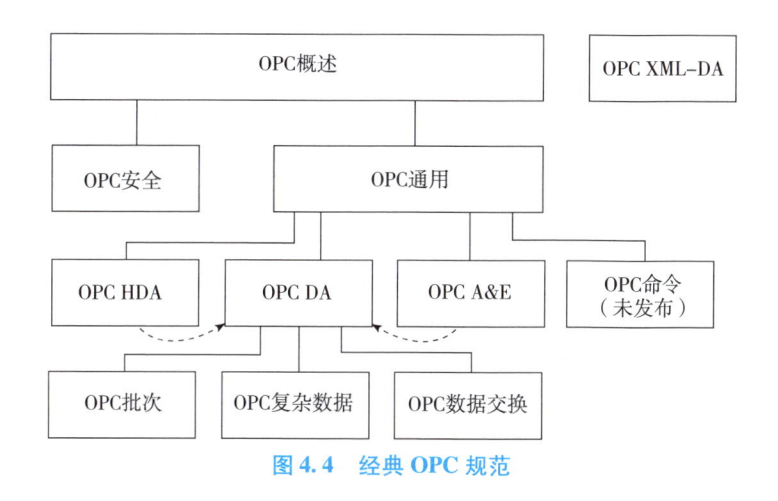

图 4.4　经典 OPC 规范

2008 年，OPC 基金会发布了 OPC 统一架构（OPC UA），这是一个独立于平台的面向服务的架构，集成了现有 OPC 规范的所有功能，并且兼容经典 OPC 规范。为满足工控领域以服务为导向的需求，OPC UA 协议把不同规范定义的信息模型重新归类设计成一系列服务集的形式供用户使用，实现了广泛互联。OPC UA 规范架构是一套集信息模型定义、服务集与通信标准为一体的标准化技术框架，共分为 13 部分技术规范。相比于经典 OPC 规范，OPC UA 具有优秀的通信性能、标准的信息模型、统一的访问方式，并且实现了跨平台。

（1）OPC UA 典型通信架构

OPC UA 采用一种典型的客户端/服务器架构，如图 4.5 所示。服务器端把各制造资源的数据封装在一个统一的地址空间内，使得客户端可以统一的方式去访问服务器。客户端通过自身的接口与客户端通信栈交互，客户端通信栈再把消息传达给服务器通信栈，服务器调用相应的服务集如节点管理服务集、监视服务集等对服务器端通信栈传入的请求进行分析处理，对网状结构的地址空间进行相应查询、操作，最后将结果传递回客户端。

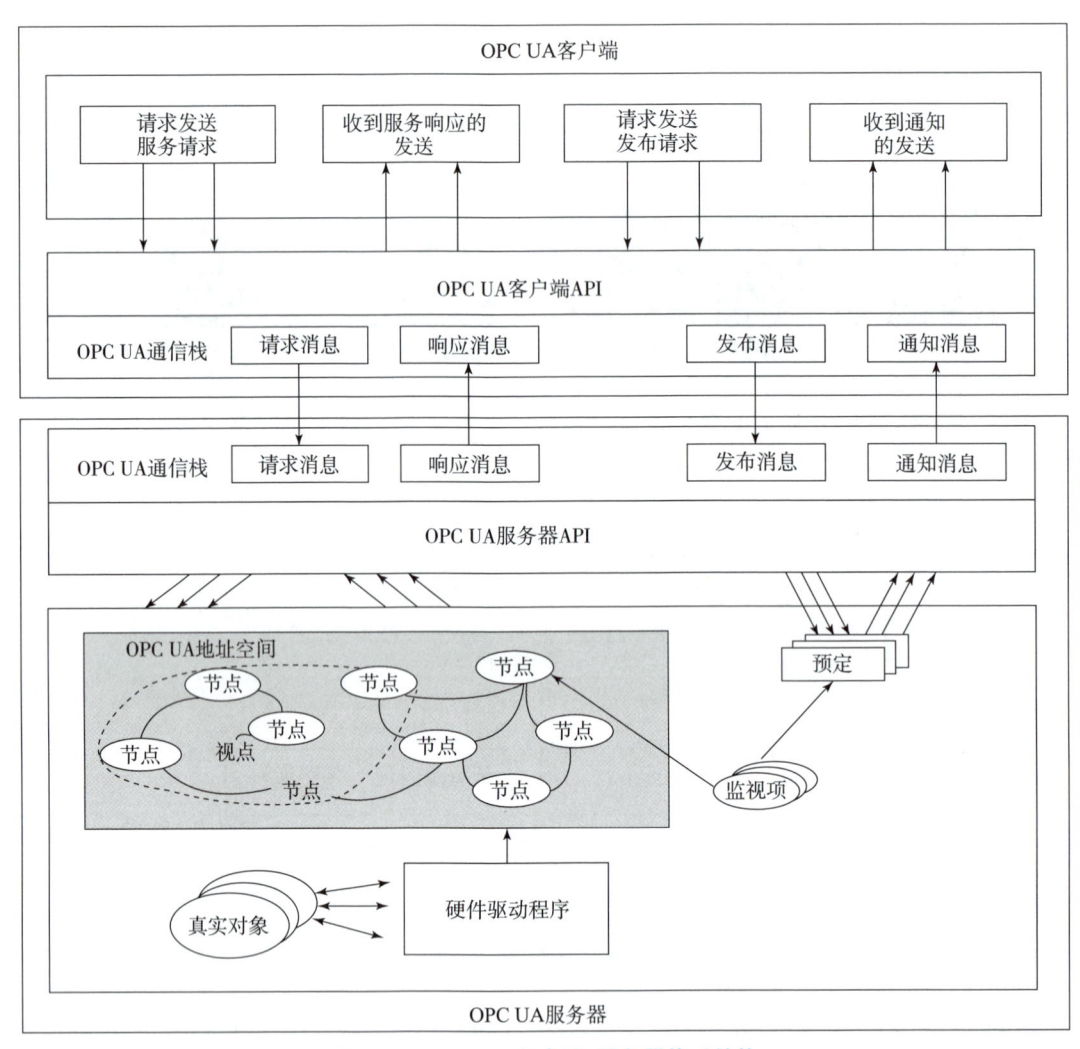

图 4.5 OPC UA 客户端/服务器体系结构

（2）OPC UA 数据访问方式

OPC UA 服务定义的是应用程序级的数据通信。服务以方法的形式提供给 OPC UA 客户端使用，用于访问 OPC UA 服务器提供的信息模型的数据。图 4.6 所示是一种基于 OPC UA 的分布嵌入式控制器数据传输架构。

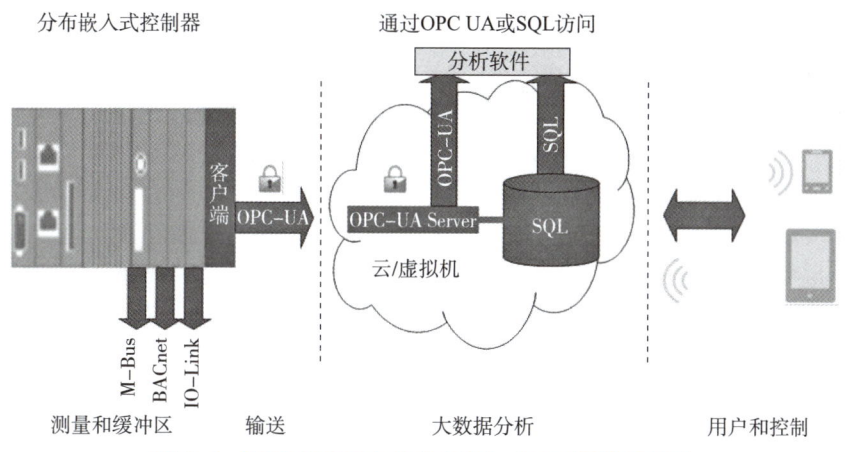

图 4.6　基于 OPC UA 的分布嵌入式控制器数据传输

客户端与服务器之间传递的信息组成如图 4.7 所示，服务的定义使用 Web 服务已知的请求、应答机制，每个服务都由请求和响应消息组成，每个服务的调用之间都是异步进行的。OPC UA 客户端读取数据主要采用三种方式：①同步通信；②异步通信；③订阅方式。

图 4.7　客户端与服务器间交互消息组成

3. MTConnect 技术

MTConnect 是由美国制造技术协会（AMT）在 2006 年提出的一种用于不同装置、设备和系统之间的互联标准。其体系架构如图 4.8 所示。

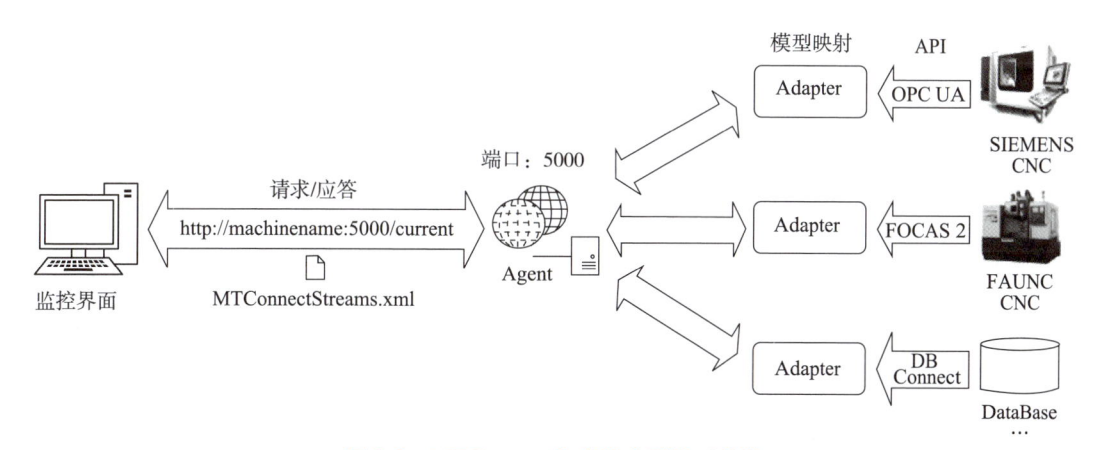

图 4.8　MTConnect 标准的典型体系结构

针对复杂系统的信息建模，往往会涉及模型的集成，模型内不同信息既要彼此独立，有时又会因为功能需求进行耦合。面向对象建模机制具有很好的封装性和拓展性，非常适合制造信息的建模，而 MTConnect 就引入了面向对象机制来描述信息间的关系。

图 4.9 是数控加工机床的 MTConnect 信息模型。数控机床作为一个设备，由轴组件、控制器组件和系统组件三部分组成。其中，控制器组件包含机床此时正在使用的刀具的索引，用于关联查询机床本体以外的刀具资产的详细信息。

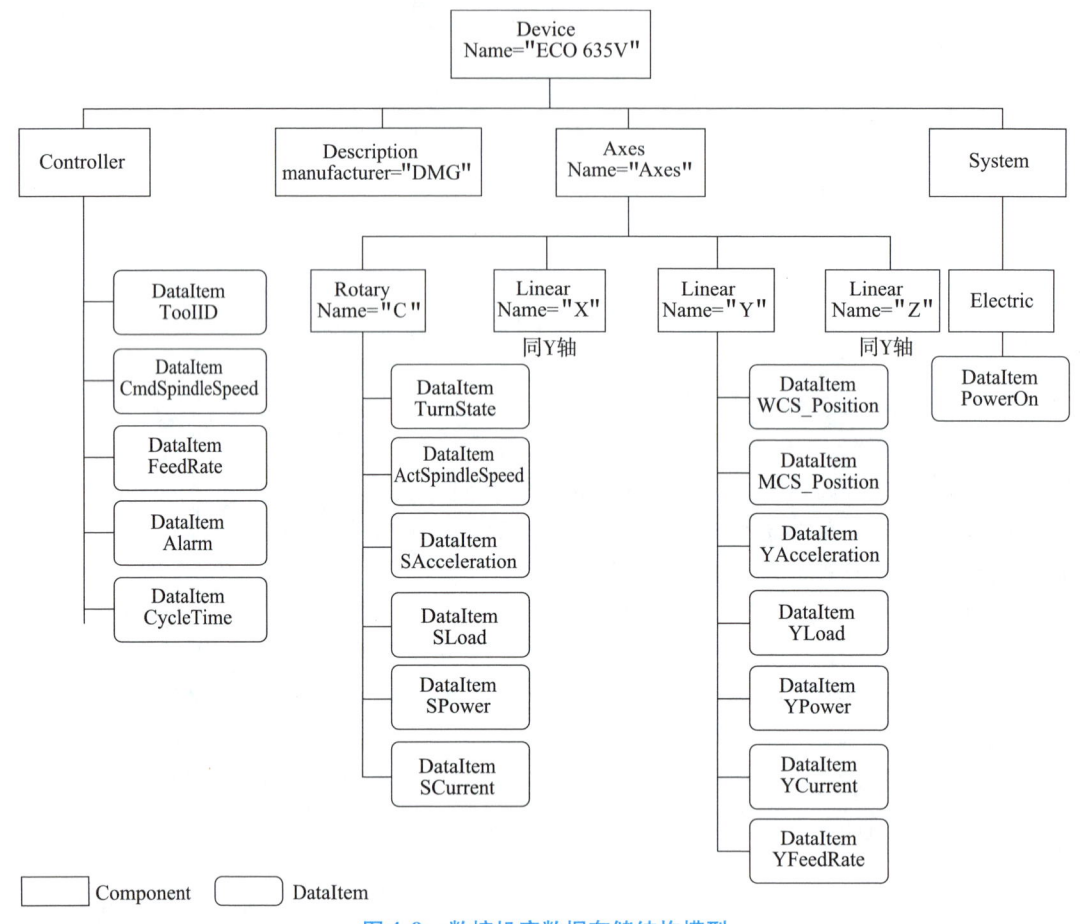

图 4.9　数控机床数据存储结构模型

4. MQTT 技术

MQTT（Message Queuing Telemetry Transport，消息队列遥测传输）是一种支持在各方之间异步通信的消息协议。异步消息协议在空间和时间上将消息发送者与接收者分离，因此可以在不可靠的网络环境中进行扩展。虽然叫作消息队列遥测传输，但它与消息队列毫无关系，而是使用了一个发布和订阅的模型，最初是为了在卫星之类的物体上使用。

（1）发布/订阅模型

发布/订阅模型如图 4.10 所示，通常也被称为 pub – sub 模式，是 MQTT 的核心，除了基于同一个消息代理的发布者和订阅者之外，还有一些其他节点围绕着该消息代理呈星型拓扑分布。

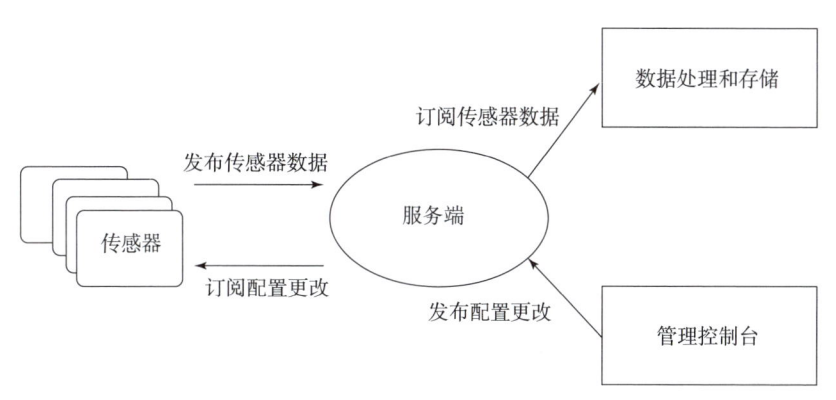

图 4.10　发布/订阅模型

（2）服务质量等级和应用场景

为了满足不同的工业应用场景，MQTT 支持三种不同级别的服务质量（QoS）为不同场景提供消息可靠性：①级别 0：至多 1 次；②级别 1：至少 1 次；③级别 2：恰好 1 次，如图 4.11 所示。

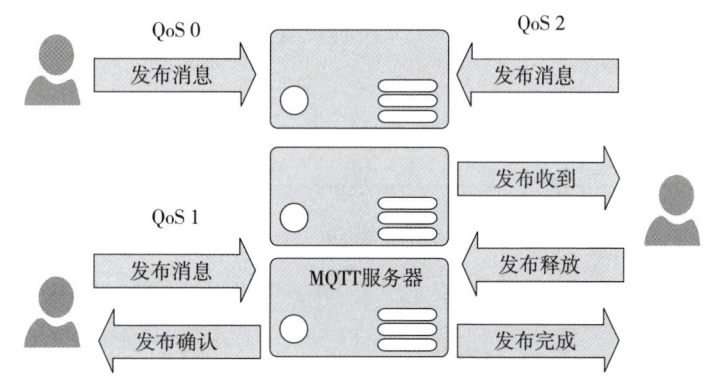

图 4.11　MQTT 中的服务质量水平划分

运用 MQTT 协议，设备可以很方便地连接到互联网云服务，管理设备并处理数据，最后应用到各种业务场景，如质量监测、工艺优化、远程运维、预防性维护等，如图 4.12 所示。

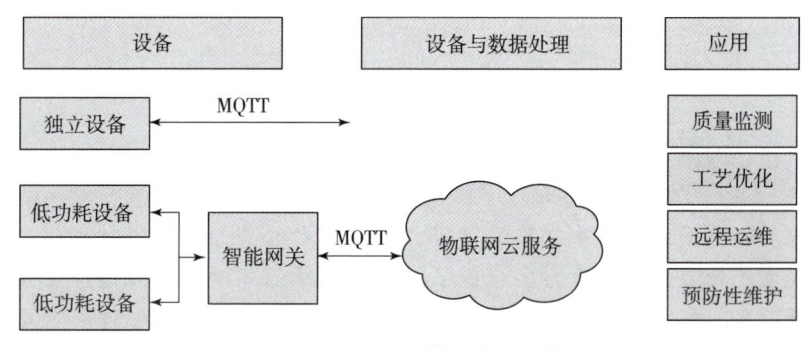

图 4.12　MQTT 协议应用场景

任务拓展

【青年人才需要解决的重大挑战】设备系统异构性与信息标准规范统一的困境

工业现场的设备系统通常由不同厂商生产的设备组成，这些设备可能采用不同的通信协议和数据格式。这种异构性使得设备之间的互操作性变得非常困难，导致数字化车间的推广成本变得很高，并且在实际运行中很难实现有效的网络集成。此外，由于缺乏统一的信息标准规范，不同设备之间的数据交换也变得困难。

在数字化制造的发展过程中，实现数字化车间的网络化智能化协同是一个重要目标。然而，由于设备系统的异构性和信息标准规范的缺乏，这一目标面临很大的挑战。设备和机器之间缺乏统一的通信协议和数据格式，使得它们无法直接进行数据交换和共享。这就需要青年人才在解决这些问题上发挥重要作用。党的二十大报告提出，必须坚持科技是第一生产力、人才是第一资源、创新是第一动力，深入实施科教兴国战略、人才强国战略、创新驱动发展战略，开辟发展新领域新赛道，不断塑造发展新动能新优势。人才是富国之本、兴邦大计，青年大学生要立志成才，为国家的发展贡献力量。

作业：为推进国家制造强国战略，针对异构设备的互联互通，你是否有好的方法来解决？描述一下你的设想。

任务 12　构建工业物联网

学习目标

- 掌握工业物联网的体系架构
- 理解工业物联网的关键技术
- 理解工业物联网的应用

任务 12　构建工业物联网

建议学时

2 课时

工作情境

工业物联网环境下，生产系统关键环节、关键资源的状态信息可被实时、精准、全面地感知，使得生产管理者能够更为准确地了解生产系统的实时运行状态。但是，如何利用所获取的实时信息，针对所了解的实时状态通过智能决策帮助生产管理者对生产系统进行高质量的精益化运作管控，受到学术界和工业界的普遍关注。

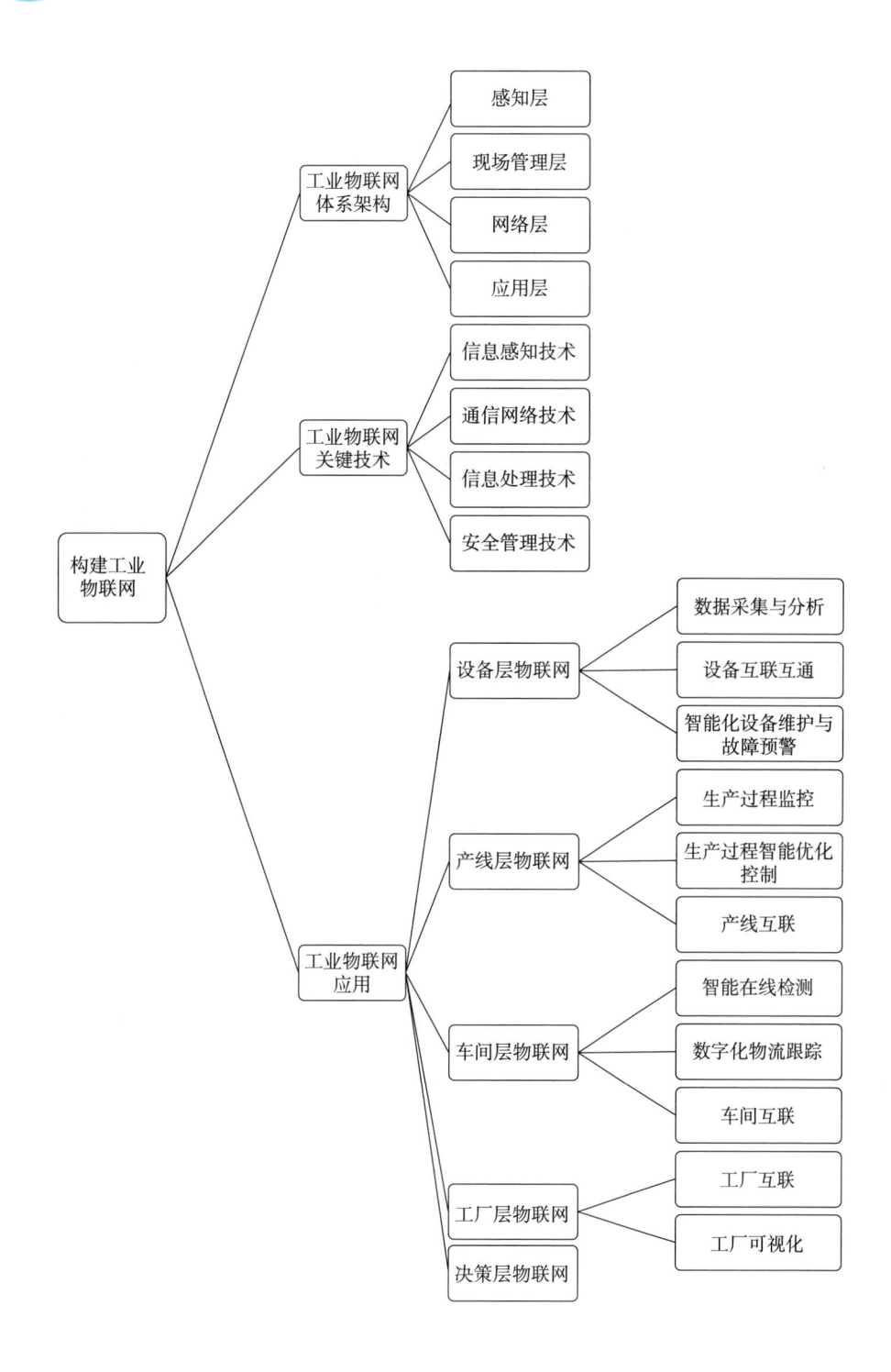

知识导图

- 构建工业物联网
  - 工业物联网体系架构
    - 感知层
    - 现场管理层
    - 网络层
    - 应用层
  - 工业物联网关键技术
    - 信息感知技术
    - 通信网络技术
    - 信息处理技术
    - 安全管理技术
  - 工业物联网应用
    - 设备层物联网
      - 数据采集与分析
      - 设备互联互通
      - 智能化设备维护与故障预警
    - 产线层物联网
      - 生产过程监控
      - 生产过程智能优化控制
      - 产线互联
    - 车间层物联网
      - 智能在线检测
      - 数字化物流跟踪
      - 车间互联
    - 工厂层物联网
      - 工厂互联
      - 工厂可视化
    - 决策层物联网

相关知识

1. 工业物联网体系架构

工业物联网是通过工业资源的网络互联、数据互通与系统互操作,实现制造原料的灵活配置、制造过程的按需执行、制造工艺的合理优化和制造环境的快速适应,达到资源的高效利用,从而构建服务驱动型的新工业生态体系,如图 4.13 所示。

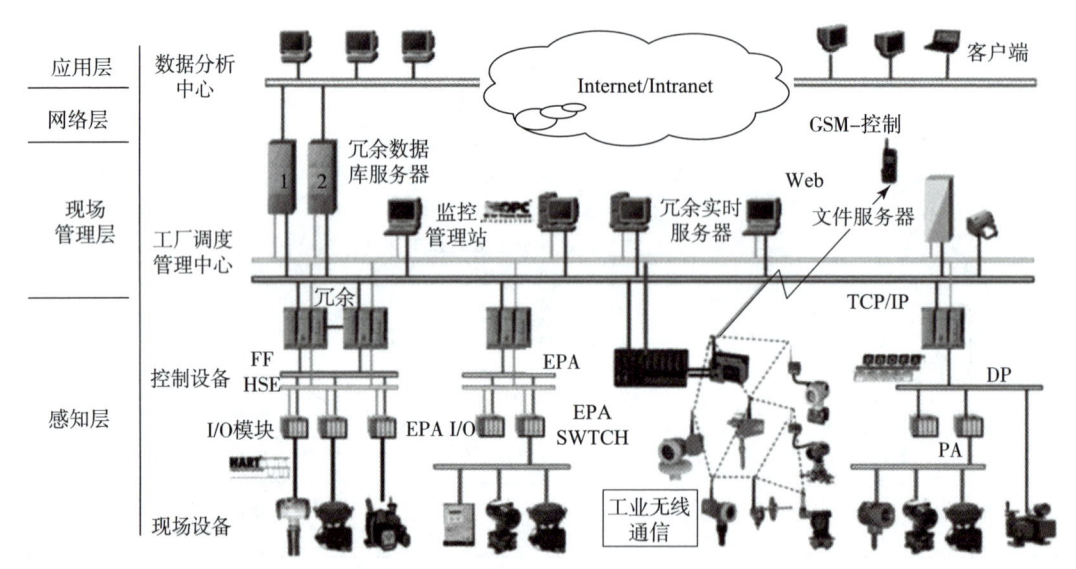

图 4.13 工业物联网体系架构

（1）感知层

感知层的主要功能是识别物体、采集信息和自动控制,是物联网识别物体、采集信息的来源。它由数据采集子层、短距离通信技术和协同信息处理子层组成。

（2）现场管理层

现场管理层主要指工厂的本地调度管理中心。调度管理中心充当着工业系统的本地管理者以及工业数据对外接口提供者的角色,一般包括工业数据库服务器、监控服务器、文件服务器以及 Web 网络服务器等设备。

（3）网络层

网络层由互联网、电信网等组成,负责信息传递、路由和控制。网络层将来自感知层的各类信息通过基础承载网络传输到应用层,包括移动通信网、互联网、卫星网、广电网、行业专网,以及形成的融合网络等。

（4）应用层

应用层实现所感知信息的应用服务,包括信息处理、海量数据存储、数据挖掘与分析、人工智能等技术。

2. 工业物联网关键技术

（1）信息感知技术

信息感知为物联网应用提供了信息来源，是工业物联网应用的基础，包括：①数据收集；②数据清洗；③数据压缩；④数据聚集；⑤数据融合。

（2）通信网络技术

网络是物联网信息传递和服务支撑的基础设施，通过泛在的互联功能，实现感知信息高可靠性、高安全性传送。

①接入与组网：物联网的网络技术涵盖泛在接入和骨干传输等多个层面的内容。

②通信与频管：物联网需要综合各种有线及无线通信技术，其中，近距离无线通信技术将是物联网的研究重点。工业以太网、工业现场总线、工业无线网络是目前工业通信领域的三大主流技术。

（3）信息处理技术

海量感知信息的计算与处理是物联网的核心支撑。信息处理技术是对采集到的数据进行数据解析、格式转换、元数据提取、初步清洗等预处理工作，再按照不同的数据类型与数据使用特点选择分布式文件系统、关系数据库、对象存储系统、时序数据库等不同的数据管理引擎实现数据的分区选择、落地存储、编目与索引等操作。

（4）安全管理技术

工业物联网系统与许多其他物联网行业的区别是，在工业物联网系统中，一般会涉及许多工业生产设备，这些设备系统响应的实时性要求高，无论是感知数据的传输还是控制指令的发放，都需要在很短的时间内完成，这就给安全防护技术的实施带来了挑战。工业物联网系统的入侵攻击目标一般不是被入侵的主机系统。因为无论是破坏主机系统还是从主机系统获取信息，都达不到攻击工业设施的目的。攻击者一般会通过入侵的主机系统非法控制该主机系统所能控制的受控设备，这些受控设备有些可能根本不具有智能判断能力，如 PLC 设备。

3. 工业物联网应用

智能工厂整体业务模型自底向上包括设备层、集成层、核心业务层、透视层，如图 4.14 所示。设备层是基础，包括生产加工、物料配送、质量检测等设备；集成层主要指系统集成和数据集成，系统包括 ERP、MBO（目标管理）、MES、SPC（统计过程控制）、BC（模块控制）、MCS（物料控制系统）等，数据集成包括虚拟产品、虚拟产线、虚拟设计、虚拟制造等来源数据；核心业务层主要包括生产管控、质量管控、物流管控、计划管控、能源管控；透视层包括设备可视化、工序可视化、车间可视化、工厂可视化、企业可视化。

（1）设备层物联网

➢ 数据采集与分析

通过物联网技术，实时采集物料信息，由物流管控系统对其进行处理和分析，实现对物料的高效调度，降低物流成本，并在此基础上对物料在生产过程中使用的数量和质量进

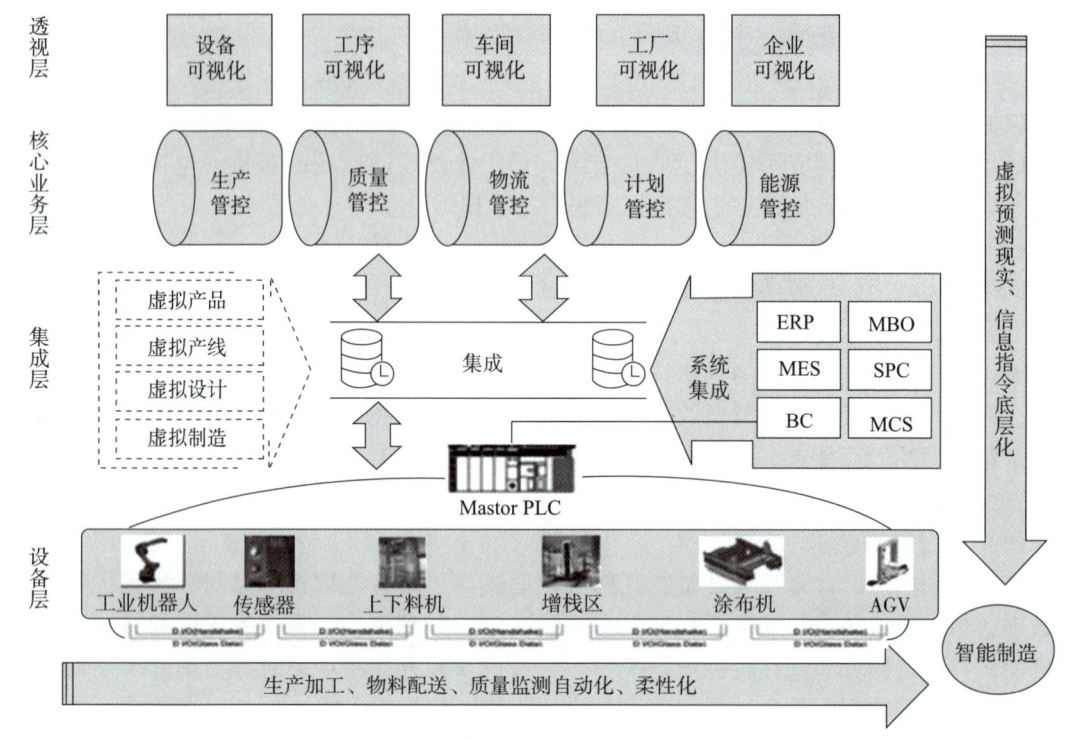

图 4.14 基于工业物联网的智能工厂

行准确的统计分析，从而得出不同物料的最佳使用数量。生产管理系统通过与 ERP 系统进行对接与数据共享，即可为物料的采购计划提供科学依据。

➢ 设备互联互通

智能化的生产设备需要主动地感知生产环境的变化，主动采取相应控制策略进行自我调整、自我学习，实现生产过程的稳定运行；将相关的信息通过工业数据总线或物联网及时、准确、完整地传递到其他设备和系统。不但实现单个设备的智能化，而且实现整套生产工艺设备的互联互通，确保整个生产工艺过程处于优化运行状态，降低物料和能源的消耗，提高产品的质量；具有强大的自诊断能力，在实现有效的设备资产管理的同时，能够借助大数据分析，实现生产设备的预测性维护，降低非计划停机的可能性。

➢ 智能化设备维护与故障预警

智能化设备维护与故障预警系统包括通信控制器、驱动控制、设备上位机、报警灯、报警看板、邮件、短信。设备 I/O 板连接上下游设备，实现整条线的连接，设备的 PLC 与整条线的 PLC 进行连接，实时监控设备状态。设备的运行状态、报警信息、产品信息都可上报系统。设备上的人机界面便于对设备的单机操作，设备的 PC 单元用于记录设备的运行状态，并与服务器连接，实施上报生产数据，便于追溯跟踪。

（2）产线层物联网

➢ 生产过程监控

根据事先约定的编码及读码原则为每种/每件/每框产品生成二维码。每种/每件/每框产品有唯一的 ID，此 ID 代表产品始终，一直可追溯到客户端。可将 VCR 装置安装于每条产线上，用于读取产品二维码来识别产品信息。每台读码器要有可识别的 ID，用于工作状态的监控，实时将数据上报给 MES。整个生产过程监控的技术架构体系如图 4.15 所示。

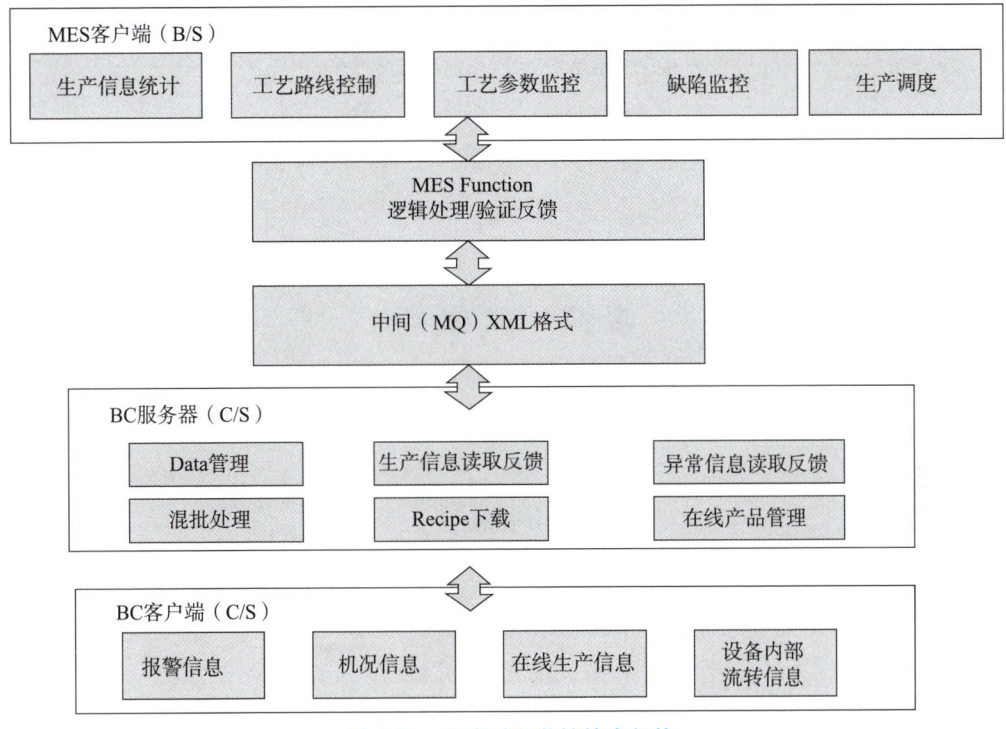

图 4.15 生产过程监控技术架构

➢ 生产过程智能优化控制

SPC 的作用在于通过收集制造过程中的检验数据，依据统计原理建立制程管制程序及方法，以改善制程能力及提高产品质量、良率。

SPC 系统架构如图 4.16 所示，主要是通过 SPC 系统实时传递数据，通过互联网实现了数据收集、实时控制、异常处理、报表生成、统计分析与查询，并且在同一页面可以监控一个控制特性的过程状态、数据表和不同的控制图表。

➢ 产线互联

产线通过如下方式进行互联：光纤网，光纤网是设备和设备之间连接的网络，通过可编程控制器（PLC）在设备之间传输信号；无线物联网，无线物联网（IOTS）通过射频接收装置采集设备端使用的能源数据，以自动组网的方式通过网关将数据传输到以太网上；以太网，车间控制系统位于无尘室外面的服务器机房，通过以太网与产线控制系统连接；通过将各种信息系统（MES、ERP、QMS、能源管理系统）的相关信息（能耗、生产、质量、设备、成本）集成起来，实现互联互通。

（3）车间层物联网

➢ 智能在线检测

在线自动检测设备（AOI）（图 4.17）对产品进行 CCD 图像传感器摄取成像，提交给影像处理卡进行处理，处理后交由主控制电脑进行分析，根据设定数据模型演算，并输出

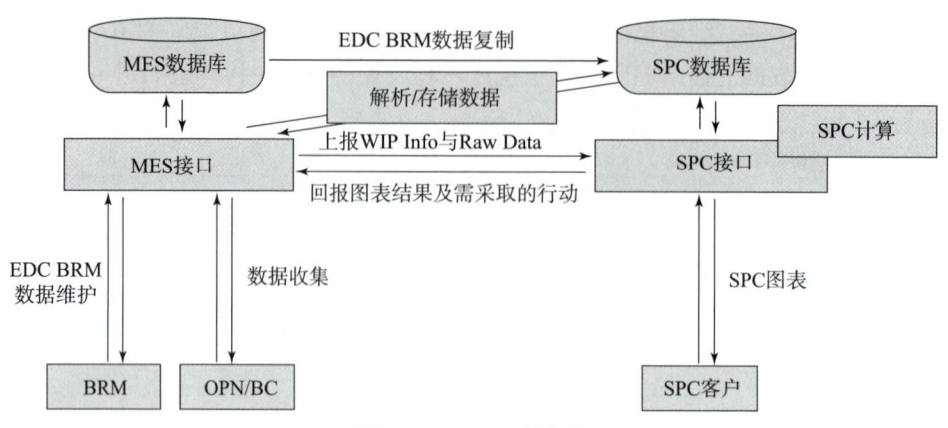

图 4.16　SPC 系统架构

结果。系统包括光源、CCD 影像采集处理装置。CCD 影像采集处理装置主要由影像采集卡、影像处理器、主电脑、PLC 控制传输系统和输出装置组成。

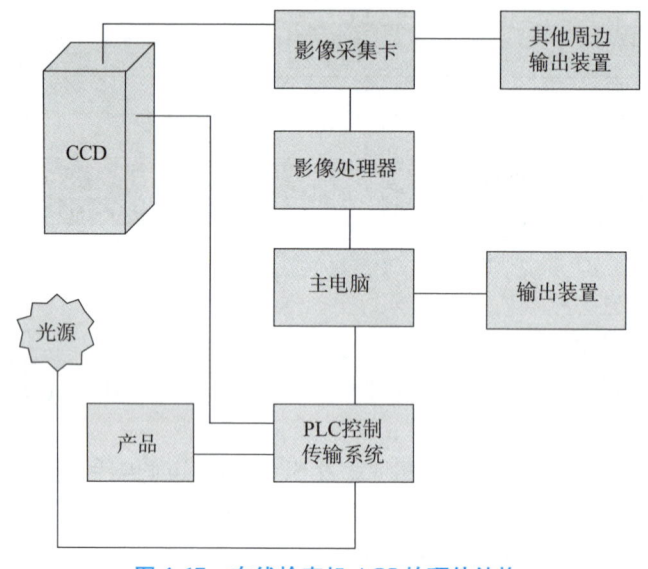

图 4.17　在线检查机 AOI 的硬件结构

> 数字化物流跟踪

车间物料跟踪系统包括仓库管理过程监控、物料状态监控、配送作业监控、运输工具监控以及线边库存监控。通过物联网技术实现对物料和物料运输工具的实时定位、追踪与监控，获取物料和运输工具的状态与位置等信息，并可以通过对这些信息的分析实现对物料的高效调度。其功能包括车间物流的自动化和物料需求分析。

> 车间互联

智能制造的首要任务是信息的处理与优化，车间内各层网络的互联互通则是其基础与前提。无论是工业云还是工业大数，都需要车间工厂的互联互通和数据采集与交互来支持。可以通过无线物联网和互联网将车间层管理系统与企业层管理系统连接起来，实现车间互联。在建立各业务领域的信息化基础平台的基础上（如 MES、APS、ERP、QMS、EMS），实现各种资源的互联互通。

（4）工厂层物联网

➤ 工厂互联

工厂互联是顺应全球新工业革命以及互联网时代的潮流，对大规模生产转型、大规模定制的创新性探索，是互联网转型的重要组成部分。与传统工厂不同，互联工厂实现了与用户相连，目标是从"产销分离"到"产销合一"，满足用户无缝化、透明化、可视化的最佳体验。通过建立起互联工厂体系，打造互联工厂的引领样板，可实时、同步响应企业全球用户需求，并快速交付智慧化、个性化的方案。

➤ 工厂可视化

建立工厂可视化系统，可实时追踪生产现场的生产运转情况、品质信息、能源消耗量等数据，通过在信息系统灵活运用生产现场的可视化信息，可大大提高工厂的效率和生产率。可视化内容包括：整个工厂车间的整体可视化，每个设备产线的运转状况，是否有报错信息，是否在正常运转；当今有多少异常设备（工序）的可视化，如有报错信息，可以实时在画面进行确认；各工序间是否存在待加工品积压滞留；哪台设备加工效率更高，没有使用的设备是否仍在运转；整个工厂的目前能源消耗、生产订单数量，以及完成率。

（5）决策层物联网

决策可视化的内容包括：①工厂的销售状况，订单执行状况；②整体的能耗状况；③工厂整体的库存状况以及库存周转率；④工厂整体的设备管理效率的各项 KPI；⑤工厂整体的各项成本，财务 KPI；⑥工厂整体的环境状况等。如图 4.18 所示。

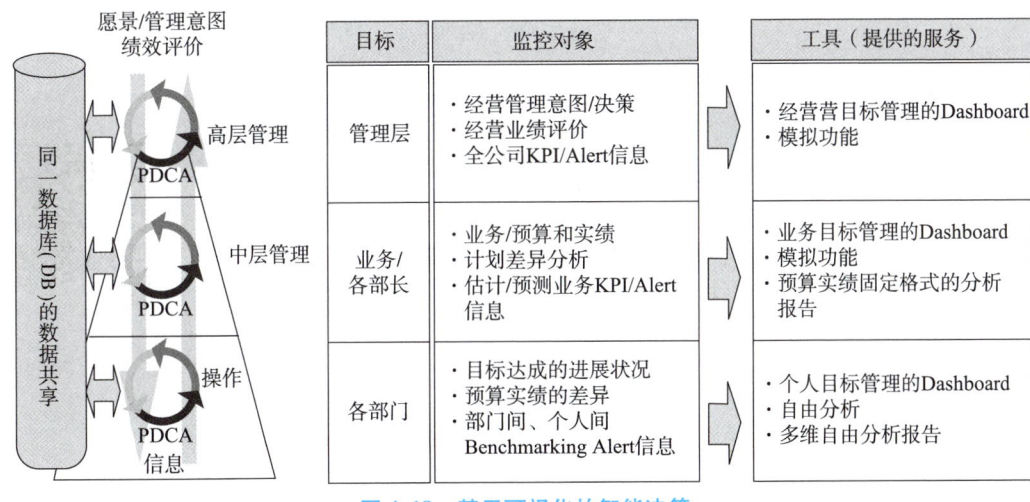

目标	监控对象	工具（提供的服务）
管理层	·经营管理意图/决策 ·经营业绩评价 ·全公司KPI/Alert信息	·经营营目标管理的Dashboard ·模拟功能
业务/各部长	·业务/预算和实绩 ·计划差异分析 ·估计/预测业务KPI/Alert信息	·业务目标管理的Dashboard ·模拟功能 ·预算实绩固定格式的分析报告
各部门	·目标达成的进展状况 ·预算实绩的差异 ·部门间、个人间Benchmarking Alert信息	·个人目标管理的Dashboard ·自由分析 ·多维自由分析报告

图 4.18 基于可视化的智能决策

任务拓展

【从跟随到引领】中国移动通信的逆袭之路

5G（第五代移动通信技术）是具有高速率、低时延和大连接特点的新一代宽带移动通信技术，5G 技术在工业物联网的构建中起着非常重要的作用。中国移动通信技术经历了

"1G 空白，2G 跟随，3G 突破，4G 并跑，5G 引领"的跨越式发展，走出了一条逆袭之路。

在移动通信技术的发展历程中，中国起步较晚，最初的 1G 时代中国处于相对滞后的状态，但随着技术的进步和政策的支持，中国逐渐迎头赶上。2G 时代，中国移动通信技术开始跟随国际先进水平，引入了 GSM 技术，建设了全国性的 2G 网络，实现了移动通信的普及和商业化运营。3G 时代，中国移动通信技术实现了突破，引入了 WCDMA 和 CDMA2000 等 3G 技术标准，建设了全国范围的 3G 网络，实现了语音和数据业务的快速发展。4G 时代，中国移动通信技术实现了与国际先进水平的并跑，采用了 LTE 技术标准，建设了全国性的 4G 网络，实现了高速数据传输和多媒体业务的大规模应用。而在 5G 时代，中国移动通信技术走在了世界的前列，率先实现了商用部署，并在技术创新、标准制定、网络建设等方面取得了重要突破。

党的二十大提出了新时代中国特色社会主义思想，强调创新驱动发展和建设创新型国家的重要性，以及推动经济高质量发展和构建现代化经济体系的目标。

在移动通信技术的发展中，中国走出了一条逆袭之路，正是因为党的二十大精神的指导和推动。中国移动通信技术企业积极响应党的号召，加大科技创新力度，不断推动技术突破和产业升级。中国移动通信技术的快速发展，不仅改变了人们的通信方式和生活方式，也推动了数字经济的发展和社会的进步。

作业：通过网络查询资料，掌握中国 5G 的发展历程和现状。

任务 13　传输工业大数据

学习目标

- 掌握工业现场总线通信技术
- 理解工业以太网通信技术
- 理解工业现场无线网络通信技术

任务 13　传输工业大数据

建议学时

2 课时

工作情境

在工业互联网中，通信系统的主要作用是将信息安全、可靠地传送到目的地。由于工业互联网具有异构性的特点，使得工业互联网所采用的通信方式和通信系统也具有异构性和复杂性。

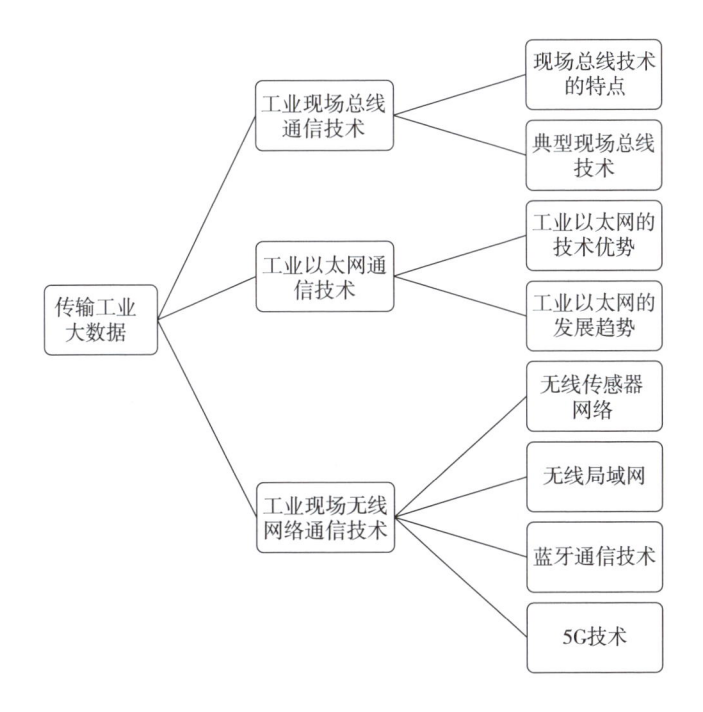

知识导图

- 传输工业大数据
  - 工业现场总线通信技术
    - 现场总线技术的特点
    - 典型现场总线技术
  - 工业以太网通信技术
    - 工业以太网的技术优势
    - 工业以太网的发展趋势
  - 工业现场无线网络通信技术
    - 无线传感器网络
    - 无线局域网
    - 蓝牙通信技术
    - 5G技术

相关知识

工业大数据传输技术是指数据源与数据宿之间通过一个或多个数据信道或链路，共同遵循一个通信协议而进行的数据传输技术。它主要是按照适当的规则，经过一条或多条链路，在数据源和数据宿之间进行多元数据汇集与传输的过程。大数据在科学及商业应用领域都具有很大价值。传统的电路交换具有稳定的特点，但其要求足够可用的线宽；而大数据的特点是对时延不敏感，但其占用网络资源却很大，因而保证数据传输的实时性是数据传输过程中的核心要务。

1. 工业现场总线通信技术

现场总线的一般定义为：一种用于智能化现场设备和自动化系统的开放式、数字化、双向串行、多节点的通信总线。现场总线作为工厂数字通信网络的基础，连接了生产过程现场控制设备和更高管理层次之间的控制联系。它不仅是一个基层网络，还是一种开放式、新型全分布控制系统，这项以智能传感、控制、计算机、数字通信等技术为主要内容的综合技术已经在世界范围内受到关注，成为自动化技术发展的热点，并将导致自动化系统结构与设备的深刻变革。

（1）现场总线技术的特点及优点

现场总线控制系统具有互可操作性与互用性、现场设备的智能化与功能自治性、系统的开放性、系统结构的高度分散性和对现场环境的适应性 5 个特点。现场总线控制系统现场使自控设备与系统步入了信息网络的行列，为其应用开拓了更为广阔的领域，其具有如下优点：节省维护开销，节省安装费用，节省硬件数量与投资，用户具有高度的系统集成主动权，提高了系统的准确性与可靠性。

（2）典型现场总线技术

目前国际上有 40 多种现场总线，但没有任何一种能覆盖所有的应用面。按其传输数据的大小，可分为 3 类：传感器总线，属于位传输；设备总线，属于字节传输；现场总线，属于数据流传输。目前主要的总线有 Profibus 现场总线、LonWorks 现场总线、基金会现场总线、CAN 总线等。常见的现场总线技术特点与应用情况介绍见表 4.1。

表 4.1 常见的现场总线技术特点与应用情况介绍

总线类型	技术特点	主要应用场合	价格	支持公司
FF	功能强大，本安，实时性好，总线供电；但协议复杂，实际应用少	流程控制	较高	Honeywell、Rosemount、ABB、Foxboro、横河等
WorldFIP	有较强的抗干扰能力，实时性好，稳定性好	工业过程控制	一般	Alstone
Profibus - PA	本安，总线供电，实际应用较多；但支持的传输介质较少，传输方式单一	过程自动化	较高	Siemens
Profibus - DP/FMS	速度较快，组态配置灵活	车间级通信、工业、楼宇自动化	一般	Siemens
CAN	采用短帧，抗干扰能力强，速度较慢，协议芯片内核由国外厂商垄断	汽车检测、控制	较低	Philips、Siemens、Honeywell 等
LonWorks	支持 OSI 七层协议，实际应用较多，开发平台完善，协议芯片内核由国外厂商垄断	楼宇自动化、工业、能源	较低	Echelon

2. 工业以太网通信技术

由于以太网技术标准开放性好，应用广泛，使用透明、统一的通信协议，因此成为工业控制领域唯一的统一通信标准。工业以太网与商业以太网都符合 OSI 模型，但针对工业控制实时性、高可靠性的要求，工业以太网在链路层、网络层增加了不同的功能模块，在物理层增加了电磁兼容性设计，解决了通信实时性、网络安全性、抗强电磁干扰等技术问题。

（1）工业以太网的技术优势

工业以太网技术具有价格低廉、稳定可靠、通信速率高、软硬件产品丰富、应用广泛以及支持技术成熟等优点，已成为最受欢迎的通信网络之一。近些年来，随着网络技术的发展，以太网进入了控制领域，形成了新型的以太网控制网络技术。这主要是由于工业自动化系统向分布化、智能化控制方面发展，开放的、透明的通信协议是必然的要求。

以太网技术引入工业控制领域，其技术优势主要有以下 5 点：①软硬件成本低；②以太网能实现工业控制网络与企业信息网络的无缝连接，形成企业级管控一体化的全开放网络；③它是全开放、全数字化的网络，遵照网络协议，不同厂商的设备可以很容易地实现互连；④通信速率高；⑤可持续发展潜力大。

（2）工业以太网的发展趋势

工业以太网在工业设备领域的可持续性和可拓展性是工业互联网中的重点。在大数据时代下，云计算、分布式数据存储和处理的需求使得工业互联网接入因特网成为日益迫切的需求，在目前的工业以太网框架中，所使用的第二代互联网 IPv4 技术面临着网络地址资源有限的挑战。在这样的环境下，IPv6 应运而生。这不但解决了网络地址资源数量的问题，也为车间底层的通信设备互连互通，以及车间底层终端（智能设备、人员、控制系统）和云端服务器、控制终端之间的通信数量限制扫清了障碍。

3. 工业现场无线网络通信技术

无线网络技术在工业控制中的应用，主要包括数据采集、视频监控等，可以帮助用户实现移动设备与固定网络的通信或移动设备之间的通信，并且坚固、可靠、安全。它适用于各种工业环境，即使在极恶劣的情况下也能够保证网络的可靠性和安全性。目前，工业自动化领域的无线通信技术协议主要是：对于可用于现场设备层的无线短程网，采用的主流协议是 IEEE 802.15.4；对于适应较大传输覆盖面和较大信息传输量的无线局域网，采用的是 IEEE 802.11 系列；对于较大数据容量的短程无线通信，工业界广泛采用的是蓝牙标准。

（1）无线传感器网络

ZigBee 通信技术具有功耗低、数据传输可靠性高、网络容量大、时延小、兼容性、安全性以及实现成本低七大特点。ZigBee 网络拓扑结构可根据应用的需要组织成星型网络（图 4.19），也可以组织成点对点网络。在星型结构中，所有设备都与中心设备 PAN 网络协调器通信。

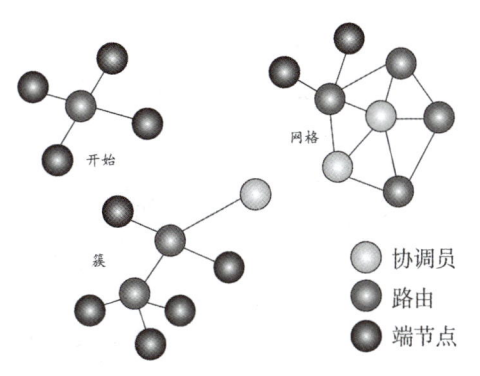

图 4.19　典型星型网络拓扑结构

与星型网不同，点对点网络中，只要其中的设备彼此都在对方的无线辐射范围之内，任何两个设备之间都可以直接通信。点对点网络中也需要网络协调器，负责实现管理链路状态信息、认证设备身份等功能。点对点网络模式可以支持 Ad-Hoc 网络，允许通过多跳路由的方式在网络中传输数据。不过一般认为自组织问题由网络层来解决，不在 IEEE 802.15.4 标准讨论范围之内。点对点网络可以构造更复杂的网络结构，适用于设备分布范围广的应用。

（2）无线局域网

利用无线局域网组建自动化工业网络，相比之下，具有有线固定网络无法比拟的优势：①无线网络拓扑更适合工业网络应用；②无须布线，省去了施工的麻烦；③覆盖范围广。

无线局域网现主要应用在远程视频传输、门禁/考勤管理系统、安防管理系统、生产设备联网自动化、电信/光纤网络监控、医疗/实验仪器联网自动化、工业/流程联网控管等领域。

（3）蓝牙通信技术

蓝牙是取代数据电缆的短距离无线通信技术，可以支持物体与物体之间的通信，工作频段是全球开放的 2.4 GHz 频段，可以同时进行数据和语音传输，传输速率可达到 10 Mb/s，使得在其范围内的各种信息化设备都能实现无缝资源共享。蓝牙技术的应用非常广泛而且极具潜力。它可以应用于无线设备、图像处理设备、安全产品、消费娱乐、汽车产品、家用电器、医疗健身、建筑、玩具等领域。

（4）5G 技术

目前，工业互联网的网络化特征主要是：互联网使得工厂机器、控制平台及制造业下游之间保持互联、互通、互动，并借助网络中的云计算、大数据资源，对整个产业制造环节进行分析、设计和动态调整等智能化控制，打造一个开放与智能的工业生态体系，最终达到使整个工业生产零库存、低能耗、个性化与大规模定制共存，以及可对工业系统进行远程维护和优化等目的。显然，此时的工业互联网利用网络化产生的功能，仍局限于工业制造自身领域。

任务拓展

【科技创新与国家发展】工业物联网传输技术

传输工业大数据是实现工业智能化转型的关键技术之一。通过传输工业大数据，可以对工业生产过程进行实时监测和数据采集，及时获取生产环节的各项指标和参数。这些数据可以用于分析和预测生产趋势、故障预警等，帮助企业及时调整生产计划和资源配置，提高生产效率，推动工业智能化转型升级。

在建设现代化产业体系中，传输工业大数据在国家发展战略中具有重要的科技创新引领作用，可以促进产业升级、推动创新驱动发展、优化资源配置和促进科技成果转化，为国家经济发展和社会进步提供有力支撑，实现高质量发展的目标。

作业： 通过网络查询资料，掌握工业物联网的传输技术是如何实现的。

项目五

工业大数据集成与融合

任务 14　集成工业大数据

学习目标

- 掌握工业大数据集成框架
- 掌握基于 CPS 的工业大数据集成
- 理解基于云平台的工业大数据集成

任务 14　集成
工业大数据

建议学时

2 课时

工作情境

工业制造数据具有规模海量、多源异构、多时空尺度、多维度等特点，具备大数据特征。通过工业大数据建立生产过程和运行决策间的关系，能对制造运行状态进行统计和分析，有助于提升生产效率和产品质量、降低能耗、保障设备健康等。

知识导图

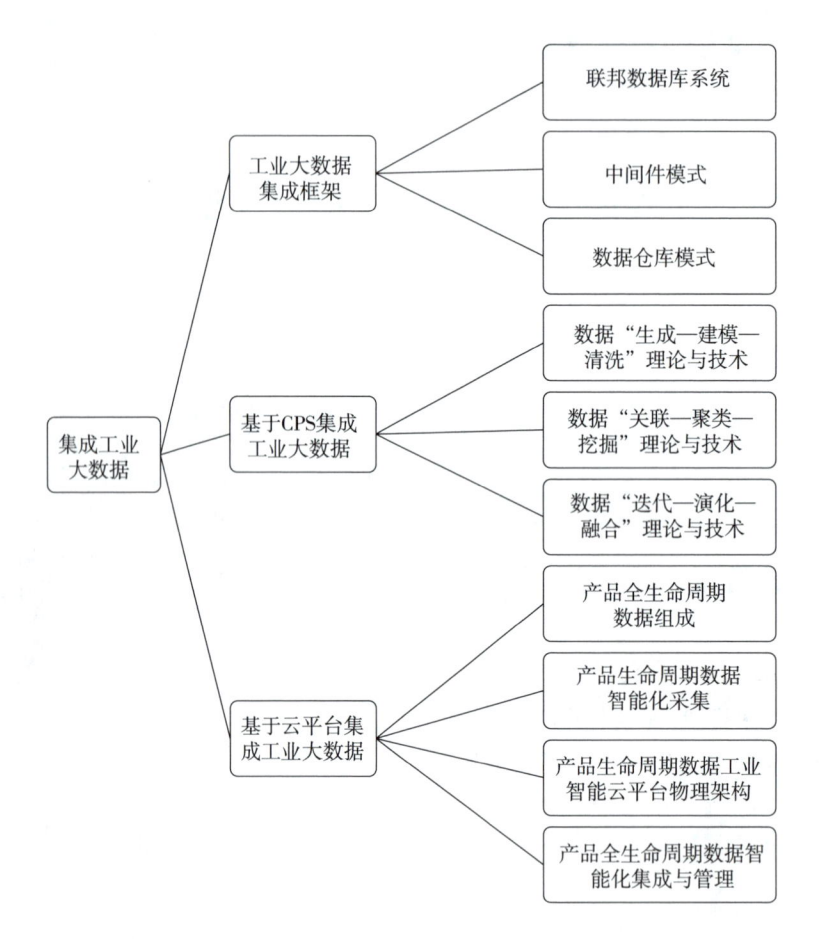

```
                            ┌── 联邦数据库系统
              ┌─工业大数据───┼── 中间件模式
              │  集成框架    └── 数据仓库模式
              │
              │                ┌── 数据"生成—建模—
              │                │    清洗"理论与技术
集成工业──────┼─基于CPS集成 ──┼── 数据"关联—聚类—
大数据        │  工业大数据    │    挖掘"理论与技术
              │                └── 数据"迭代—演化—
              │                     融合"理论与技术
              │
              │                ┌── 产品全生命周期
              │                │    数据组成
              │                ├── 产品生命周期数据
              └─基于云平台集──┤    智能化采集
                 成工业大数据  ├── 产品生命周期数据工业
                               │    智能云平台物理架构
                               └── 产品全生命周期数据智
                                    能化集成与管理
```

相关知识

数据集成是将不同来源、格式、特点及性质的数据在逻辑上或物理上有机地集中，从而为企业提供全面的数据共享。在企业数据集成领域，已经有了很多成熟的框架可以利用。通常采用联邦式、基于中间件模型和数据仓库等方法来构造集成的系统，这些技术在不同的着重点和应用上解决数据共享问题，并为企业提供决策支持。

1. 工业大数据集成框架

（1）联邦数据库系统

联邦数据库系统（FDBS）由半自治数据库系统构成，相互之间分享数据，联邦各数据源之间相互提供访问接口。联邦数据库系统可以是集中数据库系统或分布式数据库系统及其他联邦式系统。这种模型又分为紧耦合和松耦合两种情况，紧耦合提供统一的访问模式，一般是静态的，在增加数据源上比较困难；而松耦合则不提供统一的接口，但可以通过统一的语言来访问数据源，其中的核心是必须解决所有数据源语义上的问题。

（2）中间件模式

通过统一的全局数据模型来访问异构的数据库、遗留系统、Web 资源等。这是比较流行的数据集成方法，它通过在中间层提供一个统一的数据逻辑视图来隐藏底层的数据细节，使得用户可以把集成数据源看成一个统一的整体。

（3）数据仓库模式

数据仓库是在企业管理和决策中面向主题的、集成的、与时间相关的和不可修改的数据集合。其中，数据被归类为广义的、功能上独立的、没有重叠的主题。

上述几种方法在一定程度上解决了应用之间的数据共享和互通的问题，但也存在以下异同：联邦数据库系统主要面向多个数据库系统的集成，其中数据源有可能要映射到每一个数据模式，当集成的系统很大时，对实际开发将带来巨大的困难。数据仓库技术则在另外一个层面上表达数据之间的共享，它主要是为了针对企业某个应用领域提出的一种数据集成方法，即面向主题并为企业提供数据挖掘和决策支持的系统。

2. 基于 CPS 集成工业大数据

信息物理系统（CPS）的概念最早在 2006 年由美国自然基金委提出。根据《中国信息物理系统白皮书（2017）》，CPS 通过集成先进的感知、计算、通信、控制等信息技术和自动控制技术，构建了物理空间与信息空间中人、机、物、环境、信息等要素相互映射、适时交互、高效协同的复杂系统，实现系统内资源配置和运行的按需响应、快速迭代、动态优化。它通过人机交互接口实现和物理进程的交互，使用网络化空间以远程的、可靠的、实时的、安全的、协作的方式操控一个物理实体。国际上较为认可的 CPS 架构是一个 5C 的结构，如图 5.1 所示。

图 5.1 CPS 体系架构

基于CPS的制造集成系统是指，借助先进的传感、通信、计算和控制技术实现生产过程中信息单元和物理实体在网络环境下的高度集成与交互，实时传输动态网络环境下海量感知数据至信息层，集成规约多源多模态异构数据，并精准控制混杂动态环境下车间异构制造资源的行为协同，从而实现车间内"人-机-物-环境"全要素的智能感知与互联、高效数据传输与集成、实时交互与控制、智能协作与共融，如图5.2所示。最终达到自主协调、效率提升、性能优化和安全保障的智能制造目标。

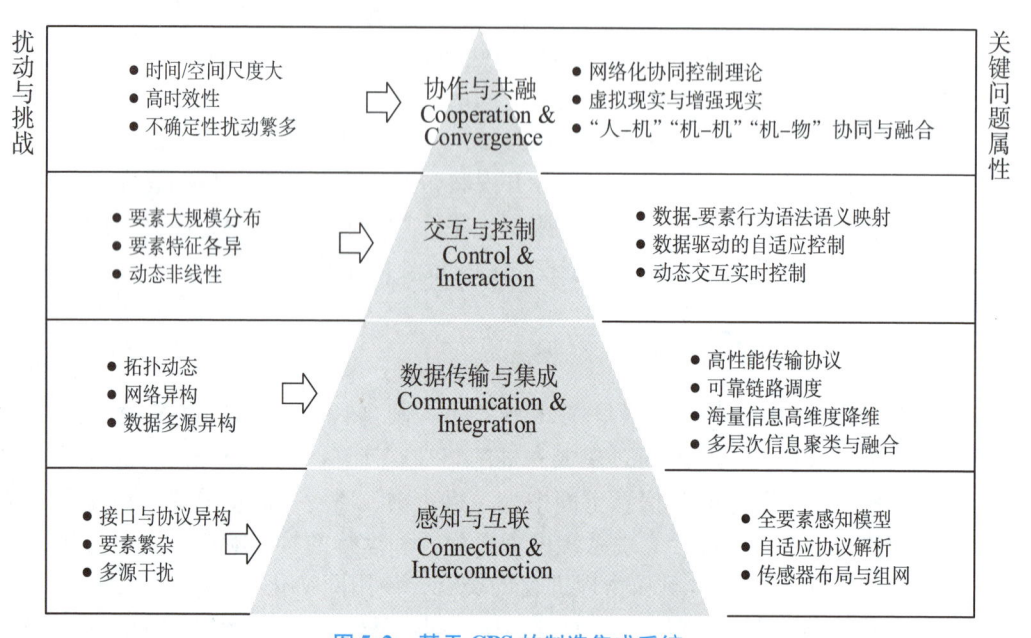

扰动与挑战

- 时间/空间尺度大
- 高时效性
- 不确定性扰动繁多

⇒ 协作与共融 Cooperation & Convergence

- 网络化协同控制理论
- 虚拟现实与增强现实
- "人-机""机-机""机-物"协同与融合

- 要素大规模分布
- 要素特征各异
- 动态非线性

⇒ 交互与控制 Control & Interaction

- 数据-要素行为语法语义映射
- 数据驱动的自适应控制
- 动态交互实时控制

- 拓扑动态
- 网络异构
- 数据多源异构

⇒ 数据传输与集成 Communication & Integration

- 高性能传输协议
- 可靠链路调度
- 海量信息高维度降维
- 多层次信息聚类与融合

- 接口与协议异构
- 要素繁杂
- 多源干扰

⇒ 感知与互联 Connection & Interconnection

- 全要素感知模型
- 自适应协议解析
- 传感器布局与组网

关键问题属性

图5.2 基于CPS的制造集成系统

根据《中国信息物理系统白皮书（2017）》，基于CPS的制造集成系统包含三个层次的内容（图5.3）：①单元级；②系统级；③系统之系统级（SoS级）。

基于CPS的工业大数据集成是指，基于一致性原理，对覆盖全要素、全流程、全业务的相关数据进行生成—建模—清洗—关联—聚类—挖掘—迭代—演化—融合等操作，有效、真实刻画和反映运行状态、要素行为等各类动态演化过程、演化规律、统计学特性等。

（1）数据"生成—建模—清洗"理论与技术

包括多源/多维/异构/多模态复杂数据分类与建模、非完备信息系统的空值属性估算与特征约简技术、数据溯源方法和源数据特征提取、数据级同质多源数据准确性/完整性/一致性理论与验证。

（2）数据"关联—聚类—挖掘"理论与技术

包括多学科/多物理量/多尺度信息融合的数据实时生成机制产生机理、数据与制造运行映射关系、特征级异构对象行为性能模式识别、数据模态更新与模态衍生动态增长规则。

（3）数据"迭代—演化—融合"理论与技术

包括实时数据及历史数据的关联、比对和整合方法，基于数据与物理对象映射关系的交互融合与优化，针对相似或不同特征模式多源数据的相关性动态演化，决策级全要素数据演化规律与统计特性分析。

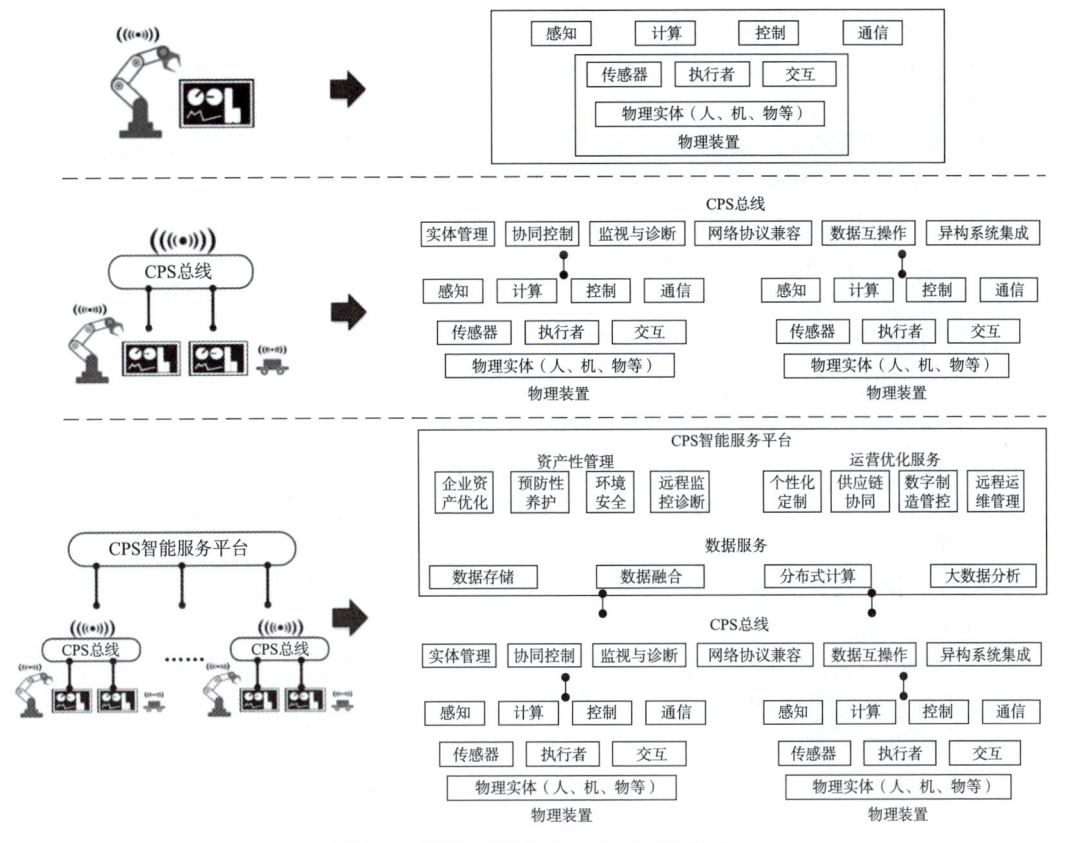

图 5.3　基于 CPS 的制造集成系统机构

3. 基于云平台集成工业大数据

面向制造的工业智能云平台由三部分组成，即由信息技术企业主导建设的基础架构层，由工业企业主导建设的服务层，由工业企业、众多开发者与用户等多主体参与应用开发的应用层，如图 5.4 所示。

图 5.4　面向制造的工业智能云平台架构

(1) 产品全生命周期数据组成

①在产品概念阶段，利用用户需求、市场信息、投资规划等数据形成新的产品概念或产品改进。

②在产品设计阶段，产品设计团队利用产品功能和外观描述数据、产品配置数据、设计参数和测试数据、相似产品的历史数据等进行产品设计。

③在原材料采购阶段，通过制造商数据，如类型、质量、原材料性能等，以及供应商数据，如价格、距离等，形成最佳采购方案。

④在制造阶段，对产品制造工艺的属性、性能、参数和生产要素（如人-机-物-环境）数据实时收集并记录，以监控生产过程。

⑤在物流阶段，库存数据、订单数据、位置数据等用于优化物流。

⑥在售卖阶段，基于订单数据、客户数据、库存数据和供应商的数据等及时售出产品，并且此阶段的用户偏好、偏好人群、订单分布等信息数据可用于产品设计、生产、物流等阶段。

⑦在使用阶段，将产品状态数据、运行环境数据、用户行为数据等用于产品维修和产品设计改进。

⑧在售后服务阶段，基于失败数据和案例、维修数据、元件质量和状态等数据，预测产品寿命和产品失效。

⑨在回收/废物处理阶段，基于产品状态数据和历史维修数据，分析和决策何时、何地、如何来回收产品或废物处理。

(2) 产品生命周期数据智能化采集

为了保证数据的有效性，可以采用多种动、静态数据采集并行的方式，从而实现产品生命周期数据的多角度采集，为产品全生命周期的数据处理分析提供数据支撑。

①基于物联网的动态实时数据采集；

②基于BOM的评估系统与企业信息系统集成的数据采集；

③基于数据库的静态数据采集。

(3) 产品生命周期数据工业智能云平台物理架构

基于物联网、云计算技术，借鉴工业智能云平台，构建产品全生命周期数据工业智能云平台物理架构，如图5.5所示。

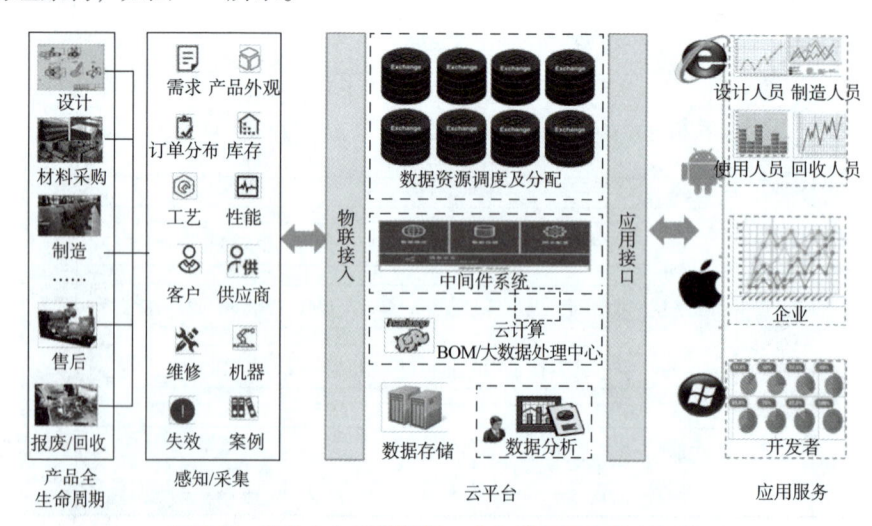

图5.5 产品生命周期数据工业智能云平台物理架构

（4）产品全生命周期数据智能化集成与管理

针对产品全生命周期数据的集成问题，分析并设计基于工业云平台数据集成与管理架构，如图 5.6 所示。

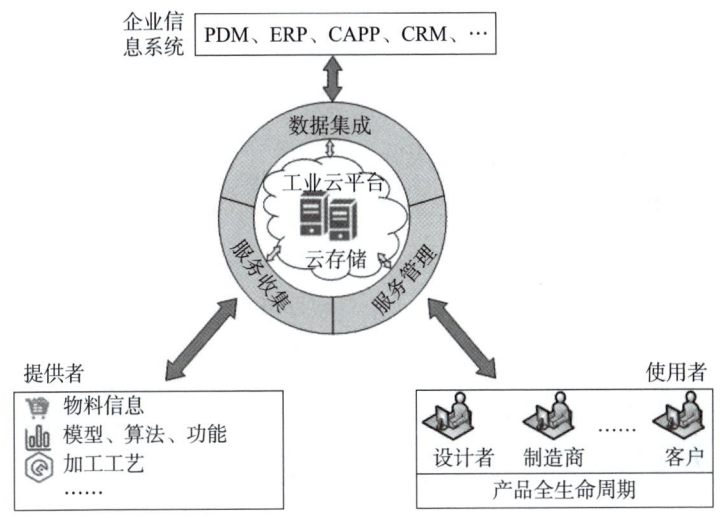

图 5.6　基于工业云平台的产品全生命周期数据集成与管理

任务拓展

【精益求精严谨细致】工业大数据的采集和分析

集成工业大数据，要对运行状态进行采集和分析，这个过程一定要讲究精益求精，严谨细致。在收集数据时，需要明确数据的来源和采集方法，确保数据的可追溯性和可信度；在清洗数据时，要仔细检查数据的质量，剔除异常值和错误数据。在预处理数据时，要进行数据平滑、插值、缺失值处理等操作，确保数据的可靠性和可用性；进行数据分析时，要注意方法的适用性和准确性，避免过度简化或过度复杂化；验证结果时，要使用独立数据集或其他验证方法，验证模型或分析结果的有效性和鲁棒性。

精益求精是一种态度，反映了一种工作作风；严谨细致，就是对一切事情都有认真、负责的态度。把做好每件事情的着力点放在每一个环节、每一个步骤上，不心浮气躁，不好高骛远，从一件一件的具体工作做起，从最细小、最常见、最普通的方面做起，每个环节、每个数据都要做精做细。只要做到精益求精、严谨细致，今天就没有学不好的课程，明天就没有做不好的工作。

作业：结合工业大数据的特点，谈谈大数据分析的注意事项。

任务 15　融合工业大数据

学习目标

- 理解基于服务的工业大数据融合技术
- 理解基于数字孪生的工业大数据融合技术

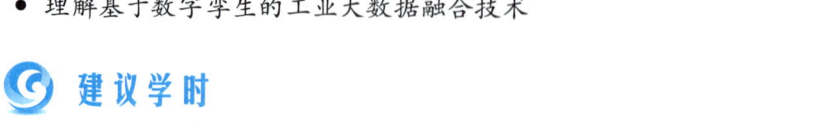

任务15　融合工业大数据

建议学时

2 课时

工作情境

制造业全球化、产品个性化、绿色低碳制造等对制造业企业构成了巨大挑战。在这种背景下，制造企业有效利用全球制造资源并与业务合作伙伴进行有效协作变得越来越重要。这需要建立协作和灵活的制造模式，以促进内部和外部制造资源的有效整合、无缝合作以及不同企业之间的资源共享。

知识导图

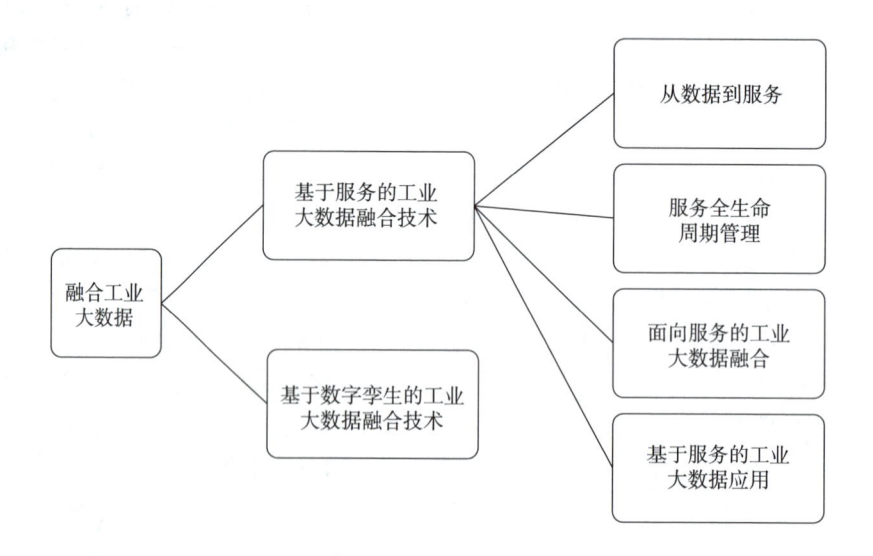

```
                              ┌─ 从数据到服务
           ┌─ 基于服务的工业 ─┼─ 服务全生命周期管理
           │  大数据融合技术  ├─ 面向服务的工业大数据融合
融合工业 ──┤                  └─ 基于服务的工业大数据应用
大数据     │
           └─ 基于数字孪生的工业大数据融合技术
```

相关知识

1. 基于服务的工业大数据融合技术

在面向服务的智能制造中，产品生命周期中的所有制造资源和能力都被虚拟化，然后封装为服务，用户可以根据他们的需求来访问这些资源服务。考虑产品全生命周期中各个阶段的不同应用，可以将制造服务大致分为两类：①面向过程和操作的生产相关的服务；②面向市场和消费的产品相关的服务，如图5.7所示。

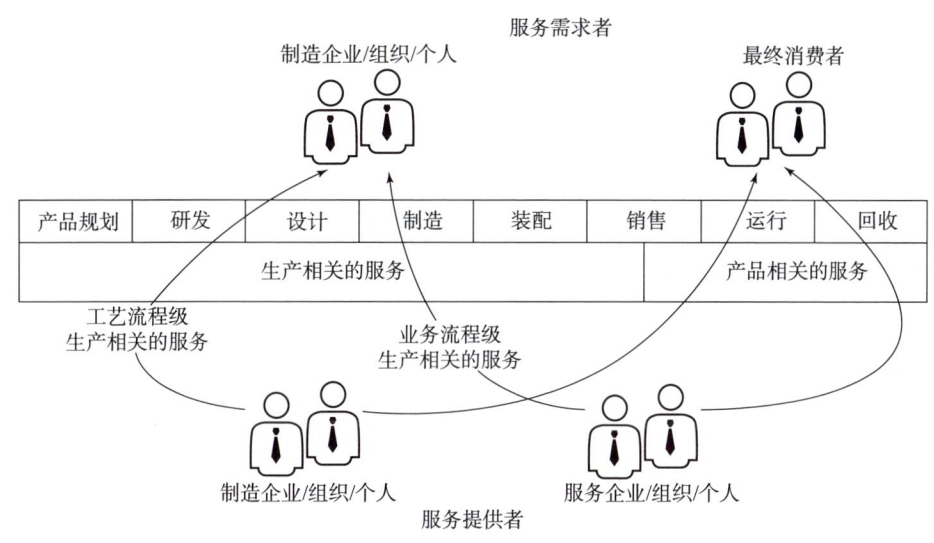

图 5.7　制造服务分类

（1）从数据到服务

如图 5.8 所示，制造服务封装是从制造现场的"人 – 机 – 物 – 环境"采集它们的状态及参数信息，将这些多源异构的数据进行归一化处理，形成统一的数据描述，并采用统一的通信接口和协议进行传输，从而为"人 – 机 – 物 – 环境"各种对象的服务化封装和智能监测提供数据基础。

（2）服务全生命周期管理

服务的流通、交易和共享依赖于对服务的高效的管理。参照产品生命周期管理的划分，服务全生命周期管理所涵盖的服务生命周期如图 5.9 所示，包括制造服务的生命周期开始、生命中期和生命周期结束。因此，服务全生命周期管理可以分为：①服务生成阶段；②服务预申请阶段；③服务应用阶段；④服务应用后阶段。

（3）面向服务的工业大数据融合

如图 5.10 所示，面向服务的工业大数据融合分为：

①车间内数据融合与集成：可以实现终端设备与企业信息管理系统之间的完整连接，以实现车间内制造执行的自动控制。

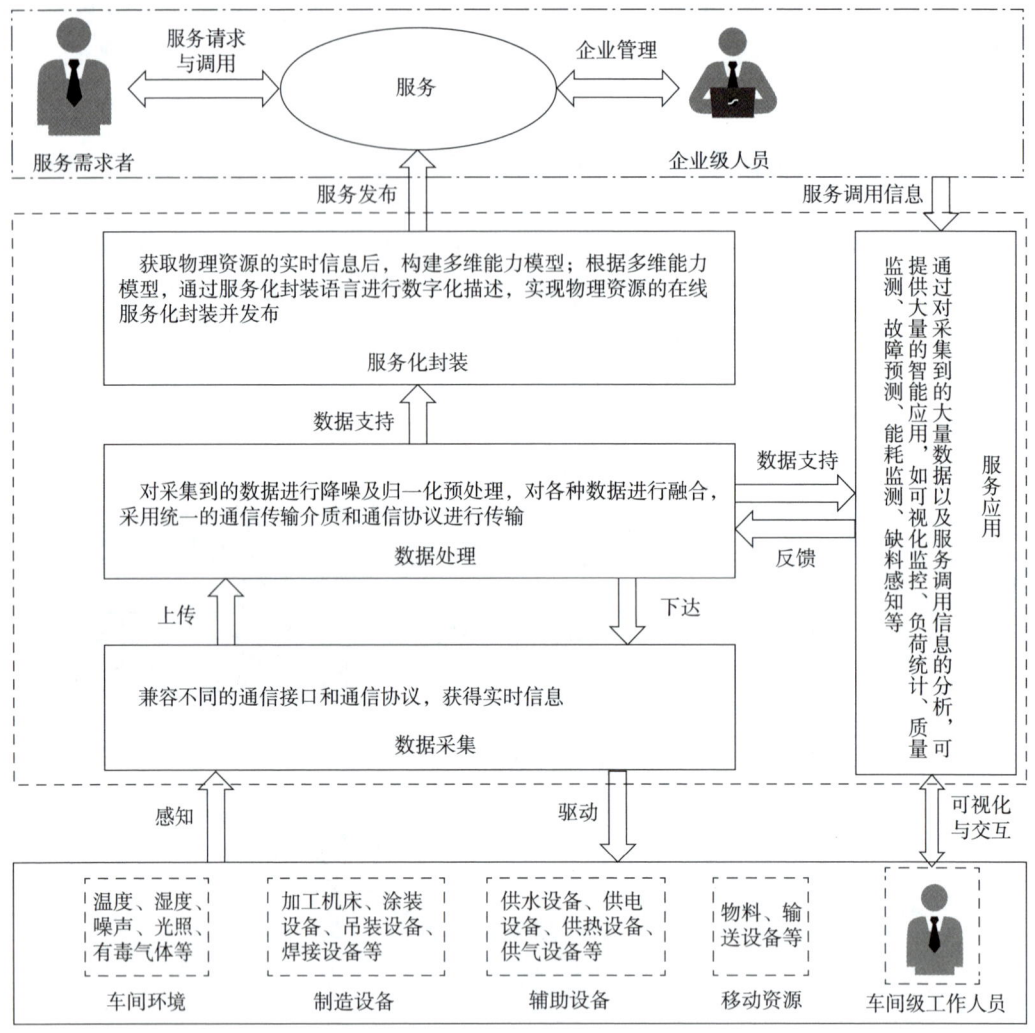

图 5.8　服务封装过程

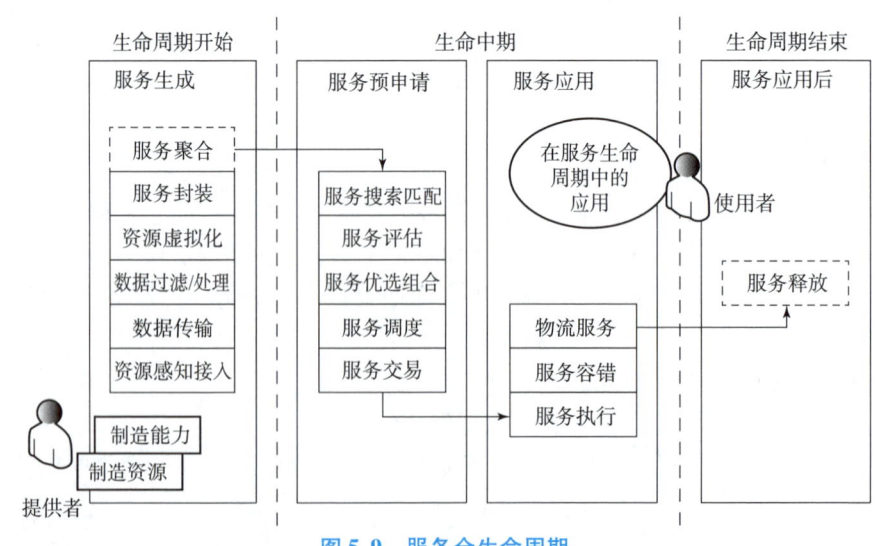

图 5.9　服务全生命周期

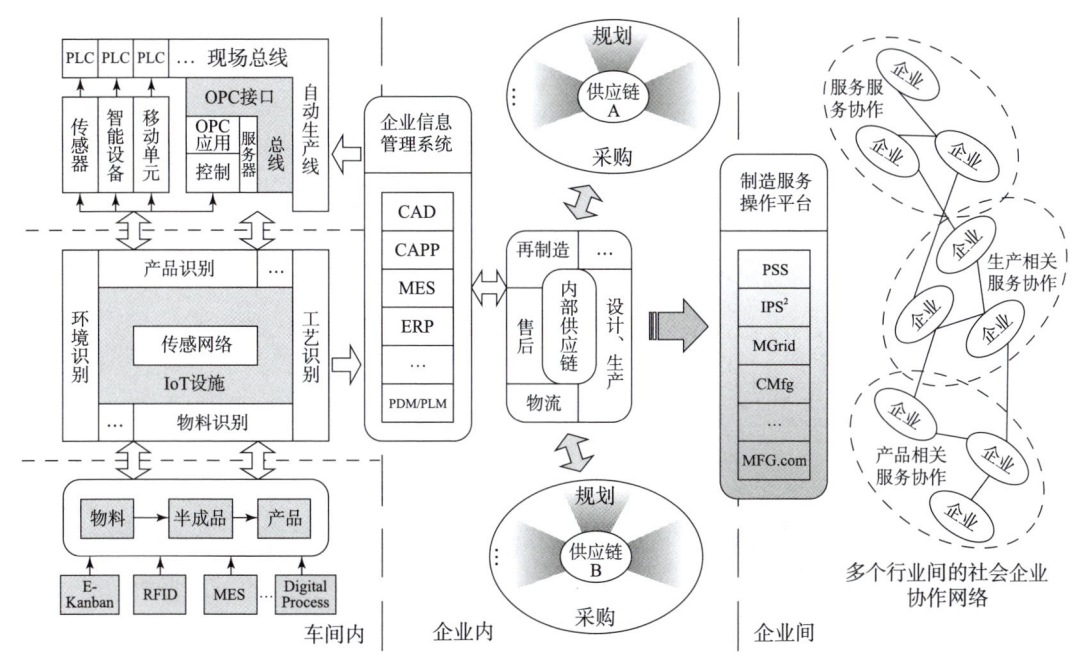

图 5.10 面向服务的工业大数据融合

②企业内数据融合与集成：促进生产相关数据、产品相关数据和其他业务管理数据的整合，以及车间与其他企业信息子系统中数据的融合与集成。

③企业间数据融合与集成：主要针对大量不同企业间在泛在服务管理和应用过程中的数据集成、存储、检索、分析、使用、数据安全等问题。

（4）基于服务的工业大数据应用

通过协调相关的制造设施、资源和活动，制造活动将原材料投入转化为成品产出和增值服务。在制造过程中可以实施的一些大数据应用包括：①智能设计；②物料配给和跟踪；③制造过程控制；④智能设备维护等。

2. 基于数字孪生的工业大数据融合技术

数字孪生（digital twin）的概念最初由 Grieves 教授于 2003 在美国密歇根大学的产品全生命周期管理课程上提出，包括物理实体、虚拟模型以及二者间的连接三个部分。其中，物理实体是客观存在的，主要负责接收指令并完成特定的功能。虚拟模型是物理实体的忠实的完全数字化镜像，可以对物理实体的活动进行仿真、评估、优化、调控及预测等。连接使二者的数据进行实时交互，从而保持同步性与一致性。

为了无缝集成与融合信息物理空间，实现智能制造，将数字孪生引入制造车间中，并首次提出了数字孪生车间（DTS）的概念：DTS 是在新一代信息技术和制造技术驱动下，通过物理车间和虚拟车间的双向真实映射与实时交互，实现物理车间、虚拟车间、车间服务系统的全要素、全流程、全业务数据的集成和融合，在车间孪生数据的驱动下，实现车间生产要素管理、生产活动计划、生产过程控制等在物理车间、虚拟车间、车间服务系统间迭代运行,从而在满足特定目标和约束前提下,达到车间生产和管控最优的一种车间运行新模式,如图 5.11 所示。

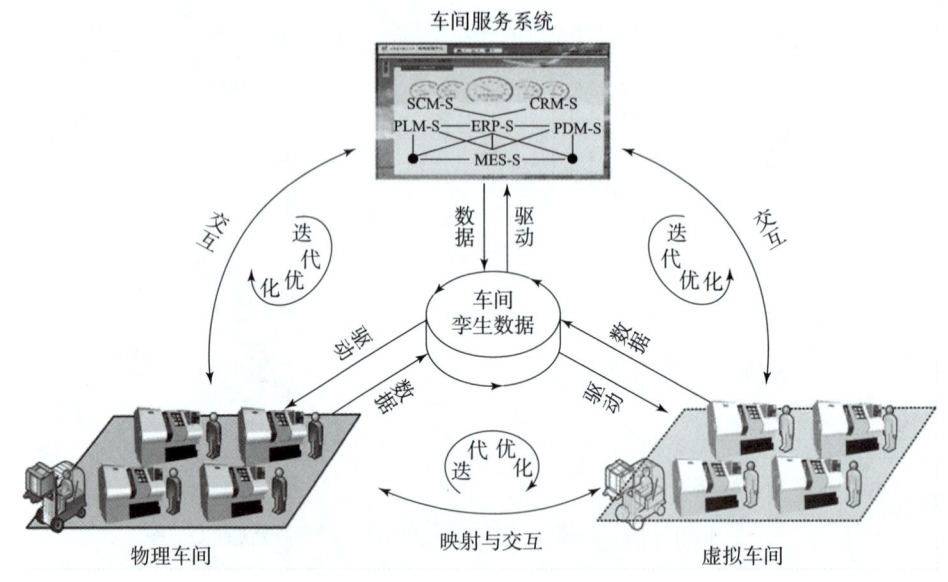

图 5.11 数字孪生车间概念模型

数字孪生车间包括物理车间(physical shop – floor,PS)、虚拟车间(virtual shop – floor,VS)、车间服务系统(shop – floor service system,SSS)、车间孪生数据(shop – floor digital twin data,SDTD)、连接(connection,CN)。

PS 是车间客观存在的生产设备、人员、产品、物料等实体的集合,主要负责接收 SSS 下达的生产任务,并严格按照 VS 仿真优化后预定义的生产指令,执行生产活动并完成生产任务。PS 的设备、人员、产品、物料等生产要素的实时状态数据可通过各类传感器进行有效采集。由于这些数据来自不同数据源,存在数据结构不同、接口不同、语义各异等问题,因此,为了实现对多源异构数据的统一接入,需要一套标准的接口与协议转换装置。

VS 是 PS 的忠实完全数字化镜像,从几何、物理、行为、规则多个层面对 PS 进行描述与刻画,主要负责对 PS 的生产资源与生产活动进行仿真、评估及优化,并对实际生产过程进行实时监测、预测与调控等。VS 本质上是由多个几何、物理、行为及规则模型构成的模型集合,能够对 PS 进行全面的多维度描述与刻画。根据数字孪生三层结构,VS 中包括人员、设备、工具等单个生产要素的单元级模型,由多个生产要素单元级模型构成的系统级产线模型,以及多个系统级产线模型及模型间交互与耦合关系的复杂系统级车间模型。

SDTD 是 PS、VS、SSS 相关数据、领域知识以及通过数据融合产生的衍生数据的集合,是 PS、VS、SSS 运行交互与迭代优化的驱动。融合数据是 SDTD 的重要组成部分,是通过特定的规则将来自物理和信息空间的数据聚合在一起得到的。其中,物理空间的数据主要指 PS 相关数据,这些数据是物理实体产生的真实数据;信息空间的数据主要指 VS 相关数据和 SSS 相关数据,这些数据不是从物理空间直接采集得到的,而是在物理数据的基础上,利用信息空间模型仿真、算法推演、系统衍生等过程得到的,是对物理数据的补充。

SSS 是数据驱动的各类服务功能的集合或总称，它将 DTS 运行过程中所需数据、模型、算法、仿真、结果进行服务化封装，形成支持 DTS 管控和优化的功能性与业务性服务。SSS 的运行过程包括子服务封装、需求解析、服务组合及服务应用。

CN 实现 DTS 各部分的互联互通，包括 PS 和 SDTD 的连接（CN_PD）、PS 和 VS 的连接（CN_PV）、PS 和 SSS 的连接（CN_PS）、VS 和 SDTD 的连接（CN_VD）、VS 和 SSS 的连接（CN_VS）、SSS 和 SDTD 的连接（CNSD）。

如图 5.12 所示，为实现对车间数据的集成与融合，需要对 PS、VS 及 SSS 中的数据进行生成、建模、清洗、关联、聚类、挖掘、迭代、演化、融合等一系列操作。

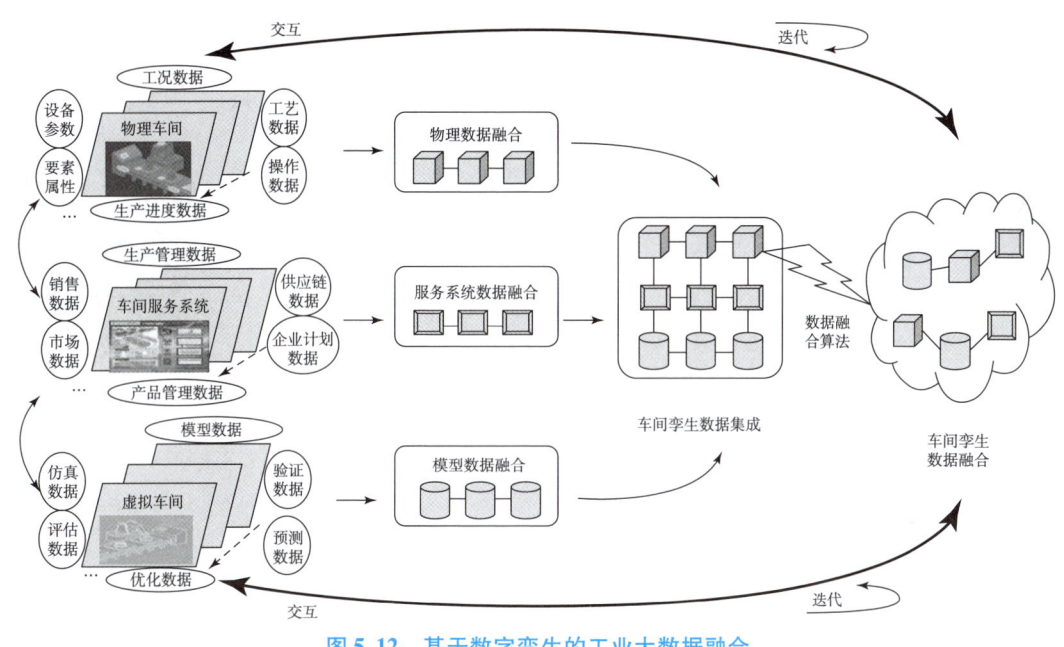

图 5.12　基于数字孪生的工业大数据融合

任务拓展

【金山银山不如绿水青山】工业发展的同时也要兼顾环境保护

在工业互联网建设的工业领域需要注意生态文明建设。生态文明是人类文明发展的一个新阶段，即工业文明之后的文明形态，是实现人与自然和谐发展的新要求。从历史来看，生态兴则文明兴，生态衰则文明衰。

保护生态环境就是保护生产力，改善生态环境就是发展生产力。对人类来说，金山银山固然重要，但是绿水青山才是我们幸福生活的重要内容，是金钱代替不了的。你挣到了钱，但是空气、饮用水都不合格，还有什么幸福可言？

作业：通过网络查询相关资料，了解已经建设工业互联网的领域的生态文明建设情况。

项目六

工业互联网安全实践

任务 16　认知工业互联网安全框架

学习目标

- 了解工业互联网安全框架内容与范围
- 了解工业互联网相关安全框架
- 了解工业互联网安全框架设计方法
- 了解工业互联网安全防护基本思路

任务 16　认知工业互联网安全框架

建议学时

3 学时

工作情境

安全体系是工业互联网系统稳定运行的保障。公司在完成工业互联网建设前,针对所有员工开展一次关于工业互联网安全的培训。你作为培训项目负责人,需要提前了解,进行技术储备,确保培训工作的顺利开展,为后续工业互联网系统的安全运营提供保障。

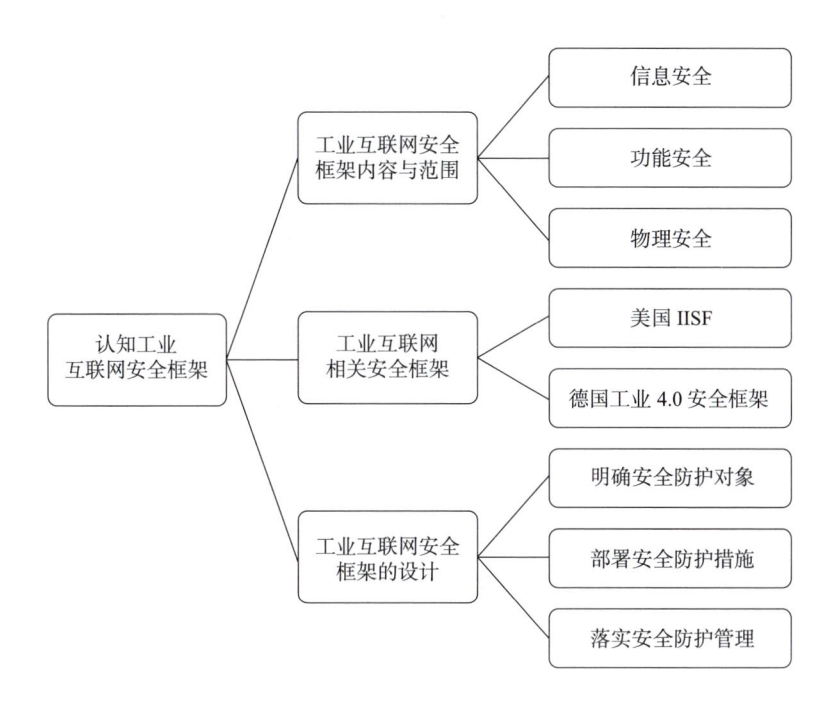

知识导图

- 认知工业互联网安全框架
  - 工业互联网安全框架内容与范围
    - 信息安全
    - 功能安全
    - 物理安全
  - 工业互联网相关安全框架
    - 美国 IISF
    - 德国工业 4.0 安全框架
  - 工业互联网安全框架的设计
    - 明确安全防护对象
    - 部署安全防护措施
    - 落实安全防护管理

相关知识

工业互联网满足了工业智能化发展的需求。其是具有低时延、高可靠、广覆盖特点的关键网络基础设施，是新一代信息通信技术与先进制造业深度融合所形成的新兴业态和应用模式。工业互联网深刻变革传统工业的创新、生产、管理、服务方式，催生新技术、新模式、新业态、新产业，正成为繁荣数字经济的新基石、创新网络国际治理的新途径和统筹两个强国建设的新引擎。

工业互联网包括网络、平台、安全三大体系。其中，网络体系是基础。工业互联网将连接对象延伸到工业全系统、全产业链、全价值链，可实现人、物品、机器、车间、企业等全要素，以及设计、研发、生产、管理、服务等各环节的泛在深度互联。平台体系是核心。工业互联网平台作为工业智能化发展的核心载体，实现海量异构数据汇聚与建模分析、工业制造能力标准化与服务化、工业经验知识软件化与模块化，以及各类创新应用开发与运行，支撑生产智能决策、业务模式创新、资源优化配置和产业生态培育。安全体系是保障。建设满足工业需求的安全技术体系和管理体系，增强设备、网络、控制、应用和数据的安全保障能力，识别和抵御安全威胁，化解各种安全风险，构建工业智能化发展的安全可信环境。

1. 工业互联网安全框架内容与范围

工业领域的安全一般分为三类：信息安全（Security）、功能安全（Functional Safety）和物理安全（Physical Safety）。传统工业控制系统安全最初多关注功能安全与物理安全，即防止工业安全相关系统或设备的功能失效；当失效或故障发生时，保证工业设备或系统仍能保持安全条件或进入安全状态。近年来，随着工业控制系统信息化程度的不断加深，针对工业控制系统的信息安全问题不断凸显，业界对信息安全的重视程度逐步提高。

与传统的工控系统安全和互联网安全相比，工业互联网的安全挑战更为艰巨：一方面，工业互联网安全打破了以往相对明晰的责任边界，其范围、复杂度、风险度产生的影响要大得多，其中，工业互联网平台安全、数据安全、联网智能设备安全等问题越发突出；另一方面，工业互联网安全工作需要从制度建设、国家能力、产业支持等更全局的视野来统筹安排，目前很多企业还没有意识到安全部署的必要性与紧迫性，安全管理与风险防范控制工作急需加强。

因此，工业互联网安全框架需要统筹考虑信息安全、功能安全与物理安全，聚焦信息安全，主要解决工业互联网面临的网络攻击等新型风险，并考虑其信息安全防护措施的部署可能对功能安全和物理安全带来的影响。由于物理安全相关防护措施较为通用，故在本项目不作重要考虑，本项目主要对工业互联网的信息安全与功能安全进行讨论。

2. 工业互联网相关安全框架

（1）传统网络安全框架

➢ OSI 安全体系结构

OSI 安全体系结构是国际标准化组织（ISO）在对 OSI 开放系统互联环境的安全性深入研究的基础上提出的。它定义了为保证 OSI 参考模型的安全应具备的 5 类安全服务，包括鉴别服务、访问控制、数据完整性、数据保密性和不可抵赖性，以及为实现这 5 类安全服务所应具备的 8 种安全机制，包括加密、数字签名、访问控制、数据完整性、鉴别交换、业务流填充、路由控制以及公证。OSI 安全体系结构如图 6.1 所示。安全体系结构中的 5 类安全服务及 8 种安全机制可根据所防护网络的具体要求适当地配置于 OSI 参考模型的 7 个层次中。

OSI 安全体系结构针对 OSI 参考模型中层次的不同，部署不同的安全服务与安全机制，体现出分层防护的思想，具有很好的灵活性。然而，OSI 安全体系结构专注于网络通信系统，其应用范围具有一定的局限性。同时，OSI 安全体系结构实现的是对网络的静态安全防护，而网络的安全防护具有动态性，该体系结构对于持续变化的内外部安全威胁缺乏足够的监测与应对能力。此外，OSI 安全体系结构主要从技术层面出发对网络的安全防护问题进行讨论，未考虑管理在安全防护中的地位和作用。面对更复杂、更全面的安全保障要求，仅依靠 OSI 安全体系结构是远远不够的。

➢ P2DR 模型

P2DR（Policy Protection Detection Response）模型是美国 ISS 公司提出的动态网络安全

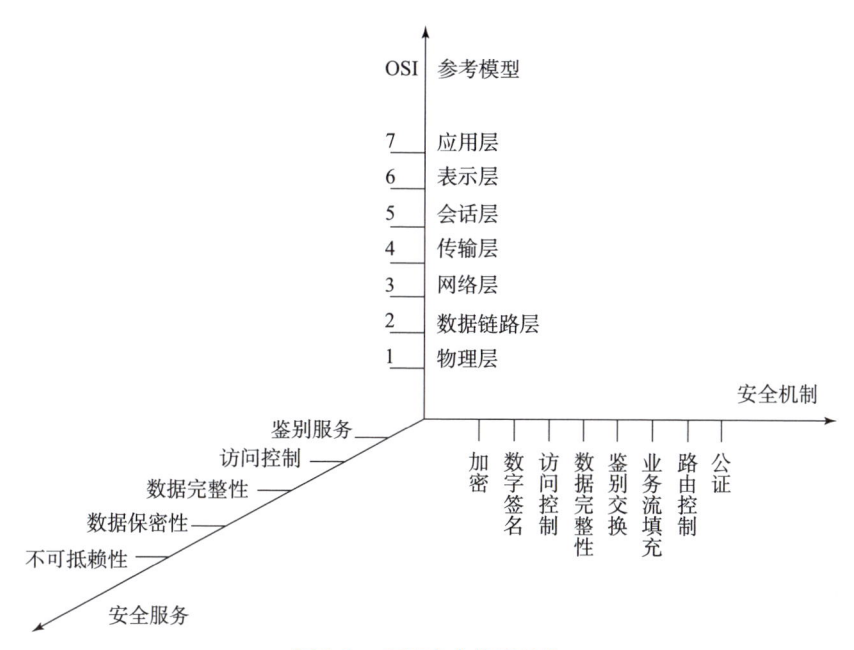

图 6.1 OSI 安全体系结构

体系模型。P2DR 模型建立在基于时间的安全理论基础之上，将网络安全的实施分为防护、检测和响应三个阶段。在整体安全策略的指导下部署安全防护措施，实时检测网络中出现的风险，对风险及时进行处置，并对处置过程中的经验进行总结，以便对防护措施进行调整和完善。这使得防护、检测和响应组成了如图 6.2 所示的动态安全循环，从而保障网络的安全。

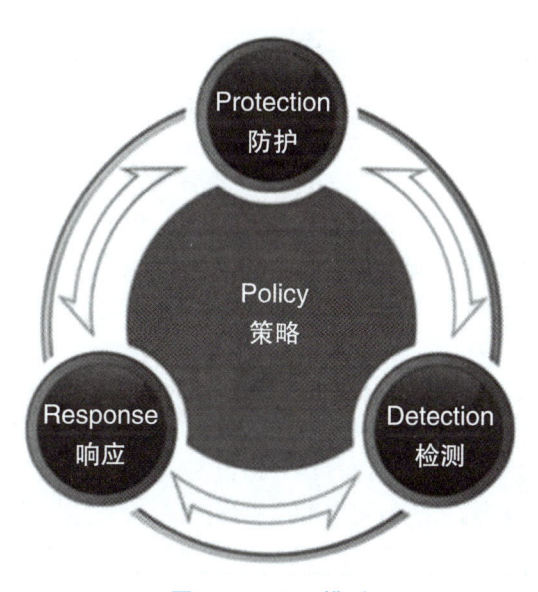

图 6.2 P2DR 模型

P2DR 模型是一种基于闭环控制的动态安全模型，适用于需要长期持续安全防护的网络系统。从总体上来讲，该模型与 OSI 安全体系结构一样，都局限于从技术上考虑网络的安全问题，忽视了管理对于安全防护的重要性，在模型的具体实施过程中极有可能因安全策略执行得不当而影响安全防护效果。

➢ 信息保障技术框架

IATF（Information Assurance Technical Framework，信息保障技术框架）是美国国家安全局于 1998 年提出的，该框架提出保障信息系统安全应具备的三个核心要素，即人、技术和操作。其中，人这一要素包括保障人身安全、对人员进行培训、制定安全管理制度等，强调了人作为防护措施的具体实施者在安全防护中的重要地位。技术这一要素强调要在正确的安全策略指导下采取措施来为信息系统提供安全保障服务并对入侵行为进行检测。操作这一要素则明确了要保证信息系统的日常安全应采取的具体防护手段。此外，该框架将网络系统的安全防护分为网络和基础设施防御、网络边界防御、局域计算环境防御和支撑性基础设施防御四部分。在每个部分中，IATF 都描述了其特有的安全需求和相应的可供选择的技术措施，为更好地理解网络安全的不同方面、分析网络系统的安全需求以及选取恰当的安全防御机制提供了依据。IATF 的具体内容如图 6.3 所示。

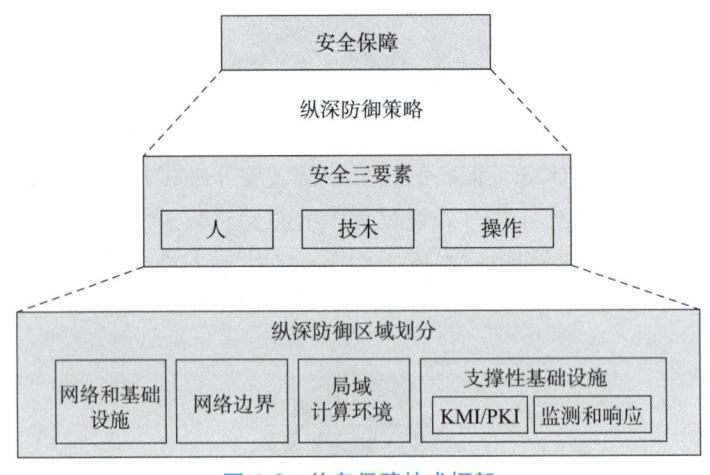

图 6.3 信息保障技术框架

IATF 通过对上述四个部分分别部署安全保障机制，形成对网络系统的纵深防御，从而降低安全风险，保障网络系统的安全性。但 IATF 与 OSI 安全体系结构一样，实现的都是对网络系统的静态安全防护，并未对网络系统部署动态持续的安全防护措施。

➢ IEC62443

IEC62443 是国际电工委员会（IEC）和国际自动化协会（ISA）联合制定的工业控制系统安全的国际标准。该标准将工业控制系统按照控制和管理的等级划分成相对封闭的区域，区域之间的数据通信通过管道进行，通过在管道上安装信息安全管理设备来实现分级保护，进而实现如图 6.4 所示的控制系统的网络安全纵深防御。

IEC62443 系列标准中，对安全技术与安全管理的实施均提出了要求，但从总体上来看，与 OSI 安全体系结构及 IATF 一样，实现的都是静态安全防护。而工业互联网的安全防护是一个动态过程，需要根据外部环境的变化不断进行调整。在工业互联网安全框架的设计中，需要将动态防护的理念纳入其中。

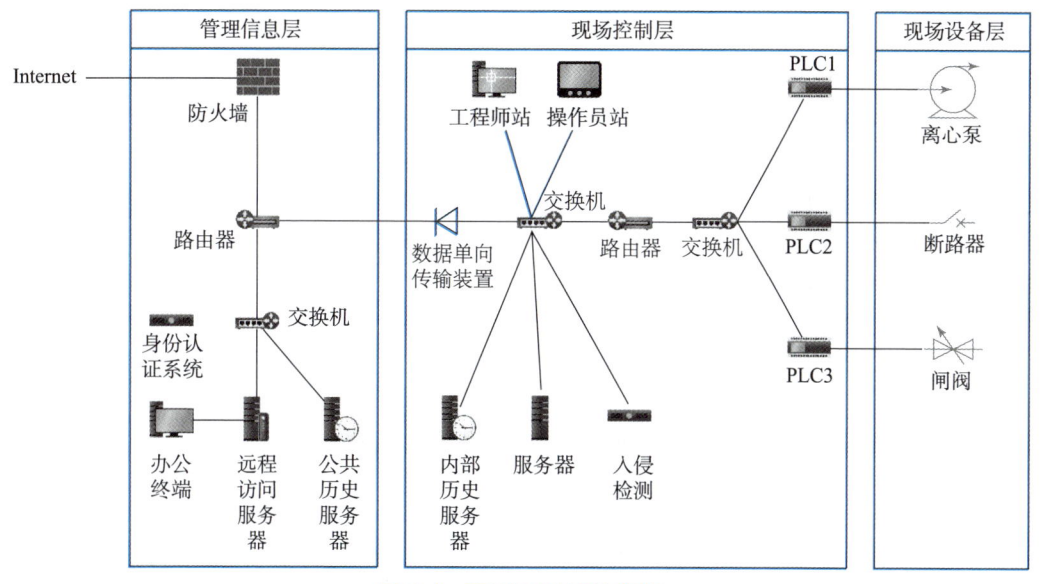

图 6.4 IEC62443 实施案例

（2）工业互联网安全框架

➢ 美国工业互联网联盟（IIC）的 IISF

2016 年 9 月 19 日，美国工业互联网联盟（IIC）正式发布工业互联网安全框架（IISF）1.0 版本，拟通过该框架的发布为工业互联网安全研究与实施提供理论指导。

IISF 的实现主要从功能视角出发，定义了如图 6.5 所示的 6 个功能，即端点保护、通信与连接保护、安全监测与分析、安全配置与管理、数据保护以及安全模型与策略，并将这 6 个功能分为 3 个层次。其中，顶层包括端点保护、通信与连接保护、安全监测与分析以及安全配置与管理 4 个功能，为工业互联网中的终端设备及设备之间的通信提供保护，对用于这些设备与通信的安全防护机制进行配置，并监测工业互联网运行过程中出现的安全风险。在 4 个功能之下是一个通用的数据保护层，对这 4 个功能中产生的数据提供保护。在最下层是覆盖整个工业互联网的安全模型与策略，它将上述 5 个功能紧密结合起来，实现端到端的安全防护。

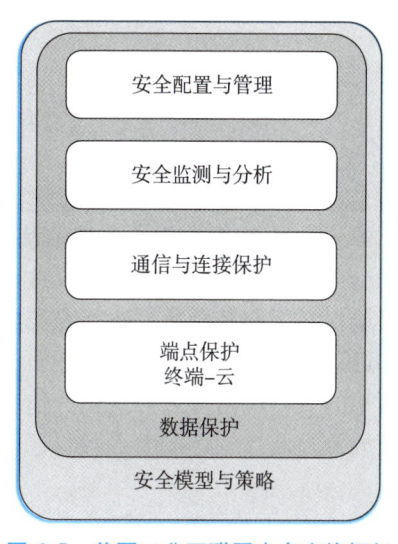

图 6.5 美国工业互联网安全实施框架

总的来看，美国 IISF 聚焦于 IT 安全，侧重于安全实施，明确了具体的安全措施，对于工业互联网安全框架的设计具有很好的借鉴意义。

➢ 德国工业 4.0 安全框架

德国工业 4.0 注重安全实施，由网络安全组牵头出版了《工业 4.0 安全指南》《跨企业安全通信》《安全身份标识》等一系列指导性文件，指导企业加强安全防护。德国虽然从多个角度对安全提出了要求，但是并未形成成熟的安全体系框架。但安全作为新的商业模式的推动者，在工业4.0参考架构（RAMI4.0）中起到了承载和连接所有结构元素的骨架作用。

德国RAMI4.0从CPS功能视角、全生命周期价值链视角和全层级工业系统视角3个视角构建了如图6.6所示的工业4.0参考架构。从CPS功能视角看，安全应用于所有不同层次，因此，安全风险必须做整体考虑；从全生命周期价值链视角看，对象的所有者必须考虑全生命周期的安全性；从全层级工业系统视角看，需要对所有资产进行安全风险分析，并对资产所有者提供实时保护措施。

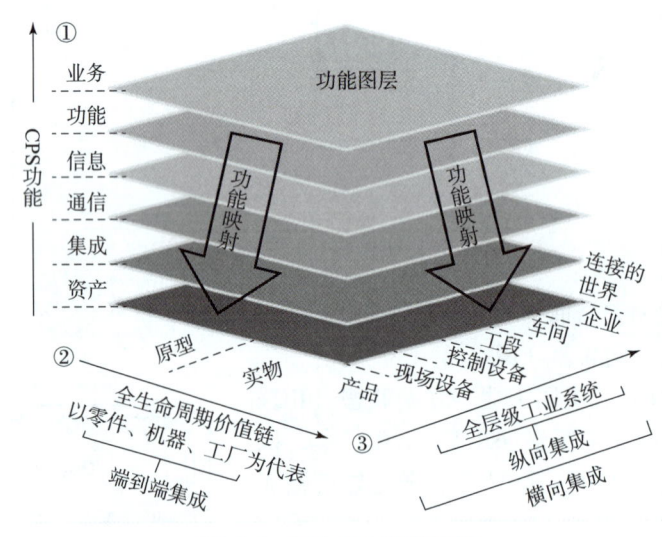

图6.6 工业4.0参考架构

德国RAMI4.0采用了分层的基本安全管理思路，侧重于防护对象的管理。在工业互联网安全框架的设计过程中可借鉴这一思路，并且从实施的角度将管理与技术相结合，以便更好地指导工业互联网企业部署安全实施。

通过对以上相关网络安全框架的分析，总结出3个方面的共性特征，在工业互联网安全框架的设计中值得思考并充分借鉴：一是分类别部署安全防护措施；二是构建动态安全模型成为主流；三是技术手段与管理手段相结合。

3. 工业互联网安全框架设计方法

工业互联网安全框架是在充分借鉴传统网络安全框架和国外相关工业互联网安全框架的基础上，并结合我国工业互联网的特点提出的，旨在指导工业互联网相关企业开展安全防护体系建设，提升安全防护能力。对于工业互联网安全框架的构建，本书从以下三方面进行。

首先，要明确安全防护对象是前提。

安全防护对象的确定是一个根本问题，是明确工业互联网安全防护工作范畴的基础，并为防护工作的实施指明方向。在传统网络安全框架与国外相关工业互联网安全框架中，都明确界定了防护对象。2016年8月工业互联网产业联盟（AII）发布的《工业互联网体系架构（版本1.0）》中的安全体系部分也从防护对象角度提出了工业互联网安全的五大重点方向，即设备安全、控制安全、网络安全、应用安全和数据安全。因此，本框架充分借鉴这一思路，将设备、控制、网络、应用、数据作为工业互联网安全防护的研究对象。

其次，要明确部署安全防护措施。

工业互联网安全框架的实施离不开安全防护措施的部署。在诸多传统网络安全框架中，都将安全防护措施作为框架的重要组成部分。OSI安全框架中阐述的安全服务与安全机制即是针对不同防护对象部署了相应的防护措施。在P2DR等安全模型中引入了动态安全的理念，除了部署静态的安全防护措施外，还增加了监测响应、处置恢复等环节，形成了动态、闭环的安全防护部署机制。设计工业互联网安全框架的过程中，需要结合工业互联网安全防护的特殊要求，采取静态防护与动态防护措施相结合的方式，及时发现并加以有效处置安全事件。

最后，要落实安全防护管理。

在网络安全防护领域有"三分技术、七分管理"的传统。传统网络安全框架IATF、IEC62443等均强调了管理对于网络安全防护的重要性。国外工业互联网安全相关框架也将管理与技术相结合，强调技术与管理并重。设计工业互联网安全框架的过程中，需要将技术与管理有效结合，构建科学完备的安全防护管理体系，指导工业互联网相关企业提升安全防护管理水平。

工业互联网安全框架的构建需要包含防护对象、防护措施及防护管理三个方面，如图6.7所示。

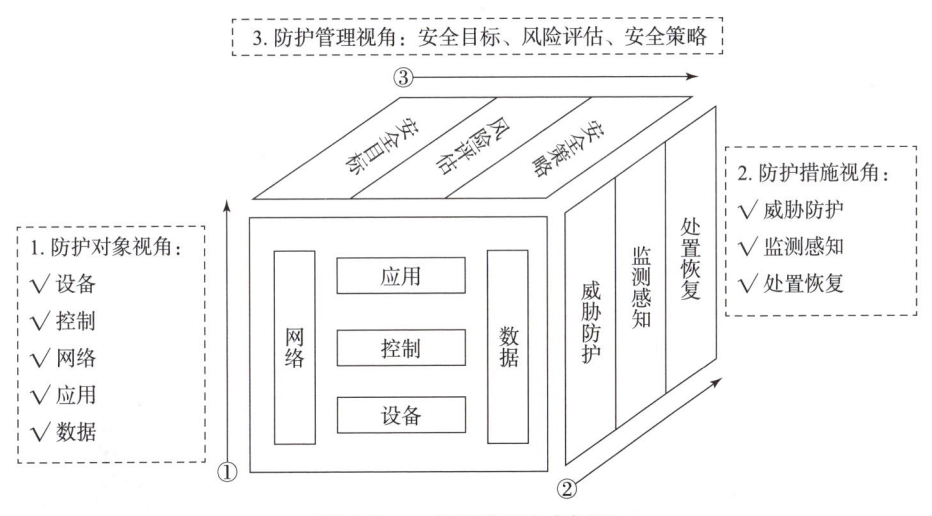

图 6.7 工业互联网安全框架

其中，防护对象视角涵盖设备、控制、网络、应用和数据五大安全重点；防护措施视角包括威胁防护、监测感知和处置恢复三大环节，威胁防护环节针对五大防护对象部署主被动安全防护措施，监测感知和处置恢复环节通过信息共享、监测预警、应急响应等一系列安全措施、机制的部署来增强动态安全防护能力；防护管理视角根据工业互联网安全目标对其面临的安全风险进行安全评估，并选择适当的安全策略作为指导，实现防护措施的有效部署。

工业互联网安全框架的三个防护视角之间相对独立，但彼此之间又相互关联。从防护对象视角来看，安全框架中的每个防护对象都需要采用一系列合理的防护措施并依据完备的防护管理流程对其进行安全防护；从防护措施视角来看，每一类防护措施都有其适用的防护对象，并在具体防护管理流程指导下发挥作用；从防护管理视角来看，防护管理流程的实现离不开对防护对象的界定，并需要各类防护措施的有机结合使其能够顺利运转。工业互联网安全框架的三个防护视角相辅相成，互为补充，形成一个完整、动态、持续的防护体系。

任务拓展

【发展和安全并重】工业互联网安全发展实践

近年来，中国工业互联网平台数量快速增长，平台应用服务已延伸到企业设计、生产、管理、运营等多个环节和供应链、产业链全链条。工业互联网平台汇集核心工艺、控制参数、工业机理模型等大量重要数据，大规模的数据接入导致安全威胁逐渐向跨行业、跨领域甚至产业链范围渗透。工业互联网平台安全防护和保障刻不容缓。工业企业依赖供应链管理、资源配置等重要业务系统，来实现和供应链上下游企业的采购、生产等环节的实时业务协同。但供应链上下游企业的安全能力参差不齐，部分安全能力"短板"企业一旦遭受网络攻击，影响可能层层传导，引发涟漪效应，轻则导致上下游企业信息交互中断、生产计划紊乱，重则造成生产供应中断，上下游多家企业停工停产。

从我国工业互联网安全发展实践来看，我国必须坚持发展和安全并重，把安全发展贯彻国家发展各个领域全过程，在工业互联网系列政策中同步强化安全设计，不断完善工业互联网安全体系化布局。

作业：分组调研我国工业互联网面临的安全威胁，设计解决方案。

任务17　在等保2.0框架下保障工业控制系统安全

学习目标

- 了解网络安全等级保护2.0的基本要求
- 掌握保障工业互联网安全的维度及措施

任务17　在等保2.0框架下保障工业控制系统安全

建议学时

3学时

项目六　工业互联网安全实践

🌀 工作情境

公司要求根据国家网络安全法律规定，对工业互联网络进行等级保护测评。现要求你了解等保2.0相关要求，并制定公司工业互联网安全保障措施。

🌀 知识导图

```
                                    ┌── 技术要求
                    ┌── 等保2.0基本要求 ──┤
                    │                   └── 管理要求
                    │
                    │                   ┌── 设备安全
在等保2.0框架下保障    │                   ├── 控制安全
工业控制系统安全    ──┤                   ├── 网络安全
                    │                   ├── 应用安全
                    └── 工业互联网安全 ──┤── 数据安全
                         保障措施         ├── 监测感知
                                        └── 处置恢复
```

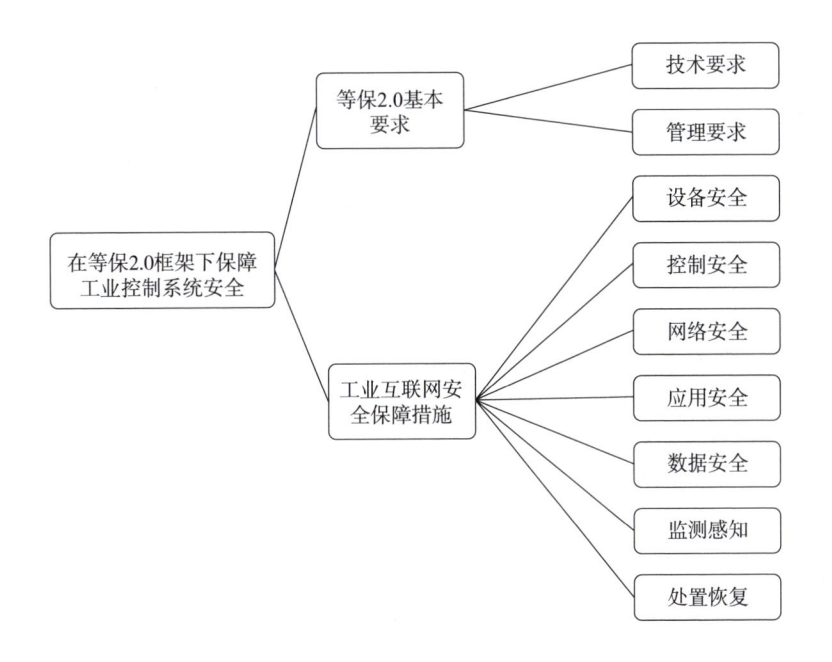

🌀 相关知识

1. 等级保护是什么

网络安全等级保护是国家信息安全保障的基本制度、基本策略、基本方法。网络安全等级保护工作是对信息和信息载体按照重要性等级分级别进行保护的一种工作。信息系统运营、使用单位应当选择符合国家要求的测评机构，依据《信息安全技术网络安全等级保护基本要求》等技术标准，定期对信息系统开展测评工作。

2. 为什么要做等级保护

（1）法律规章要求

《网络安全法》明确规定信息系统运营、使用单位应当按照网络安全等级保护制度要求，履行安全保护义务，如果拒不履行，将会受到相应处罚。

121

第二十一条规定：网络运营者应当按照网络安全等级保护制度的要求，履行下列安全保护义务，保障网络免受干扰、破坏或者未经授权的访问，防止网络数据泄露或者被窃取、篡改。

第三十八条规定：关键信息基础设施的运营者应当自行或者委托网络安全服务机构对其网络的安全性和可能存在的风险每年至少进行一次检测评估，并将检测评估情况和改进措施报送相关负责关键信息基础设施安全保护工作的部门。

第五十九条规定：网络运营者不履行义务的，由有关主管部门责令改正，给予警告；拒不改正或者导致危害网络安全等后果的，处一万元以上十万元以下罚款，对直接负责的主管人员处五千元以上五万元以下罚款。关键信息基础设施的运营者不履行义务的，由有关主管部门责令改正，给予警告；拒不改正或者导致危害网络安全等后果的，处十万元以上一百万元以下罚款，对直接负责的主管人员处一万元以上十万元以下罚款。

（2）行业要求

在金融、电力、广电、医疗、教育等行业，主管单位明确要求从业机构的信息系统要开展等级保护工作。

（3）企业系统安全的需求

信息系统运营、使用单位通过开展等级保护工作可以发现系统内部的安全隐患与不足之处，可通过安全整改来提升系统的安全防护能力，降低被攻击的风险。

3. 等级保护实施过程

网络安全等级保护工作包括定级、备案、建设整改、等级测评、监督检查五个阶段。在等级保护全流程中，涉及四个不同的角色，分别是运营使用单位、公安机关、深信服、测评机构。等级保护各工作流程内容如图6.8所示。

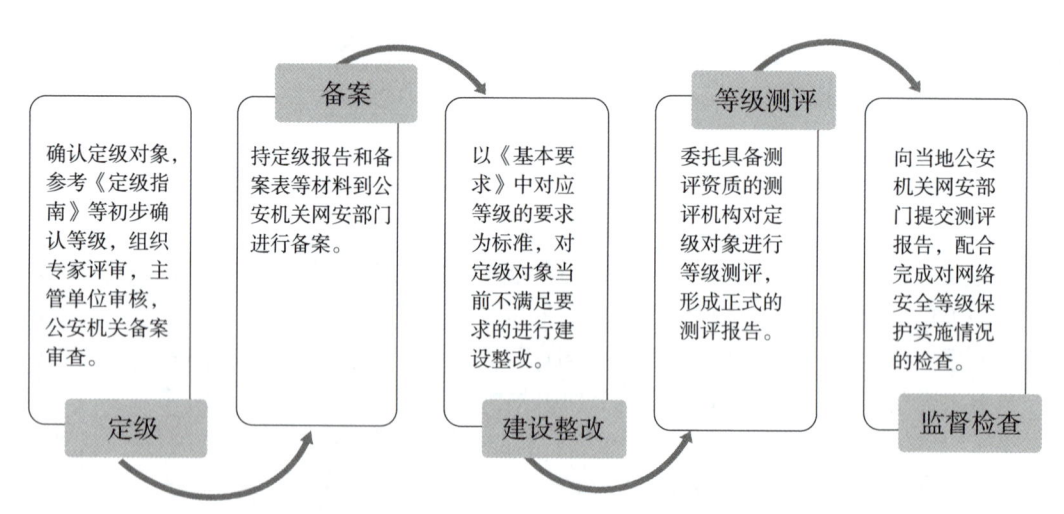

定级：确认定级对象，参考《定级指南》等初步确认等级，组织专家评审，主管单位审核，公安机关备案审查。

备案：持定级报告和备案表等材料到公安机关网安部门进行备案。

建设整改：以《基本要求》中对应等级的要求为标准，对定级对象当前不满足要求的进行建设整改。

等级测评：委托具备测评资质的测评机构对定级对象进行等级测评，形成正式的测评报告。

监督检查：向当地公安机关网安部门提交测评报告，配合完成对网络安全等级保护实施情况的检查。

图6.8　网络安全等级保护实施过程

4. 等保2.0的测评内容

等级保护测评分为安全物理环境、安全通信网络、安全区域边界、安全计算环境、安全管理中心、安全管理制度、安全管理机构、安全人员管理、安全建设管理、安全运维管理十个层面。

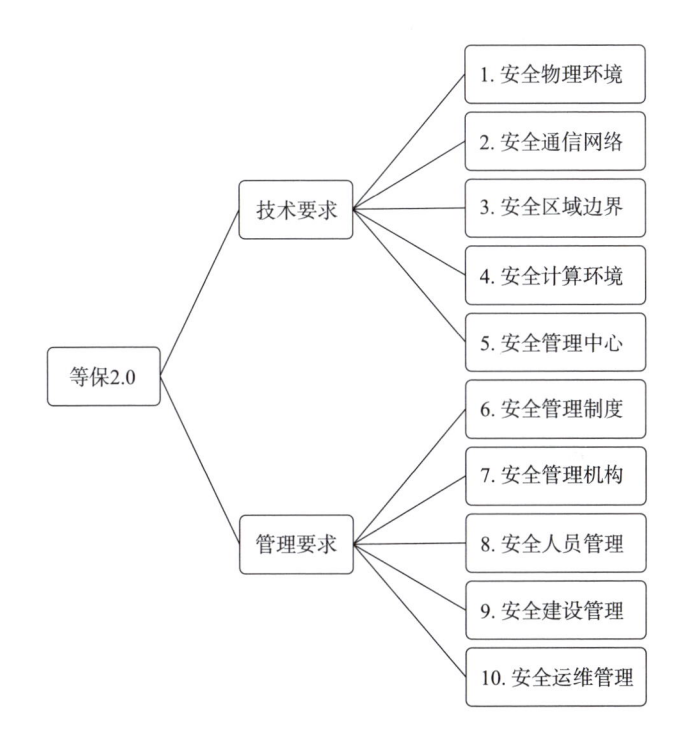

```
                              1. 安全物理环境
                              2. 安全通信网络
                 技术要求 ──── 3. 安全区域边界
                              4. 安全计算环境
                              5. 安全管理中心
      等保2.0 ──┤
                              6. 安全管理制度
                              7. 安全管理机构
                 管理要求 ──── 8. 安全人员管理
                              9. 安全建设管理
                              10. 安全运维管理
```

5. 保障工业互联网安全的维度及措施

工业互联网安全框架在实施过程中的重点是针对防护对象采取行之有效的防护措施。为此，本书针对工业互联网安全的五大防护对象面临的安全威胁，分别介绍其可采取的安全防护措施，并对监测感知与处置恢复两类贯穿工业互联网全系统的防护措施进行介绍，为企业部署工业互联网安全防护工作提供参考。

（1）设备安全

工业互联网的发展使得现场设备由机械化向高度智能化发生转变，并产生了嵌入式操作系统＋微处理器＋应用软件的新模式，这就使得未来海量智能设备可能会直接暴露在网络攻击之下，面临攻击范围扩大、扩散速度增加、漏洞影响扩大等威胁。

工业互联网设备安全指工厂内单点智能器件以及成套智能终端等智能设备的安全，具体应分别从操作系统/应用软件安全与硬件安全两方面出发来部署安全防护措施，可采用的安全机制包括固件安全增强、恶意软件防护、设备身份鉴别与访问控制、漏洞修复等。

（2）控制安全

工业互联网使得生产控制由分层、封闭、局部逐步向扁平、开放、全局方向发展。其中，在控制环境方面，表现为信息技术（IT）与操作技术（OT）融合，控制网络由封闭走向开放；在控制布局方面，表现为控制范围从局部扩展至全局，并伴随着控制监测上移与实时控制下移。上述变化改变了传统生产控制过程封闭、可信的特点，造成安全事件危害范围扩大、危害程度加深、信息安全与功能安全问题交织等后果。

对于工业互联网控制安全防护，主要从控制协议安全、控制软件安全及控制功能安全三个方面考虑，可采用的安全机制包括协议安全加固、软件安全加固、恶意软件防护、补丁升级、漏洞修复、安全监测审计等。

（3）网络安全

工业互联网的发展使得工厂内部网络呈现出 IP 化、无线化、组网方式灵活化与全局化的特点，工厂外网呈现出信息网络与控制网络逐渐融合、企业专网与互联网逐渐融合以及产品服务日益互联网化的特点。这就造成传统互联网中的网络安全问题开始向工业互联网蔓延。

工业互联网网络安全防护应面向工厂内部网络、外部网络及标识解析系统等方面，具体包括网络结构优化、边界安全防护、接入认证、通信内容防护、通信设备防护、安全监测审计等多种防护措施，构筑全面、高效的网络安全防护体系。

➢ 优化网络结构设计

在网络规划阶段，需设计合理的网络结构。一方面，通过在关键网络节点和标识解析节点采用双机热备和负载均衡等技术，应对业务高峰时期突发的大数据流量和意外故障引发的业务连续性问题，确保网络长期稳定、可靠运行；另一方面，通过合理的网络结构和设置来提高网络的灵活性和可扩展性，为后续网络扩容做好准备。

➢ 网络边界安全

根据工业互联网中网络设备和业务系统的重要程度，将整个网络划分成不同的安全域，形成纵深防御体系。安全域是一个逻辑区域，同一安全域中的设备资产具有相同或相近的安全属性，如安全级别、安全威胁、安全脆弱性等，同一安全域内的系统相互信任。在安全域之间采用网络边界控制设备，以逻辑串接的方式进行部署，对安全域边界进行监视，识别边界上的入侵行为并进行有效阻断。

➢ 网络接入认证

接入网络的设备与标识解析节点应该具有唯一性标识，网络应对接入的设备与标识解析节点进行身份认证，保证合法接入和合法连接，对非法设备与标识解析节点的接入行为进行阻断与告警，形成网络可信接入机制。网络接入认证可采用基于数字证书的身份认证等机制来实现。

➢ 通信和传输保护

通信和传输保护是指采用相关技术手段来保证通信过程中的机密性、完整性和有效性，防止数据在网络传输过程中被窃取或篡改，并保证合法用户对信息和资源的有效使用。同时，在标识解析体系的建设过程中，需要对解析节点中存储以及在解析过程中传输的数据进行安全保护。

➢ 网络设备安全防护

为了提高网络设备与标识解析节点自身的安全性，保障其正常运行，网络设备与标识解析节点需要采取一系列安全防护措施

➢ 安全监测审计

网络安全监测指通过漏洞扫描工具等方式探测网络设备与标识解析节点的漏洞情况，并及时提供预警信息。网络安全审计指通过镜像或代理等方式分析网络与标识解析系统中的流量，并记录网络与标识解析系统中的系统活动和用户活动等各类操作行为以及设备运行信息，发现系统中现有的和潜在的安全威胁，实时分析网络与标识解析系统中发生的安全事件并告警。同时，记录内部人员的错误操作和越权操作，并进行及时告警，减少内部非恶意操作导致的安全隐患。

（4）应用安全

工业互联网应用主要包括工业互联网平台与工业应用程序两大类，其范围覆盖智能化生产、网络化协同、个性化定制、服务化延伸等方面。目前工业互联网平台面临的安全风险主要包括数据泄露、篡改、丢失、权限控制异常、系统漏洞利用、账户劫持、设备接入安全等。对工业应用程序而言，最大的风险来自安全漏洞，包括开发过程中编码不符合安全规范而导致的软件本身的漏洞，以及由于使用不安全的第三方库而出现的漏洞等。

相应地，工业互联网应用安全也应从工业互联网平台安全与工业应用程序安全两方面进行防护。对于工业互联网平台，可采取的安全措施包括安全审计、认证授权、DDoS 攻击防护等。对于工业应用程序，建议采用全生命周期的安全防护，在应用程序的开发过程中进行代码审计并对开发人员进行培训，以减少漏洞的引入；对运行中的应用程序定期进行漏洞排查，对应用程序的内部流程进行审核和测试，并对公开漏洞和后门加以修补；对应用程序的行为进行实时监测，以发现可疑行为并进行阻止，从而减少未公开漏洞带来的危害。

（5）数据安全

工业互联网相关的数据按照其属性或特征，可以分为四大类：设备数据、业务系统数据、知识库数据、用户个人数据。根据数据敏感程度的不同，可将工业互联网数据分为一般数据、重要数据和敏感数据三种。工业互联网数据涉及数据采集、传输、存储、处理等各个环节。随着工厂数据由少量、单一、单向向大量、多维、双向转变，工业互联网数据体量不断增大、种类不断增多、结构日趋复杂，并出现数据在工厂内部与外部网络之间的双向流动共享。由此带来的安全风险主要包括数据泄露、非授权分析、用户个人信息泄露等。

对于工业互联网的数据安全防护，应采取明示用途、数据加密、访问控制、业务隔离、接入认证、数据脱敏等多种防护措施，覆盖包括数据收集、传输、存储、处理等在内的全生命周期的各个环节。

（6）监测感知

监测感知是指部署相应的监测措施，主动发现来自系统内外部的安全风险，具体措施包括数据采集、收集汇聚、特征提取、关联分析、状态感知等。

➢ 数据采集

数据采集指对工业现场网络及工业互联网平台中各类数据进行采集，为网络异常分析、设备预测性维护等提供数据来源。

➢ 收集汇聚

对数据的收集汇聚主要分为两个方面：一是对 SCADA、MES、ERP 等工业控制系统及应用系统所产生的关键工业互联网数据进行汇聚，包括产品全生命周期的各类数据的同步采集、管理、存储及查询，为后续过程提供数据来源；二是对全网流量进行监听，并将监听过程中采集到的数据进行汇聚。

➢ 特征提取

特征提取是指对数据特征进行提取、筛选、分类、优先级排序、可读等处理，从而实现从数据到信息的转化过程，该过程主要是针对单个设备或单个网络的纵向数据分析。信息主要包括内容和情景两方面，内容指工业互联网中的设备信号处理结果、监控传输特性、性能曲线、健康状况、报警信息、DNC 及 SCADA 网络流量等；情景指设备的运行工况、维护保养记录、人员操作指令、人员访问状态、生产任务目标、行业销售机理等。

➢ 关联分析

关联分析基于大数据进行横向大数据分析和多维分析，通过将运行机理、运行环境、操作内容、外部威胁情报等有机结合，利用群体经验预测单个设备的安全情况，或根据历史状况和当前状态的差异进行关联分析，进而发现网络及系统的异常状态。

➢ 状态感知

状态感知基于关联分析过程，实现对工业互联网相关企业网络运行规律、异常情况、安全目标、安全态势、业务背景等的监测感知，确定安全基线，结合大数据分析等相关技术，发现潜在安全威胁，预测黑客攻击行为。

（7）处置恢复

处置恢复机制是确保落实工业互联网信息安全管理，支撑工业互联网系统与服务持续运行的保障。通过处置恢复机制，在风险发生时，灾备恢复组织能根据预案及时采取措施进行应对，及时恢复现场设备、工业控制系统、网络、工业互联网平台、工业应用程序等的正常运行，防止重要数据丢失，并通过数据收集与分析机制，及时更新优化防护措施，形成持续改进的防御闭环。处置恢复机制主要包括响应决策、备份恢复、分析评估等。

任务拓展

【网络安全法】网络空间健康发展的法律保障

《中华人民共和国网络安全法》是我国于 2016 年 11 月 7 日颁布的法律，旨在维护国家网络安全，保护公民、法人和其他组织的合法权益，促进网络安全事业的发展。

该法律明确了网络安全的基本要求和原则，包括网络主权、网络平等、法律遵守、安全保障等。它规定了网络运营者的责任和义务，要求网络运营者采取必要的技术措施和管理措施，保障网络的安全运行，并及时采取措施应对网络安全事件。

其还规定了网络安全的监管机制和责任分工，明确了相关政府部门的职责和权力，加强了对网络基础设施的保护和管理，加强了网络信息的安全保护，防止网络攻击、网络犯罪和网络数据泄露等问题。此外，网络安全法还涉及个人信息保护、网络安全检测和应急响应等方面的内容，要求网络运营者和个人用户保护个人信息的安全，并配合相关部门进行网络安全检测和应急响应工作。

《中华人民共和国网络安全法》的实施对于保护国家网络安全、维护社会稳定和促进经济发展具有重要意义。它为网络安全工作提供了法律依据和指导，推动了网络安全技术和管理的发展，维护了国家和人民的利益和安全。

作业：研读国家工业信息安全发展研究中心发布的《2022年工业信息安全态势报告》，撰写报告分享启发。

任务 18　部署防火墙保障网络安全

学习目标

- 了解防火墙的功能和应用场景
- 掌握防火墙在工业互联网中的部署

任务 18　部署防火墙保障网络安全

建议学时

4 学时

工作情境

当前，随着网络技术的不断发展，计算机网络为人们的生活带来了极大便利，也促进了工业互联网的发展和提速，然而，利用计算机网络进行的各种违法犯罪活动也在迅速增长，计算机犯罪、黑客、有害程序和后门等问题严重威胁着网络安全。作为工业互联网内部网络与外部公共网络之间的第一道屏障，防火墙是最先受到人们重视的网络安全产品之一。为了增强工业互联网的安全性，需要安装部署防火墙。

知识导图

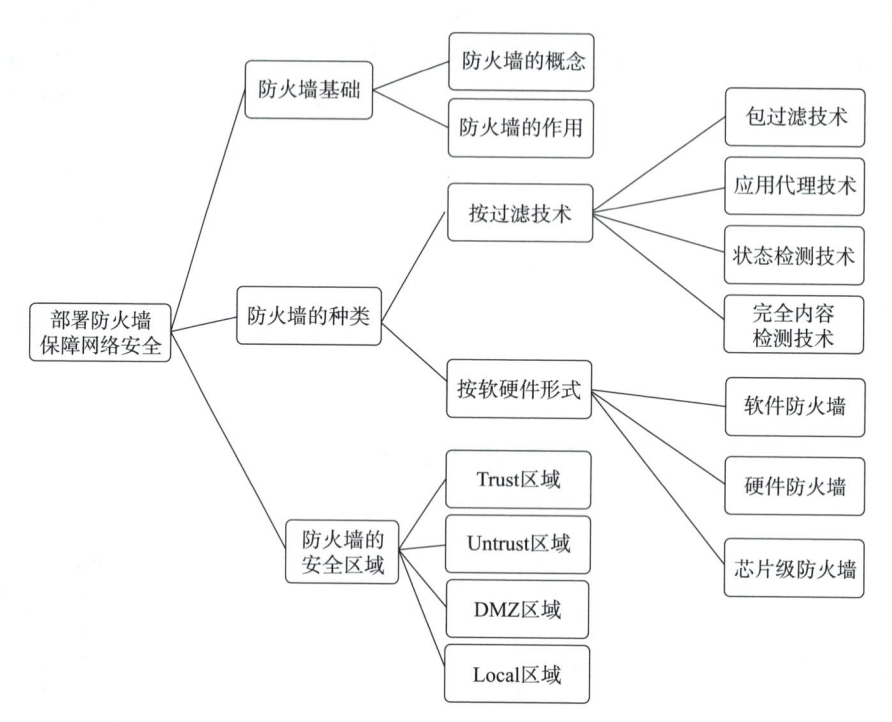

```
                              ┌─ 防火墙的概念
              ┌─ 防火墙基础 ──┤
              │              └─ 防火墙的作用
              │                              ┌─ 包过滤技术
              │                              │
              │              ┌─ 按过滤技术 ──┤─ 应用代理技术
              │              │               │
              │              │               ├─ 状态检测技术
部署防火墙    │              │               │
保障网络安全 ─┼─ 防火墙的种类┤               └─ 完全内容检测技术
              │              │
              │              │               ┌─ 软件防火墙
              │              │               │
              │              └─ 按软硬件形式─┼─ 硬件防火墙
              │                              │
              │                              └─ 芯片级防火墙
              │              ┌─ Trust 区域
              │              │
              │              ├─ Untrust 区域
              └─ 防火墙的 ──┤
                 安全区域    ├─ DMZ 区域
                             │
                             └─ Local 区域
```

相关知识

1. 防火墙的概念

防火墙（Firewall），也称防护墙，它是一种位于内部网络与外部网络之间的网络安全系统。其是一项信息安全的防护系统，依照特定的规则，允许或是限制传输的数据通过。

防火墙起源于建筑领域，原本是指房屋之间修建的一道墙，用于防止火灾发生时火势蔓延，阻止火势从一个区域蔓延到另一个区域。在网络中，防火墙可将内部网和外部网（如互联网）分开，它实际上是一种隔离技术。防火墙是在两个网络通信时执行的一种访问控制尺度，它能允许你"同意"的人和数据进入你的网络，同时将你"不同意"的人和数据拒之门外，从而最大限度地阻止网络中的黑客来访问你的网络。同时，防火墙可依照特定的规则，允许或是限制传输的数据通过。与路由器相比，防火墙提供了更丰富的安全防御策略，提高了安全策略下数据报转发效率。由于防火墙用于边界安全，因此往往兼备NAT、VPN 功能。

2. 防火墙的分类

（1）按软、硬件形式区分

防火墙可分为软件防火墙、硬件防火墙、芯片级防火墙。

➢ 软件防火墙

软件防火墙通过软件去实现内部网与外部网之间的隔离。由于它安装在系统主机上，因此需要依赖计算机硬件资源来工作，需要消耗系统的内存和 CPU 资源。软件防火墙像其他软件产品一样，需要在每台计算机上安装并做好配置才可以使用。

➢ 硬件防火墙

本质上是把软件防火墙嵌入硬件中，硬件防火墙的硬件和软件都需要单独设计，使用专用网络芯片来处理数据包，同时，采用专门的操作系统平台，从而避免通用操作系统的安全漏洞导致内网安全受到威胁。

➢ 芯片级防火墙

芯片级防火墙以专用的硬件作为基础，不需要专门的操作系统的支持。专用的芯片因为自身特点，具有更快的工作速度、更强的处理能力，以及更加效率的性能。专有的 ASIC 芯片促使它们比其他种类的防火墙速度更快，处理能力更强，性能更高。

（2）按过滤技术区分

防火墙分为包过滤、应用级网关和代理服务器等几大类型。

➢ 包过滤技术

包过滤技术是一种简单、有效的安全控制技术，它工作在网络层，通过在网络间相互连接的设备上加载允许、禁止来自某些特定的源地址、目的地址、TCP 端口号等规则，对通过设备的数据包进行检查，限制数据包进出内部网络。

包过滤的最大优点是对用户透明，传输性能高。但由于安全控制层次在网络层、传输层，安全控制的力度也只限于源地址、目的地址和端口号，因而只能进行较为初步的安全控制，对于恶意的拥塞攻击、内存覆盖攻击或病毒等高层次的攻击手段，则无能为力。

➢ 应用代理技术

应用代理防火墙工作在 OSI 的第七层，它通过检查所有应用层的信息包，并将检查的内容信息放入决策过程，从而提高网络的安全性。

应用网关防火墙是通过打破客户机/服务器模式实现的。每个客户机/服务器通信需要两个连接：一个是从客户端到防火墙，另一个是从防火墙到服务器。另外，每个代理需要一个不同的应用进程，或一个后台运行的服务程序，对每个新的应用必须添加针对此应用的服务程序，否则不能使用该服务。所以，应用网关防火墙具有可伸缩性差的缺点。

➢ 状态检测技术

状态检测防火墙工作在 OSI 的第二至四层，采用状态检测包过滤的技术，是由传统包过滤功能扩展而来的。状态检测防火墙在网络层有一个检查引擎截获数据包并抽取出与应用层状态有关的信息，并以此为依据决定对该连接是接受还是拒绝。这种技术提供了高度安全的解决方案，同时具有较好的适应性和扩展性。状态检测防火墙一般也包括一些代理级的服务，它们提供附加的对特定应用程序数据内容的支持。

状态检测防火墙基本保持了简单包过滤防火墙的优点，性能比较好，同时对应用是透明的，在此基础上，对于安全性有了大幅提升。这种防火墙摒弃了简单包过滤防火墙仅仅考察进出网络的数据包，不关心数据包状态的缺点，在防火墙的核心部分建立状态连接表，维护了连接，将进出网络的数据当成一个个的事件来处理。主要缺点是由于缺乏对应用层协议的深度检测功能，无法彻底地识别数据包中大量的垃圾邮件、广告以及木马程序等。

➢ 完全内容检测技术

完全内容检测技术防火墙综合了状态检测技术与应用代理技术，并在此基础上进一步基于多层检测架构，把防病毒、内容过滤、应用识别等功能整合到防火墙里，其中还包括 IPS 功能，多单元融为一体，在网络界面对应用层扫描，把防病毒、内容过滤与防火墙结合起来，这体现了网络与信息安全的新思路（因此也被称为"下一代防火墙技术"）。它在网络边界实施 OSI 第七层的内容扫描，实现了实时在网络边缘部署病毒防护、内容过滤等应用层服务措施。完全内容检测技术防火墙可以检查整个数据包内容，根据需要建立连接状态表，具有网络层保护强、应用层控制细等优点，但由于功能集成度高，对产品硬件的要求比较高。

3. 防火墙的安全区域

安全区域（Security Zone），简称为区域（Zone），是一个或多个接口的集合。防火墙通过安全区域来划分网络、标识报文流动的"路线"。默认情况下，报文在同一个安全区域内流动时不受控制，报文在不同的安全区域之间流动时受到控制。

华为防火墙上默认提供了四个安全区域，分别是 Trust、DMZ、Untrust 和 Local，每个安全区域都有唯一的安全级别，用 1～100 表示，数字越大，则代表该区域内的网络越可信。通过把防火墙的不同接口划分到不同的安全区域中，就可以在防火墙上划分出不同的安全区域网络。

（1）Trust 区域

Trust 区域的默认安全级别是 85，该区域内网络的受信任程度高，通常用来定义内部用户所在的网络。

（2）DMZ 区域

DMZ 区域的默认安全级别是 50，该区域内网络的受信任程度中等，通常用于定义内网服务器所在区域。因为网络服务器虽然部署在内网，但是经常需要被外网访问，存在较大的安全隐患，并且一般情况下又不允许其主动访问外网，所以将其部署在一个优先级比 Trust 低，但是比 Untrust 高的安全区域中。DMZ（Demilitarized Zone）起源于军方，是介于严格的军事管制区和松散的公共区域之间的一种有着部分管制的区域。防火墙设备引用了这一术语，指的是介于内部网络和外部网络之间的安全区域。

（3）Untrust 区域

Untrust 区域的默认安全级别是 5，该区域代表的是不受信任的网络，通常用来定义 Internet 等不安全的网络。

（4）Local 区域

Local 区域的默认安全级别是 100，代表防火墙本身。Local 区域中不能添加任何接口，但防火墙上所有接口本身都隐含属于 Local 区域。

图 6.9 给出了防火墙部署在企业内部的真实环境组网图。从图中可以看出，企业内部网络中的用户、服务器，以及位于外部的 Internet，都被划分到不同的安全区域中了，防火墙对各个安全区域之间流动的报文进行安全检查。

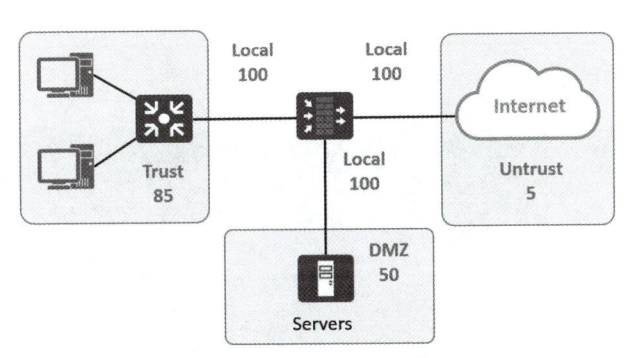

图 6.9 防火墙组网拓扑图

4. 课堂实践

某网络结构如图 6.10 所示,以华为虚拟仿真软件 eNSP 为例,安装部署一台防火墙,实现工业互联网网络内网用户能访问互联网;外网用户能访问服务器区的 Web 服务;内网用户能访问服务器区的 ICMP、Web 服务。

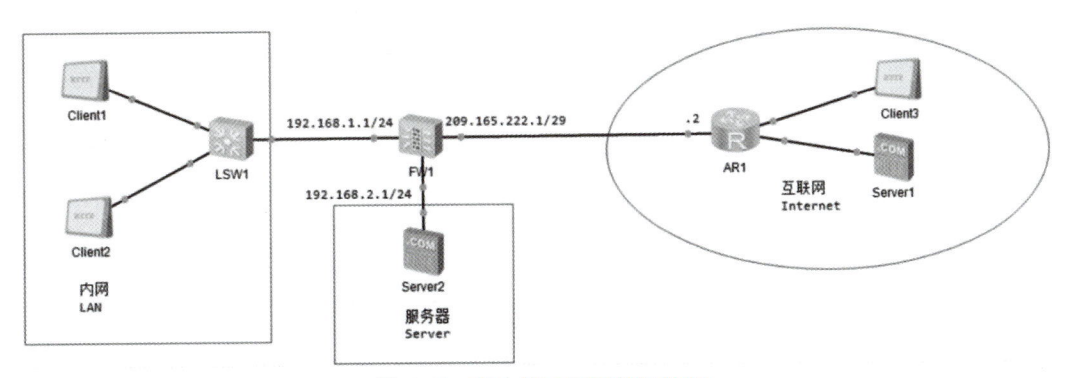

图 6.10 防火墙组网网络拓扑图

步骤 1:初始化防火墙,允许管理员通过 Web 管理防火墙。

启动防火墙,通过配置线登录防火墙的 CLI 界面后,进行防火墙的初始化。首先输入默认用户名 admin,密码 Admin@123,登录防火墙。然后出现是否需要修改密码的提示,选择 y。最后输入旧密码 Admin@123,然后输入新密码,再重复输入一遍新密码,即可登录防火墙。新密码要求满足密码复杂性要求,即最低 8 位字符,包含大写字母、小写字母、数字、特殊字符。如图 6.11 所示。

进入防火墙的管理口,修改管理口的 IP 地址,允许使用 Web 方式管理防火墙。命令如下:

```
<USG6000V1>system-view
[USG6000V1]interface GigabitEthernet 0/0/0
[USG6000V1-GigabitEthernet0/0/0]ip address 192.168.100.100 24 /* 修改防火墙的管理地址为 192.168.100.100,具体的 IP 地址需要根据现场的管理 PC 确定。*/
[USG6000V1-GigabitEthernet0/0/0]service-manage https permit /* 允许管理员使用 Web 方式管理防火墙*/
```

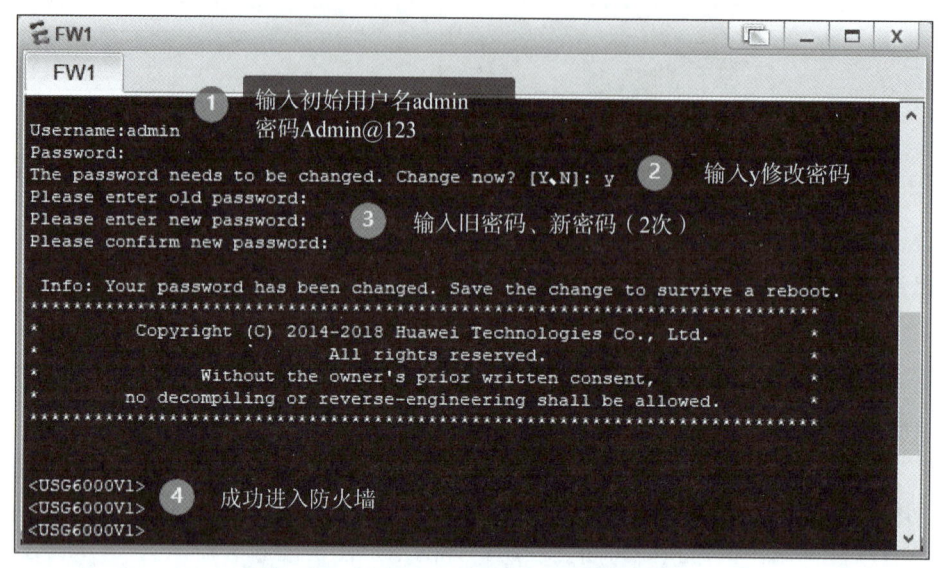

图6.11 通过CLI登录防火墙后修改密码

步骤2：连接防火墙的GE0/0/0口，打开浏览器，通过Web方式管理防火墙。

首先，在现场部署安装防火墙时，需要使用双绞线把管理PC和防火墙的GE0/0/0口连接起来。

其次，为了在实验环境中学习的需要，给防火墙eNSP添加一朵云，然后修改云的参数配置，把云连接到防火墙GE0/0/0口，使之能连接防火墙。如图6.12和图6.13所示。

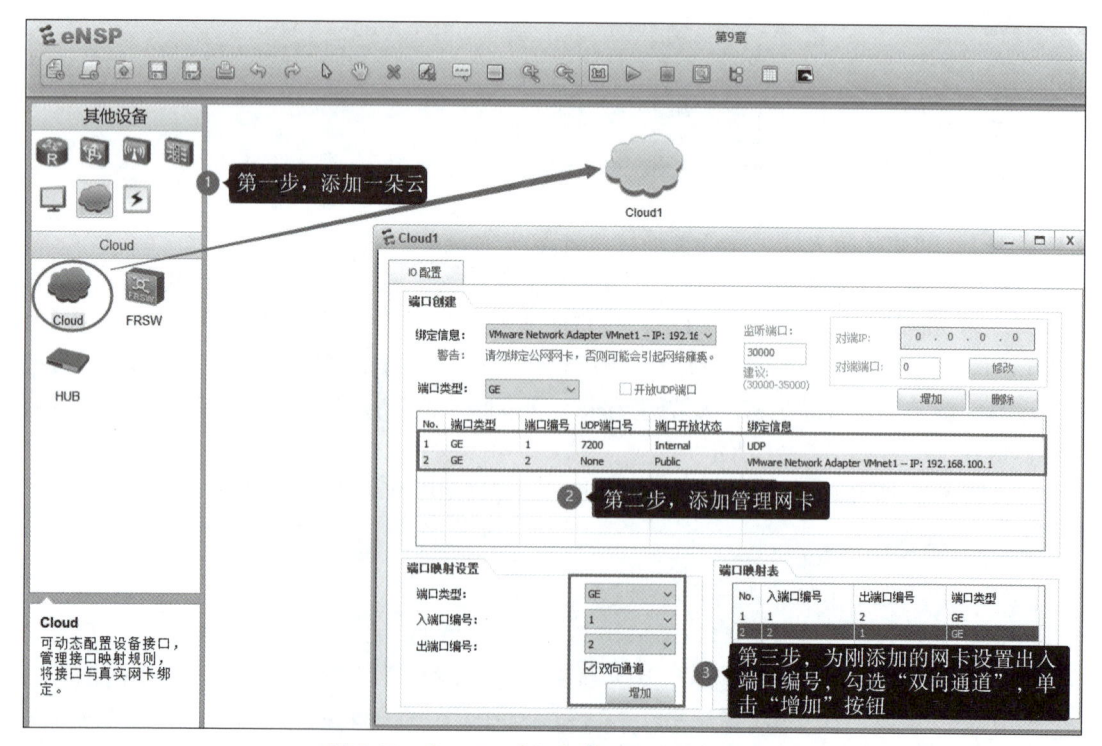

图6.12 在eNSP中添加管理防火墙的网卡

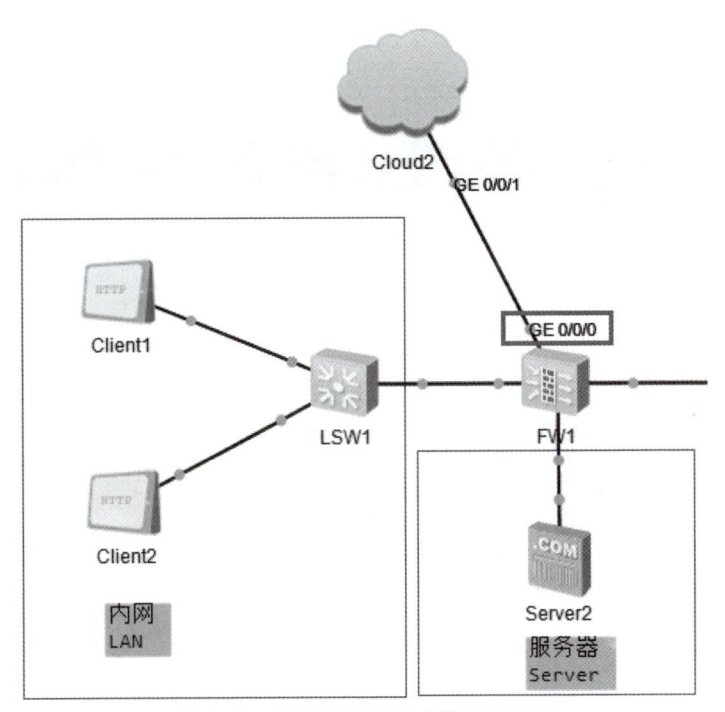

图 6.13 把云连接到防火墙的管理口

最后，在浏览器中输入"https://192.168.100.100:8443"，使用 Web 方式登录防火墙，如图 6.14 所示。

图 6.14 通过网页登录防火墙

步骤3：配置防火墙各接口地址及所属的安全区域。

首先，配置防火墙外网口 IP 地址和安全区域。

详细步骤：输入用户名和密码，登录防火墙后，单击"网络"→"接口"→"GE1/0/1"，选择外网口 GE1/0/1 归属的安全区域（untrust），输入外网口 IP 地址，输入网关，单击

"确定"按钮,如图 6.15 所示。

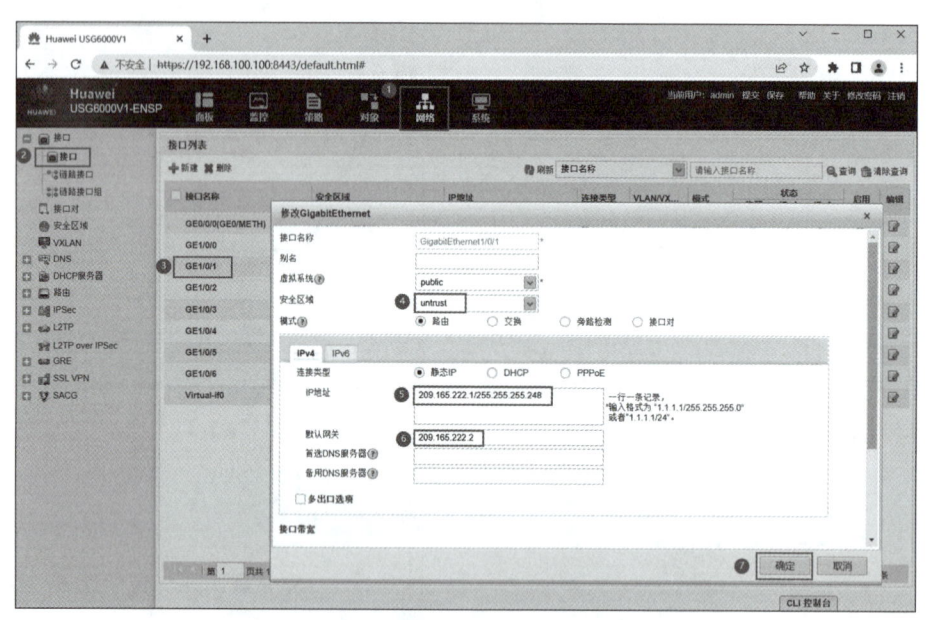

图 6.15 设置防火墙外网口 IP 地址及安全区域

其次,配置防火墙内网口 IP 地址和安全区域。

详细步骤:输入用户名和密码,登录防火墙后,单击"网络"→"接口"→"GE1/0/2",选择内网口 GE1/0/2 归属的安全区域(trust),输入内网口 IP 地址,单击"确定"按钮,如图 6.16 所示。

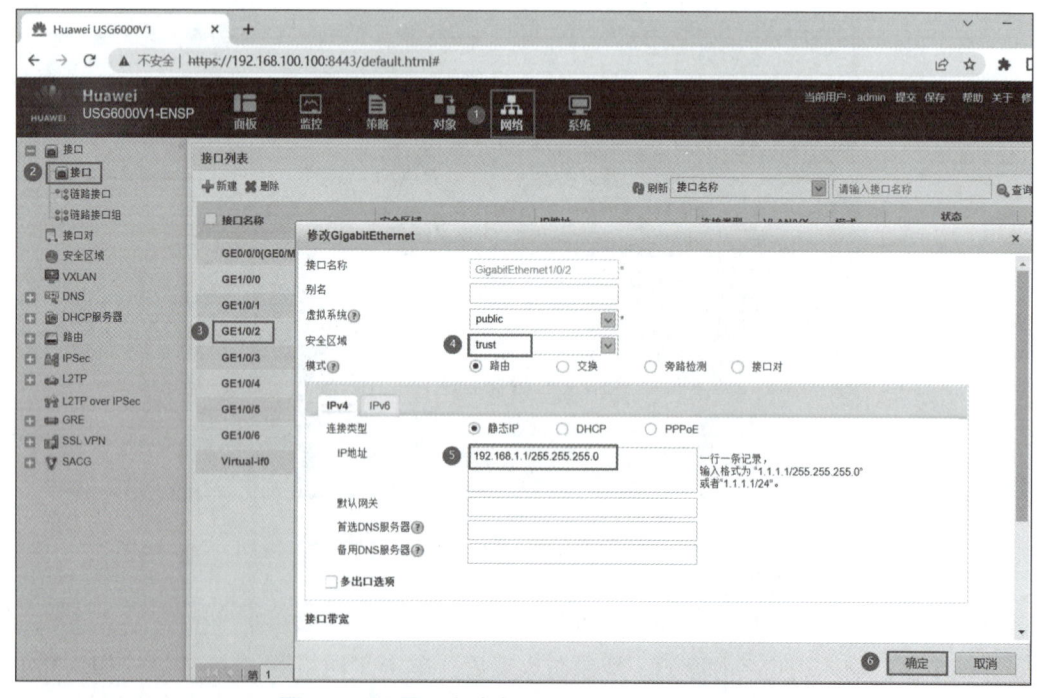

图 6.16 设置防火墙内网口 IP 地址及安全区域

最后，配置防火墙 DMZ 口 IP 地址和安全区域。

详细步骤：单击"网络"→"接口"→"GE1/0/3"，选择 DMZ 口 GE1/0/3 归属的安全区域（dmz），输入 dmz 口 IP 地址，单击"确定"按钮，如图 6.17 所示。

图 6.17　设置防火墙 DMZ 口 IP 地址及安全区域

步骤 4：配置安全策略，满足数据流向要求。

首先，添加允许内网访问外网的安全策略。

详细步骤：单击"策略"→"安全策略"，新建安全策略，策略名称输入：允许内网访问外网，源安全区域选择：trust，目的安全区域选择：untrust，动作选择：允许，单击"确定"按钮，如图 6.18 所示。

其次，添加允许内网访问服务器区的安全策略。

详细步骤：单击"策略"→"安全策略"，新建安全策略，策略名称输入：允许内网访问服务器区，源安全区域选择：trust，目的安全区域选择：dmz，服务选择：icmp、http，动作选择：允许，单击"确定"按钮，如图 6.19 所示。

最后，添加允许外网访问服务器区的安全策略。

详细步骤：单击"策略"→"安全策略"，新建安全策略，策略名称输入：允许外网访问服务器区，源安全区域选择：untrust，目的安全区域选择：dmz，服务选择：http，动作选择：允许，单击"确定"按钮，如图 6.20 所示。

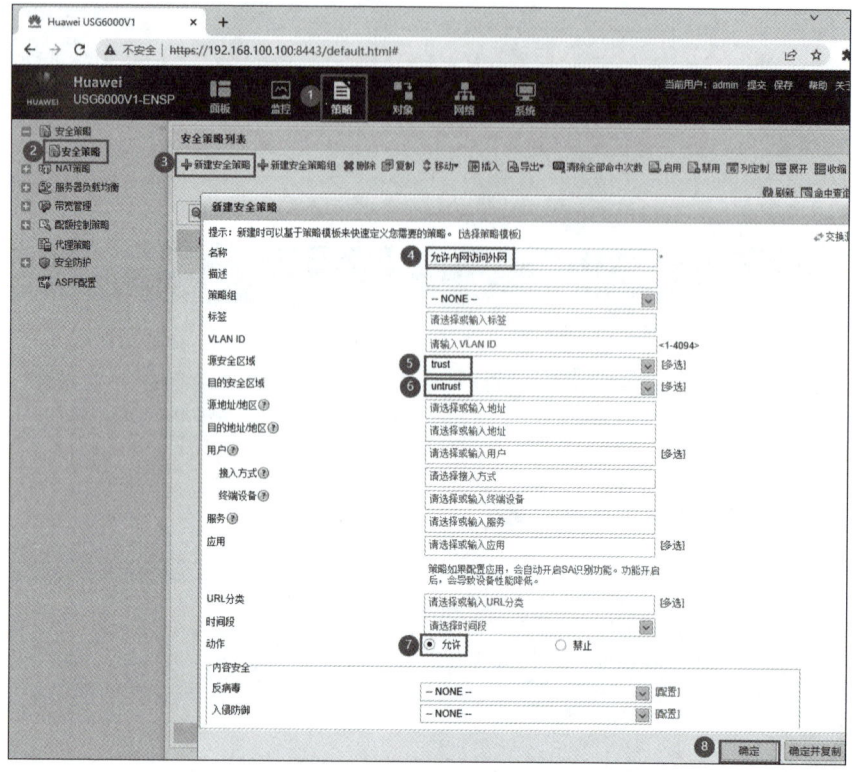

图 6.18　添加允许内网访问外网的安全策略

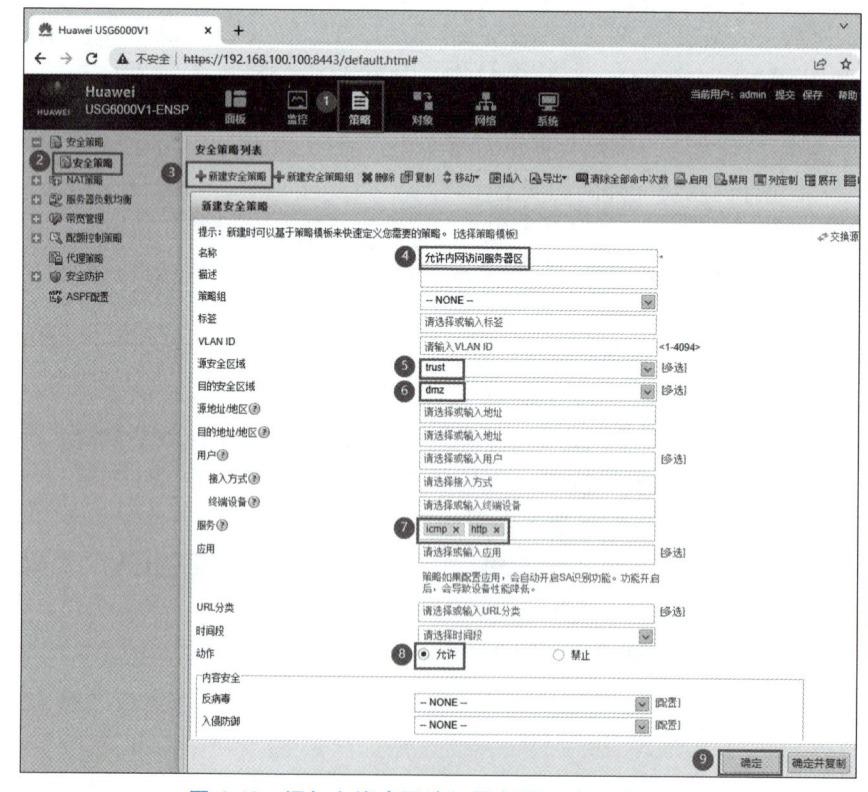

图 6.19　添加允许内网访问服务器区的安全策略

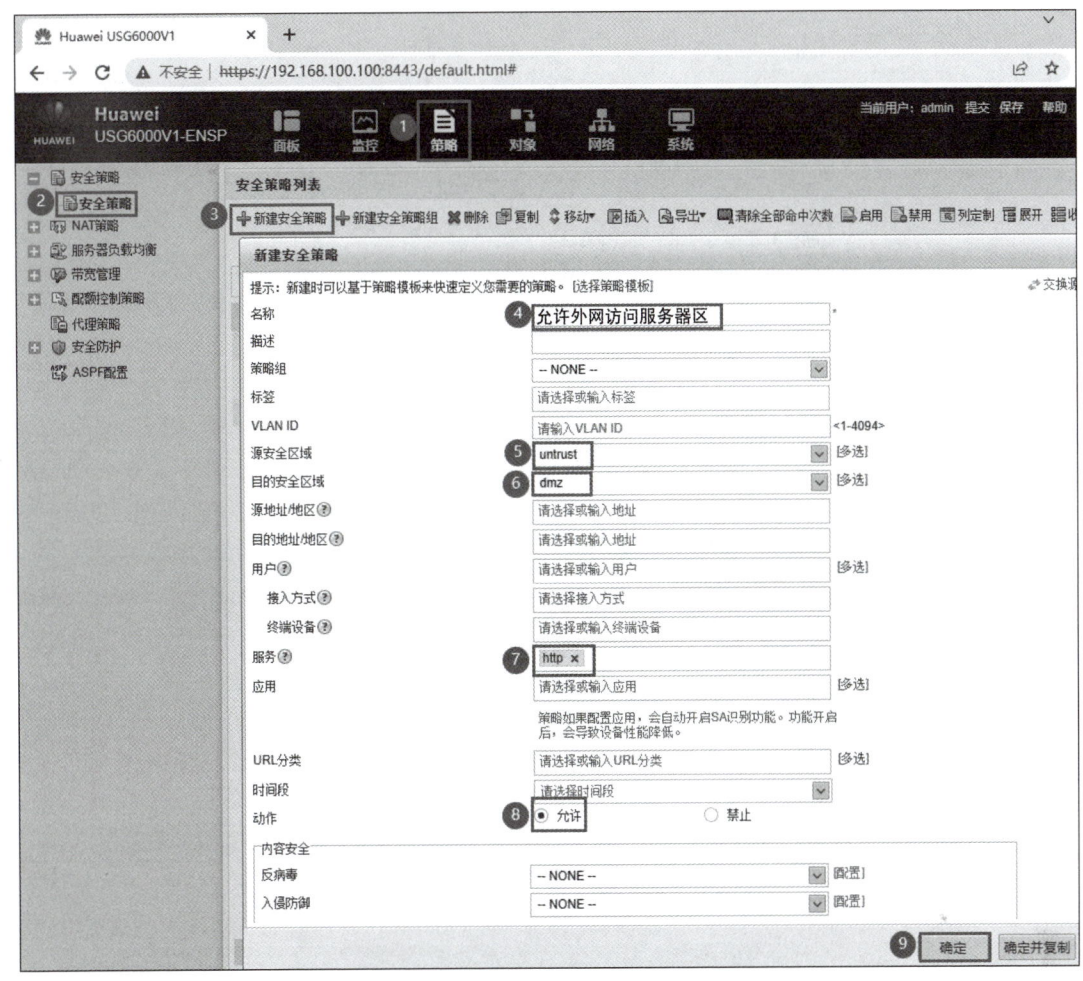

图 6.20　添加允许外网访问服务器区的安全策略

步骤 5：配置 NAT，满足内网访问外网需求。

由于内网使用的都是私有 IP 地址，要访问外网，必须经过网络地址转换，把私有地址转换为公有地址才能访问互联网。

详细步骤：单击"策略"→"NAT 策略"→"新建"，名称输入：允许内网私有地址转换，源安全区域选择：trust，目的类型选择：目的安全区域，untrust，转换后的数据包选择：出接口地址，单击"确定"按钮，如图 6.21 所示。

步骤 6：配置服务器映射，满足外网用户访问服务器区 Web 服务需求。

由于服务器区的服务器使用的都是私有 IP 地址，外网用户要访问服务器区资源，必须经过服务器地址映射，把私有地址映射为公有地址后，才能被访问。

详细步骤：单击"策略"→"NAT 策略"→"服务器映射"→"新建"，名称输入：允许外网用户访问 Web 服务，公网地址输入：209.165.222.10，私网地址输入：192.168.3.2，指定协议，公网端口 80，私网端口 80，单击"确定"按钮，如图 6.22 所示。

137

图 6.21 配置 NAT 满足内网访问外网需求

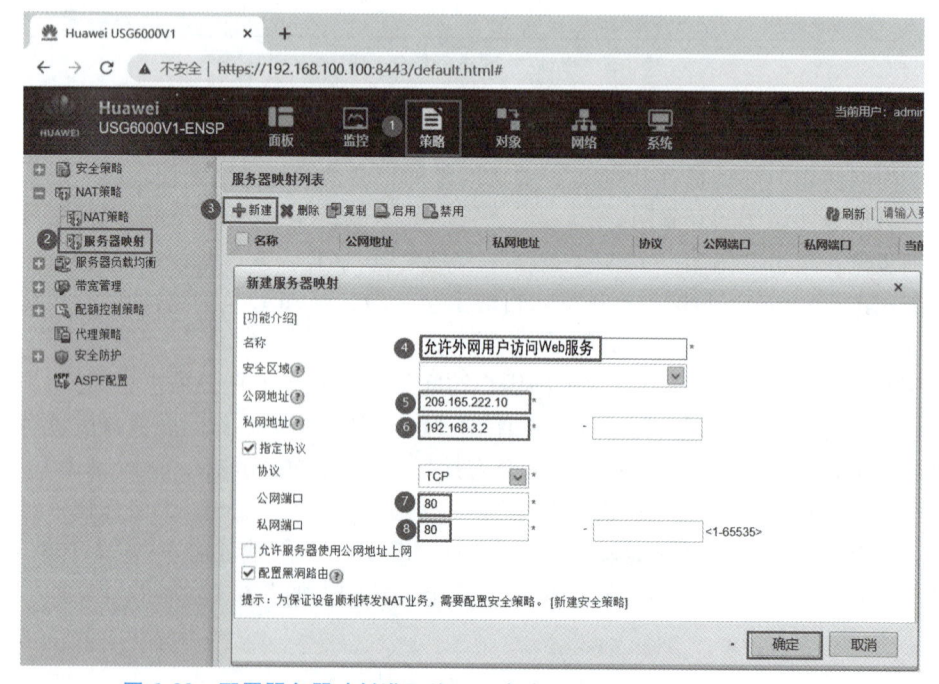

图 6.22 配置服务器映射满足外网用户访问服务器区 Web 服务需求

步骤 7：给其他设备配置 IP 地址。

首先，配置互联网路由器 IP 地址（在虚拟仿真实验中，为了测试方便，需要配置互联网路由器 IP 地址，在实践工程项目中，互联网区域不需要进行配置）。

```
＜Huawei＞system－view
Enter system view,return user view with Ctrl＋Z.
[Huawei]interface GigabitEthernet 0/0/0
[Huawei－GigabitEthernet0/0/0]ip address 209.165.222.2 24
[Huawei－GigabitEthernet0/0/0]quit
[Huawei]interface GigabitEthernet 0/0/1
[Huawei－GigabitEthernet0/0/1]ip address 8.8.8.1 24
[Huawei－GigabitEthernet0/0/1]quit
[Huawei]interface GigabitEthernet 0/0/2
[Huawei－GigabitEthernet0/0/2]ip address 9.9.9.2 24
[Huawei－GigabitEthernet0/0/2]quit
```

其次，终端设备配置 IP 地址。

步骤：双击终端设备，输入 IP 地址、子网掩码、网关等参数，单击"确定"按钮，如图 6.23 所示。

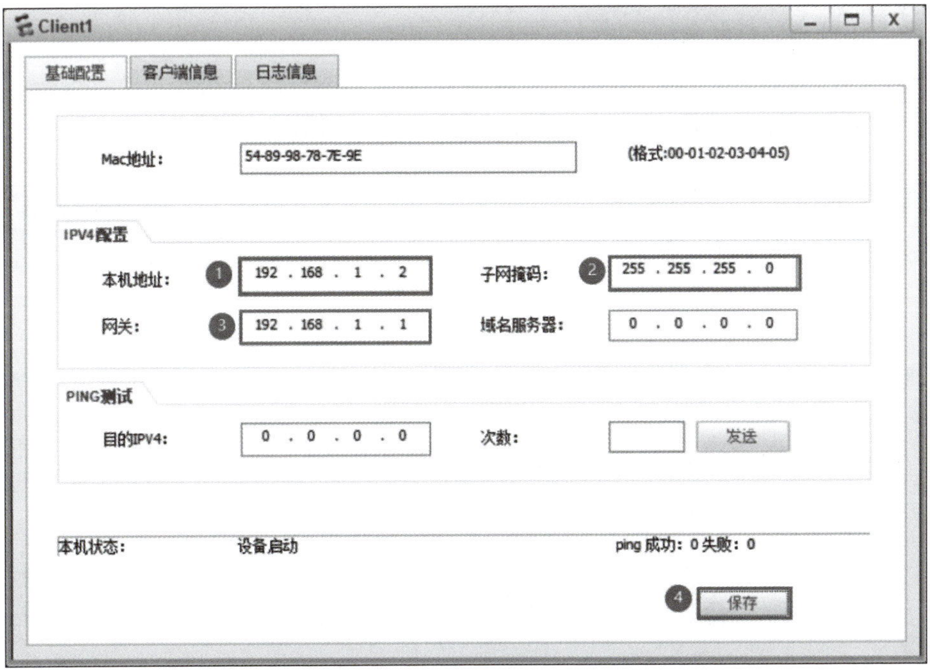

图 6.23　终端设备配置 IP 地址

最后，启动服务器区 Web 服务。

步骤：双击服务器设备，单击"服务器信息"，单击"HttpServer"，选择文件根目录（建议在文件根目录中创建一个 aa.txt 文本文件，便于测试），单击"启动"→"确定"按钮，如图 6.24 所示。

图 6.24　启动服务器区 Web 服务

步骤 8：测试网络连通性。

首先，内网访问外网测试。

步骤：在内网 PC 中，输入外网服务器的 IP 地址，测试次数选择 5 次，单击"发送"按钮，出现 ping 成功的显示，表明内网访问外网成功，如图 6.25 所示。

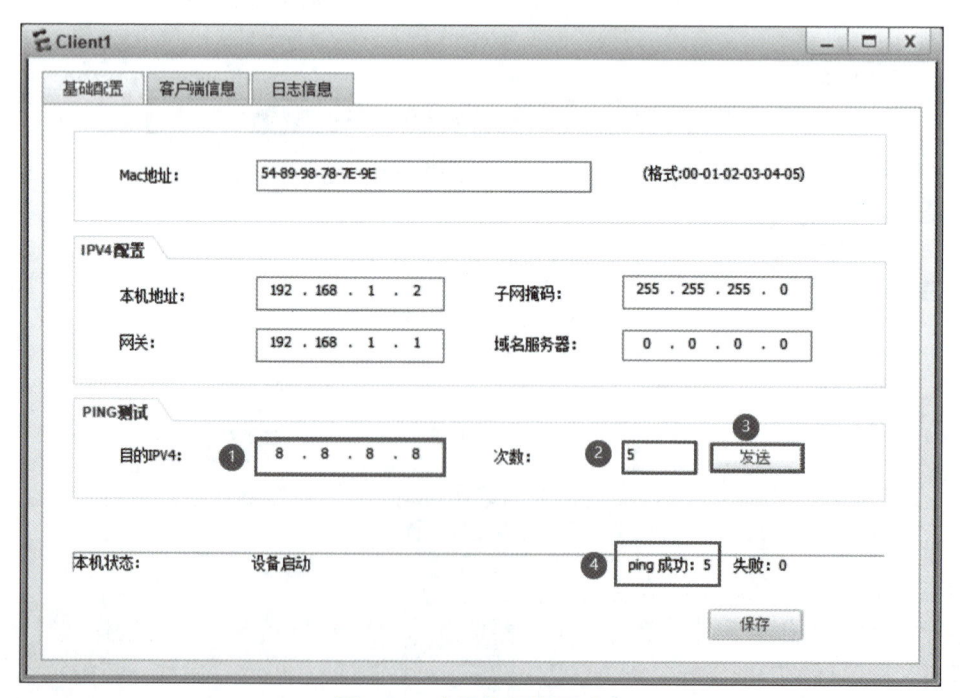

图 6.25　内网访问外网测试

其次，进行内网访问服务器区服务器测试。

步骤1：在内网 PC 中，输入服务器的 IP 地址，测试次数选择 5 次，单击"发送"按钮，出现 ping 成功的显示，表明内网访问服务器区 ICMP 服务成功，如图 6.26 所示。

图 6.26　内网访问服务器区服务器 ICMP 服务测试

步骤2：在内网 PC 中，选择客户端信息，选择 HttpClient，输入访问的地址：http://192.168.3.2/aa.txt，单击"获取"按钮，出现访问成功的显示，表明内网访问服务器区 Web 服务成功，如图 6.27 所示。

最后，进行外网用户访问服务器区 Web 服务测试。

步骤：在外网 PC 中，选择客户端信息，选择 HttpClient，输入访问的地址：http://209.165.222.10/aa.txt，单击"获取"按钮，出现访问成功的显示，表明内网访问服务器区 Web 服务成功，如图 6.28 所示。

步骤8：保存防火墙配置。

步骤：在防火墙的右上角，单击"保存"→"确定"按钮，保存防火墙的配置信息，如图 6.29 所示。

图 6.27 内网访问服务器区服务器 Web 服务测试

图 6.28 外网用户访问服务器区 Web 服务测试

图 6.29　保存防火墙的配置信息

任务拓展

【没有网络安全，就没有国家安全】网络安全对于国家安全和稳定的重要性

"没有网络安全，就没有国家安全，就没有经济社会稳定运行，广大人民群众利益也难以得到保障。"在现代社会，信息技术的发展和互联网的普及使得网络成为国家安全的重要组成部分。网络不仅仅是信息传递和交流的平台，也是国家机密、经济利益和基础设施的重要载体。

然而，网络也面临着各种安全威胁，如网络攻击、网络犯罪、信息泄露等，这些威胁可能对国家的政治稳定、经济发展和社会秩序造成严重影响。网络安全是维护国家安全的重要方面。保障网络的安全意味着保护国家的信息系统和网络基础设施，防止恶意攻击和非法入侵，确保国家的敏感信息和关键数据不被窃取、篡改或破坏。大学生在日常用网时，要提高自身的责任感，安全使用网络，时刻注意规范自身的网络行为，坚决维护国家安全和社会稳定。

作业： 在工业互联网网络安全加固防范中，请收集国产信创安全设备都有哪些，这些设备分别是哪些国内品牌企业生产的，在网络安全中分别起着什么样的作用。

任务 19　部署入侵防御系统保障网络安全

学习目标

- 了解入侵防御系统的功能和应用场景
- 掌握入侵防御系统在工业互联网中的部署

任务 19　部署入侵防御系统保障网络安全

建议学时

4 学时

工作情境

为了增强公司工业互联网的安全性，公司决定部署一台入侵防御系统，现在让你负责入侵防御系统设备的选型、部署和优化。

知识导图

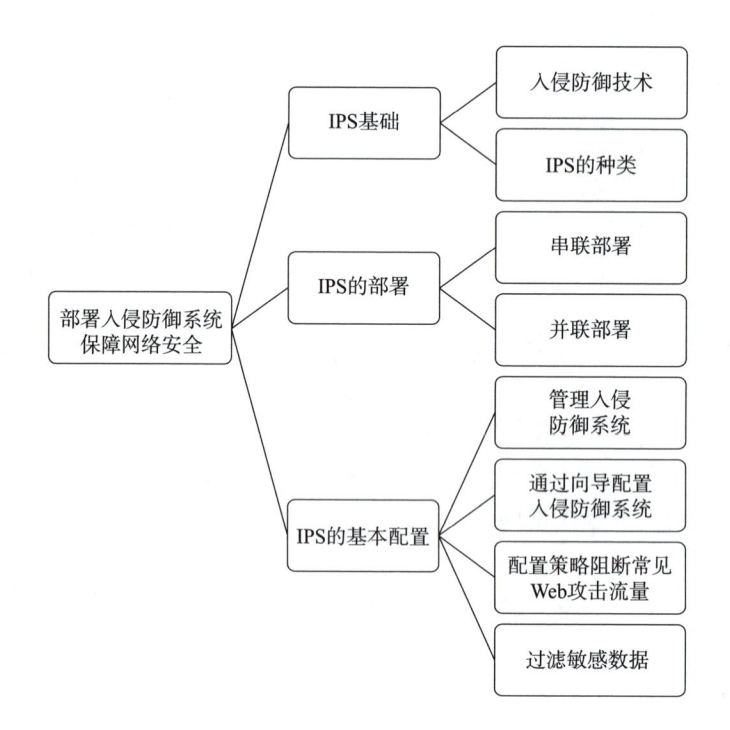

```
部署入侵防御系统 ─┬─ IPS基础 ─┬─ 入侵防御技术
保障网络安全       │           └─ IPS的种类
                  ├─ IPS的部署 ─┬─ 串联部署
                  │             └─ 并联部署
                  └─ IPS的基本配置 ─┬─ 管理入侵防御系统
                                   ├─ 通过向导配置入侵防御系统
                                   ├─ 配置策略阻断常见Web攻击流量
                                   └─ 过滤敏感数据
```

相关知识

目前，世界各地的网络攻击急剧上升，DDoS 攻击、勒索软件、网络钓鱼、木马攻击等导致的网络攻击事件层出不穷，对多国家、多行业、多领域造成不同程度的影响，全球范围内网络威胁依旧严峻。

1. 网络中常见的攻击方式

（1）DDoS 攻击

分布式拒绝服务攻击（Distributed Denial of Service，DDoS）是指处于不同位置的多个攻击者同时向一个或数个目标发动攻击，或者一个攻击者控制了位于不同位置的多台机器并利用这些机器对受害者同时实施攻击。由于攻击的发出点是分布在不同地方的，这类攻击称为分布式拒绝服务攻击，其中的攻击者可以有多个。

它是一种基于 DoS 的特殊形式的拒绝服务攻击，是一种分布的、协同的大规模攻击方式。单一的 DoS 攻击一般是采用一对一方式的，它利用网络协议和操作系统的一些缺陷，采用欺骗和伪装的策略来进行网络攻击，使网站服务器充斥大量要求回复的信息，消耗网络带宽或系统资源，导致网络或系统不胜负荷，以至于瘫痪而停止提供正常的网络服务。与 DoS 攻击由单台主机发起攻击相比较，分布式拒绝服务攻击 DDoS 是借助数百，甚至数千台被入侵后安装了攻击进程的主机同时发起的集团行为。

一个完整的 DDoS 攻击体系由攻击者、主控端、代理端和攻击目标四部分组成。主控端和代理端分别用于控制和实际发起攻击，其中，主控端只发布命令而不参与实际的攻击，代理端发出 DDoS 的实际攻击包。对于主控端和代理端的计算机，攻击者有控制权或者部分控制权，它在攻击过程中会利用各种手段隐藏自己不被别人发现。真正的攻击者一旦将攻击的命令传送到主控端，攻击者就可以关闭或离开网络，而由主控端将命令发布到各个代理主机上。这样攻击者可以逃避追踪。每一个攻击代理主机都会向目标主机发送大量的服务请求数据包，这些数据包经过伪装，无法识别它的来源，而且这些数据包所请求的服务往往要消耗大量的系统资源，造成目标主机无法为用户提供正常服务，甚至导致系统崩溃。

（2）SQL 注入攻击

SQL 注入攻击是目前网络攻击的主要手段之一，一定程度上其安全风险高于缓冲区溢出漏洞，目前防火墙不能对 SQL 注入漏洞进行有效的防范。防火墙为了使合法用户运行网络应用程序访问服务器端数据，必须允许从 Internet 到 Web 服务器的正向连接，因此，一旦网络应用程序有注入漏洞，攻击者就可以直接访问数据库，甚至能够获得数据库所在的服务器的访问权。因此，在某些情况下，SQL 注入攻击的风险要高于所有其他漏洞。

（3）木马攻击

木马病毒是计算机黑客用于远程控制计算机的程序，将控制程序寄生于被控制的计算机系统中，里应外合，对被感染木马病毒的计算机实施操作。一般的木马病毒程序主要是寻找计算机后门，伺机窃取被控计算机中的密码和重要文件等，可以对被控计算机实施监控、资料修改等非法操作。木马病毒具有很强的隐蔽性，可以根据黑客意图突然发起攻击。

勒索软件（ransomware）就属于一种流行的木马。其通过骚扰、恐吓甚至采用绑架用户文件等方式，使用户数据资产或计算资源无法正常使用，并以此为条件向用户勒索钱财。这类用户数据资产包括文档、邮件、数据库、源代码、图片、压缩文件等多种文件。赎金形式包括真实货币、比特币或其他虚拟货币。一般来说，勒索软件作者还会设定一个支付时限，有时赎金数目也会随着时间的推移而上涨。有时，即使用户支付了赎金，最终也还是无法正常使用系统，无法还原被加密的文件。

黑客通常会利用互联网的开放性，通过各种手段对目标主机进行攻击，以获取不道德的利益。因此，互联网必须要有相应的检测及防御措施，抵御层出不穷的各种攻击。

2. 入侵检测技术

"入侵检测"通常的定义为：识别对计算机或网络信息的恶意行为，并对此行为做出响应的过程。具有入侵检测功能的系统统称为入侵检测系统。入侵检测系统（Intrusion Detection System，IDS）是一种对网络传输进行即时监视，在发现可疑传输时发出警报或者采取主动反应措施的网络安全设备。它与其他网络安全设备的不同之处在于，IDS是一种积极主动的安全防护技术。

3. 入侵防御技术

入侵防御系统（Intrusion Prevention System，IPS）是指能够检测到攻击行为（包括已知攻击和未知攻击），并能够有效阻断攻击的硬件和软件系统。入侵防御系统在线检测网络和主机，发现攻击后能实施有效的阻断，防止攻击到达目标网络或主机。从技术上来说，入侵防御系统吸取并融合了防火墙和入侵检测技术，目的是为网络提供深层次的、有效的安全防护。

4. 入侵检测与入侵防御的区别

通常IPS看起来和防火墙相似，并且具备防火墙的一些基本功能，但是防火墙阻止所有网络流量，除了某种原因能够通过，而IPS通过所有网络流量，除了某种原因被阻止。

IPS能够实现积极、主动地阻止入侵攻击行为对网络或系统造成危害，同时，结合漏洞扫描、防火墙、IDS等构成整体、深度的网络安全防护体系。

IPS是位于防火墙和网络的设备之间的设备。如果检测到攻击，IPS会在这种攻击扩散到网络的其他地方前阻止这个恶意的通信。而IDS只存在于网络外，起到报警的作用，而不是在网络前面起到防御的作用。IPS检测攻击的方法也与IDS不同。一般来说，IPS依靠对数据包的检测，它会检查入网的数据包，确定这种数据包的真正用途，然后决定是否允许这种数据包进入网络。从产品的价值方面和产品的应用方面来讲，IPS与IDS也有不同之处。

从产品价值角度讲，IDS注重的是网络安全状况的监管，IPS关注的是对入侵行为的控制。与防火墙类产品、入侵检测产品可以实施的安全策略不同，IPS可以实施深层防御安全策略，即可以在应用层检测出攻击并予以阻断，这是防火墙做不到的，当然，也是入侵检测产品做不到的。

从产品应用角度讲，为了达到可以全面检测网络安全状况的目的，IDS需要部署在网络内部的中心点，需要能够观察到所有的网络数据。如果信息系统中包含多个逻辑隔离的子网，则需要在整个信息系统中实施分布部署，即每个子网部署一个入侵检测分析引擎，并进行引擎的策略管理以及事件分析，以达到掌控整个信息系统安全状况的目的。

而为了实现对外部攻击的防御，IPS需要部署在网络的边界。这样，所有来自外部的数据必须串行通过IPS，IPS即可实时分析网络数据，发现攻击行为立即予以阻断，保证来自外部的攻击数据不能通过网络边界进入网络。

IDS 的核心价值在于通过对全网信息的分析，了解信息系统的安全状况，进而指导信息系统安全建设目标以及安全策略的确立和调整，而 IPS 的核心价值在于安全策略的实施，即对黑客行为的阻击；IDS 需要部署在网络内部，监控范围可以覆盖整个子网，包括来自外部的数据以及内部终端之间传输的数据，IPS 则必须部署在网络边界，抵御来自外部的入侵，对内部攻击行为无能为力。

IDS 是一种监控网络中未经授权行为的软件或设备。使用预先设置的规则，IDS 就可以检测端点配置，以便确定端点是否易受攻击，用户还可以记录网络上的行为，然后将其与已知的攻击或攻击模式进行比对。IPS 能够监测由僵尸网络、病毒、恶意代码以及有针对性的攻击引起的异常流量，还能够在破坏发生前采取保护网络的行动。许多网络攻击者会使用自动扫描探测互联网，对每个网络都进行漏洞探测记录以供日后使用。这些攻击者对任何数据都感兴趣，如个人信息、财务记录等。

IPS 作为一种新型网络安全防护技术，它通过审计分析计算机网络或系统上的数据，正确区分数据类型为正常或异常攻击，同时实时、主动响应和防御入侵攻击，从而保障了网络或系统安全。IPS 借鉴 IDS 的思想并在其基础上发展，因此两者既有共同之处，又存在区别。IPS 既可以像 IDS 那样对入侵攻击进行检测并报警响应，同时，又能够主动阻止入侵行为，自动切断攻击源。两者在功能上的差异，使得它们在网络中的部署情况不同。

IDS 主要是通过监视和发现网络中的攻击行为并发出报警的，采用旁路方式并联接入网络；而 IPS 不仅对网络中的攻击行为进行检测，同时要实时、动态响应并阻断攻击，才能保障内部受保护网络的安全，因此，采用在线（In-Line）方式直接串联接入网络。图 6.30 给出了两者不同的网络拓扑结构。如果入侵攻击已通过防火墙的屏障，由于 IDS 处于

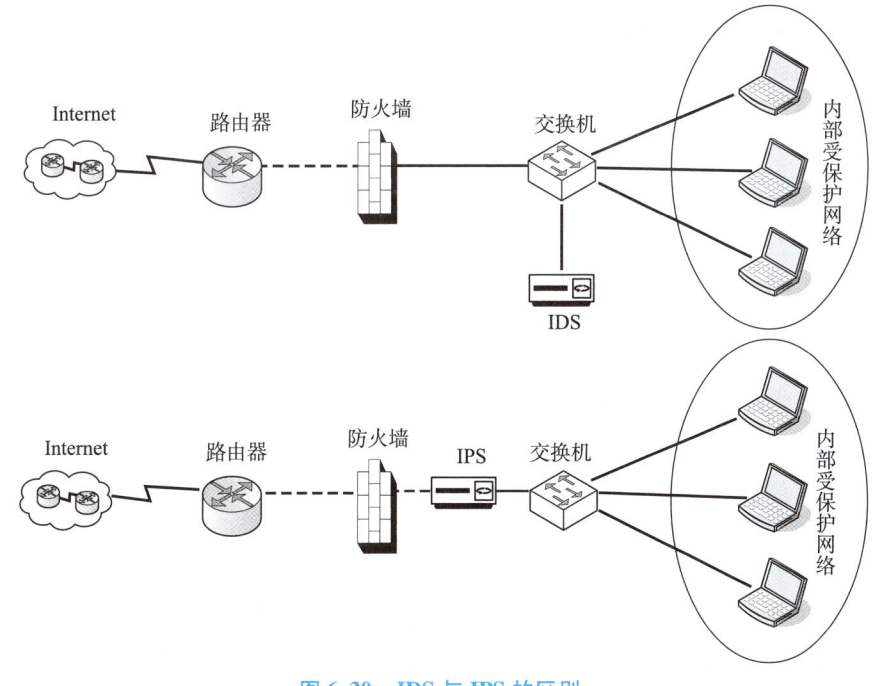

图 6.30　IDS 与 IPS 的区别

网络中的旁路，即使能够检测并发出报警，也无法阻止已对内部网络造成的危害；IPS 因其直接串联在网络中，经过检测发现攻击时能够实时将恶意连接直接阻挡在外。显然，IPS 能够提供一个更加有效、深层次的安全防护。

5. 入侵防御系统的分类

入侵防御系统通常可分为 3 种：基于主机的入侵防御系统（Host – based IPS，HIPS）、基于网络的入侵防御系统（Network – based IPS，NIPS）和应用入侵防御系统（Application IPS，AIPS）。

（1）基于主机的入侵防御系统

HIPS 是直接安装在受保护机器上的代理程序，检测并阻挡针对本机的威胁和攻击。它与操作系统内核紧密捆绑在一起，监视和窃听内核系统调用，阻挡攻击，并记录日志。同时，它还监视针对某一特殊应用的数据流和环境变化，如服务器的文件位置及系统配置文件的变化，保护应用程序免受目前系统特征库中还没有特征记录的攻击。进出这个特殊系统的通信和应用程序、操作系统的行为将被监视和检查，判断其是否存在攻击迹象。

（2）基于网络的入侵防御系统

网络入侵防御系统（NIPS）与受保护网段是串联部署的。受保护的网段与其他网络之间交互的数据流都必须通过 NIPS 设备。当数据包通过 NIPS 时，通信将被监视是否存在攻击。攻击的误报将导致合法的通信被阻断，也就是可能出现拒绝服务（DoS）的情况，因此，极高的精确性和高级别的性能对 NIPS 至关重要。高性能是合法通信通过 NIPS 时不会延迟的保障。当检测到攻击时，NIPS 丢弃或阻断含有攻击的数据，进而阻断攻击。

（3）应用入侵防御系统

IPS 产品有一个特例，即应用入侵防御系统（AIPS），它把基于主机的入侵防护扩展成位于应用服务器之前的网络设备。AIPS 被设计成一种高性能的设备，配置在应用数据的网络链路上，以确保用户遵守设定好的安全策略，保护服务器的安全。

6. 入侵防御系统的部署

IPS 主要用于一些重要服务器的入侵威胁防护，如用它保护 OA 系统、EPR 系统、数据库、FTP 服务器、Web 网站等。IPS 在部署时应该首先保护重要设备，而不是先保护所有的设备。当然，如果是小型办公网络，也可以部署在网络前端用它保护所有服务器和办公终端。

IPS 有两种部署方式：串联与并联。

（1）IPS 串联部署

①针对所有传输数据可以实时监控，并可以立即阻断各种隐蔽攻击，如 SQL 注入、旁路注入、脚本攻击、反向连接木马、蠕虫病毒等。

②串联的 IPS 还具有内网管理功能，对上网行为进行管理，如禁止 QQ、MSN 等网上聊天软件，禁止或限制网上看电影，禁止或限制 P2P 下载，禁止或限制在线游戏等。

③串联的 IPS 一旦死机，采用硬件 Bypass 功能立即开启网络全通功能，才不会影响网络使用，不会造成网络中断。

（2）IPS 并联部署

设备不会对网络传输形成"瓶颈"，一旦设备死机，不会中断网络。可以监控网络传输的所有数据，并分析数据、安全审计。

7．课堂实践

本书以奇安信网神信息技术（北京）股份有限公司的 IPS 为例，讲解入侵防御系统的管理和部署。网络拓扑图如图 6.31 所示。

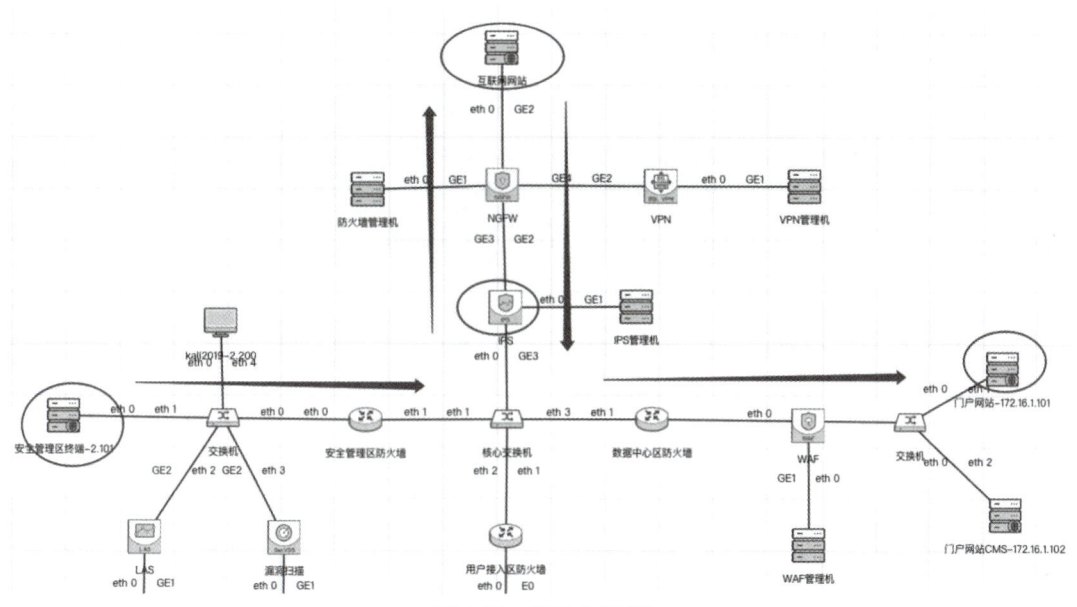

图 6.31　网络拓扑图

（1）入侵防御系统的管理

步骤 1：连接设备，GE1 口连接 IPS 管理机，GE2 口连接防火墙，GE3 口连接核心交换机，默认的管理口为 GE1，其 IP 地址为 10.0.0.1/24（具体 IP 地址必须根据部署环境确定，下同）。

步骤 2：进入 IPS 管理接口，设置 IP 地址为 10.0.0.44/24（图 6.32），与 IPS 的 GE1 口在同一网段，设置完成后，能够 ping 通 10.0.0.1，如图 6.33 所示。

步骤 3：进入 IPS 管理机控制台，打开火狐浏览器，输入地址 http://10.0.0.1，打开管理界面（图 6.34），输入用户名 admin 和密码 !1fw@2soc#3vpn（必须根据实际设

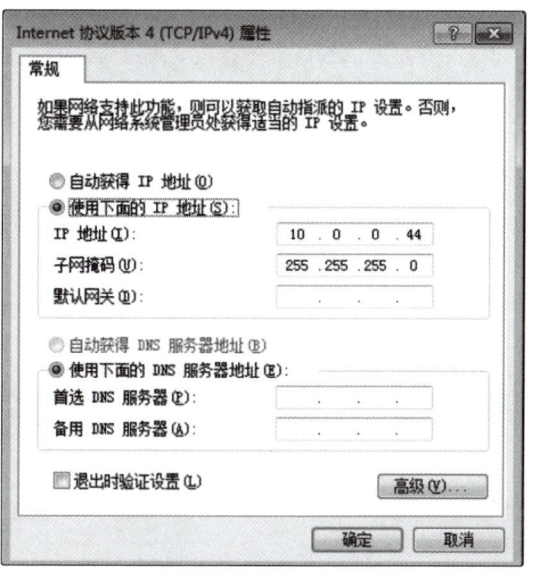

图 6.32　设置 IP 地址

图 6.33 可以 ping 通 IPS 的 GE1 口

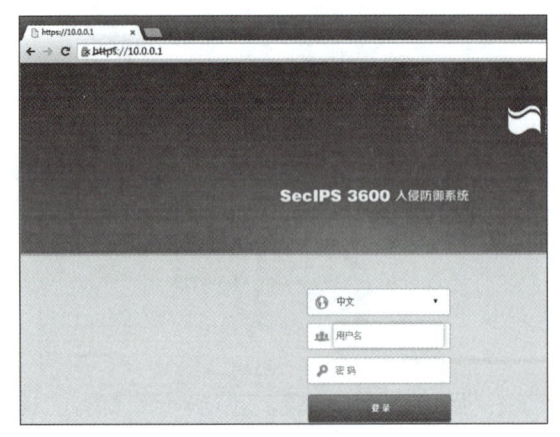

图 6.34 登录界面

备的用户名和密码进行登录，下同）可进入系统，如图 6.35 所示。admin 账号是超级管理员，其他还有三个默认的账号，分别是 audit、config、system，初始密码与 admin 密码一致。

图 6.35 admin 用户默认界面

步骤4：设置系统时间和系统的名称。使用 admin 登录，单击"管理"→"系统设置"→"基础设置"，可以配置系统的时间和系统的名称，如图 6.36 所示，常规需要调整一下系统的时间。

图 6.36 调整系统时间和名称

步骤5：添加管理员账号。单击"管理"→"系统设置"→"管理员账号"，可以根据实际需要添加账号，如图 6.37 所示。可以添加四类账号，分别是审计、管理、配置、系统。

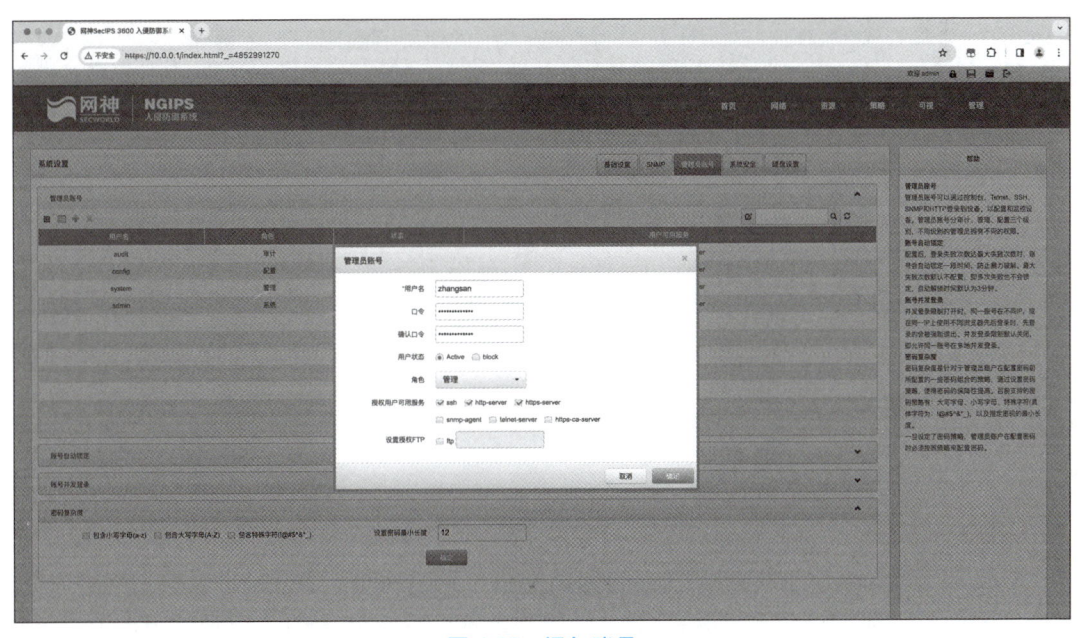

图 6.37 添加账号

步骤6：系统安全设置。单击"管理"→"系统设置"→"系统安全"，可以对IPS的安全管理进行设置，如设置是否可ping、是否可以ssh登录等，如图6.38所示。

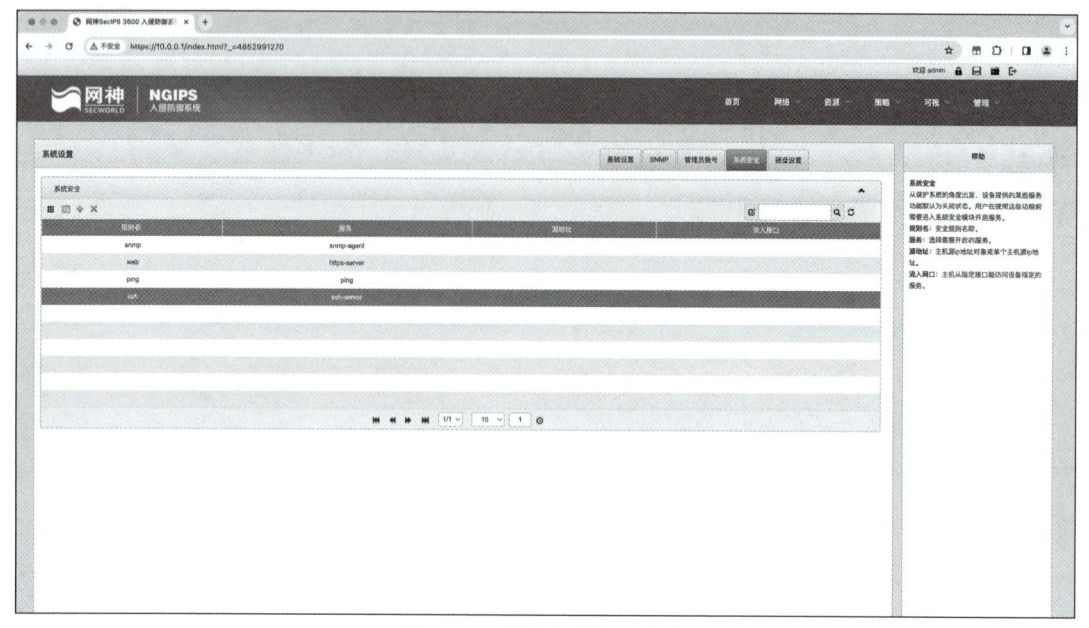

图 6.38　设置安全管理功能

步骤7：进行硬盘设置。此处可以设置硬盘容量告警百分比、硬盘空间删除百分比、硬盘日志保留天数，如图6.39所示。

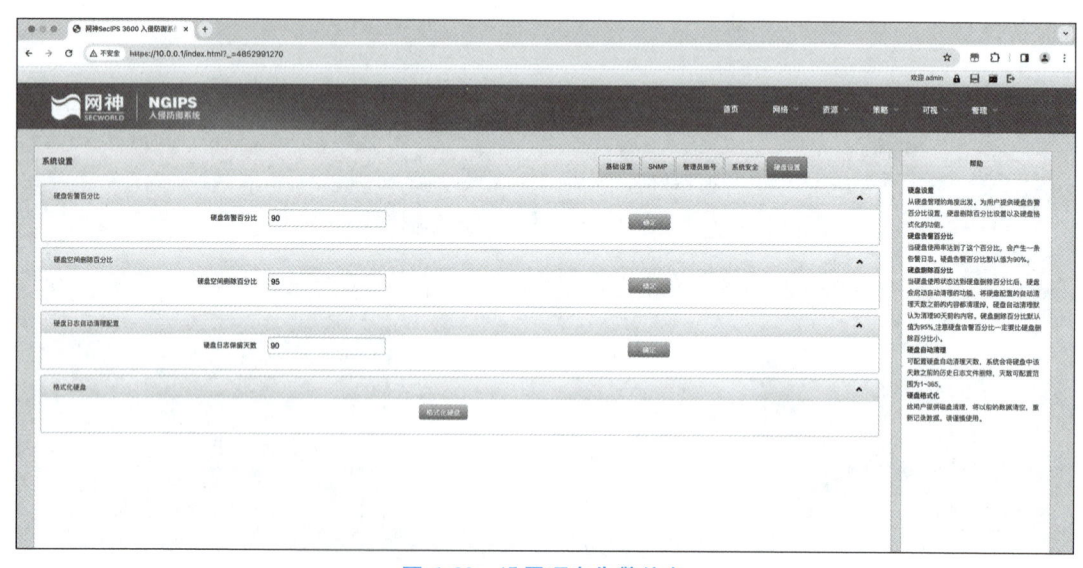

图 6.39　设置硬盘告警信息

步骤8：设置IP地址。IPS因为具备阻断网络流量的功能，通常是串联接入网络当中，桥接是比较常见的方法，配置网桥之后，还需要设置网桥的IP地址，以便让IPS像一台电脑一样与其他设备通信。单击"网络"→"网络接口"→"接口 IP"，单击"＋"即可添加IP地址，如图6.40所示。

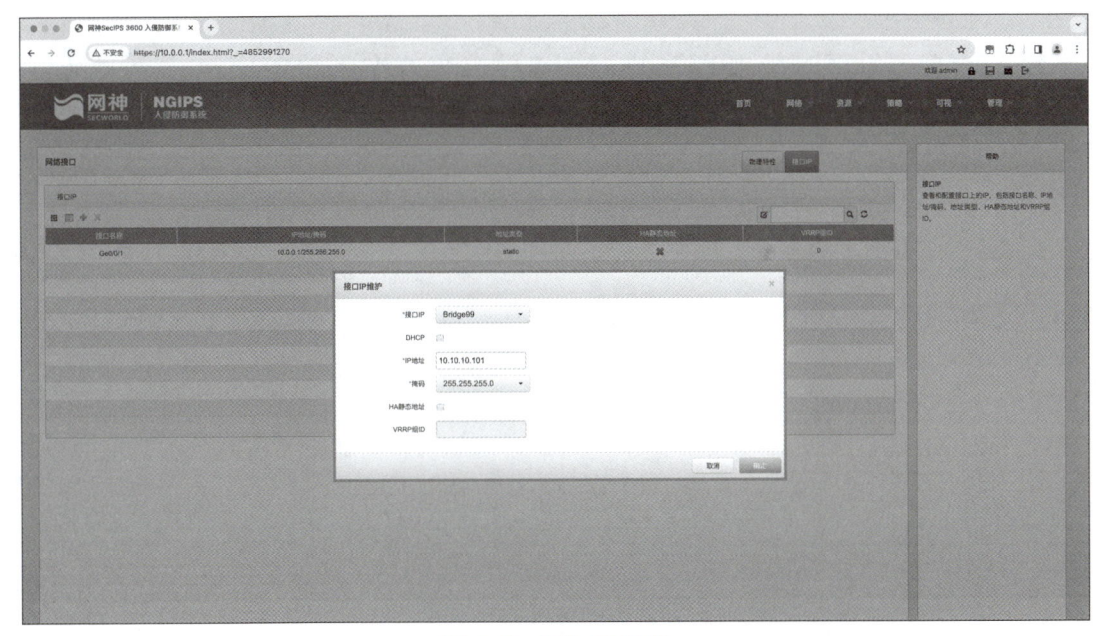

图 6.40　添加 IP 地址

步骤 9：设置路由。单击"网络"→"路由"→"静态路由"，添加一条到安全管理区的路由，如图 6.41 所示。同时，添加到互联网的路由，方便 IPS 升级，如图 6.42 所示。添加完成后，效果如图 6.43 所示。

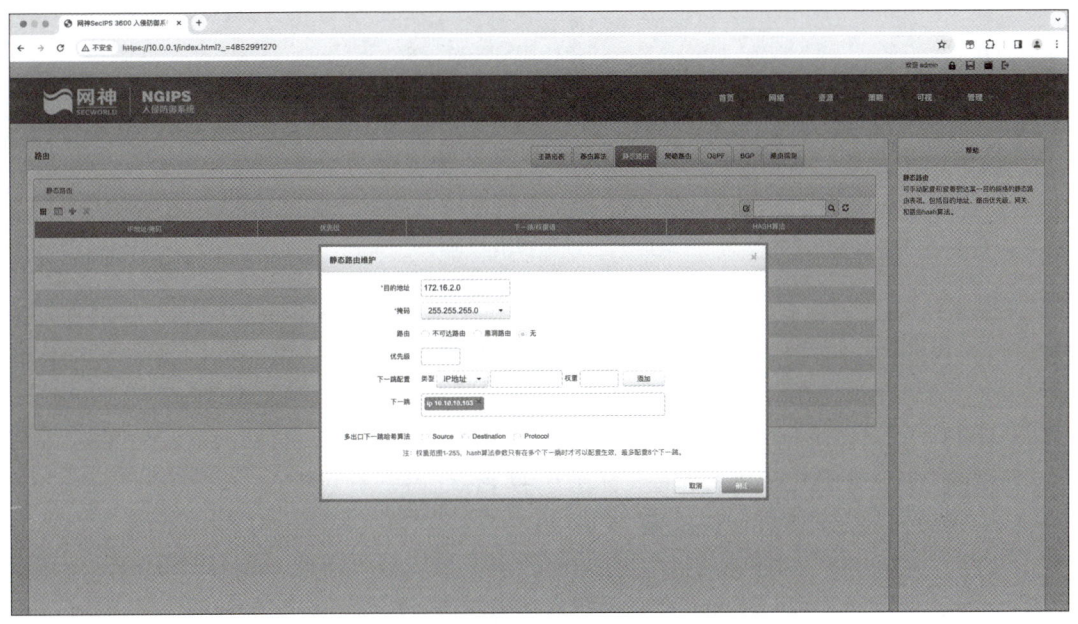

图 6.41　添加到安全管理区静态路由

153

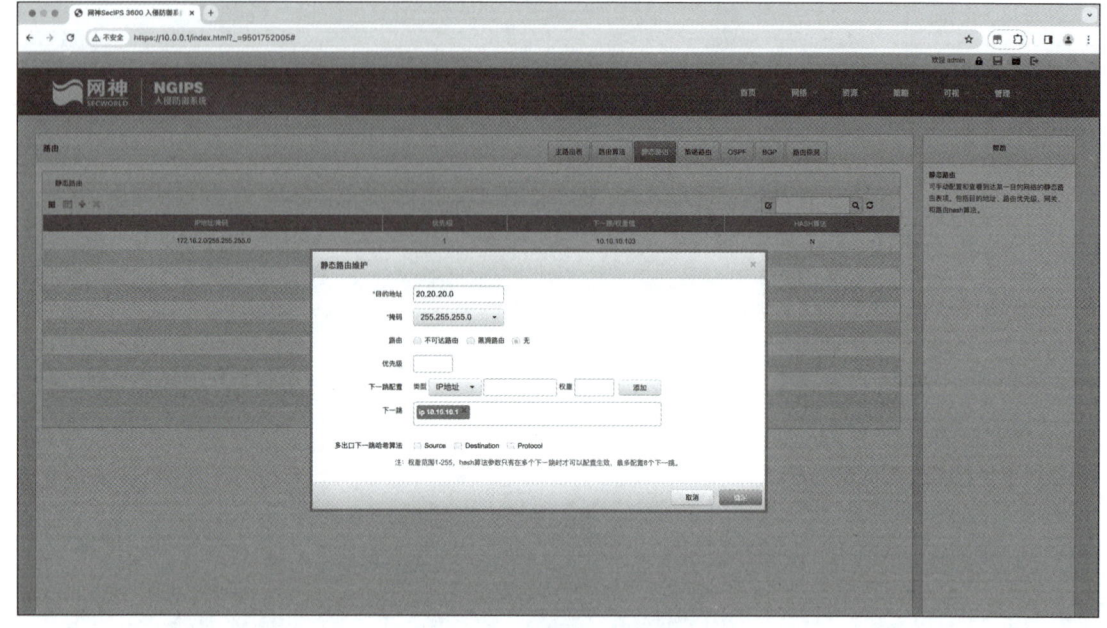

图 6.42 添加到互联网的路由

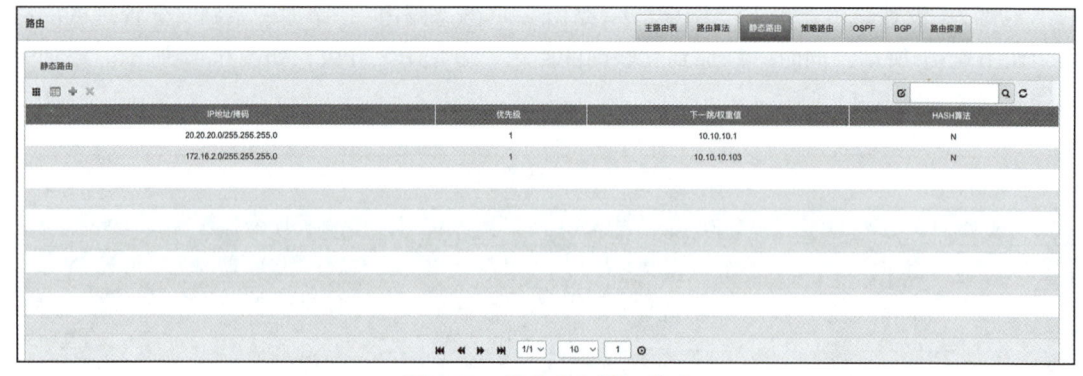

图 6.43 静态路由添加成功

步骤10：通过控制台进行网络测试。IPS 提供了两种方法进行网络测试，分别是系统控制台和图形化管理工具。要进入控制台，使用 admin 登录系统，单击右上角的"控制台"图标进入，如图 6.44 所示；进入控制台后，可进行网络测试，如图 6.45 所示。

步骤11：通过图形化工具进行测试。单击"管理"→"工具"打开功能，如图 6.46 所示。测试的方法一般是先本机后远程，如图 6.47 所示。

（2）通过向导配置入侵防御系统

步骤1：进入 IPS 管理机控制台，打开火狐浏览器，输入网址 https:∥10.0.0.1，使用用户名 admin、密码!1fw@2soc#3vpn 登录系统启动向导进行配置，如图 6.48 所示。

图 6.44　单击图标进入控制台

图 6.45　进入控制台进行网络测试

图 6.46　ping 测试成功

图 6.47　路由测试成功

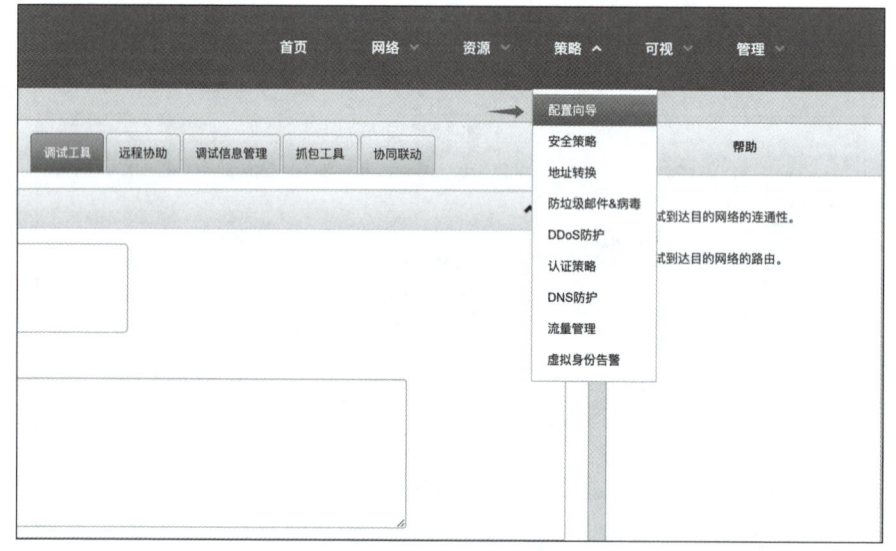

图 6.48　启动向导

步骤 2：通过配置向导开始进行配置，如图 6.49 所示。

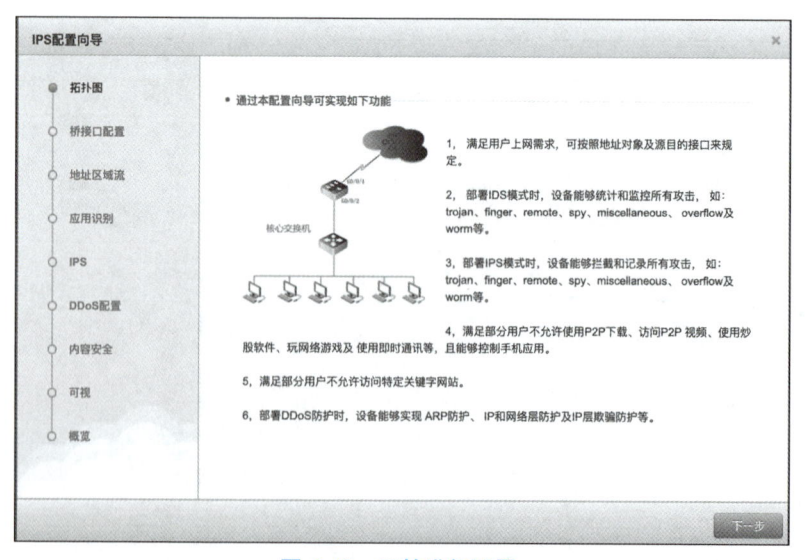

图 6.49　开始进行配置

步骤 3：设置桥接口参数，如图 6.50 所示。策略名称"test"，内网接口 Ge0/0/3，外网接口 Ge0/0/2，桥接口：10.10.10.101/255.255.255.0。

图 6.50 设置桥接口参数

步骤 4：配置地址区域流，如图 6.51 所示。

图 6.51 设置地址区域流

步骤 5：设置应用识别，如图 6.52 所示。

步骤 6：选择防护模板，如图 6.53 所示。模板是已经预制了相关特征库的策略，level1 ~ level5 特征库递增。

图 6.52 设置应用识别

图 6.53 选择防护模板

步骤 7：设置 DDoS 攻击参数，如图 6.54 所示。

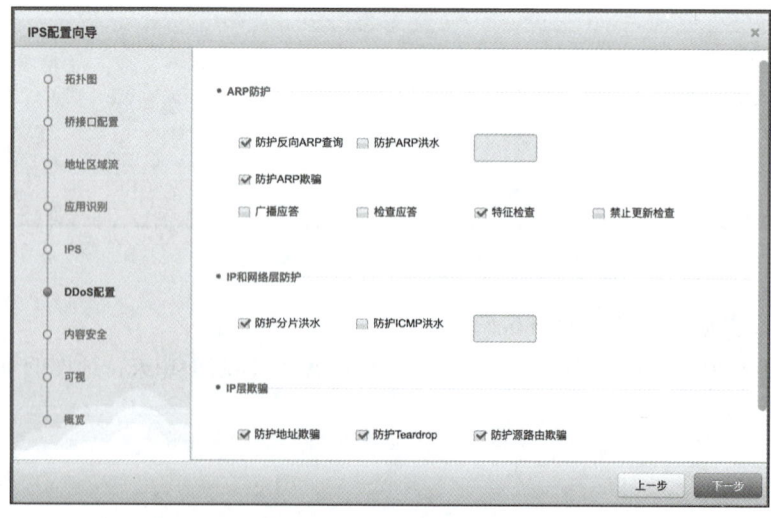

图 6.54 设置 DDoS 参数

步骤 8：设置内容安全参数，暂时留空，先测试网络，如图 6.55 所示。

图 6.55　内容安全参数

步骤 9：设置接口流量、用户应用统计等流量，如图 6.56 所示。

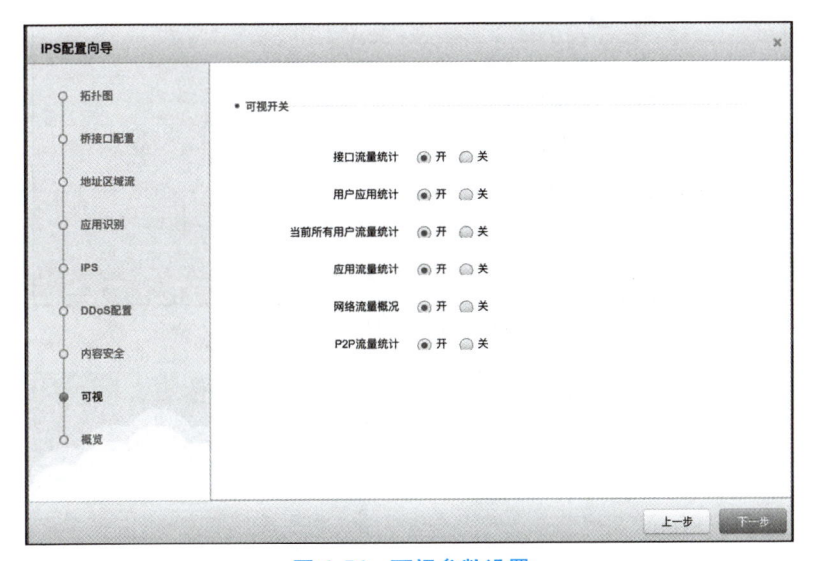

图 6.56　可视参数设置

步骤 10：单击"确定"按钮完成向导，如图 6.57 所示。
步骤 11：添加到达日志审计系统（172.16.2.102/24）的静态路由，如图 6.58 所示。
步骤 12：从 IPS 上进行连通性测试，单击"管理"→"工具"打开调试工具，ping 172.16.2.102，如图 6.59 所示。

图 6.57　完成向导

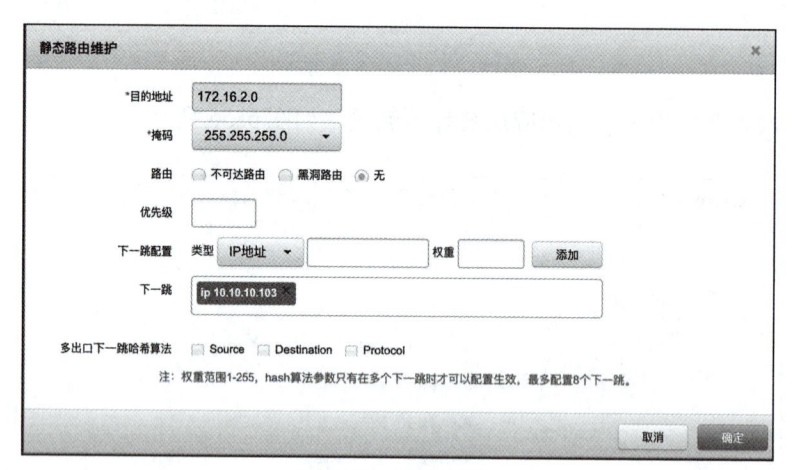

图 6.58　添加路由

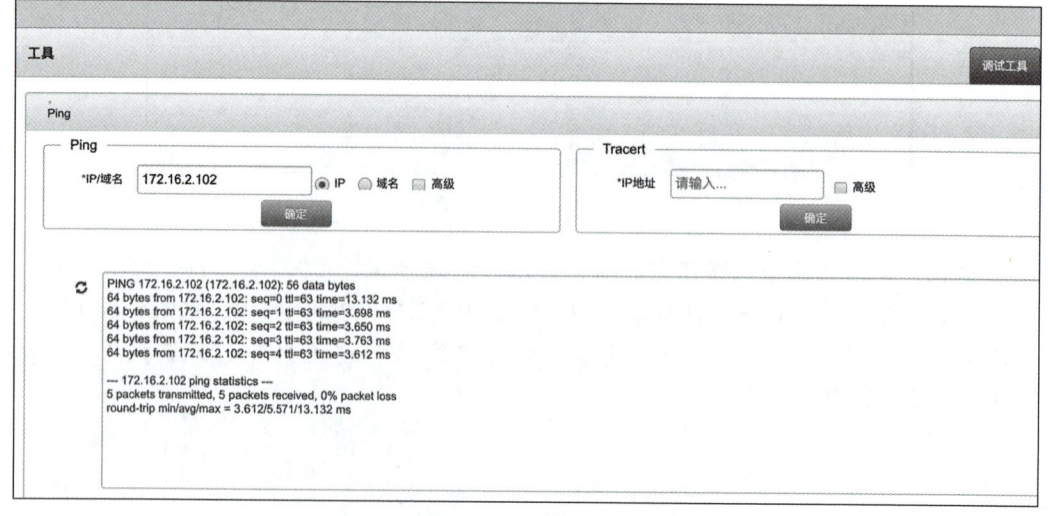

图 6.59　测试成功

(3) 配置策略阻断常见 Web 攻击流量

步骤 1：进入 IPS 管理机，打开火狐浏览器，输入 https：∥10.0.0.1，使用 admin 用户登录系统。

步骤 2：单击"策略"→"安全策略"，如果之前使用了配置向导，则已经默认启用入侵防御策略，如图 6.60 所示。

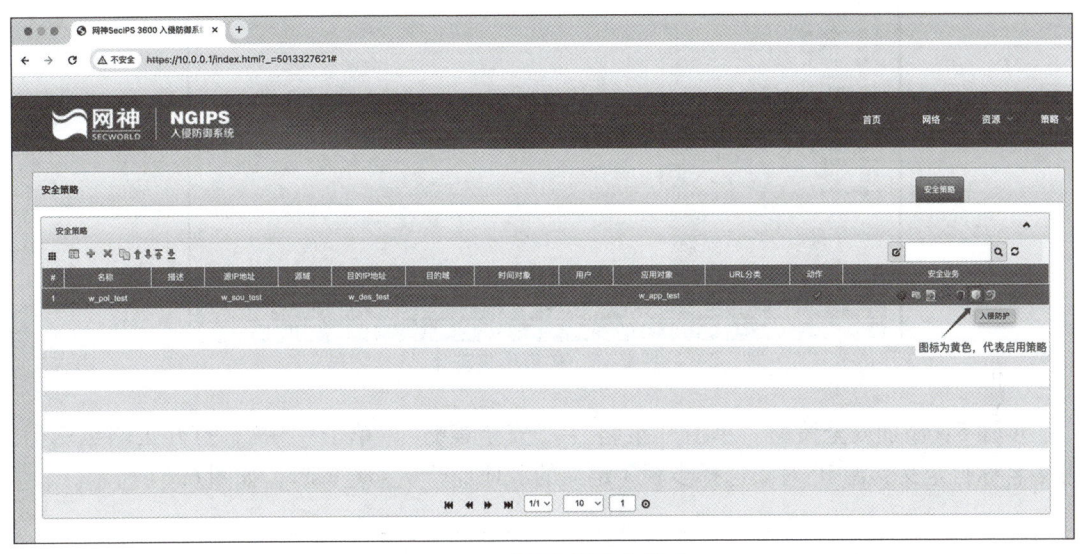

图 6.60　启用入侵防御策略

步骤 3：如果没有启用安全策略或者没有安全策略，则需要手工添加。先添加资源对象，然后才能添加策略。单击"资源"→"资源对象"，单击"＋"添加源地址对象，如图 6.61 所示，然后添加策略，如图 6.62 所示。

图 6.61　添加源地址对象

图 6.62　添加目标地址对象

步骤 4：添加应用组对象，单击"对象"→"资源对象"→"应用组对象"，如图 6.63 所示。

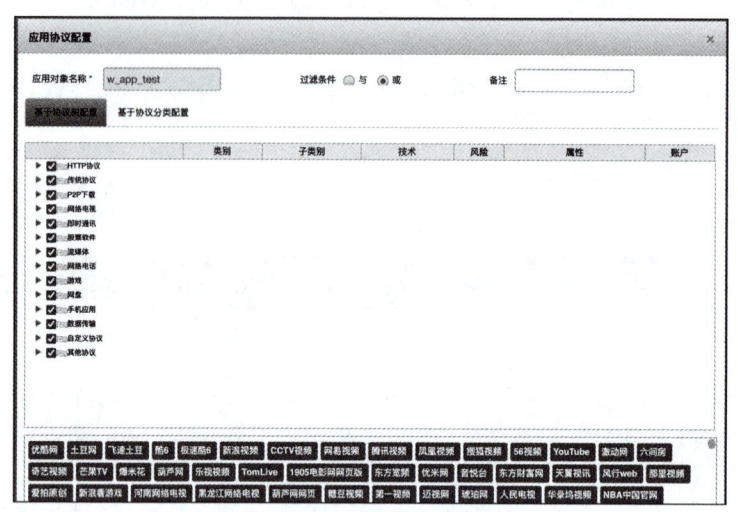

图 6.63　应用协议配置

步骤 5：添加安全策略。单击"策略"→"安全策略"，单击"＋"，打开策略编辑器。策略名称自定义，源 IP 对象选择步骤 3 定义的源地址"w_sou_test"，如图 6.64 所示。

图 6.64　定义源 IP 对象参数

步骤 6：定义目的 IP 对象，从资源对象中选取，如图 6.65 所示。
步骤 7：定义时间对象，如图 6.66 所示。

图 6.65　定义目的 IP 对象参数

图 6.66　定义时间对象

步骤 8：设置用户和用户组，如图 6.67 所示。
步骤 9：定义 URL 分类，留空代表所有，如图 6.68 所示。
步骤 10：定义应用对象，选择"w_app_test"，如图 6.69 所示。

图 6.67 设置用户和用户组

图 6.68 定义 URL 分类参数

图 6.69 定义应用对象

步骤 11：定义安全业务，可以设置的项目有入侵防护、防病毒、文件控制、URL 过滤、数据过滤挂马防护、僵尸网络等。本项目配置入侵防护，级别为 level5，如图 6.70 所示。

图 6.70　配置防护级别

步骤 12：定义动作，选择"接受"，如图 6.71 所示。

图 6.71　设置最后的动作

步骤 13：测试。IPS 的防护是双向的，只要是经过了 IPS 的数据流，如检测到异常，都可以进行阻断。

步骤 14：从安全管理区终端发起对互联网服务器的 SQL 攻击，看是否被阻断并生成日志。打开浏览器，输入 http:∥20.20.20.200，在搜索框输入 1'or1＝1－－#，单击"搜索"按钮，如图 6.72 所示；提示攻击被阻断，无法访问，如图 6.73 所示；同时，攻击行为被记录，如图 6.74 所示。

步骤 15：从互联网服务器发起对门户网站的攻击，看是否被阻断，并生成日志。进入互联网服务器控制台，浏览器打开 http:∥20.20.20.20，访问门户网站。在搜索框输入：1'or1＝1－－#，单击"搜索"按钮，如图 6.75 所示；系统提示无法访问，攻击被阻断，如图 6.76 所示；同时，攻击行为被记录，如图 6.77 所示。

步骤 16：去掉防护策略，如图 6.78 和图 6.79 所示，再次执行攻击，验证能否攻击成功；系统提示，无防护的情况下，攻击被执行，如图 6.80 所示。

图 6.72 发起 SQL 注入攻击

图 6.73 攻击被阻断，无法访问

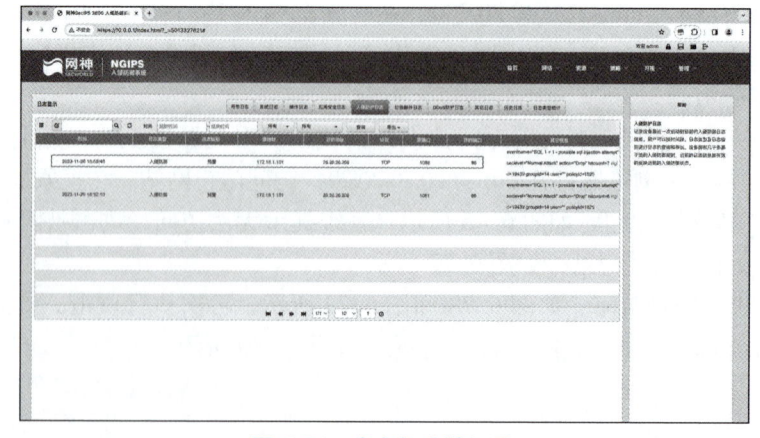

图 6.74 攻击行为被记录

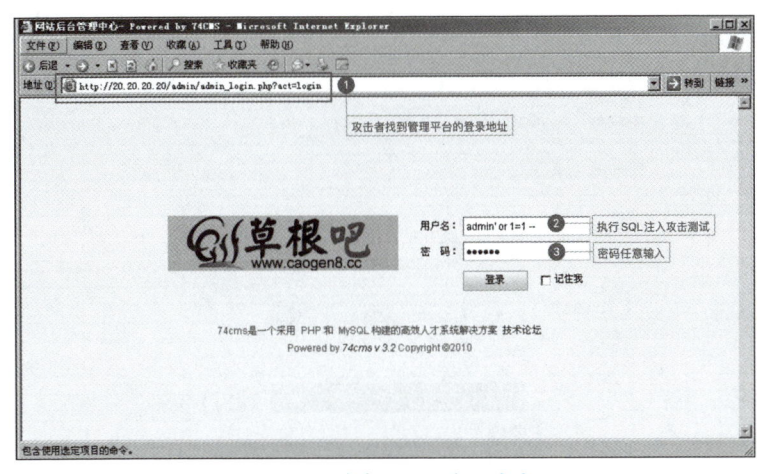

图 6.75 发起 SQL 注入攻击

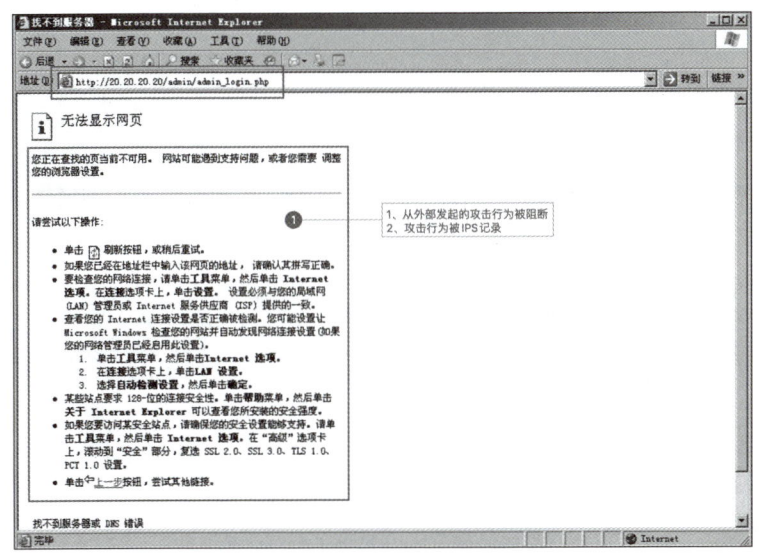

图 6.76 无法访问，攻击被阻断

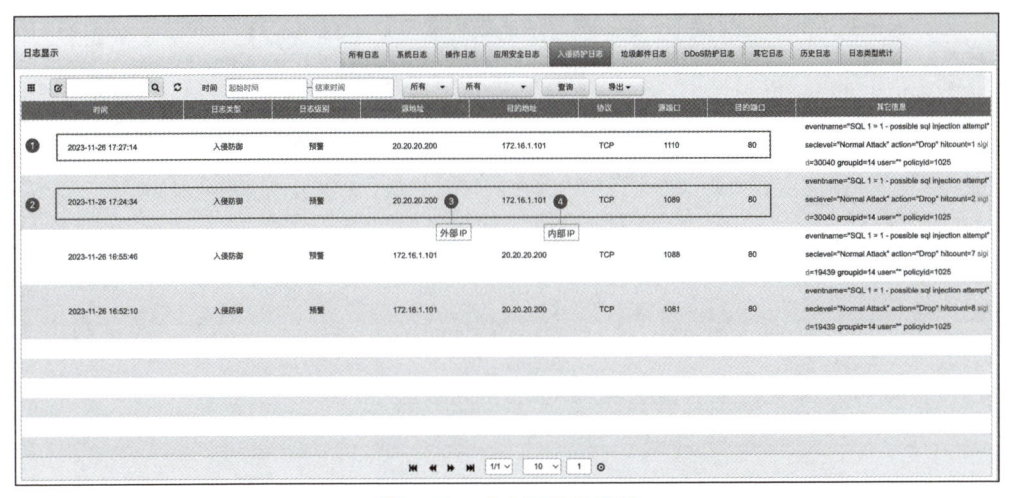

图 6.77 攻击行为被记录

图 6.78　取消防护

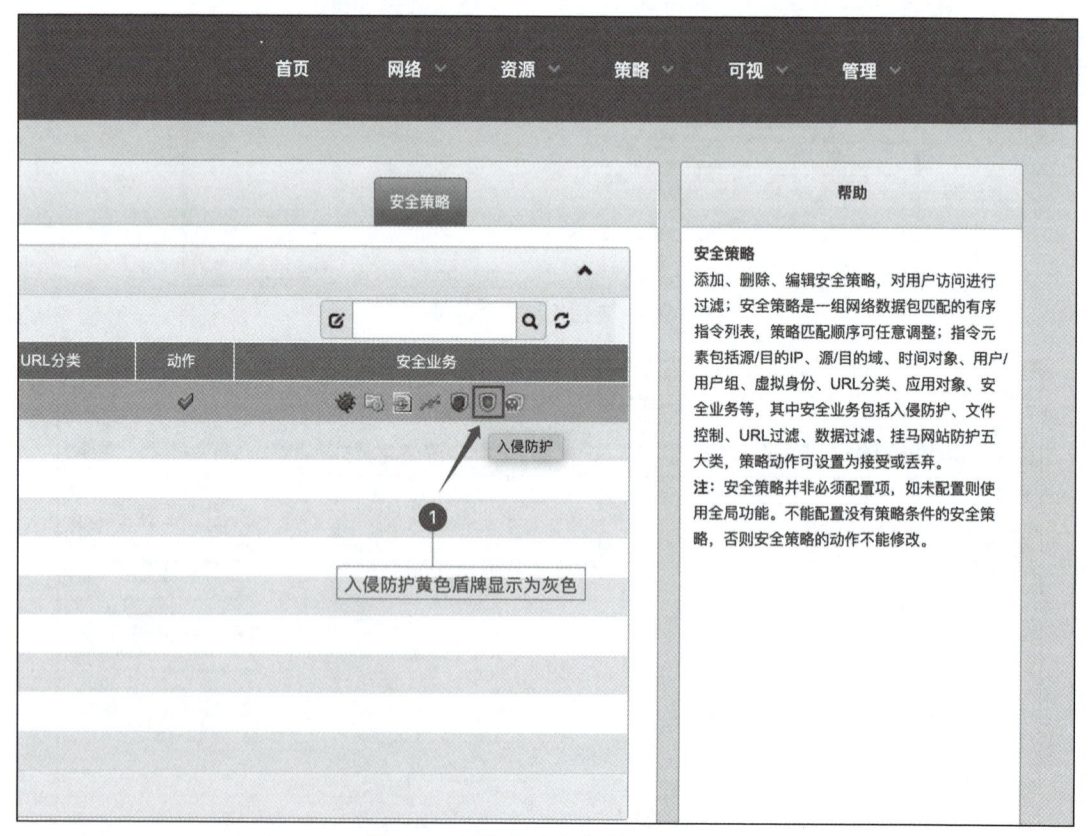

图 6.79　图标变成灰色表示无防护

图 6.80　无防护的情况下，攻击被执行

（4）利用入侵管理系统过滤敏感数据

步骤1：进入互联网门户网站控制台，浏览器打开 http://20.20.20.20/html/index.html，发现网站被黑，需要进行处置，如图 6.81 所示。

图 6.81　网站被黑

步骤2：进入 IPS 管理机，登录 IPS 系统，单击"策略"→"安全策略"，双击"策略"，

选择"安全业务",单击"数据过滤",添加数据过滤策略,如图 6.82 所示。

图 6.82　准备添加过滤策略

步骤 3:新建数据过滤规则,如图 6.83 所示,关键字过滤名称为"seqing",字符串为"色情,赌博",动作选择"丢弃",如图 6.84 和图 6.85 所示。

图 6.83　新建数据过滤规则

图 6.84　选择过滤规则

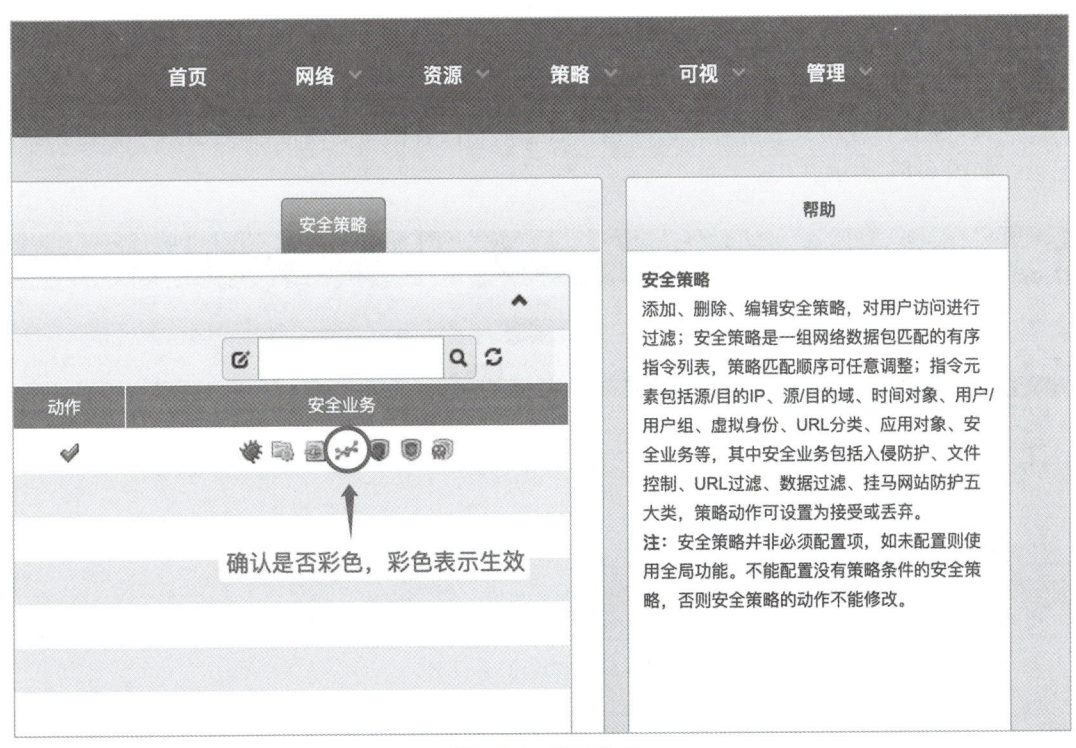

图 6.85　策略生效

步骤 4：再次进入互联网门户网站控制台，浏览器打开 http:∥20.20.20.20/html/index. html，发现已经无法打开包含敏感内容的网页，如图 6.86 所示。

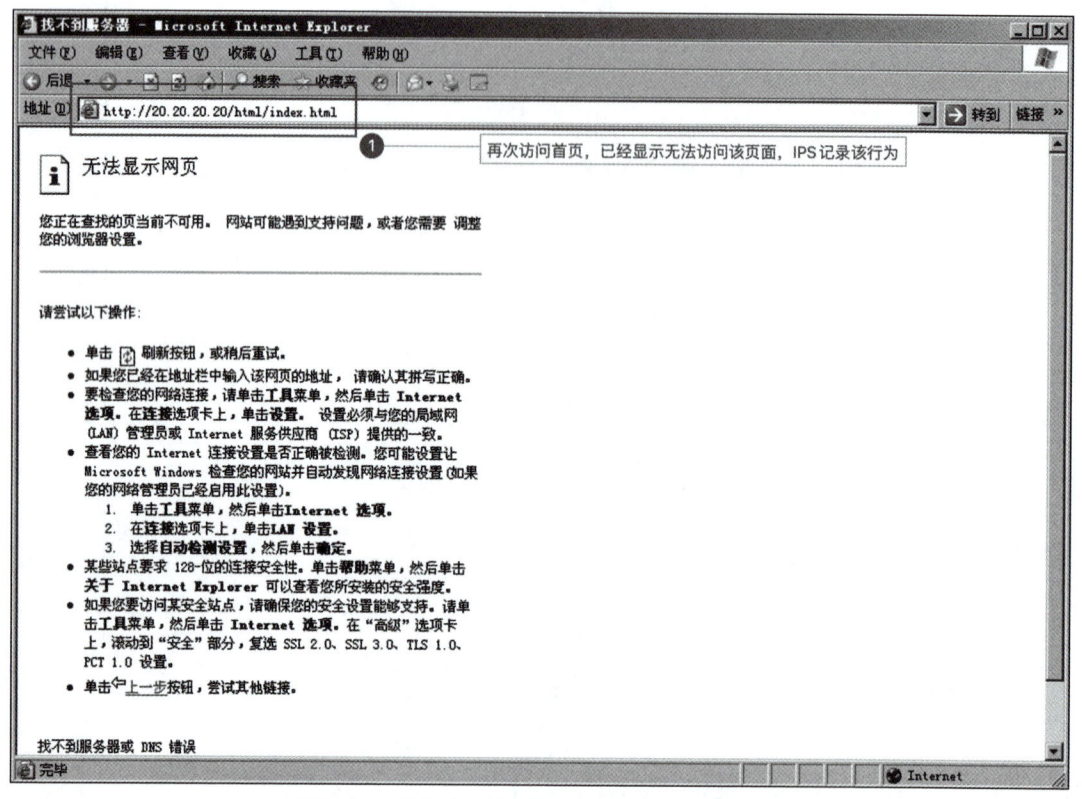

图 6.86　访问包含敏感内容的网页，无法打开

步骤 5：查看应用安全日志，访问包含敏感信息内容网站的网址都被阻断，并且行为被记录，如图 6.87 所示。

图 6.87　查询安全日志

任务拓展

【国泰民安　安居乐业】全民提升网络安全防范意识，避免境外 ATP 组织网络攻击

计算机网络应急技术处理协调中心发布了《2022 年互联网网络安全报告》，报告显示，境外 APT 组织利用社会热点、供应链攻击等方式持续对我国重要行业实施攻击，远程办公需求增长扩大了 APT 攻击面。APT 攻击组织以新冠肺炎疫情基金项目申请等相关社会热点及工作文件为诱饵，向我国重要单位邮箱账户投递钓鱼邮件；APT 组织多次对攻击目标采用供应链攻击。为长期控制重要目标从而窃取信息，部分 APT 组织利用网络攻击工具，在入侵我国重要机构后长期潜伏。

国泰民安是人民群众最基本、最普遍的愿望。实现中华民族伟大复兴的中国梦，保证人民安居乐业，国家安全是头等大事。我们在工作和生活中必须增强忧患意识，提高网络安全防范意识，尤其是要注意来自境外的安全攻击和不明信息或者邮件。

作业：查阅计算机网络应急技术处理协调中心（CNCERT）发布的近一年的互联网安全报告，了解我国互联网安全现状，撰写报告分享启发。

项目七

工业数据边缘处理应用

任务 20　剖析边缘计算

学习目标

- 理解边缘计算的体系原理、与云平台的关系
- 掌握部署 KubeEdge 边缘系统云端控制节点的方法

任务 20　剖析边缘计算

建议学时

4 学时

工作情境

工业互联网平台由云、边、端三个主要部分组成，边缘计算的出现是为了解决云原生平台在物联网边缘场景下遇到的资源受限、架构不兼容以及网络不稳定等问题。除紧密依赖特定领域特定场景的边缘计算平台外，主流的开源边缘计算系统有两个，分别是由 Win-Driver 开源的 StarlingX 系统和国内华为主导的开源 KubeEdge 系统。本项目以 KubeEdge 为例，理解和掌握该体系的部署。

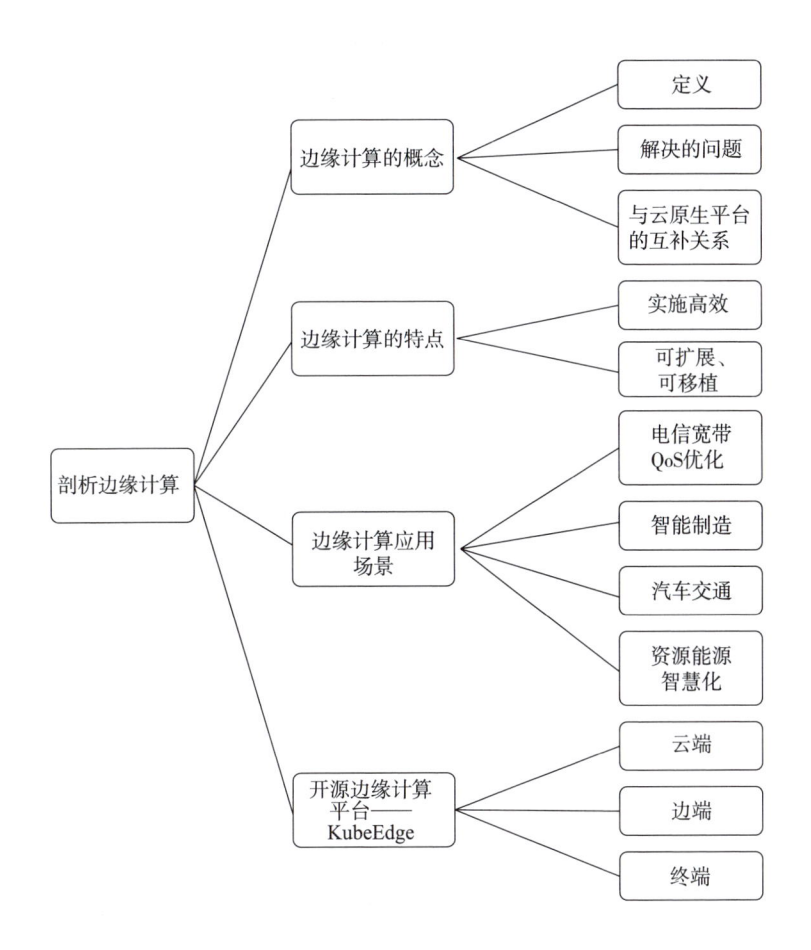

知识导图

```
                          ┌── 定义
            ┌─ 边缘计算的概念 ─┼── 解决的问题
            │                 └── 与云原生平台的互补关系
            │
            │                 ┌── 实施高效
            ├─ 边缘计算的特点 ─┤
            │                 └── 可扩展、可移植
            │
剖析边缘计算 ┤                 ┌── 电信宽带QoS优化
            │                 ├── 智能制造
            ├─ 边缘计算应用场景┤
            │                 ├── 汽车交通
            │                 └── 资源能源智慧化
            │
            │  开源边缘计算    ┌── 云端
            └─ 平台——        ─┼── 边端
               KubeEdge       └── 终端
```

相关知识

1. 边缘计算的概念

按照 OpenStack 社区对其的定义，边缘计算是为应用开发者和服务提供商在网络的边缘侧提供云服务和 IT 环境服务；目标是在靠近数据输入或用户的地方提供计算、存储和网络带宽。边缘计算是指在靠近采集端计算设备的边缘进行的计算，采用网络、计算、存储、应用核心能力为一体的开放平台，就近提供最近端服务。边缘计算与云计算之间是互为补充的关系。

2. 边缘计算的特点

边缘计算具有实时性、可扩展性、可移植性、高效性和安全性等特点。它能够实现实时的数据处理和分析，可以提高应用的响应速度。此外，边缘计算可以根据需要通过增加计算节点来扩展，可以满足大规模的数据处理需求。边缘计算还可以在不同的硬件平台上运行，比如智能手机、智能家居设备、智能汽车等。

以智能手机中的应用为例，通过边缘计算实现手机端的实时图像处理和语音识别。这种方式可以减少网络带宽的需求，并且可以提高应用的响应速度。例如，通过边缘计算，手机上的人脸识别应用可以实时识别人脸，并进行人脸比对，而不需要将数据传输到云端。

3. 边缘计算应用场景

边缘计算在电信运营商和行业领域都有极大的市场应用，典型的应用场景为：

①针对运营商领域的移动视频 QoS 优化。边缘计算平台可以通过北向接口获取 OTT 视频业务的应用层及 TCP 层信息，也可以通过南向接口获取 RAN 侧无线信道等信息（RNIS、Location Service 等），进一步通过双向跨层优化来提升用户的感知体验，从而实现运营商管道的智能化。

②智能制造。边缘计算在工业系统中的具体表现形式是工业 CPS 系统，该系统在底层通过工业服务适配器，将现场设备封装成 Web 服务；在基础设施层，通过工业无线和工业 SDN 网络将现场设备以扁平互联的方式连接到工业数据平台中；在数据平台中，根据产线的工艺和工序模型，通过服务组合对现场设备进行动态管理和组合，并与 MES 等系统对接。整个工业 CPS 系统能够支撑快速部署、设备替换和计划调整等应用的快速开发和上线。

③其他智能领域。如车联网/自动驾驶、AR/VR、视频监控与智能分析、智慧水务等领域。

4. KubeEdge——多领域、多场景通用云原生边缘计算平台

由华为云于 2018 年研发，是为了解决云平台编排工具 K8s 推广到物联网边缘场景下遇到的资源受限、架构不兼容以及网络不稳定等问题，华为牵头研发了云原生的边缘计算平台项目 KubeEdge 体系，并于 2018 年开源。

如图 7.1 所示，KubeEdge 架构主要分为云、边、端三个部分。云主要为 KubeEdge 的控制面，边为 KubeEdge 的边缘节点，端为与边缘节点连接的端侧设备，比如摄像头和传感器等。使用 KubeEdge 可以方便地将已有的复杂机器学习、图像识别、事件处理和其他高级应用程序部署到边缘端并进行使用。随着业务逻辑在边缘端上运行，可以在本地保护和处理大量数据。通过在边缘端处理数据，响应速度会显著提高，并且可以更好地保护数据隐私，实现"云边"统一计算调度、协同通信和边缘离线自治功能。KubeEdge 能够 100% 兼容 K8s 原生 API，可以使用原生 K8s API 管理边缘节点和设备。此外，KubeEdge 还支持 MQTT 协议，允许开发人员编写客户逻辑，并在边缘端启用设备通信的资源约束。

对照图 7.1 所示的架构图，边缘端包括以下组件：

①MetaManager 模块，它的后端对应一个本地的数据库（SQLite），在本地保存一份要与 Cloud 端通信的内容，在网络不稳定时，优先从本地查询获取数据，避免与 Cloud 端之间频繁的网络交互；同时，可支持离线自动运行，环境正常后同步数据和状态。

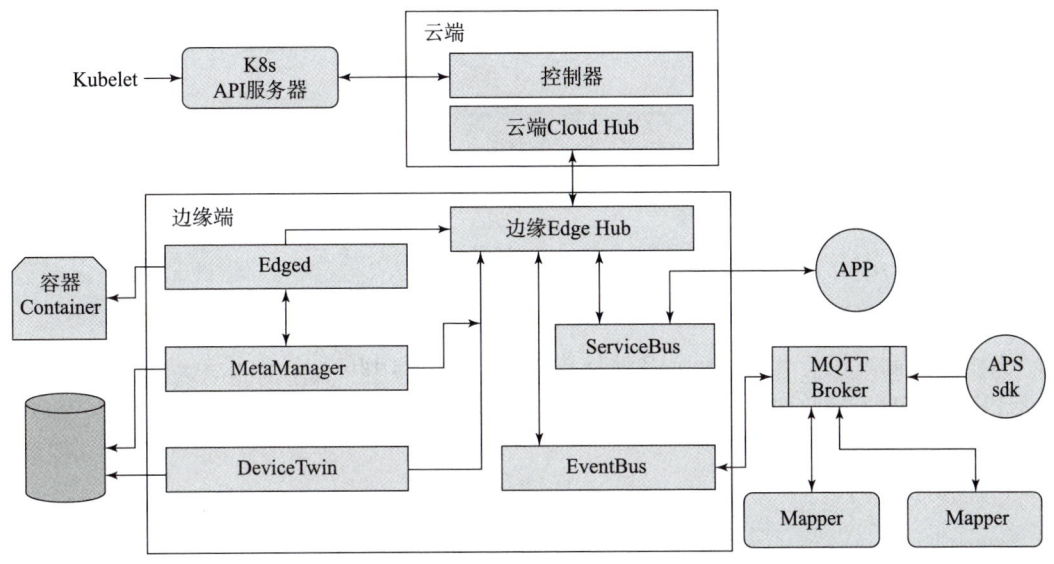

图 7.1 KubeEdge 架构图

②Edged 模块，是简化适配后的 K8s 中的 Kubelet。该模块就是保障 Cloud 端下发的 pod 能在 Edged 端稳定运行。

③EventBus/ServiceBus/Mappper，是采集端的设备管理侧。

- EventBus 是 MQTT Broker 客户端，将 Edged 端各模块通信的信息与设备 Mapper 上报到 MQTT 的事件做转换的组件；
- ServiceBus 对应 Rest – API 接入时的转换组件。

④DeviceTwin，是将这些信息保存到本地 DB 中，并处理基于 Cloud 端的操作来修改 Device 的某些属性；同时，将设备基于 EventBus 上报的状态信息同步到本地 DB 和 Cloud 端的中间人。

5. 课堂实践

步骤 1：部署准备。

KubeEdge 是基于 K8s 的边缘计算平台，为云端控制节点和边缘计算节点。推荐使用 KubeSphere 进行一键式部署 K8s 集群以及 KubeEdge。

（1）部署节点的软件和硬件条件（表 7.1 和表 7.2）

表 7.1 安装的最低配置和推荐配置

操作系统	最低配置	推荐配置
Debian Buster +	2 核 CPU，4 GB 内存，40 GB 磁盘	4 核 CPU，8 GB 内存，40 GB 磁盘
CentOS 7.x	2 核 CPU，4 GB 内存，40 GB 磁盘	4 核 CPU，8 GB 内存，40 GB 磁盘

表 7.2 支持的容器

支持的容器	版本
Docker	19.3.8 +
Containerd	最新版

（2）验证主机名和 DNS 设置

```
[root@ ~]#hostnamectlset-hostname<主节点名称,如 master>
[root@ ~]#nslookupbaidu.com##验证dns-server 地址
```

其中，控制主机节点 master，IP 地址为 192.168.110.146/24；边缘节点为 edge，IP 地址为 192.168.110.147/24。

步骤 2：安装配置 Docker。

（1）安装 Docker

```
##安装 DockerRepository
[root@ ~]#yuminstall-yyum-utilsdevice-MAPPer-persistent-data-lvm2
[root@ ~]#yum-config-manager --add-repohttps://mirrors.aliyun.com/docker-ce/linux/centos/docker-ce.repo
[root@ ~]#sed-i's/download.docker.com/mirrors.aliyun.com\/docker-ce/g'/etc/yum.repos.d/docker-ce.repo
[root@ ~]#yuminstalldocker-cedocker-ce-clicontainerd.io
```

（2）修改 Docker 配置文件

```
[root@ ~]#mkdir/etc/docker
[root@ ~]#cat >/etc/docker/daemon.json <<EOF
{
"exec-opts":["native.cgroupdriver=systemd"],
"log-driver":"json-file",
"log-opts":{"max-ize":"100m"},
"storage-driver":"overlay2",
"storage-opts":["overlay2.override_kernel_check=true"]
}
EOF
[root@ ~]#mkdir-p/etc/systemd/system/docker.service.d
[root@ ~]#systemctldaemon-reload
[root@ ~]#systemctlstartdocker&&systemctlstatusdocker
```

至此，Docker 容器就安装成功了。

针对 Docker 配置文件，以 CgroupDriver 的设置"native.cgroupdriver=systemd"为例来说明。Linux 初始化系统 Systemd 与 Cgroup 集成紧密，为每个进程分配 Cgroup。Docker 的

Kubelet 使用 Cgroupfs 来管理 Cgroup，这也意味着同时存在两种方式对 Cgroup 进行管理，造成了资源管理的不一致性。因此，令 Docker 和 Kubelet 都使用 Systemd 作为 Cgroup 驱动，确保系统稳定。

步骤 3：部署 K8s 生产环境节点。

（1）在所有主机节点上关闭 swap 分区

```
[root@ ~]#swapoff -a ##关闭swap分区
```

（2）使用阿里云镜像安装 Kubeadm 部署工具

```
[root@ ~]#systemctl stop firewalld && setenforce 0 ##防火墙放行
[root@ ~]#cat <<EOF >/etc/yum.repos.d/kubernetes.repo
[kubernetes]
name=Kubernetes
baseurl=https://mirrors.aliyun.com/kubernetes/yum/repos/kubernetes-el7-x86_64/
enabled=1
gpgcheck=0
repo_gpgcheck=0
gpgkey=https://mirrors.aliyun.com/kubernetes/yum/doc/yum-key.gpg
EOF
[root@ ~]#yum clean all && yum makecache
[root@ ~]#yum install -y kubelet kubeadm kubectl --disableexcludes=Kubernetes
[root@ ~]#systemctl enable kubelet
```

说明：--disableexcludes=Kubernetes 参数是防止包冲突。

步骤 4：部署 K8s 单节点集群。

（1）修改部署镜像

```
[root@ ~]#kubeadm config images list ##查看部署所需镜像
[root@ ~]#kubeadm init --image-repository registry.aliyuncs.com/google_containers --kubernetes-version=v1.16.6 --pod-network-cidr=192.168.110.146/24
```

说明：--pod-network-cidr=192.168.110.146/24 根据实际修改。

（2）设置配置文件

```
[root@ ~]#echo "export KUBECONFIG=/etc/Kubernetes/admin.conf" >>/etc/profile
```

（3）安装插件

```
[root@ ~]#kubectl APPly -f https://docs.projectcalico.org/v3.8/manifests/calico.yaml
```

```
[root@ ~]#kubectl taint nodes --all node-role.Kubernetes.io/master
```

（4）加入控制节点

```
[root@ ~]#kubeadm token create --print-join-command   ##查看加入节点的命令，复制执行
    kubeadm join 192.168.110.146:10250 --token <token> --discovery-token-ca-cert-hash <hash>
[root@ ~]#
```

任务拓展

【云计算与边缘计算】恰似矛盾的正反面

近年来，云计算得到高速发展，中心云技术应用到社会方方面面，成为全社会通用的基础设施。但是随着物联网、工业互联网的发展，中心云计算开始相形见绌；分布式边缘计算补充中心云计算的能力，承接工业互联网发展的使命。

在这一过程中，隐含了马克思主义的辩证思维理论。辩证思维是马克思主义哲学的核心思想之一，强调事物的矛盾性和发展性。辩证思维认为，事物的发展是由于内部矛盾的存在和斗争，通过矛盾的统一和斗争的解决，事物才能得到发展和进步。

从工业互联网平台应用系统考虑，云计算和边缘计算可认为属于系统发展的矛盾两端，云计算强调云端集中计算，而边缘计算侧重于用户数据源侧就近计算，强调安全保护和实时响应。随着云计算技术栈融于边缘计算，双方又在系统框架内实现了相互融合协同统一，共同面向服务工业互联网的发展。

作业： 分组研讨，从发展的角度来看，从单机计算到云计算，再到边缘计算，还蕴含了哪些马克思主义哲学原理？

任务 21　搭建边缘计算实例

学习目标

- 熟悉 KubeEdge 边缘端组件的作用
- 掌握搭建边缘端实例的方法

任务 21　搭建边缘计算实例

建议学时

2 学时

项目七　工业数据边缘处理应用

工作情境

在部署好的 K8s 集群的基础上，通过系统进程的方式对 KubeEdge 边缘系统进行部署，主要部署 KubeEdge 的云组件和边缘组件。

知识导图

搭建边缘计算实例
- K8s 中的 yaml 字段
- KubeEdge 中的 device
- 软件安装方式

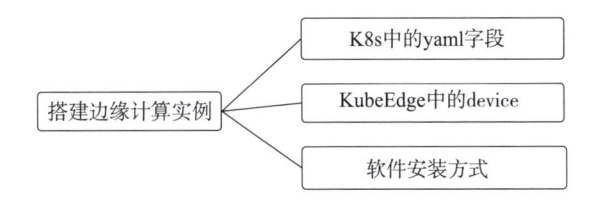

相关知识

1. K8s 中的 yaml 配置字段（表 7.3）

表 7.3　K8s 中的 yaml 配置字段

属性名	说明	属性名	说明
apiVersion	API 版本	selector	标签选择器
kind	资源类型	template	Pod 模板
metadata	资源元数据	metadata	Pod 元数据
spec	资源规格	spec	Pod 规格
replicas	副本数量	containers	容器配置

2. KubeEdge 中的 device 配置模板文件

KubeEdge 中与设备有关的配置文件为 devices_v1alpha1_device.yaml 和 devices_v1alpha1_devicemodel.yaml，分别制定了 Device 和 DeviceModel 的 yaml 格式。边缘端通过两个配置对采集设备进行定义和管理。其中一个是 device model 设备模型（模板），在 devices_v1alpha1_devicemodel.yaml 中描述了设备对象，如摄像头对象，也在对象中描述属性，如温度、压力等。对象模型是可复用的静态模板；而设备实例是一个具体的、实际的设备，包含动态数据，如设备属性的期望状态和真实状态。

3. Linux 服务器上开源软件包的安装方式

主要分为源码安装和包管理器安装。

（1）源码安装

一般是以 C/C++ 等编译语言实现的软件。通过网络等分发渠道获得源码包。确保 Linux 上安装有 gcc 等编译环境。

（2）包管理器安装

通过配置的网络、本地等软件源仓库进行实时安装，自动解决软件依赖问题。主流的包管理器大致分为两种：一是用于 Redhat/CentOS 系列的 yum/dnf，二是 Debian/Ubuntu 的 apt/apt-get 系列。默认源仓库是指向软件的管理，但受限于境外的网络带宽，一般会选择国内云厂商架设的镜像站，如 aliyun 镜像［developer.aliyun.com］。

课堂实践

以系统进程方式部署。

步骤 1：安装 KubeEdge 的云组件。

（1）到 github 镜像下载源码

```
[root@ ~]#gitclonehttps://github.com/kubeedge/kubeedge.gitkubeedge
[root@ ~]#gcc --version ##检查编译环境
[root@ ~]#cdkubeedge
[root@ ~]#makeallWHAT=cloudcore
[root@ ~]#ln -s ./cloud/CloudCore/usr/bin/
```

（2）创建 DeviceModel、DeviceCRD 和 CA 证书

```
[root@ ~]#cdkubeedge/build/crds/devices
[root@ ~]#kubectlcreate -fdevices_v1alpha1_devicemodel.yaml
[root@ ~]#kubectlcreate -fdevices_v1alpha1_device.yaml
[root@ ~]#cdkubeedge/build/tools
[root@ ~]#./certgen.shgenCertAndKeyedge
```

执行命令后，会在/etc/kubeedge/ca 下生成对应的 rootCA.crt 文件，在/etc/kubeedge/certs 下生成 edge.crt、edge.key。这些证书为 KubeEdge 系统共用。

（3）修改配置文件

```
[root@ ~]#mkdir -p/etc/kubeedge/config/
[root@ ~]#CloudCore -defaultconfig >/etc/kubeedge/config/cloudcore.yaml
```

```
[root@ ~]#systemctlenablecloudcore
[root@ ~]#nohup. /cloudcore&##后台非中断运行服务进程
```

步骤2：安装 KubeEdge 边缘组件。

（1）编译安装

```
[root@ ~]#gitclonehttps://github.com/kubeedge/kubeedge.gitkubeedge
[root@ ~]#cdkubeedge
[root@ ~]#makeallWHAT = edgecore
[root@ ~]#ln - s. /edge/EdgeCore/usr/bin/
```

（2）复制证书用于云组件通信

```
[root@ ~]#scp - r/etc/kubeedgeroo@ 192.168.110.147:/etc/kubeedge
```

（3）为边缘节点创建 node 对象资源

```
[root@ ~]#kubectlcreate - fkubeedge/build/node. json
{
"kind":"Node",
"apiVersion":"v1",
"log - opts":{
    "name":"edge - node",
    "labels":{
        "name":"edge - node",
        "node - role. Kubernetes. io/edge":""
    },
  },
}
```

（4）生成和修改配置文件

```
[root@ ~]#edgecore - defaultconfig >/etc/kubeedge/config/edgecore.yaml
```

（5）运行

```
[root@ ~]#systemctlenableedgecore
[root@ ~]#nohub. /edgecore&
```

（6）检查节点状态

```
[root@ ~]#kubectlgetnodes
```

（7）基于 KubeEdge 部署应用

```
[root@ ~]#kubectlAPPly - fKubeEdge/build/deployment. yaml
```

任务拓展

【3分钟造好一辆车】工业互联网赋能汽车智慧工厂

2023年第一季度，中国首次超过日本成为全球最大的汽车出口国。根据CarNewsChina网站5月份的报道，乘联会数据显示，2023年第一季度，中国汽车出口106.9万辆，同比增长54%。而日本同期汽车出口104.7万辆。销量数据的背后，既是我国自主品牌的崛起，也体现出全球市场对新能源汽车的普遍认可，体现出我国自主品牌的产品竞争力不断提升。而中国完整产业链支撑的强大"智造能力"功不可没。

以华为合作的赛力斯重庆两江智慧工厂为例，该工厂按照"工业4.0"标准建设，以数字化、网联化为基础，具备平台化、柔性化、透明化的生产线，通过1 000余台机器人协同，大幅度减少人为失误，实现了关键工序100%自动化，24小时全时在线检测的智慧造车方式。从一整块钢板的原材料到一款达到交付标准的高品质新车，只需3分钟。同时，整车的质量和精度提升到前所未有的高度。

作业：通过线上等方式，调研我国知名车企的智慧工厂，了解工业互联网在其中的作用。

项目八

工业互联网运维

任务 22　搭建工业互联网监控架构

学习目标

- 理解工业互联网的监控框架
- 掌握搭建工业互联网监控框架的方法

任务22　搭建工业互联网监控架构

建议学时

2 学时

工作情境

运维监控平台是工业互联网平台运维工作中不可或缺的一部分,工业互联网平台架构日益复杂,终端和边缘端设备众多,采集指标参数繁多,运行状态异常展现,都需要搭建一个实时采集指标数据、动态可视化展示的运维监控架构。在目前的开源体系中,TIPG(Telegraf、InfluxDB、Prometheus、Grafana 组合的简称)是十分流行的工业互联网、物联网平台的监控体系。本任务在 CentOS7 中搭建 Telegraf 和 InfluxDB 平台,以监控主机 CPU 指标为例,由 Telegraf 采集指标数据,提供给 InfluxDB。

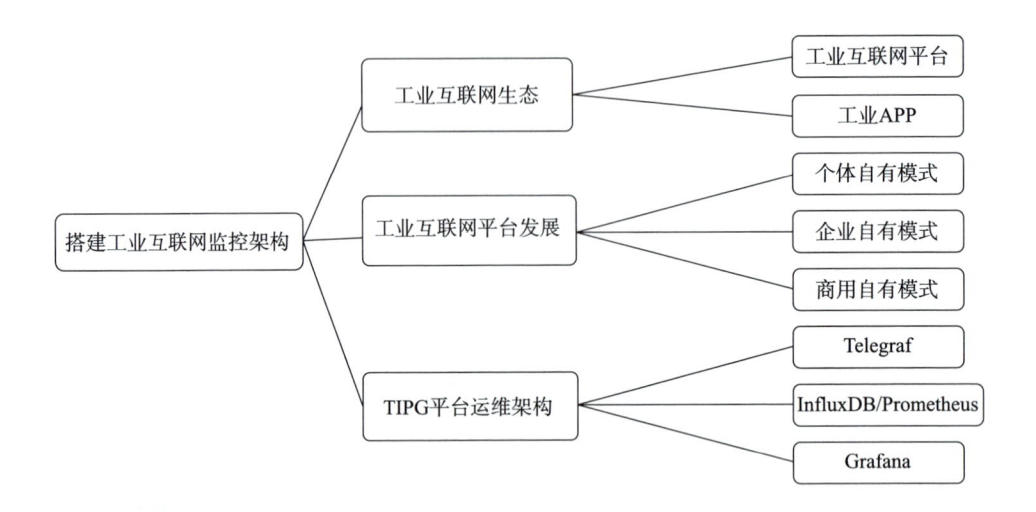

知识导图

```
                              ┌─── 工业互联网平台
              ┌─ 工业互联网生态 ─┤
              │                └─── 工业APP
              │
              │                  ┌─── 个体自有模式
搭建工业互联网 ─┼─ 工业互联网平台发展 ┼─── 企业自有模式
监控架构      │                  └─── 商用自有模式
              │
              │                  ┌─── Telegraf
              └─ TIPG平台运维架构 ─┼─── InfluxDB/Prometheus
                                 └─── Grafana
```

相关知识

1. 工业互联网平台 + 工业 APP 生态

工业互联网 APP（简称工业 APP）是基于工业互联网，承载工业知识和经验，面向工业产品全生命周期相关业务（设计、生产、实验、使用、保障、交易、服务等）的场景需求，是工业技术软件化的重要成果。相对于传统工业软件，工业 APP 具有轻量化、定制化、专用化、灵活和复用的特点。随着工业互联网的发展，企业开始逐步采用"平台 + APP"的方式来开发和部署工业 APP。其中，工业互联网平台定位于工业操作系统，是工业 APP 的重要载体，工业 APP 则支撑了工业互联网平台智能化应用。基于工业互联网平台的 APP 能完整地表达一个或多个特定功能，专注于解决特定工业的问题，是工业技术要素积累沉淀的载体。

2. 工业互联网平台的发展和选型

工业互联网平台是物联网体系的升级，通过借鉴和引入消费互联网平台技术体系，结合工业场景需要，形成了高定制化、领域化的工业互联网平台体系。

工业互联网 APP 的发展过程，主要是工业技术软件化的结果，发展路径大致为：工业软件→工业互联网 APP（个体自有、企业自有）→工业互联网 APP（商业公有）。

（1）个体自有模式

该 APP 完全私有化，仅供个人或少数人在单台设备或平板上小范围共享使用，往往不对外开放。

（2）企业自有模式

企业开发具有了一定数量的自有 APP，同时解决了软件所属权和利益分配问题之后，仅在企业内部部署使用的工业 APP。核心业务的工业 APP 会部署在内网或私有云上。该形式是未来多数工业 APP 的主流形式。

（3）商用公有模式

是平台上的工业 APP，可以开放给所有授权的用户使用的工业 APP，是基于生态的、真正的工业互联网 APP。工业 APP 主要来源于工业软件的解构与重构，以及工业计算软件化所形成的微服务。加强微服务的开发，建设庞大的微服务池，会极大地促进工业 APP 的成长。

3. TIPG 平台运维架构

在现代运维监控工具中，TIPG 可能是最受欢迎的工具之一。组件关系如图 8.1 所示，其中，Telegraf 负责采集指标数据，传给 InfluxDB；InfluxDB 作为关联数据源，提供给 Grafana 进行仪表盘可视化实时展示。

一个现代式监控架构

图 8.1 TIPG 的运维监控架构

（1）Telegraf

Telegraf 是一款开源非常流行的指标采集软件，可从终端传感器采集数据并转发，如采集主机的 CPU、MEM、DISK 等信息。配套开发有 300 个插件，包含云服务、应用程序、物联网传感器等，支持对各种数据格式（如 JSON、CSV）进行灵活的解析和序列化，并可以序列化 InfluxDB 和 Prometheus 等中的数据，基本覆盖 DevOps 监控、IoT 监控、实时分析等场景。它处理数据流程包括输入（Inputs）、处理（Processors）、汇聚（Aggregators）和输出（Outputs）四步，需要在配置文件中进行设置，可以将数据输出到 InfluxDB 或 Prometheus 中。

（2）InfluxDB/Prometheus

InfluxDB/Prometheus 是时序数据库软件，可以接收并存储采集到的时序数据。时序数据是指按照时间顺序来记录系统、设备状态变化的数据，如 CPU 利用率、某一时间的环境温度等。基于时间线将连续的时序数据绘制成线，形成多纬度报表，有助于揭示数据背后的趋势、规律、异常，进行实时在线预测和预警。因此，时序数据普遍存在于 IT 基础设施、运维监控系统和物联网中。

（3）Grafana

Grafana 是一款用 Go 语言开发的开源数据可视化工具，可以做数据监控和数据统计，带有告警功能。目前使用 Grafana 的公司有很多，如 Paypal、Ebay、Intel 等。

4. 课堂实践

步骤 1：环境准备。

以在虚拟机 VMware 的 CentOS7.7 服务器上安装为例。虚拟机网卡设置为 NAT 模式，IP 地址为 192.168.200.128/24。建议采用 MobaXterm 远程管理，用 root 用户登录。依次安装 Telegraf、InfluxDB 和 Grafana 三个软件。

步骤 2：部署 InfluxDB 和 Telegraf。

InfluxDB 和 Telegraf 都是 InfluxData 公司开发的开源解决方案。部署安装支持两种方式：一是搭建官方软件源仓库，通过 yum 管理器安装；二是本地手动安装方式，在无外网或网络不稳定环境中，下载二进制安装包和依赖包到本地，通过 yumlocalinstall 手动安装。本任务采用下载安装。

根据官方文档（https://docs.influxdata.com/influxdb/v2.7/install/）的说明步骤进行安装。建议选用国内镜像网站下载，如清华镜像站（https://mirrors.tuna.tsinghua.edu.cn/influxdata/）。下载工具可以选择 Linux 的 wget 工具。在 Windows 中用迅雷下载后上传到 Linux 系统安装。

```
[root@ ~]# wgethttps://mirrors.tuna.tsinghua.edu.cn/influxdata/yum/el7-x86_64/
  influxdb2-2.7.1.x86_64.rpm
[root@ ~]# wgethttps://mirrors.tuna.tsinghua.edu.cn/influxdata/yum/el7-x86_64/
  telegraf-1.26.2-1.x86_64.rpm
[root@ ~]# wgethttps://mirrors.tuna.tsinghua.edu.cn/influxdata/yum/el7-x86_64/
  influxdb2-client-2.7.3.x86_64.rpm
[root@ ~]#yumlocalinstallinfluxdb2-2.7.1.x86_64.rpm-y
[root@ ~]#yumlocalinstallinfluxdb2-client-2.7.3.x86_64.rpm-y
[root@ ~]#yumlocalinstalltelegraf-1.26.2-1.x86_64.rpm-y
```

步骤 3：启动 InfluxDB 和 Telegraf。

①启动 InfluxDB。

安装 InfluxDB2 后，可以通过 Systemd 启动，并加入开机服务自启动，默认监听端口为 8086。

```
[root@ ~]#systemctlstartinfluxd
[root@ ~]#systemctlenableinflux
```

②如果不采用默认端口而采用 8087，也支持用 influxd 命令定制化启动。

```
[root@ yum.repos.d]#influxd --bind-address:8087
```

步骤4：配置 InfluxDB。

InfluxDB 支持浏览器 UI 和 influx-cli 两种方式设置数据库，初始化用户的账户密码、组织名、周期存储数据的数据桶名，数据桶必须属于一个组织。

用浏览器 UI 初始化设置：本例中，账户为 admin，密码为 admin123456，组织为 demo_org，数据桶为 demo_bucket，如图 8.2 所示。

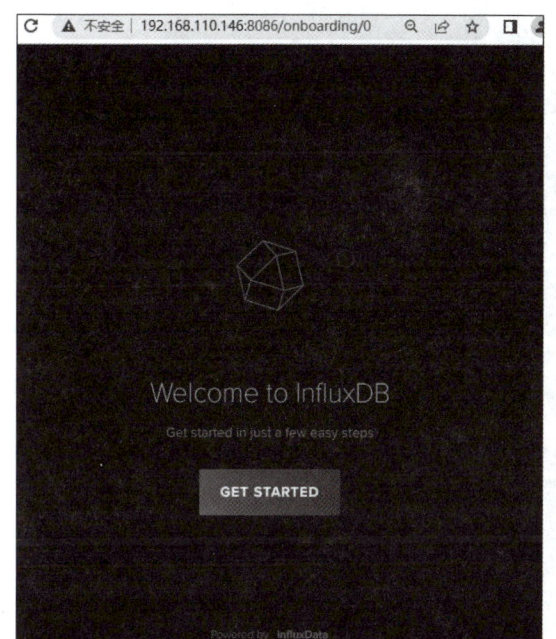

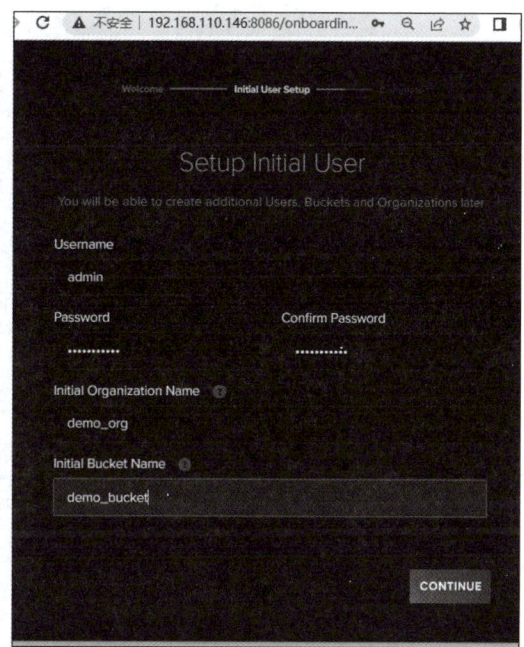

图 8.2 UI 方式初始化设置

单击"CONTINUE"按钮进入下一个页面，成功创建组织、用户、数据桶各 1 个，保存生产的 APITocken，该值以实际为准。本次样例中 APITocken 为：

```
YHItWkRkaqw76CYj8RTtaVTty9GK-Mpax_1B1BbDiWIpD4KVh-7D8jK0ARw Ps-gcsCc_y-fNCF28hoMbsNtQQHg==
```

单击"稍后配置"按钮，进入 Influx 主页面。

步骤5：在 InfluxDB 中为 Telegraf 创建配置。

在 InfluxUI 主页面中，选择"ServerAgent(Telegraf)"列表项，使用 Telegraf 代理插件采集数据并写入数据库。

①引导生成配置文件，以监听主机的 CPU 为例，单击"CREATE CONFIGURATION"创建一个 Telegraf 配置，如图 8.3 所示。

②选择创建的 Bucket，指标采集选择"Linux CPU"，如图 8.4 所示，会生成一个配置，命名 telegraf.conf，保存，上传路径为/etc/telegraf/telegraf.conf。或者对照修改本地文件。重点关注"outputs.influxdb_v2"和"inputs.cpu"两个配置区块。

③配置生成后续说明。

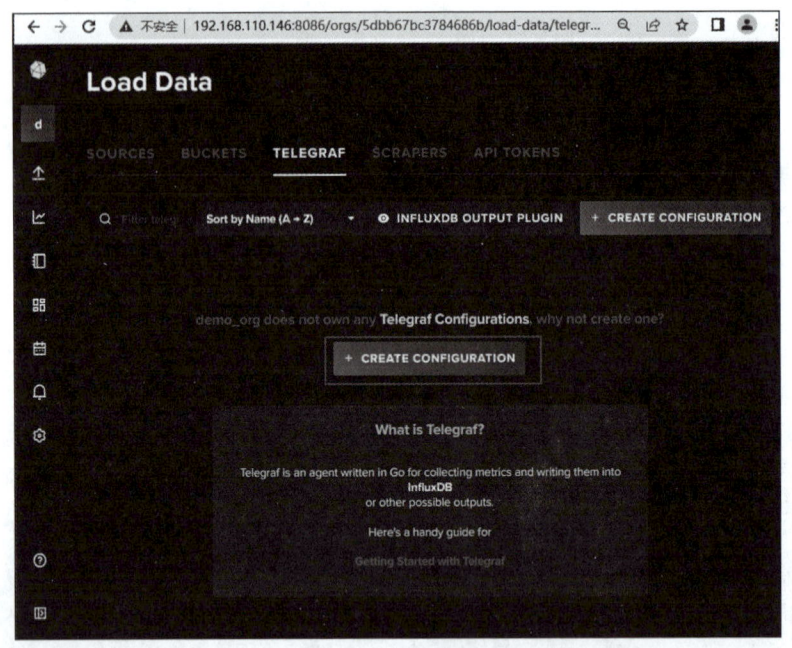

图 8.3　创建配置引导页

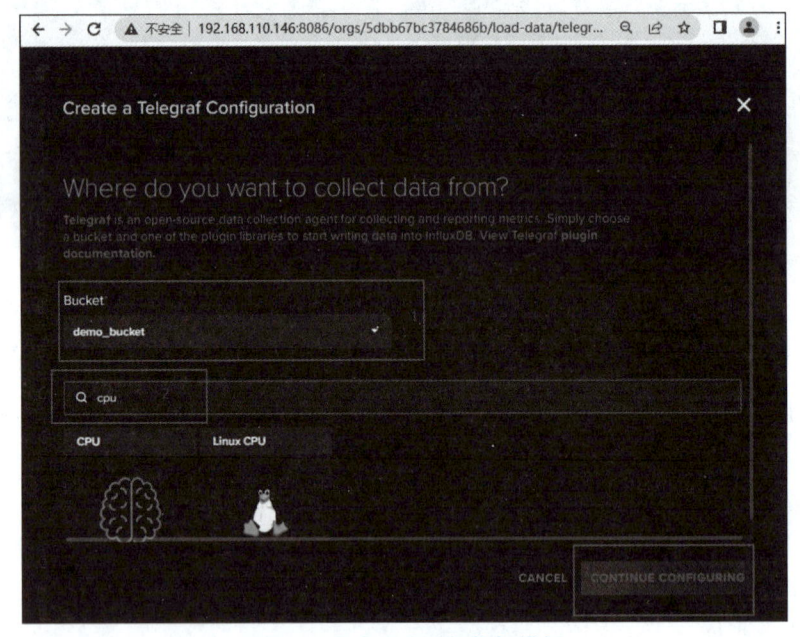

图 8.4　指定采集数据指标模板

生成配置文件后，提示安装 Telegraf 软件。页面提示需要在当前页面获取 API TOKEN 和 Telegraf 的启动指令，依次复制，并在终端执行指令。

如需将数据推送到 InfluxDB2，API TOKEN 是必填项。可以将其设置为环境变量 PATH。

```
[root@ ~]#exportINFLUX_TOKEN = oBNntBrwU__0haKY6lalOaVope7b_
qh4BSrU2BY593QwCYPHWeI4csG0pNW41Jsb445vrvX6ba30CuCsPwj91Q = =
[root@ ~]#telegraf -- confighttp://192.168.110.146:8086/api/v2/
telegrafs/0b21f5ff0c8d0000
```

步骤6：用数据浏览器组件查看数据采集和存储状态。

如图8.5所示，其中，框1为导航菜单项；框2为查询时序数据SQL语句：从demo_bucket数据存储桶中查看，条件为192.168.110.146主机中的CPU指标数据；然后单击框3中的"SUBMIT"按钮；框4为用Graph组件动态持续可视化的展示采集的CPU指标数据。

图8.5 InfluxDB的数据浏览器查看CPU采集动态

任务拓展

【工业互联网监控架构】实现生产优化与智能化的关键技术

工业互联网监控架构是指在工业生产过程中，通过物联网、云计算、大数据等技术手段，实现对设备、工艺、能源等方面的监控和管理。它可以实时采集、传输、存储和分析海量数据，为企业提供全面、准确的信息支持，帮助企业实现生产过程的优化和智能化。

搭建工业互联网监控架构的学习和实践，可以提升同学们的信息技术应用能力，提升信息化素养，培养创新思维和实践动手能力，提高团队合作和组织管理能力，有助于更好地适应和应对数字化时代的挑战，为实现中华民族伟大复兴的中国梦做出积极贡献。

任务：调研分析，周边同学对云平台的使用情况和趋势对比，分析这种变化的原因。

任务 23　实现工业互联网 APP 可视化模块

学习目标

- 掌握 Grafana 可视化模块的配置
- 能够用 Grafana 来显示硬件设备参数

任务 23　实现工业互联网 APP 可视化模块

建议学时

2 学时

工作情境

InfluxDB2 和 Prometheus 在时序数据库核心功能的基础上，都逐步扩展了动态展示组件，结合内置数据源，非常方便地展示数据。

知识导图

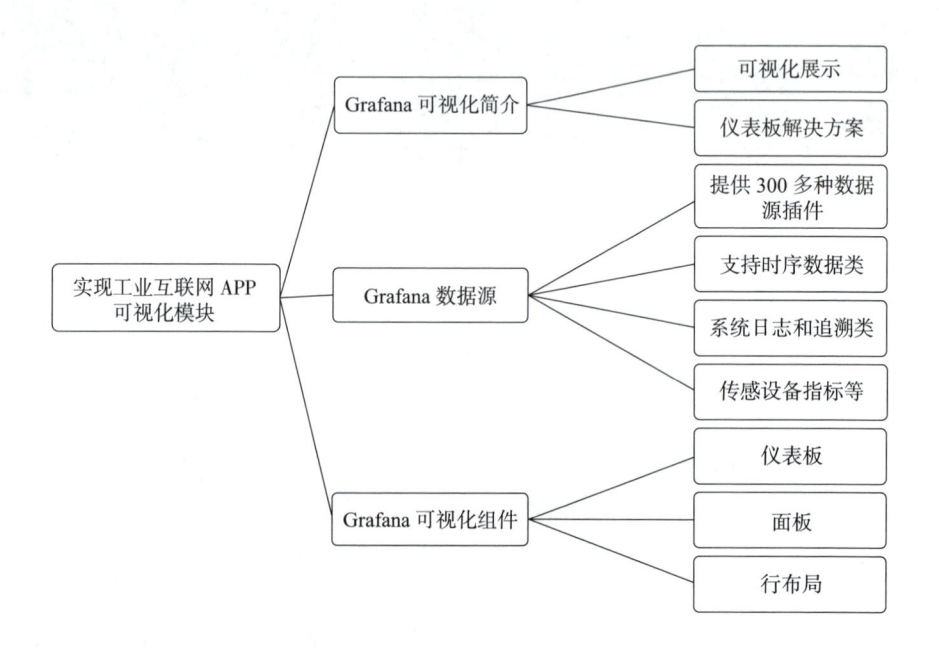

```
实现工业互联网 APP 可视化模块
├── Grafana 可视化简介
│   ├── 可视化展示
│   └── 仪表板解决方案
├── Grafana 数据源
│   ├── 提供 300 多种数据源插件
│   ├── 支持时序数据类
│   ├── 系统日志和追溯类
│   └── 传感设备指标等
└── Grafana 可视化组件
    ├── 仪表板
    ├── 面板
    └── 行布局
```

相关知识

1. Grafana 可视化简介

Grafana 是一种现代的数据可视化仪表板解决方案，默认支持设置 InfluxDB/Promepheus 为数据源，通过 SQL 语言查询指定时间范围、字段属性和关联标签的间隔性的时序数据，通过 Grafana 的仪表盘（dashboard）可视化显示。

2. Grafana 数据源（DataSource）

对 Grafana 而言，InfluxDB/Prometheus 等为其提供数据的对象均称为数据源（DataSource）。目前，Grafana 官方提供了对 Graphite、InfluxDB、OpenTSDB、Prometheus、Elasticsearch、CloudWatch 等 300 多种数据源的支持。对于 Grafana 管理员而言，只需将这些对象以数据源的形式添加到 Grafana 中，Grafana 便可以轻松地实现对这些数据的可视化工作。

3. Grafana 可视化组件

可视化组件主要为仪表盘（Dashboard）、面板（Panel）和行布局（Row），定义数据源后，接下来的任务是实现数据的可视化。在 Grafana 中，通过仪表盘来组织和管理数据可视化图表。仪表盘中最基本的可视化单元为面板。每个面板都是相互独立的，通过查询编辑器（QueryEditor）关联到查询的数据源以及数据查询方式。而仪表盘可以包括多个面板。在仪表盘页面中，还可以定义一个行（Row）来组织和管理一组相关的面板，实现多种样式的布局，优化展示效果。

4. 课题实践

步骤 1：安装 Grafana。

可以采用阿里云镜像搭建源仓库，通过 yum 包管理器安装；同时，可以到清华镜像站（https://mirrors.tuna.tsinghua.edu.cn/grafana/yum/rpm/Packages/）下载最新版本安装。

```
##新建源仓库配置文件,使用aliyun镜像
[root@ ~]#cd/etc/yum.repos.d
[root@ yum.repos.d]#vimgrafana.repo
[grafana]
name=grafana
baseurl=https://mirrors.aliyun.com/grafana/yum/rpm
```

```
repo_gpgcheck = 0
enabled = 1
gpgcheck = 0
[root@ yum.repos.d]#yum clean all && yum makecache
[root@ yum.repos.d]#yum install grafana
[root@ yum.repos.d]#systemctl start grafana-server
[root@ yum.repos.d]#systemctl enable grafana-server
```

步骤2：暂停防火墙放行 Grafana 服务。

```
[root@ ~]#systemctl stop firewalld.service
[root@ ~]#systemctl restart grafana-server  #默认监听3000端口
```

步骤3：启动 Grafana 配置主页。

启动浏览器，输入地址 http://[server-ip]:3000/login，启动 Grafana 配置主页，如图 8.6 所示。首次登录的默认账号和密码分别为 admin、admin。首次登录成功后，立即修改密码。

图 8.6　Grafana 配置主页

步骤4：配置 Grafana，设置中文界面。

如图8.7所示，在首页左侧栏，选择配置"Configuration"，切换到"Preference"标签页，找到"Language"下拉菜单，选择"中文（简体）"，然后选择确认。重新加载页面后，可以显示中文。

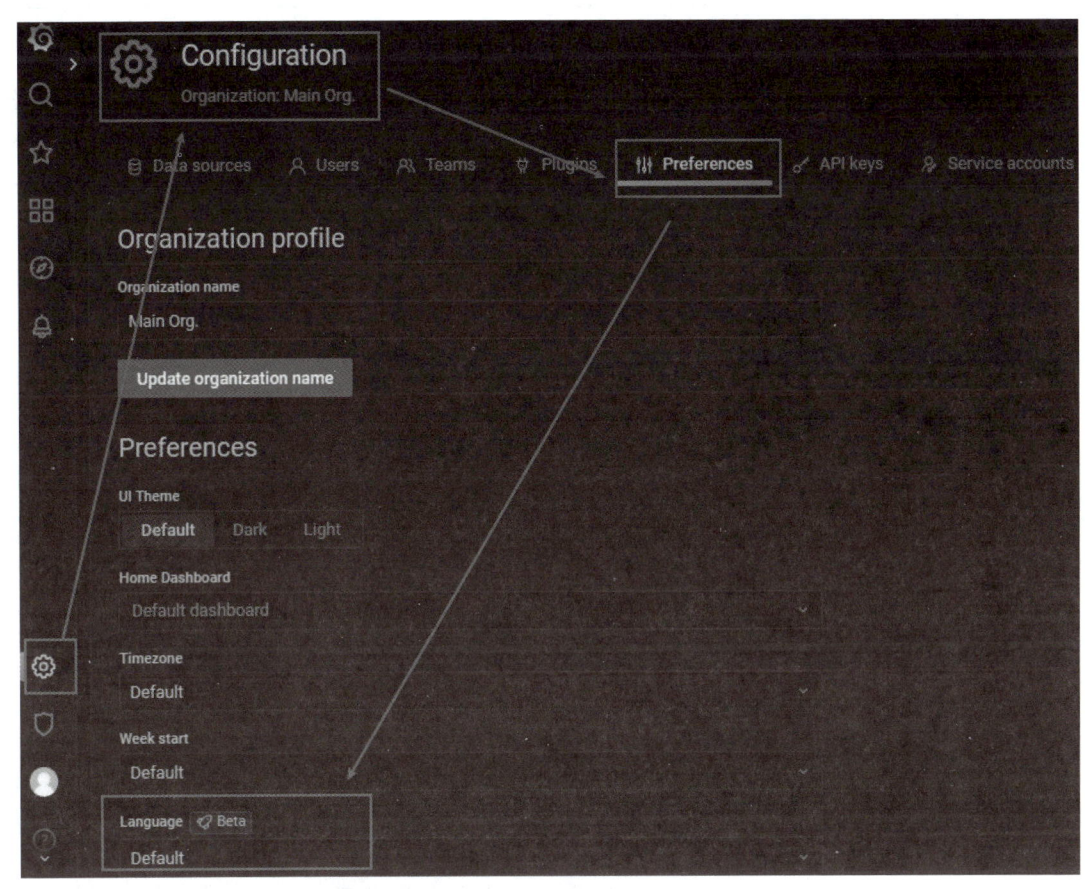

图 8.7　设置 Grafana 中文界面

步骤5：使用 Grafana 动态样本测量数据显示。

在左侧导航中单击齿轮状图标，实现动态样本测量数据显示，如图8.8所示。

任务拓展

【自主创新】我国信创产业发展

党的二十大报告对加快实施创新驱动发展战略做出重要部署，报告指出，创新是引领发展的第一动力，要通过加快创新驱动，推动经济高质量发展，实现科技自立自强。习近平总书记一直重视自主创新，十八大以来，总书记多次在考察调研企业时强调自主创新的重要性，勉励企业掌握更多关键核心技术。

2023年首届"国家新一代自主安全计算系统产业集群"融通生态大会，以"聚力自主

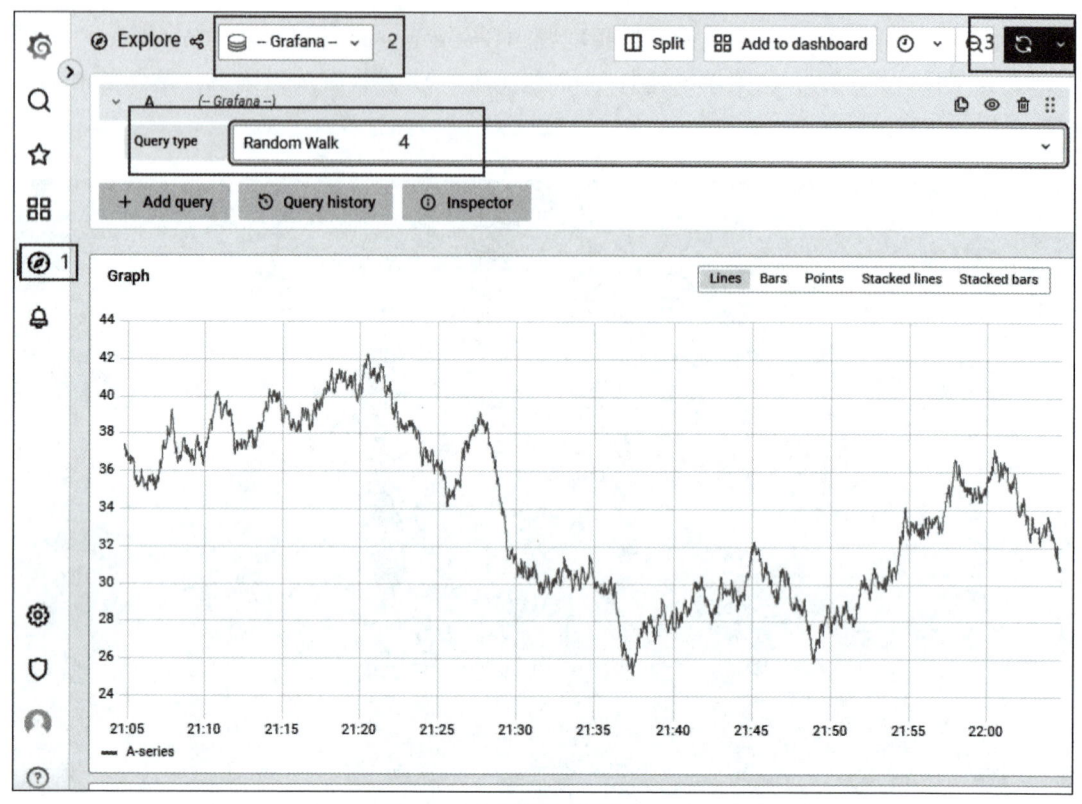

图 8.8　动态样本测量数据显示

安全　领跑先进计算"为主题，共话发展信创产业、创新开源平台、壮大开源生态等议题，共同推动国产自主可控开源体系建设、强劲信创产业发展动力。我国的创新实体应具备全球视野，尊重知识技术创新，参与引领开源社区，浇灌开源生态之木，结出安可信创之果。

作业：分组调研讨论，我国被"卡脖子"的技术主要有哪些？我国的可替代的技术、产品有哪些？

项目一　走进工业互联网

任务1　认识工业互联网工作单

工作任务		认识工业互联网					
姓名		班级		学号		日期	

学习情景

　　人工智能、大数据、5G等新一代信息技术革命性进步，加速推动工业的智能化变革。某公司作为传统制造企业，在世界经济局势发生深刻变革的当下，为谋求业务的转型升级，公司计划通过工业互联网，构建连接人、机、物、系统的基础网络。现公司需要对员工进行培训，要求员工通过学习，掌握关于工业互联网技术基础，为今后业务升级提供技术储备。

学习目标
- 了解工业互联网的概念。
- 了解工业互联网的诞生、发展及意义。
- 了解工业互联网架构。
- 概述课程学习内容和学习要求。

任务要求

完成当前国内外工业互联网在相应的应用领域产生的价值调查。

任务分组

在下表填写小组成员信息。

组员分工表

班级		组号		分工	
组长		学号			
组员		学号			
组员		学号			
组员		学号			
分工选项（根据实际情况增加或减少）					

　　A. 网络信息获取：通过手机或计算机上网收集查询完成任务的资料。
　　B. 教材或PPT课件信息获取：负责通过查阅教材、PPT课件或微课视频等收集完成任务所需的材料。
　　C. 信息处理与记录：负责整理、筛选信息，并完成信息记录。
　　D. 汇报材料准备：制作PPT课件，并设计小组成果展示汇报。

续表

工作任务		认识工业互联网				
姓名		班级		学号		日期

获取信息

　　认真阅读任务要求,理解任务内容,明确任务目标。为顺利完成任务,回答下列引导问题,做好充分的知识准备、技能准备和工具耗材准备,同时拟订任务实施计划。

引导问题 1

　　工业互联网如何在钢铁行业产生价值?

引导问题 2

　　工业互联网如何在智能制造行业产生价值?

引导问题 3

　　工业互联网如何在化工行业产生价值?

工作计划

工具材料清单

序号	工具或材料名称	型号或规格	数量	备注

工作步骤安排表

序号	工作内容	计划用时	备注

续表

工作任务		认识工业互联网				
姓名		班级		学号		日期

进行决策
1. 各小组派代表阐述设计方案。
2. 各组对其他组的设计方案提出不同的看法。
3. 教师对大家完成的方案进行点评，选出最佳方案。

工作实施
查找收集有关工业互联网应用场景的资料，填写下表。

序号	应用行业	使用的技术	解决的问题	发挥的价值	备注

创新讨论题
谈一谈新一代信息技术对工业互联网发展的作用。

_____
_____
_____

评价反馈

评价表

班级		姓名		学号		小组	
评价人	序号		学习任务名称			评价等级	
自我评价	1	6S 管理				□符合	□不符合
	2	准时上、下课				□符合	□不符合
	3	着装符合职业规范				□符合	□不符合
	4	独立完成工作单填写				□符合	□不符合
	5	利用教材、课程和网络资源等查找有效信息				□符合	□不符合
	6	正确使用工具及设备				□符合	□不符合
	7	制订合理的任务计划及人员分工				□符合	□不符合
	8	工作过程中材料工具摆放整齐				□符合	□不符合
	9	工作过程中自觉遵守安全用电规范				□符合	□不符合
	10	工作完成后自觉整理、清理工位				□符合	□不符合
	评价人签名：					□优秀　□良好 □合格　□不合格	

续表

工作任务			认识工业互联网				
姓名		班级		学号		日期	

续表

班级			姓名		学号		小组	
评价人	序号			学习任务名称			评价等级	
小组评价	11		能否在小组内积极发言，出谋划策				□能　□不能	
	12		积极配合小组成员完成工作任务				□优秀　□良好 □合格　□不合格	
	13		积极完成所分配的任务				□能　□不能	
	14		能否清晰表达自己的观点				□符合　□不符合	
	15		具有安全、规划和环保意识				□符合　□不符合	
	16		遵守课堂纪律，不做与课程无关的事情				□符合　□不符合	
	17		自觉维护教学仪器、设备的完好性				□符合　□不符合	
	18		任务是否按时完成				□是　□否	
	19		撰写个人任务学习小结				□优秀　□良好 □合格　□不合格	
	20		是否造成设备或者工具可修复性破坏				□是　□否	
	小组评价人签名：						□优秀　□良好 □合格　□不合格	
教师评价	21		能否进行学习准备				□能　□不能	
	22		引导问题填写				□优秀　□良好 □合格　□不合格	
	23		是否按规范操作				□是　□否	
	24		完成质量				□优秀　□良好 □合格　□不合格	
	25		关键操作要领掌握				□优秀　□良好 □合格　□不合格	
	26		完成速度				□按时　□不按时	
	27		6S管理、环保节能				□符合　□不符合	
	28		能否主动参与讨论				□能　□不能	
	29		能否沟通合作				□能　□不能	
	30		展示汇报				□优秀　□良好 □合格　□不合格	
	评语：						□优秀　□良好 □合格　□不合格	
				指导教师签名：				

续表

工作任务		认识工业互联网					
姓名		班级		学号		日期	

续表

评价说明	学生综合成绩评定：□优秀　□良好　□合格　□不合格
	1. 在任务实施过程中未出现人身伤害事故或设备严重损坏的前提下进行评价。 2. 评价方法。 （1）自我评价：1~10项中，能达到9项及以上要求为优秀，能达到7项及以上为良好，能达到6项及以上为合格，低于6项为不合格。 （2）小组评价：11~20项中，能达到9项及以上要求为优秀，能达到7项及以上为良好，能达到6项及以上为合格，低于6项为不合格。 （3）教师评价：21~30项中，能达到9项及以上要求为优秀，能达到7项及以上为良好，能达到6项及以上为合格，低于6项为不合格。 （4）学生个人综合成绩评定：教师根据学生自我评价、小组评价、教师评价以及课堂记录，对每个学生工作任务完成情况进行综合等级评价。 综合等级与分数的对应关系为： 优秀：90分及以上，良好：75~89分，合格：60~74分，不合格：59分以下。

任务 2　使用工业互联网平台工作单

工作任务		使用工业互联网平台				
姓名		班级		学号		日期

学习情景

　　公司计划推进工业互联网建设项目，以提升生产和管理效率，优化产品研发，降低运营成本。现在派你去了解关于工业互联网平台的一些信息，以便结合自身情况做出选型，使用符合业务需求的工业互联网平台，发挥平台价值。

学习目标

- 了解工业互联网平台的定义及类型。
- 了解工业互联网平台的主要功能。
- 了解工业互联网平台的应用场景。
- 了解国内外典型工业互联网平台。

任务要求

　　对国内外主流工业互联网平台做调研，选取符合自身需求的工业互联网平台。

任务分组

　　在下表填写小组成员信息。

组员分工表

班级		组号		分工	
组长		学号			
组员		学号			
组员		学号			
组员		学号			
分工选项（根据实际情况增加或减少）					

　A. 网络信息获取：通过手机或计算机上网收集查询完成任务的资料。
　B. 教材或 PPT 课件信息获取：负责通过查阅教材、PPT 课件或微课视频等收集完成任务所需的材料。
　C. 信息处理与记录：负责整理、筛选信息，并完成信息记录。
　D. 汇报材料准备：制作 PPT 课件，并设计小组成果展示汇报。

获取信息

　　认真阅读任务要求，理解任务内容，明确任务目标。为顺利完成任务，回答下列引导问题，做好充分的知识准备、技能准备和工具耗材准备，同时拟订任务实施计划。

引导问题 1

　　工业互联网平台能帮用户解决什么问题？

续表

工作任务			使用工业互联网平台				
姓名		班级		学号		日期	

引导问题 2

你们公司希望建设工业互联网平台，解决公司的什么问题？想用在哪个场景？

_____
_____
_____

引导问题 3

目前国内外典型的工业互联网平台都有哪些特点？分别应用于什么场景？

_____
_____
_____

引导问题 4

根据工业互联网的功能及应用场景选择一个比较符合你们公司需求的工业互联网平台，并清楚地描述选择的理由。

_____
_____
_____

工作计划

工作材料清单

序号	工具或材料名称	型号或规格	数量	备注

工作步骤安排表

序号	工作内容	计划用时	备注

续表

工作任务			使用工业互联网平台			
姓名		班级		学号		日期	

进行决策
1. 各小组派代表阐述设计方案。
2. 各组对其他组的设计方案提出不同的看法。
3. 教师对大家完成的方案进行点评，选出最佳方案。

工作实施
查找收集有关工业互联网平台的资料，填写下表。

设备类型	生产厂家	型号	参数	参考价格/元
交换机				
工业用 PC 机				
双绞线				

创新讨论题
目前国内外工业互联网平台各自有什么优缺点？未来可以从哪些技术角度进行改进？

_____
_____
_____

评价反馈

评价表

班级		姓名		学号		小组	
评价人	序号	学习任务名称			评价等级		
自我评价	1	6S 管理			□符合	□不符合	
	2	准时上、下课			□符合	□不符合	
	3	着装符合职业规范			□符合	□不符合	
	4	独立完成工作单填写			□符合	□不符合	
	5	利用教材、课程和网络资源等查找有效信息			□符合	□不符合	
	6	正确使用工具及设备			□符合	□不符合	
	7	制订合理的任务计划及人员分工			□符合	□不符合	
	8	工作过程中材料工具摆放整齐			□符合	□不符合	
	9	工作过程中自觉遵守安全用电规范			□符合	□不符合	
	10	工作完成后自觉整理、清理工位			□符合	□不符合	
	评价人签名：				□优秀 □良好 □合格 □不合格		

续表

工作任务		使用工业互联网平台					
姓名		班级		学号		日期	

续表

班级			姓名		学号		小组	
评价人	序号		学习任务名称			评价等级		
小组评价	11		能否在小组内积极发言，出谋划策			□能　□不能		
	12		积极配合小组成员完成工作任务			□优秀　□良好 □合格　□不合格		
	13		积极完成所分配的任务			□能　□不能		
	14		能否清晰表达自己的观点			□符合　□不符合		
	15		具有安全、规划和环保意识			□符合　□不符合		
	16		遵守课堂纪律，不做与课程无关的事情			□符合　□不符合		
	17		自觉维护教学仪器、设备的完好性			□符合　□不符合		
	18		任务是否按时完成			□是　□否		
	19		撰写个人任务学习小结			□优秀　□良好 □合格　□不合格		
	20		是否造成设备或者工具可修复性破坏			□是　□否		
	小组评价人签名：					□优秀　□良好 □合格　□不合格		
教师评价	21		能否进行学习准备			□能　□不能		
	22		引导问题填写			□优秀　□良好 □合格　□不合格		
	23		是否按规范操作			□是　□否		
	24		完成质量			□优秀　□良好 □合格　□不合格		
	25		关键操作要领掌握			□优秀　□良好 □合格　□不合格		
	26		完成速度			□按时　□不按时		
	27		6S管理、环保节能			□符合　□不符合		
	28		能否主动参与讨论			□能　□不能		
	29		能否沟通合作			□能　□不能		
	30		展示汇报			□优秀　□良好 □合格　□不合格		
	评语：					□优秀　□良好 □合格　□不合格		
			指导教师签名：					

续表

工作任务		使用工业互联网平台					
姓名		班级		学号		日期	

续表

	学生综合成绩评定：□优秀　　□良好　　□合格　　□不合格
评价说明	1. 在任务实施过程中未出现人身伤害事故或设备严重损坏的前提下进行评价。 2. 评价方法。 （1）自我评价：1～10项中，能达到9项及以上要求为优秀，能达到7项及以上为良好，能达到6项及以上为合格，低于6项为不合格。 （2）小组评价：11～20项中，能达到9项及以上要求为优秀，能达到7项及以上为良好，能达到6项及以上为合格，低于6项为不合格。 （3）教师评价：21～30项中，能达到9项及以上要求为优秀，能达到7项及以上为良好，能达到6项及以上为合格，低于6项为不合格。 （4）学生个人综合成绩评定：教师根据学生自我评价、小组评价、教师评价以及课堂记录，对每个学生工作任务完成情况进行综合等级评价。 综合等级与分数的对应关系为： 优秀：90分及以上，良好：75～89分，合格：60～74分，不合格：59分以下。

项目二　工业互联网网络搭建

任务3　构建小型工业互联网络工作单

工作任务		构建小型工业互联网络					
姓名		班级		学号		日期	

学习情境

　　我们用一根交叉双绞线将两台计算机或者工业设备连接在一起，就能搭建一个简单的工业互联网络，在这个最简单的网络中，只有两台主机之间能相互访问。

　　但是我们的工业环境中一般都是好几个设备甚至几十台设备需要联网，那么如何把这几十台工业设备的连接在一起，组建一个工业互联网络呢？

学习目标
- 理解交换机和路由器在网络中的作用。
- 理解交换机的基本工作原理。
- 掌握使用以太网交换机实现多台计算机的互联。

任务要求

组建星型拓扑的工业交换网络。

任务分组

在下表填写小组成员信息。

组员分工表

班级		组号		分工	
组长		学号			
组员		学号			
组员		学号			
组员		学号			
分工选项（根据实际情况增加或减少）					

A. 网络信息获取：通过手机或计算机上网收集查询完成任务的资料。

B. 教材或PPT课件信息获取：负责通过查阅教材、PPT课件或微课视频等收集完成任务所需的材料。

C. 信息处理与记录：负责整理、筛选信息，并完成信息记录。

D. 汇报材料准备：制作PPT课件，并设计小组成果展示汇报。

E. 使用虚拟仿真程序或者真实网络设备验证任务内容。

续表

工作任务		构建小型工业互联网络					
姓名		班级		学号		日期	

获取信息

认真阅读任务要求,理解任务内容,明确任务目标。为顺利完成任务,回答下列引导问题,做好充分的知识准备、技能准备和工具耗材准备,同时拟订任务实施计划。

引导问题 1

计算机网络按覆盖的范围大小来分类,可以分为_____、_____、_____。

引导问题 2

工业互联网络的拓扑结构可分为_____、_____、_____、_____、_____。

引导问题 3

主流的工业互联网络组网设备有_____、_____。

引导问题 4

交换机的工作方式有_____、_____、_____。

引导问题 5

交换机的工作原理是_____
_____
_____。

引导问题 6

学习完本任务后,你应该懂得_____、_____、_____、
_____。

工作计划

工作材料清单

序号	工具或材料名称	型号或规格	数量	备注

工作步骤安排表

序号	工作内容	计划用时	备注

续表

工作任务		构建小型工业互联网络				
姓名		班级		学号		日期	

进行决策
1. 各小组派代表阐述设计方案。
2. 各组对其他组的设计方案提出不同的看法。
3. 教师对大家完成的方案进行点评,选出最佳方案。

工作实施
查找收集有关工业局域网组网的资料,填写下表。

设备类型	生产厂家	型号	参数	参考价格/元
交换机				
工业用 PC 机				
双绞线				

创新讨论题
谈一谈在工业互联网的搭建中,使用国产信创设备进行组网的必要性。

_____
_____
_____
_____

评价反馈

评价表

班级		姓名		学号		小组	
评价人	序号	学习任务名称		评价等级			
自我评价	1	6S 管理		□符合 □不符合			
	2	准时上、下课		□符合 □不符合			
	3	着装符合职业规范		□符合 □不符合			
	4	独立完成工作单填写		□符合 □不符合			
	5	利用教材、课程和网络资源等查找有效信息		□符合 □不符合			
	6	正确使用工具及设备		□符合 □不符合			
	7	制订合理的任务计划及人员分工		□符合 □不符合			
	8	工作过程中材料工具摆放整齐		□符合 □不符合			
	9	工作过程中自觉遵守安全用电规范		□符合 □不符合			
	10	工作完成后自觉整理、清理工位		□符合 □不符合			
	评价人签名:			□优秀 □良好 □合格 □不合格			

续表

工作任务		构建小型工业互联网络				
姓名		班级		学号		日期

续表

班级		姓名		学号		小组	
评价人	序号		学习任务名称			评价等级	
小组评价	11	能否在小组内积极发言，出谋划策				□能 □不能	
	12	积极配合小组成员完成工作任务				□优秀 □良好 □合格 □不合格	
	13	积极完成所分配的任务				□能 □不能	
	14	能否清晰表达自己的观点				□符合 □不符合	
	15	具有安全、规划和环保意识				□符合 □不符合	
	16	遵守课堂纪律，不做与课程无关的事情				□符合 □不符合	
	17	自觉维护教学仪器、设备的完好性				□符合 □不符合	
	18	任务是否按时完成				□是 □否	
	19	撰写个人任务学习小结				□优秀 □良好 □合格 □不合格	
	20	是否造成设备或者工具可修复性破坏				□是 □否	
	小组评价人签名：					□优秀 □良好 □合格 □不合格	
教师评价	21	能否进行学习准备				□能 □不能	
	22	引导问题填写				□优秀 □良好 □合格 □不合格	
	23	是否按规范操作				□是 □否	
	24	完成质量				□优秀 □良好 □合格 □不合格	
	25	关键操作要领掌握				□优秀 □良好 □合格 □不合格	
	26	完成速度				□按时 □不按时	
	27	6S 管理、环保节能				□符合 □不符合	
	28	能否主动参与讨论				□能 □不能	
	29	能否沟通合作				□能 □不能	
	30	展示汇报				□优秀 □良好 □合格 □不合格	
	评语：					□优秀 □良好 □合格 □不合格	
			指导教师签名：				

续表

工作任务	构建小型工业互联网络					
姓名		班级		学号	日期	

续表

学生综合成绩评定：□优秀　□良好　□合格　□不合格
评价说明	1. 在任务实施过程中未出现人身伤害事故或设备严重损坏的前提下进行评价。 2. 评价方法。 （1）自我评价：1～10项中，能达到9项及以上要求为优秀，能达到7项及以上为良好，能达到6项及以上为合格，低于6项为不合格。 （2）小组评价：11～20项中，能达到9项及以上要求为优秀，能达到7项及以上为良好，能达到6项及以上为合格，低于6项为不合格。 （3）教师评价：21～30项中，能达到9项及以上要求为优秀，能达到7项及以上为良好，能达到6项及以上为合格，低于6项为不合格。 （4）学生个人综合成绩评定：教师根据学生自我评价、小组评价、教师评价以及课堂记录，对每个学生工作任务完成情况进行综合等级评价。 综合等级与分数的对应关系为： 优秀：90分及以上，良好：75～89分，合格：60～74分，不合格：59分以下。

任务 4　确定计算机所在的网络工作单

工作任务		确定计算机所在的网络			
姓名		班级		学号		日期	

学习情境

在配置 IP 地址的时候，我们用鼠标单击子网掩码（Subnet Mask）文本框，子网掩码就会自动出现。子网掩码重要吗？子网掩码到底是什么？有什么作用？

学习目标

- 理解子网掩码的作用。
- 掌握计算一台主机所在网络的网络地址、广播地址和可用的主机地址范围。

任务要求

给定一个工业设备的 IP 地址和子网掩码信息，计算该工业设备所在网络的网络地址、广播地址和可用的 IP 地址范围。

任务分组

在下表填写小组成员信息。

组员分工表

班级		组号		分工	
组长		学号			
组员		学号			
组员		学号			
组员		学号			
分工选项（根据实际情况增加或减少）					

　　A. 网络信息获取：通过手机或计算机上网收集查询完成任务的资料。
　　B. 教材或 PPT 课件信息获取：负责通过查阅教材、PPT 课件或微课视频等收集完成任务所需的材料。
　　C. 信息处理与记录：负责整理、筛选信息，并完成信息记录。
　　D. 汇报材料准备：制作 PPT 课件，并设计小组成果展示汇报。
　　E. 使用虚拟仿真程序或者真实网络设备验证任务内容。

获取信息

认真阅读任务要求，理解任务内容，明确任务目标。为顺利完成任务，回答下列引导问题，做好充分的知识准备、技能准备和工具耗材准备，同时拟订任务实施计划。

引导问题 1

根据协议版本不一样，IP 地址分为 ＿＿＿＿＿＿、＿＿＿＿＿＿。

引导问题 2

IP 地址由 ＿＿＿＿＿＿ 部分和 ＿＿＿＿＿＿ 部分组成。

续表

工作任务		确定计算机所在的网络					
姓名		班级		学号		日期	

引导问题 3

　　子网掩码 255.255.255.0 的二进制表达有 _____ 个 "1",表示该子网掩码可以表示为 _____ 的形式。

引导问题 4

　　子网掩码 "1" 所对应的,就是 IP 地址的 _____ 部分;"0" 所对应的,就是 IP 地址的 _____ 部分。

引导问题 5

　　请填写二进制的逻辑 "与" 运算表。

逻辑变量	逻辑运算符	逻辑变量	结果
1	AND	1	
0	AND	1	
0	AND	0	
1	AND	0	

引导问题 6

　　A 类地址的范围是 _____,默认子网掩码是 _____ ;
　　B 类地址的范围是 _____,默认子网掩码是 _____ ;
　　C 类地址的范围是 _____,默认子网掩码是 _____ 。

工作计划

工作材料清单

序号	工具或材料名称	型号或规格	数量	备注

工作步骤安排表

序号	工作内容	计划用时	备注

续表

工作任务		确定计算机所在的网络				
姓名		班级		学号	日期	

进行决策

1. 各小组派代表阐述设计方案。
2. 各组对其他组的设计方案提出不同的看法。
3. 教师对大家完成的方案进行点评，选出最佳方案。

工作实施

请计算以下给定的 IP 地址段，计算出网络号、广播号、可用 IP 地址范围，填写下表。

IP 地址段	网络号	广播号	第一个可用 IP	最后一个可用 IP
192.168.1.0/24				
192.168.0.0/23				
10.0.0.0/30				

创新讨论题

随着移动网络 IPv6（互联网协议第六版）规模部署不断深化，我国从网络大国向网络强国迈进，IPv6 使得万物皆可互联成为可能，将在用户规模上形成领先优势，并让宽带网络无处不在。IPv6 流量占比持续增加，正推动 IPv6 网络实现从"能用"到"好用"，并向"爱用"的跨越目标挺进。谈一谈在工业互联网的搭建中，使用 IPv6 地址的优势。

_____
_____
_____
_____

评价反馈

评价表

班级		姓名		学号		小组	
评价人	序号	学习任务名称		评价等级			
自我评价	1	6S 管理		☐符合 ☐不符合			
	2	准时上、下课		☐符合 ☐不符合			
	3	着装符合职业规范		☐符合 ☐不符合			
	4	独立完成工作单填写		☐符合 ☐不符合			
	5	利用教材、课程和网络资源等查找有效信息		☐符合 ☐不符合			
	6	正确使用工具及设备		☐符合 ☐不符合			
	7	制订合理的任务计划及人员分工		☐符合 ☐不符合			
	8	工作过程中材料工具摆放整齐		☐符合 ☐不符合			
	9	工作过程中自觉遵守安全用电规范		☐符合 ☐不符合			
	10	工作完成后自觉整理、清理工位		☐符合 ☐不符合			
	评价人签名：			☐优秀 ☐良好 ☐合格 ☐不合格			

续表

工作任务			确定计算机所在的网络			
姓名		班级		学号	日期	

续表

班级		姓名		学号		小组	
评价人	序号		学习任务名称			评价等级	
小组评价	11		能否在小组内积极发言，出谋划策			□能　□不能	
	12		积极配合小组成员完成工作任务			□优秀　□良好 □合格　□不合格	
	13		积极完成所分配的任务			□能　□不能	
	14		能否清晰表达自己的观点			□符合　□不符合	
	15		具有安全、规划和环保意识			□符合　□不符合	
	16		遵守课堂纪律，不做与课程无关的事情			□符合　□不符合	
	17		自觉维护教学仪器、设备的完好性			□符合　□不符合	
	18		任务是否按时完成			□是　□否	
	19		撰写个人任务学习小结			□优秀　□良好 □合格　□不合格	
	20		是否造成设备或者工具可修复性破坏			□是　□否	
	小组评价人签名：					□优秀　□良好 □合格　□不合格	
教师评价	21		能否进行学习准备			□能　□不能	
	22		引导问题填写			□优秀　□良好 □合格　□不合格	
	23		是否按规范操作			□是　□否	
	24		完成质量			□优秀　□良好 □合格　□不合格	
	25		关键操作要领掌握			□优秀　□良好 □合格　□不合格	
	26		完成速度			□按时　□不按时	
	27		6S管理、环保节能			□符合　□不符合	
	28		能否主动参与讨论			□能　□不能	
	29		能否沟通合作			□能　□不能	
	30		展示汇报			□优秀　□良好 □合格　□不合格	
	评语：					□优秀　□良好 □合格　□不合格	
			指导教师签名：				

续表

工作任务		确定计算机所在的网络					
姓名		班级		学号		日期	

续表

学生综合成绩评定：□优秀　□良好　□合格　□不合格	
评价说明	1. 在任务实施过程中未出现人身伤害事故或设备严重损坏的前提下进行评价。 2. 评价方法。 （1）自我评价：1~10 项中，能达到 9 项及以上要求为优秀，能达到 7 项及以上为良好，能达到 6 项及以上为合格，低于 6 项为不合格。 （2）小组评价：11~20 项中，能达到 9 项及以上要求为优秀，能达到 7 项及以上为良好，能达到 6 项及以上为合格，低于 6 项为不合格。 （3）教师评价：21~30 项中，能达到 9 项及以上要求为优秀，能达到 7 项及以上为良好，能达到 6 项及以上为合格，低于 6 项为不合格。 （4）学生个人综合成绩评定：教师根据学生自我评价、小组评价、教师评价以及课堂记录，对每个学生工作任务完成情况进行综合等级评价。 综合等级与分数的对应关系为： 优秀：90 分及以上，良好：75~89 分，合格：60~74 分，不合格：59 分以下。

任务 5　用路由器连接不同的网络工作单

工作任务		用路由器连接不同的网络			
姓名		班级		学号		日期

（注：上表含"日期"列）

学习情境

　　交换机只能转发相同网络的数据，不能转发不同网络之间的数据。要转发不同网络之间的数据，需要借助三层网络设备，比如：路由器和三层交换机等。

　　路由器是连接两个或多个网络的硬件设备，在网络间起网关的作用，工业互联网数据从一个网络传输到另一个网络中，需要通过路由器的路由功能进行处理。

　　那么该如何配置路由器实现不同网络之间的通信呢？

学习目标

- 理解路由器的作用及其工作原理。
- 掌握路由器的配置，实现不同网络之间的通信。

任务要求

　　按下图要求使用路由器连接两个不同的网络，实现不同网络间的互联互通。

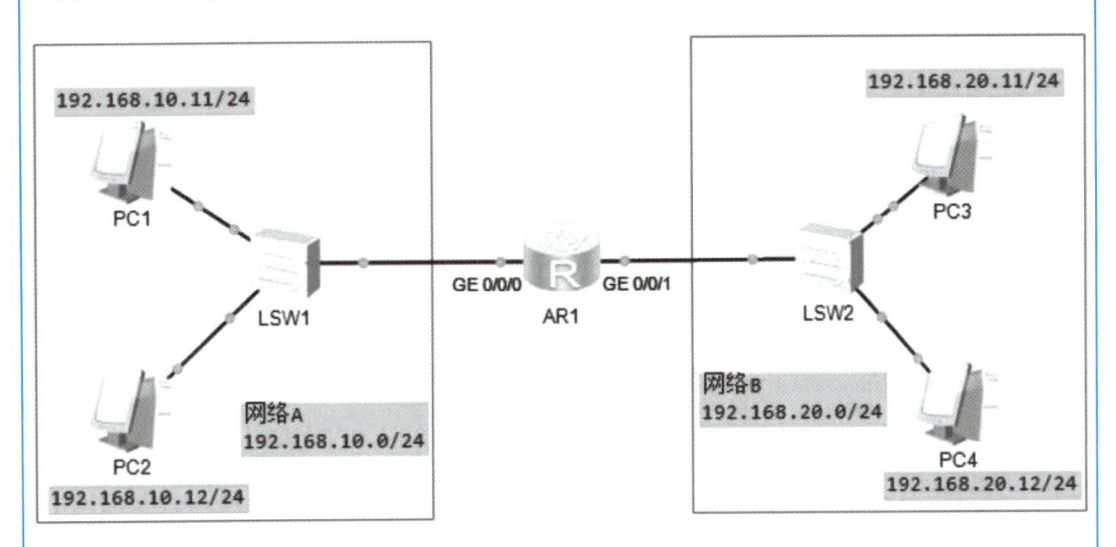

拓扑图说明：
- PC1：192.168.10.11/24
- PC2：192.168.10.12/24
- 网络A：192.168.10.0/24（LSW1）
- AR1 路由器：GE 0/0/0 连接 LSW1，GE 0/0/1 连接 LSW2
- PC3：192.168.20.11/24
- PC4：192.168.20.12/24
- 网络B：192.168.20.0/24（LSW2）

任务分组

　　在下表填写小组成员信息。

组员分工表

班级		组号		分工	
组长		学号			
组员		学号			
组员		学号			
组员		学号			

续表

工作任务			用路由器连接不同的网络				
姓名		班级		学号		日期	

续表

分工选项（根据实际情况增加或减少）

A. 网络信息获取：通过手机或计算机上网收集查询完成任务的资料。
B. 教材或 PPT 课件信息获取：负责通过查阅教材、PPT 课件或微课视频等收集完成任务所需的材料。
C. 信息处理与记录：负责整理、筛选信息，并完成信息记录。
D. 汇报材料准备：制作 PPT 课件，并设计小组成果展示汇报。
E. 使用虚拟仿真程序或者真实网络设备验证任务内容。

获取信息

认真阅读任务要求，理解任务内容，明确任务目标。为顺利完成任务，回答下列引导问题，做好充分的知识准备、技能准备和工具耗材准备，同时拟订任务实施计划。

引导问题 1

路由器（Router）是连接两个或多个网络的硬件设备，在网络中起到_____的作用。

引导问题 2

路由器根据缓存中的 IP 路由表来决定数据该从哪个端口转发出去，路由表中包含去往目标网络的路由条目列表，这些信息的来源有_____、_____、_____。

引导问题 3

华为路由器路由表的第一个字段（192.168.2.0/24）是_____；第二个字段"Direct"表示_____，也就是说，这个网络是直接连在这台设备上的；最后一个字段 vlanif20 表示发往 192.168.2.0/24 网络数据要从_____接口转发出去。

引导问题 4

配置网络设备需要使用_____线缆。

引导问题 5

给路由器 G0/0/0 接口配置 IP 地址的指令是_____
_____。

引导问题 6

测试工业网络设备和网关（192.168.10.1）连通性的指令是_____
_____。

工作计划

工作材料清单

序号	工具或材料名称	型号或规格	数量	备注

续表

工作任务		用路由器连接不同的网络				
姓名		班级		学号		日期

工作步骤安排表

序号	工作内容	计划用时	备注

进行决策
1. 各小组派代表阐述设计方案。
2. 各组对其他组的设计方案提出不同的看法。
3. 教师对大家完成的方案进行点评，选出最佳方案。

工作实施
请计算以下给定的 IP 地址段，计算出网络号、广播号、可用 IP 地址范围，填写下表。

IP 地址段	网络号	广播号	第一个可用 IP	最后一个可用 IP
192.168.1.0/24				
192.168.0.0/23				
10.0.0.0/30				

创新讨论题
IP 地址是互联网通信中用于标识设备的一组数字，可以看作设备在网络上的"住址"。IP 地址的规划和管理是组建局域网非常重要的一环，也涉及用户隐私的保护。请谈一谈如何合理规划和管理 IP 地址资源，确保网络的正常运行和信息的安全传输。

_____
_____
_____

评价反馈

评价表

班级		姓名		学号		小组	
评价人	序号	学习任务名称				评价等级	
自我评价	1	6S 管理				□符合 □不符合	
	2	准时上、下课				□符合 □不符合	
	3	着装符合职业规范				□符合 □不符合	

续表

工作任务		用路由器连接不同的网络			
姓名		班级		学号	日期

续表

班级		姓名		学号		小组	
评价人	序号		学习任务名称			评价等级	
自我评价	4	独立完成工作单填写				□符合 □不符合	
	5	利用教材、课程和网络资源等查找有效信息				□符合 □不符合	
	6	正确使用工具及设备				□符合 □不符合	
	7	制订合理的任务计划及人员分工				□符合 □不符合	
	8	工作过程中材料工具摆放整齐				□符合 □不符合	
	9	工作过程中自觉遵守安全用电规范				□符合 □不符合	
	10	工作完成后自觉整理、清理工位				□符合 □不符合	
	评价人签名：					□优秀 □良好 □合格 □不合格	
小组评价	11	能否在小组内积极发言，出谋划策				□能 □不能	
	12	积极配合小组成员完成工作任务				□优秀 □良好 □合格 □不合格	
	13	积极完成所分配的任务				□能 □不能	
	14	能否清晰表达自己的观点				□符合 □不符合	
	15	具有安全、规划和环保意识				□符合 □不符合	
	16	遵守课堂纪律，不做与课程无关的事情				□符合 □不符合	
	17	自觉维护教学仪器、设备的完好性				□符合 □不符合	
	18	任务是否按时完成				□是 □否	
	19	撰写个人任务学习小结				□优秀 □良好 □合格 □不合格	
	20	是否造成设备或者工具可修复性破坏				□是 □否	
	小组评价人签名：					□优秀 □良好 □合格 □不合格	
教师评价	21	能否进行学习准备				□能 □不能	
	22	引导问题填写				□优秀 □良好 □合格 □不合格	
	23	是否按规范操作				□是 □否	
	24	完成质量				□优秀 □良好 □合格 □不合格	
	25	关键操作要领掌握				□优秀 □良好 □合格 □不合格	

续表

工作任务			用路由器连接不同的网络				
姓名		班级		学号		日期	

续表

教师评价	26	完成速度	□按时　□不按时
	27	6S 管理、环保节能	□符合　□不符合
	28	能否主动参与讨论	□能　□不能
	29	能否沟通合作	□能　□不能
	30	展示汇报	□优秀　□良好 □合格　□不合格
	评语： 指导教师签名：		□优秀　□良好 □合格　□不合格

学生综合成绩评定：□优秀　□良好　□合格　□不合格

评价说明	1. 在任务实施过程中未出现人身伤害事故或设备严重损坏的前提下进行评价。 2. 评价方法。 （1）自我评价：1~10 项中，能达到 9 项及以上要求为优秀，能达到 7 项及以上为良好，能达到 6 项及以上为合格，低于 6 项为不合格。 （2）小组评价：11~20 项中，能达到 9 项及以上要求为优秀，能达到 7 项及以上为良好，能达到 6 项及以上为合格，低于 6 项为不合格。 （3）教师评价：21~30 项中，能达到 9 项及以上要求为优秀，能达到 7 项及以上为良好，能达到 6 项及以上为合格，低于 6 项为不合格。 （4）学生个人综合成绩评定：教师根据学生自我评价、小组评价、教师评价以及课堂记录，对每个学生工作任务完成情况进行综合等级评价。 综合等级与分数的对应关系为： 优秀：90 分及以上，良好：75~89 分，合格：60~74 分，不合格：59 分以下。

任务 6 部署无线工业局域网工作单

工作任务		部署无线工业局域网					
姓名		班级		学号		日期	

学习情境

移动互联网的快速发展，移动终端呈现爆炸式增长，极大地推动了无线网络的快速发展。无线网络由于其便捷性和灵活性，具有传输速率快、传输质量高、误码率低等优势，可以在工业环境中将小范围内的工业设备、计算机、终端和各类信息设备互相连通，无论是在工业网络的前期组建、中期维护还是后期拓展，都带来了极大的便利。

学习目标

- 理解无线局域网的工作原理。
- 掌握无线网络设备的配置，为移动用户提供网络访问服务。

任务要求

按下图要求利用华为无线网络设备或者虚拟仿真软件 eNSP 组建一个全新的无线互联网络，更好地服务于工业互联网。

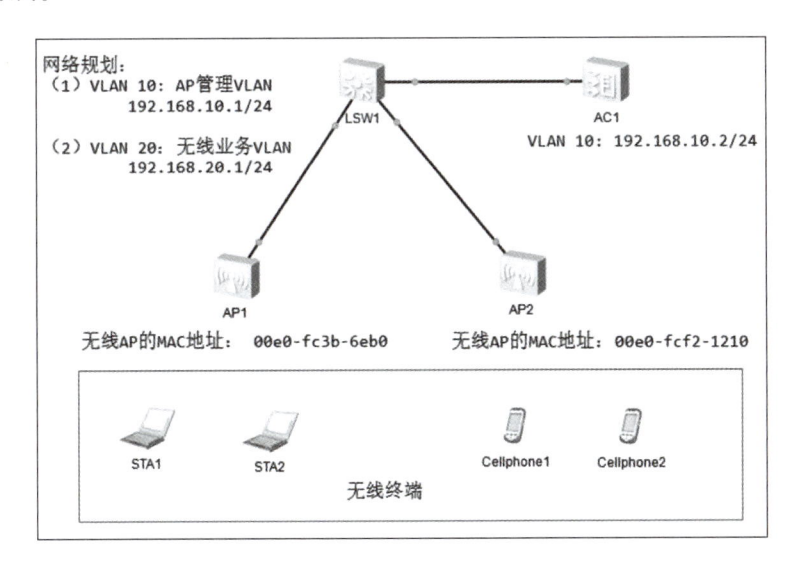

网络规划：
（1）VLAN 10：AP管理VLAN
 192.168.10.1/24
（2）VLAN 20：无线业务VLAN
 192.168.20.1/24

LSW1 —— AC1
VLAN 10: 192.168.10.2/24

AP1 无线AP的MAC地址：00e0-fc3b-6eb0
AP2 无线AP的MAC地址：00e0-fcf2-1210

无线终端：STA1、STA2、Cellphone1、Cellphone2

任务分组

在下表填写小组成员信息。

组员分工表

班级		组号		分工	
组长		学号			
组员		学号			
组员		学号			
组员		学号			

续表

工作任务			部署无线工业局域网				
姓名		班级		学号		日期	

续表

分工选项（根据实际情况增加或减少）
A. 网络信息获取：通过手机或计算机上网收集查询完成任务的资料。
B. 教材或 PPT 课件信息获取：负责通过查阅教材、PPT 课件或微课视频等收集完成任务所需的材料。
C. 信息处理与记录：负责整理、筛选信息，并完成信息记录。
D. 汇报材料准备：制作 PPT 课件，并设计小组成果展示汇报。
E. 使用虚拟仿真程序或者真实网络设备验证任务内容。

获取信息

认真阅读任务要求，理解任务内容，明确任务目标。为顺利完成任务，回答下列引导问题，做好充分的知识准备、技能准备和工具耗材准备，同时拟订任务实施计划。

引导问题 1

与有线局域网相比较，无线局域网具备以下优点：_____、_____、_____。

引导问题 2

AP 分为_____和_____，_____相当于有线网络中的交换机，在无线局域网中不停地接收和传送数据，_____本身并不能进行配置，需要一台无线控制器（AC）进行集中控制管理配置。_____除无线接入功能外，还具备 WAN、LAN 两个接口，支持地址转换（NAT）功能，功能跟无线路由器类似。

引导问题 3

无线控制器（AC）是一种网络设备，用来集中控制局域网内所有的_____，也称为 AP "管家"。

引导问题 4

给 VLAN 接口配置 IP 地址的指令是_____。

引导问题 5

配置 DHCP 的指令是_____。

引导问题 6

指令 capwap source interface vlan 10 的含义是_____。

PVID 代表的含义是_____。

引导问题 7

配置无线信号模板。无线模板配置需要配置：_____、_____、_____。

工作计划

工作材料清单

序号	工具或材料名称	型号或规格	数量	备注

续表

工作任务			部署无线工业局域网				
姓名		班级		学号		日期	

续表

序号	工具或材料名称	型号或规格	数量	备注

工作步骤安排表

序号	工作内容	计划用时	备注

进行决策
1. 各小组派代表阐述设计方案。
2. 各组对其他组的设计方案提出不同的看法。
3. 教师对大家完成的方案进行点评，选出最佳方案。

工作实施
1. 在三层交换机上完成基础配置，请写出需要用到的指令。
（1）划分 VLAN。

___

（2）给 VLAN 接口配置 IP 地址。

___

（3）配置 DHCP。

___

（4）配置干道协议。

___

2. 在无线控制器 AC 上完成无线配置，请写出需要用到的指令。
（1）划分 VLAN 并给 VLAN 接口配置地址。

___

（2）配置干道协议。

续表

工作任务		部署无线工业局域网					
姓名		班级		学号		日期	

(3) 配置 AP 认证模式。

(4) 绑定无线 AP，检查 AP 是否能上线。

(5) 配置无线模板，包括信号模板、安全模板、调用模板。

(6) 发射无线信号。

(7) 无线终端接入无线测试网络连通性。

创新讨论题

目前的骨干网络大多为光纤传输，部分城市实现了光纤到户，那么是否可以完全用光纤取代所有其他类型的网络（包括无线局域网）？

评价反馈

评价表

班级		姓名		学号		小组	
评价人	序号	学习任务名称				评价等级	
自我评价	1	6S 管理				□符合 □不符合	
	2	准时上、下课				□符合 □不符合	
	3	着装符合职业规范				□符合 □不符合	

续表

工作任务		部署无线工业局域网				
姓名		班级		学号		日期

续表

班级		姓名		学号		小组	
评价人	序号		学习任务名称			评价等级	
自我评价	4	独立完成工作单填写				□符合 □不符合	
	5	利用教材、课程和网络资源等查找有效信息				□符合 □不符合	
	6	正确使用工具及设备				□符合 □不符合	
	7	制订合理的任务计划及人员分工				□符合 □不符合	
	8	工作过程中材料工具摆放整齐				□符合 □不符合	
	9	工作过程中自觉遵守安全用电规范				□符合 □不符合	
	10	工作完成后自觉整理、清理工位				□符合 □不符合	
	评价人签名：					□优秀 □良好 □合格 □不合格	
小组评价	11	能否在小组内积极发言，出谋划策				□能 □不能	
	12	积极配合小组成员完成工作任务				□优秀 □良好 □合格 □不合格	
	13	积极完成所分配的任务				□能 □不能	
	14	能否清晰表达自己的观点				□符合 □不符合	
	15	具有安全、规划和环保意识				□符合 □不符合	
	16	遵守课堂纪律，不做与课程无关的事情				□符合 □不符合	
	17	自觉维护教学仪器、设备的完好性				□符合 □不符合	
	18	任务是否按时完成				□是 □否	
	19	撰写个人任务学习小结				□优秀 □良好 □合格 □不合格	
	20	是否造成设备或者工具可修复性破坏				□是 □否	
	小组评价人签名：					□优秀 □良好 □合格 □不合格	
教师评价	21	能否进行学习准备				□能 □不能	
	22	引导问题填写				□优秀 □良好 □合格 □不合格	
	23	是否按规范操作				□是 □否	
	24	完成质量				□优秀 □良好 □合格 □不合格	
	25	关键操作要领掌握				□优秀 □良好 □合格 □不合格	

续表

工作任务			部署无线工业局域网				
姓名		班级		学号		日期	

续表

<table>
<tr><td rowspan="6">教师
评价</td><td>26</td><td>完成速度</td><td>□按时　□不按时</td></tr>
<tr><td>27</td><td>6S 管理、环保节能</td><td>□符合　□不符合</td></tr>
<tr><td>28</td><td>能否主动参与讨论</td><td>□能　□不能</td></tr>
<tr><td>29</td><td>能否沟通合作</td><td>□能　□不能</td></tr>
<tr><td>30</td><td>展示汇报</td><td>□优秀　□良好
□合格　□不合格</td></tr>
<tr><td colspan="2">评语：

指导教师签名：</td><td>□优秀　□良好
□合格　□不合格</td></tr>
<tr><td colspan="4">学生综合成绩评定：□优秀　□良好　□合格　□不合格</td></tr>
<tr><td>评价
说明</td><td colspan="3">1. 在任务实施过程中未出现人身伤害事故或设备严重损坏的前提下进行评价。
2. 评价方法。
（1）自我评价：1～10 项中，能达到 9 项及以上要求为优秀，能达到 7 项及以上为良好，能达到 6 项及以上为合格，低于 6 项为不合格。
（2）小组评价：11～20 项中，能达到 9 项及以上要求为优秀，能达到 7 项及以上为良好，能达到 6 项及以上为合格，低于 6 项为不合格。
（3）教师评价：21～30 项中，能达到 9 项及以上要求为优秀，能达到 7 项及以上为良好，能达到 6 项及以上为合格，低于 6 项为不合格。
（4）学生个人综合成绩评定：教师根据学生自我评价、小组评价、教师评价以及课堂记录，对每个学生工作任务完成情况进行综合等级评价。
综合等级与分数的对应关系为：
优秀：90 分及以上，良好：75～89 分，合格：60～74 分，不合格：59 分以下。</td></tr>
</table>

项目三　工业大数据感知与采集

任务7　感知工业大数据工作单

工作任务			感知工业大数据			
姓名		班级		学号		日期

学习情境

　　工业大数据的发展与数据感知技术密不可分，数据感知为工业数据分析提供源源不断的数据资源，是工业数据技术的基石，其效率、准确度和鲁棒性直接影响到后续数据处理与分析业务的效果。充分了解工业大数据感知技术，为后续数据采集、传输、处理及分析打下坚实基础。

学习目标

- 掌握制造资源标识解析技术。
- 掌握工业大数据传感技术。
- 掌握制造资源定位技术。
- 理解群智感知技术。

任务要求

利用数据感知技术对工业大数据进行感知识别。

任务分组

在下表中填写小组成员信息。

组员分工表

班级		组号		分工	
组长		学号			
组员		学号			
组员		学号			
组员		学号			
分工选项（根据实际情况增加或减少）					

　A. 网络信息获取：通过手机或计算机上网收集查询完成任务的资料。
　B. 教材或PPT课件信息获取：负责通过查阅教材、PPT课件或微课视频等收集完成任务所需的材料。
　C. 信息处理与记录：负责整理、筛选信息，并完成信息记录。
　D. 汇报材料准备：制作PPT课件，并设计小组成果展示汇报。
　E. 使用虚拟仿真程序或者真实网络设备验证任务内容。

续表

工作任务		感知工业大数据					
姓名		班级		学号		日期	

获取信息

　　认真阅读任务要求,理解任务内容,明确任务目标。为顺利完成任务,回答下列引导问题,做好充分的知识准备、技能准备和工具耗材准备,同时拟订任务实施计划。

引导问题 1

　　利用 RFID 技术可以实时对生产计划执行过程进行_____及_____,增强生产计划与调度的时效性,大大降低了工作中的人为失误。

引导问题 2

　　二维码可以分为_____、_____。

引导问题 3

　　常见的传感器技术有_____、_____。

引导问题 4

　　常见的定位技术有_____、_____、_____、_____。

引导问题 5

　　学习完本任务后,你应该懂得_____、_____、_____、_____。

工作计划

工作材料清单

序号	工具或材料名称	型号或规格	数量	备注

工作步骤安排表

序号	工作内容	计划用时	备注

续表

工作任务			感知工业大数据				
姓名		班级		学号		日期	

进行决策
1. 各小组派代表阐述设计方案。
2. 各组对其他组的设计方案提出不同的看法。
3. 教师对大家完成的方案进行点评，选出最佳方案。

工作实施
查找收集有关工业大数据感知的资料，填写下表。

设备类型	生产厂家	型号	参数	参考价格/元

创新讨论题
谈一谈在制造业转型升级中，感知工业大数据的方法和途径：

_____
_____
_____
_____

评价反馈

评价表

班级		姓名		学号		小组	
评价人	序号		学习任务名称			评价等级	
自我评价	1		6S 管理			□符合 □不符合	
	2		准时上、下课			□符合 □不符合	
	3		着装符合职业规范			□符合 □不符合	
	4		独立完成工作单填写			□符合 □不符合	
	5		利用教材、课程和网络资源等查找有效信息			□符合 □不符合	
	6		正确使用工具及设备			□符合 □不符合	
	7		制订合理的任务计划及人员分工			□符合 □不符合	
	8		工作过程中材料工具摆放整齐			□符合 □不符合	
	9		工作过程中自觉遵守安全用电规范			□符合 □不符合	
	10		工作完成后自觉整理、清理工位			□符合 □不符合	
	评价人签名：					□优秀 □良好 □合格 □不合格	

续表

工作任务			感知工业大数据				
姓名		班级		学号		日期	

续表

班级			姓名		学号		小组	
评价人	序号			学习任务名称			评价等级	
小组评价	11		能否在小组内积极发言，出谋划策				□能 □不能	
	12		积极配合小组成员完成工作任务				□优秀 □良好 □合格 □不合格	
	13		积极完成所分配的任务				□能 □不能	
	14		能否清晰表达自己的观点				□符合 □不符合	
	15		具有安全、规划和环保意识				□符合 □不符合	
	16		遵守课堂纪律，不做与课程无关的事情				□符合 □不符合	
	17		自觉维护教学仪器、设备的完好性				□符合 □不符合	
	18		任务是否按时完成				□是 □否	
	19		撰写个人任务学习小结				□优秀 □良好 □合格 □不合格	
	20		是否造成设备或者工具可修复性破坏				□是 □否	
	小组评价人签名：						□优秀 □良好 □合格 □不合格	
教师评价	21		能否进行学习准备				□能 □不能	
	22		引导问题填写				□优秀 □良好 □合格 □不合格	
	23		是否按规范操作				□是 □否	
	24		完成质量				□优秀 □良好 □合格 □不合格	
	25		关键操作要领掌握				□优秀 □良好 □合格 □不合格	
	26		完成速度				□按时 □不按时	
	27		6S 管理、环保节能				□符合 □不符合	
	28		能否主动参与讨论				□能 □不能	
	29		能否沟通合作				□能 □不能	
	30		展示汇报				□优秀 □良好 □合格 □不合格	
	评语：						□优秀 □良好 □合格 □不合格	
					指导教师签名：			

续表

工作任务		感知工业大数据				
姓名		班级		学号	日期	

续表

学生综合成绩评定：□优秀　□良好　□合格　□不合格		
评价说明		1. 在任务实施过程中未出现人身伤害事故或设备严重损坏的前提下进行评价。 2. 评价方法。 （1）自我评价：1~10 项中，能达到 9 项及以上要求为优秀，能达到 7 项及以上为良好，能达到 6 项及以上为合格，低于 6 项为不合格。 （2）小组评价：11~20 项中，能达到 9 项及以上要求为优秀，能达到 7 项及以上为良好，能达到 6 项及以上为合格，低于 6 项为不合格。 （3）教师评价：21~30 项中，能达到 9 项及以上要求为优秀，能达到 7 项及以上为良好，能达到 6 项及以上为合格，低于 6 项为不合格。 （4）学生个人综合成绩评定：教师根据学生自我评价、小组评价、教师评价以及课堂记录，对每个学生工作任务完成情况进行综合等级评价。 综合等级与分数的对应关系为： 优秀：90 分及以上，良好：75~89 分，合格：60~74 分，不合格：59 分以下。

任务 8　采集传感数据工作单

工作任务		采集传感数据					
姓名		班级		学号		日期	

学习情境

　　工业现场传感器的类型和数量众多，比如加装在设备/产品/工具上的传感器，其目的是监测设备/产品/工具的实时状态信息（振动、温度、磨损量、尺寸偏移量、能耗等）；又如加装在移动物体上的识别跟踪装置，用于监测移动物体（工具、物流设施、在制品、人）的位置信息；再如生产环境传感器，用于监测温度、湿度、灰尘、电磁等；还有用于实时视频和图像获取的监控设施等。这类数据是典型的时序数据，由于采集频率较高，数据规模通常非常大，但价值密度异常低。

学习目标

- 理解工业现场传感器感知数据类型。
- 掌握 RFID 系统原理及数据格式。
- 理解基于 RFID 数据的订单与生产进度跟踪。

任务要求

采集工业大数据传感数据。

任务分组

在下表填写小组成员信息。

组员分工表

班级		组号		分工	
组长		学号			
组员		学号			
组员		学号			
组员		学号			
		分工选项（根据实际情况增加或减少）			

　A. 网络信息获取：通过手机或计算机上网收集查询完成任务的资料。
　B. 教材或 PPT 课件信息获取：负责通过查阅教材、PPT 课件或微课视频等收集完成任务所需的材料。
　C. 信息处理与记录：负责整理、筛选信息，并完成信息记录。
　D. 汇报材料准备：制作 PPT 课件，并设计小组成果展示汇报。
　E. 使用虚拟仿真程序或者真实网络设备验证任务内容。

获取信息

　　认真阅读任务要求，理解任务内容，明确任务目标。为顺利完成任务，回答下列引导问题，做好充分的知识准备、技能准备和工具耗材准备，同时拟订任务实施计划。

续表

工作任务		采集传感数据					
姓名		班级		学号		日期	

引导问题 1
　　汽车发动机混流装配线可同时组装多种型号的发动机，自动识别发动机的订单和型号的技术实现过程是：

_____
_____
_____
_____

引导问题 2
　　RFID 标签的工作机制和原理是：

_____
_____
_____
_____

引导问题 3
　　RFID 标签的内容更新时，缸体上线工位的具体工程是：

_____
_____
_____
_____

引导问题 4
　　发动机装配的关键零部件采集与追溯步骤有：

_____
_____
_____
_____

引导问题 5
　　学习完本任务后，你应该懂得 _____、_____、_____、
_____。

工作计划

工作材料清单

序号	工具或材料名称	型号或规格	数量	备注

续表

工作任务		采集传感数据				
姓名		班级		学号		日期	

工作步骤安排表

序号	工作内容	计划用时	备注

进行决策
1. 各小组派代表阐述设计方案。
2. 各组对其他组的设计方案提出不同的看法。
3. 教师对大家完成的方案进行点评，选出最佳方案。

工作实施
查找收集有关工业大数据采集的资料，填写下表。

设备类型	生产厂家	型号	参数	参考价格/元

创新讨论题
谈一谈在工业现场人、机、物等制造要素的互联互通中，我国在不同类型传感器中的产品和创新。

_____
_____
_____

评价反馈

评价表

班级		姓名		学号		小组	
评价人	序号	学习任务名称				评价等级	
自我评价	1	6S 管理				☐符合 ☐不符合	
	2	准时上、下课				☐符合 ☐不符合	
	3	着装符合职业规范				☐符合 ☐不符合	
	4	独立完成工作单填写				☐符合 ☐不符合	
	5	利用教材、课程和网络资源等查找有效信息				☐符合 ☐不符合	

续表

工作任务		采集传感数据			
姓名		班级	学号	日期	

续表

班级		姓名	学号	小组	
评价人	序号	学习任务名称		评价等级	
自我评价	6	正确使用工具及设备		□符合	□不符合
	7	制订合理的任务计划及人员分工		□符合	□不符合
	8	工作过程中材料工具摆放整齐		□符合	□不符合
	9	工作过程中自觉遵守安全用电规范		□符合	□不符合
	10	工作完成后自觉整理、清理工位		□符合	□不符合
	评价人签名：			□优秀 □合格	□良好 □不合格
小组评价	11	能否在小组内积极发言，出谋划策		□能	□不能
	12	积极配合小组成员完成工作任务		□优秀 □合格	□良好 □不合格
	13	积极完成所分配的任务		□能	□不能
	14	能否清晰表达自己的观点		□符合	□不符合
	15	具有安全、规划和环保意识		□符合	□不符合
	16	遵守课堂纪律，不做与课程无关的事情		□符合	□不符合
	17	自觉维护教学仪器、设备的完好性		□符合	□不符合
	18	任务是否按时完成		□是	□否
	19	撰写个人任务学习小结		□优秀 □合格	□良好 □不合格
	20	是否造成设备或者工具可修复性破坏		□是	□否
	小组评价人签名：			□优秀 □合格	□良好 □不合格
教师评价	21	能否进行学习准备		□能	□不能
	22	引导问题填写		□优秀 □合格	□良好 □不合格
	23	是否按规范操作		□是	□否
	24	完成质量		□优秀 □合格	□良好 □不合格
	25	关键操作要领掌握		□优秀 □合格	□良好 □不合格
	26	完成速度		□按时	□不按时
	27	6S 管理、环保节能		□符合	□不符合

续表

工作任务			采集传感数据			
姓名		班级		学号		日期

续表

教师评价	28	能否主动参与讨论	□能　□不能
	29	能否沟通合作	□能　□不能
	30	展示汇报	□优秀　□良好 □合格　□不合格
	评语：		□优秀　□良好 □合格　□不合格
		指导教师签名：	

学生综合成绩评定：□优秀　□良好　□合格　□不合格

评价说明	1. 在任务实施过程中未出现人身伤害事故或设备严重损坏的前提下进行评价。 2. 评价方法。 （1）自我评价：1~10项中，能达到9项及以上要求为优秀，能达到7项及以上为良好，能达到6项及以上为合格，低于6项为不合格。 （2）小组评价：11~20项中，能达到9项及以上要求为优秀，能达到7项及以上为良好，能达到6项及以上为合格，低于6项为不合格。 （3）教师评价：21~30项中，能达到9项及以上要求为优秀，能达到7项及以上为良好，能达到6项及以上为合格，低于6项为不合格。 （4）学生个人综合成绩评定：教师根据学生自我评价、小组评价、教师评价以及课堂记录，对每个学生工作任务完成情况进行综合等级评价。 综合等级与分数的对应关系为： 优秀：90分及以上，良好：75~89分，合格：60~74分，不合格：59分以下。

任务 9 采集装备控制系统数据工作单

工作任务			采集装备控制系统数据			
姓名		班级		学号	日期	

学习情境

  数控机床是机械加工车间最重要的制造设备，其健康状态对车间生产效率和产品质量有关键性的影响。因此，实现数控机床的状态数据采集与可视化监控是大多数制造企业的典型应用场景。进一步，基于对所采集数据的分析，实现健康状态评估和预测性维护也是目前国内外广泛关注的热点。

学习目标

- 掌握数控机床控制系统的状态数据。
- 掌握状态数据的含义。
- 理解数控机床控制系统数据的应用。

任务要求

采集装备控制系统数据。

任务分组

在下表填写小组成员信息。

组员分工表

班级		组号		分工
组长		学号		
组员		学号		
组员		学号		
组员		学号		
分工选项（根据实际情况增加或减少）				

  A. 网络信息获取：通过手机或计算机上网收集查询完成任务的资料。
  B. 教材或 PPT 课件信息获取：负责通过查阅教材、PPT 课件或微课视频等收集完成任务所需的材料。
  C. 信息处理与记录：负责整理、筛选信息，并完成信息记录。
  D. 汇报材料准备：制作 PPT 课件，并设计小组成果展示汇报。
  E. 使用虚拟仿真程序或者真实网络设备验证任务内容。

获取信息

  认真阅读任务要求，理解任务内容，明确任务目标。为顺利完成任务，回答下列引导问题，做好充分的知识准备、技能准备和工具耗材准备，同时拟订任务实施计划。

引导问题 1

  数控机床数控系统中记录了大量状态数据，主要有：

续表

工作任务		采集装备控制系统数据				
姓名		班级		学号		日期

引导问题 2
基于 OPC 协议的数控系统数据采集流程是：

引导问题 3
基于智能电表的机床能耗数据采集流程是：

引导问题 4
学习完本任务后，你应该懂得 _____、_____、_____、_____。

工作计划

工作材料清单

序号	工具或材料名称	型号或规格	数量	备注

工作步骤安排表

序号	工作内容	计划用时	备注

续表

工作任务		采集装备控制系统数据					
姓名		班级		学号		日期	

进行决策
1. 各小组派代表阐述设计方案。
2. 各组对其他组的设计方案提出不同的看法。
3. 教师对大家完成的方案进行点评,选出最佳方案。

工作实施
查找收集采集装备控制系统数据设备,填写下表。

设备类型	生产厂家	型号	参数	参考价格/元

创新讨论题
谈一谈我国在自主知识产权数控机床加工精度及智能化进程中的产品和创新。

评价反馈

评价表

班级		姓名		学号		小组	
评价人	序号	学习任务名称			评价等级		
自我评价	1	6S 管理			□符合 □不符合		
	2	准时上、下课			□符合 □不符合		
	3	着装符合职业规范			□符合 □不符合		
	4	独立完成工作单填写			□符合 □不符合		
	5	利用教材、课程和网络资源等查找有效信息			□符合 □不符合		
	6	正确使用工具及设备			□符合 □不符合		
	7	制订合理的任务计划及人员分工			□符合 □不符合		
	8	工作过程中材料工具摆放整齐			□符合 □不符合		
	9	工作过程中自觉遵守安全用电规范			□符合 □不符合		
	10	工作完成后自觉整理、清理工位			□符合 □不符合		
	评价人签名:				□优秀 □良好 □合格 □不合格		

续表

工作任务			采集装备控制系统数据			
姓名		班级		学号		日期

续表

班级			姓名		学号		小组	
评价人	序号			学习任务名称			评价等级	
小组评价	11		能否在小组内积极发言，出谋划策				□能 □不能	
	12		积极配合小组成员完成工作任务				□优秀 □良好 □合格 □不合格	
	13		积极完成所分配的任务				□能 □不能	
	14		能否清晰表达自己的观点				□符合 □不符合	
	15		具有安全、规划和环保意识				□符合 □不符合	
	16		遵守课堂纪律，不做与课程无关的事情				□符合 □不符合	
	17		自觉维护教学仪器、设备的完好性				□符合 □不符合	
	18		任务是否按时完成				□是 □否	
	19		撰写个人任务学习小结				□优秀 □良好 □合格 □不合格	
	20		是否造成设备或者工具可修复性破坏				□是 □否	
	小组评价人签名：						□优秀 □良好 □合格 □不合格	
教师评价	21		能否进行学习准备				□能 □不能	
	22		引导问题填写				□优秀 □良好 □合格 □不合格	
	23		是否按规范操作				□是 □否	
	24		完成质量				□优秀 □良好 □合格 □不合格	
	25		关键操作要领掌握				□优秀 □良好 □合格 □不合格	
	26		完成速度				□按时 □不按时	
	27		6S管理、环保节能				□符合 □不符合	
	28		能否主动参与讨论				□能 □不能	
	29		能否沟通合作				□能 □不能	
	30		展示汇报				□优秀 □良好 □合格 □不合格	
	评语：						□优秀 □良好 □合格 □不合格	
	指导教师签名：							

续表

工作任务			采集装备控制系统数据				
姓名		班级		学号		日期	

续表

学生综合成绩评定：□优秀　　□良好　　□合格　　□不合格		
评价 说明	1. 在任务实施过程中未出现人身伤害事故或设备严重损坏的前提下进行评价。 2. 评价方法。 （1）自我评价：1~10 项中，能达到 9 项及以上要求为优秀，能达到 7 项及以上为良好，能达到 6 项及以上为合格，低于 6 项为不合格。 （2）小组评价：11~20 项中，能达到 9 项及以上要求为优秀，能达到 7 项及以上为良好，能达到 6 项及以上为合格，低于 6 项为不合格。 （3）教师评价：21~30 项中，能达到 9 项及以上要求为优秀，能达到 7 项及以上为良好，能达到 6 项及以上为合格，低于 6 项为不合格。 （4）学生个人综合成绩评定：教师根据学生自我评价、小组评价、教师评价以及课堂记录，对每个学生工作任务完成情况进行综合等级评价。 综合等级与分数的对应关系为： 优秀：90 分及以上，良好：75~89 分，合格：60~74 分，不合格：59 分以下。	

任务 10 采集管理软件系统数据工作单

工作任务		采集管理软件系统数据				
姓名		班级		学号		日期	

学习情境

制造设备运行参数数据的采集对实时性要求较高,企业可开发专门的设备运行参数自动采集模块采集设备信号数据,也可开发特定软件与设备通信并获取数据。但由于企业的生产设备多种多样,各设备生产厂家的设备通信协议不一样,而且很多不对外公开,企业开发成本高,工作量大。

学习目标
- 掌握 OPC XML 接口规范。
- 掌握 OPC XML 数据采集流程。
- 理解管理软件系统数据的应用。

任务要求

采集制造设备运行参数管理软件系统数据。

任务分组

在下表填写小组成员信息。

组员分工表

班级		组号		分工	
组长		学号			
组员		学号			
组员		学号			
组员		学号			
分工选项(根据实际情况增加或减少)

A. 网络信息获取:通过手机或计算机上网收集查询完成任务的资料。
B. 教材或 PPT 课件信息获取:负责通过查阅教材、PPT 课件或微课视频等收集完成任务所需的材料。
C. 信息处理与记录:负责整理、筛选信息,并完成信息记录。
D. 汇报材料准备:制作 PPT 课件,并设计小组成果展示汇报。
E. 使用虚拟仿真程序或者真实网络设备验证任务内容。

获取信息

认真阅读任务要求,理解任务内容,明确任务目标。为顺利完成任务,回答下列引导问题,做好充分的知识准备、技能准备和工具耗材准备,同时拟订任务实施计划。

引导问题 1

生产设备一般由_____和_____两部分组成。

续表

工作任务		采集管理软件系统数据					
姓名		班级		学号		日期	

引导问题 2

OPC DA 服务器与线体设备是 _____ 关系，每台设备都需安装 _____ 服务器。

引导问题 3

简单介绍一下基于 OPC XML 的汽车发动机装配线数据采集方案：

_____
_____
_____
_____

引导问题 4

描述汽车发动机装配线数据采集流程：

_____
_____
_____
_____

引导问题 5

学习完本任务后，你应该懂得 _____、_____、_____、_____。

工作计划

工作材料清单

序号	工具或材料名称	型号或规格	数量	备注

工作步骤安排表

序号	工作内容	计划用时	备注

续表

工作任务		采集管理软件系统数据				
姓名		班级		学号	日期	

进行决策
1. 各小组派代表阐述设计方案。
2. 各组对其他组的设计方案提出不同的看法。
3. 教师对大家完成的方案进行点评,选出最佳方案。

工作实施
查找采集管理软件系统数据的设备,填写下表。

设备类型	生产厂家	型号	参数	参考价格/元

创新讨论题
制造设备运行参数数据的采集对实时性要求较高,谈一谈推动制造企业的数字化转型升级中,制造企业产线各设备的数据收集与利用的重要性。

_____
_____
_____
_____

评价反馈

评价表

班级		姓名		学号		小组	
评价人	序号	学习任务名称				评价等级	
自我评价	1	6S 管理				□符合	□不符合
	2	准时上、下课				□符合	□不符合
	3	着装符合职业规范				□符合	□不符合
	4	独立完成工作单填写				□符合	□不符合
	5	利用教材、课程和网络资源等查找有效信息				□符合	□不符合
	6	正确使用工具及设备				□符合	□不符合
	7	制订合理的任务计划及人员分工				□符合	□不符合
	8	工作过程中材料工具摆放整齐				□符合	□不符合
	9	工作过程中自觉遵守安全用电规范				□符合	□不符合
	10	工作完成后自觉整理、清理工位				□符合	□不符合
	评价人签名:					□优秀 □良好 □合格 □不合格	

续表

工作任务		采集管理软件系统数据				
姓名		班级		学号		日期

续表

班级		姓名		学号		小组	
评价人	序号		学习任务名称			评价等级	
小组评价	11	能否在小组内积极发言，出谋划策				□能　□不能	
	12	积极配合小组成员完成工作任务				□优秀　□良好 □合格　□不合格	
	13	积极完成所分配的任务				□能　□不能	
	14	能否清晰表达自己的观点				□符合　□不符合	
	15	具有安全、规划和环保意识				□符合　□不符合	
	16	遵守课堂纪律，不做与课程无关的事情				□符合　□不符合	
	17	自觉维护教学仪器、设备的完好性				□符合　□不符合	
	18	任务是否按时完成				□是　□否	
	19	撰写个人任务学习小结				□优秀　□良好 □合格　□不合格	
	20	是否造成设备或者工具可修复性破坏				□是　□否	
	小组评价人签名：					□优秀　□良好 □合格　□不合格	
教师评价	21	能否进行学习准备				□能　□不能	
	22	引导问题填写				□优秀　□良好 □合格　□不合格	
	23	是否按规范操作				□是　□否	
	24	完成质量				□优秀　□良好 □合格　□不合格	
	25	关键操作要领掌握				□优秀　□良好 □合格　□不合格	
	26	完成速度				□按时　□不按时	
	27	6S管理、环保节能				□符合　□不符合	
	28	能否主动参与讨论				□能　□不能	
	29	能否沟通合作				□能　□不能	
	30	展示汇报				□优秀　□良好 □合格　□不合格	
	评语：					□优秀　□良好 □合格　□不合格	
				指导教师签名：			

续表

工作任务		采集管理软件系统数据				
姓名		班级		学号	日期	

续表

评价说明	学生综合成绩评定：□优秀　□良好　□合格　□不合格 1. 在任务实施过程中未出现人身伤害事故或设备严重损坏的前提下进行评价。 2. 评价方法。 （1）自我评价：1~10项中，能达到9项及以上要求为优秀，能达到7项及以上为良好，能达到6项及以上为合格，低于6项为不合格。 （2）小组评价：11~20项中，能达到9项及以上要求为优秀，能达到7项及以上为良好，能达到6项及以上为合格，低于6项为不合格。 （3）教师评价：21~30项中，能达到9项及以上要求为优秀，能达到7项及以上为良好，能达到6项及以上为合格，低于6项为不合格。 （4）学生个人综合成绩评定：教师根据学生自我评价、小组评价、教师评价以及课堂记录，对每个学生工作任务完成情况进行综合等级评价。 综合等级与分数的对应关系为： 优秀：90分及以上，良好：75~89分，合格：60~74分，不合格：59分以下。

项目四　工业互联网网络传输

任务 11　认知工业互联网接口技术工作单

工作任务		认知工业互联网接口技术			
姓名		班级		学号		日期	

学习情境

车间内的装备一般来自不同的厂商，搭载不同控制系统，不同系统之间采用不同的数据类型和格式，导致了设备系统间的异构性。异构设备之间信息的类型、格式和语义方面的差异对设备间的数据交换和通信造成障碍，并产生"信息孤岛"。

学习目标

- 理解 PLCopen 接口规范。
- 掌握 OPC UA 架构。
- 理解 MTConnect 标准。
- 理解 MQTT 协议。

任务要求

利用工业互联网接口技术解决数字化车间内的信息孤岛问题，实现设备间的互联互通和互操作。

任务分组

在下表填写小组成员信息。

组员分工表

班级		组号		分工	
组长		学号			
组员		学号			
组员		学号			
组员		学号			

分工选项（根据实际情况增加或减少）

A. 网络信息获取：通过手机或计算机上网收集查询完成任务的资料。
B. 教材或 PPT 课件信息获取：负责通过查阅教材、PPT 课件或微课视频等收集完成任务所需的材料。
C. 信息处理与记录：负责整理、筛选信息，并完成信息记录。
D. 汇报材料准备：制作 PPT 课件，并设计小组成果展示汇报。
E. 使用虚拟仿真程序或者真实网络设备验证任务内容。

续表

工作任务		认知工业互联网接口技术				
姓名		班级		学号		日期	

获取信息

认真阅读任务要求，理解任务内容，明确任务目标。为顺利完成任务，回答下列引导问题，做好充分的知识准备、技能准备和工具耗材准备，同时拟订任务实施计划。

引导问题 1

_____标准有助于工业互联网制造设备数据的标准化收集。

引导问题 2

_____是自动化行业及其他行业用于数据安全交换时的一种主流互操作标准，是由行业供应商、终端用户和软件开发者共同制定的一系列规范。

引导问题 3

经典 OPC 规范的组成，包括三个主要 OPC 规范：_____、_____、_____。

引导问题 4

描述 OPC UA 典型通信架构：

_____

_____

_____

_____

引导问题 5

学习完本任务后，你应该懂得 _____、_____、_____、_____。

工作计划

工作材料清单

序号	工具或材料名称	型号或规格	数量	备注

工作步骤安排表

序号	工作内容	计划用时	备注

续表

工作任务		认知工业互联网接口技术					
姓名		班级		学号		日期	

进行决策
1. 各小组派代表阐述设计方案。
2. 各组对其他组的设计方案提出不同的看法。
3. 教师对大家完成的方案进行点评,选出最佳方案。

工作实施
查找不同的工业互联网接口技术,填写下表。

协议类型	接口方式	工作方式	优点	缺点

创新讨论题
针对工业现场设备系统的异构性,谈一谈推行统一信息标准规范的必要性。

评价反馈

评价表

班级		姓名		学号		小组	
评价人	序号	学习任务名称			评价等级		
自我评价	1	6S 管理			□符合 □不符合		
	2	准时上、下课			□符合 □不符合		
	3	着装符合职业规范			□符合 □不符合		
	4	独立完成工作单填写			□符合 □不符合		
	5	利用教材、课程和网络资源等查找有效信息			□符合 □不符合		
	6	正确使用工具及设备			□符合 □不符合		
	7	制订合理的任务计划及人员分工			□符合 □不符合		
	8	工作过程中材料工具摆放整齐			□符合 □不符合		
	9	工作过程中自觉遵守安全用电规范			□符合 □不符合		
	10	工作完成后自觉整理、清理工位			□符合 □不符合		
	评价人签名:				□优秀 □良好 □合格 □不合格		

续表

工作任务		认知工业互联网接口技术				
姓名		班级		学号		日期

续表

班级			姓名		学号		小组	
评价人	序号		学习任务名称			评价等级		
小组评价	11		能否在小组内积极发言，出谋划策			□能 □不能		
	12		积极配合小组成员完成工作任务			□优秀 □良好 □合格 □不合格		
	13		积极完成所分配的任务			□能 □不能		
	14		能否清晰表达自己的观点			□符合 □不符合		
	15		具有安全、规划和环保意识			□符合 □不符合		
	16		遵守课堂纪律，不做与课程无关的事情			□符合 □不符合		
	17		自觉维护教学仪器、设备的完好性			□符合 □不符合		
	18		任务是否按时完成			□是 □否		
	19		撰写个人任务学习小结			□优秀 □良好 □合格 □不合格		
	20		是否造成设备或者工具可修复性破坏			□是 □否		
	小组评价人签名：					□优秀 □良好 □合格 □不合格		
教师评价	21		能否进行学习准备			□能 □不能		
	22		引导问题填写			□优秀 □良好 □合格 □不合格		
	23		是否按规范操作			□是 □否		
	24		完成质量			□优秀 □良好 □合格 □不合格		
	25		关键操作要领掌握			□优秀 □良好 □合格 □不合格		
	26		完成速度			□按时 □不按时		
	27		6S 管理、环保节能			□符合 □不符合		
	28		能否主动参与讨论			□能 □不能		
	29		能否沟通合作			□能 □不能		
	30		展示汇报			□优秀 □良好 □合格 □不合格		
	评语：					□优秀 □良好 □合格 □不合格		
				指导教师签名：				

续表

工作任务			认知工业互联网接口技术			
姓名		班级		学号	日期	

续表

学生综合成绩评定：□优秀　□良好　□合格　□不合格		
评价 说明	1. 在任务实施过程中未出现人身伤害事故或设备严重损坏的前提下进行评价。 2. 评价方法。 （1）自我评价：1～10项中，能达到9项及以上要求为优秀，能达到7项及以上为良好，能达到6项及以上为合格，低于6项为不合格。 （2）小组评价：11～20项中，能达到9项及以上要求为优秀，能达到7项及以上为良好，能达到6项及以上为合格，低于6项为不合格。 （3）教师评价：21～30项中，能达到9项及以上要求为优秀，能达到7项及以上为良好，能达到6项及以上为合格，低于6项为不合格。 （4）学生个人综合成绩评定：教师根据学生自我评价、小组评价、教师评价以及课堂记录，对每个学生工作任务完成情况进行综合等级评价。 综合等级与分数的对应关系为： 优秀：90分及以上，良好：75～89分，合格：60～74分，不合格：59分以下。	

任务 12　构建工业物联网工作单

工作任务		构建工业物联网					
姓名		班级		学号		日期	

学习情境

　　工业物联网环境下，生产系统关键环节、关键资源的状态信息可被实时、精准、全面地感知，使得生产管理者能够更为准确地了解生产系统的实时运行状态。但是，如何利用所获取的实时信息、针对所了解的实时状态，通过智能决策帮助生产管理者对生产系统进行高质量的精益化运作管控，受到学术界和工业界的普遍关注。

学习目标

- 掌握工业物联网体系架构。
- 理解工业物联网关键技术。
- 理解工业物联网应用。

任务要求

　　构建工业物联网系统框架。

任务分组

　　在下表填写小组成员信息。

组员分工表

班级		组号		分工	
组长		学号			
组员		学号			
组员		学号			
组员		学号			
分工选项（根据实际情况增加或减少）					

　　A. 网络信息获取：通过手机或计算机上网收集查询完成任务的资料。
　　B. 教材或 PPT 课件信息获取：负责通过查阅教材、PPT 课件或微课视频等收集完成任务所需的材料。
　　C. 信息处理与记录：负责整理、筛选信息，并完成信息记录。
　　D. 汇报材料准备：制作 PPT 课件，并设计小组成果展示汇报。
　　E. 使用虚拟仿真程序或者真实网络设备验证任务内容。

获取信息

　　认真阅读任务要求，理解任务内容，明确任务目标。为顺利完成任务，回答下列引导问题，做好充分的知识准备、技能准备和工具耗材准备，同时拟订任务实施计划。

引导问题 1

　　工业物联网体系架构包括_____、_____、_____、_____。

续表

工作任务			构建工业物联网				
姓名		班级		学号		日期	

引导问题2

工业物联网关键技术有_____、_____、_____、_____。

引导问题3

智能工厂整体业务模型自底向上包括_____、_____、_____、_____。

引导问题4

设备层物联网包括_____、_____、_____、_____。

引导问题5

车间层物联网包括_____、_____、_____。

引导问题6

工厂层物联网包括_____、_____。

引导问题7

学习完本任务后，你应该懂得_____、_____、_____、_____。

工作计划

工作材料清单

序号	工具或材料名称	型号或规格	数量	备注

工作步骤安排表

序号	工作内容	计划用时	备注

进行决策

1. 各小组派代表阐述设计方案。

续表

工作任务		构建工业物联网					
姓名		班级		学号		日期	

2. 各组对其他组的设计方案提出不同的看法。
3. 教师对大家完成的方案进行点评，选出最佳方案。

工作实施
查找工业物联网组组成设备，填写下表。

设备类型	生产厂家	型号	参数	参考价格/元

创新讨论题
　　随着中国制造2025、美国先进制造伙伴计划以及德国工业4.0等国家层面的战略计划提出，工业物联网应运而生，谈一谈工业物联网在产品的设计、生产、管理以及服务等全生命周期环节中发挥的作用。

_____
_____
_____

评价反馈

评价表

班级		姓名		学号		小组	
评价人	序号	学习任务名称				评价等级	
自我评价	1	6S管理				□符合 □不符合	
	2	准时上、下课				□符合 □不符合	
	3	着装符合职业规范				□符合 □不符合	
	4	独立完成工作单填写				□符合 □不符合	
	5	利用教材、课程和网络资源等查找有效信息				□符合 □不符合	
	6	正确使用工具及设备				□符合 □不符合	
	7	制订合理的任务计划及人员分工				□符合 □不符合	
	8	工作过程中材料工具摆放整齐				□符合 □不符合	
	9	工作过程中自觉遵守安全用电规范				□符合 □不符合	
	10	工作完成后自觉整理、清理工位				□符合 □不符合	
	评价人签名：					□优秀 □良好 □合格 □不合格	

续表

工作任务			构建工业物联网				
姓名		班级		学号		日期	

续表

班级			姓名		学号		小组	
评价人	序号		学习任务名称			评价等级		
小组评价	11		能否在小组内积极发言，出谋划策			□能　□不能		
	12		积极配合小组成员完成工作任务			□优秀　□良好 □合格　□不合格		
	13		积极完成所分配的任务			□能　□不能		
	14		能否清晰表达自己的观点			□符合　□不符合		
	15		具有安全、规划和环保意识			□符合　□不符合		
	16		遵守课堂纪律，不做与课程无关的事情			□符合　□不符合		
	17		自觉维护教学仪器、设备的完好性			□符合　□不符合		
	18		任务是否按时完成			□是　□否		
	19		撰写个人任务学习小结			□优秀　□良好 □合格　□不合格		
	20		是否造成设备或者工具可修复性破坏			□是　□否		
	小组评价人签名：					□优秀　□良好 □合格　□不合格		
教师评价	21		能否进行学习准备			□能　□不能		
	22		引导问题填写			□优秀　□良好 □合格　□不合格		
	23		是否按规范操作			□是　□否		
	24		完成质量			□优秀　□良好 □合格　□不合格		
	25		关键操作要领掌握			□优秀　□良好 □合格　□不合格		
	26		完成速度			□按时　□不按时		
	27		6S 管理、环保节能			□符合　□不符合		
	28		能否主动参与讨论			□能　□不能		
	29		能否沟通合作			□能　□不能		
	30		展示汇报			□优秀　□良好 □合格　□不合格		
	评语：					□优秀　□良好 □合格　□不合格		
			指导教师签名：					

续表

工作任务			构建工业物联网				
姓名		班级		学号		日期	

续表

学生综合成绩评定：□优秀　　□良好　　□合格　　□不合格		
评价 说明		1. 在任务实施过程中未出现人身伤害事故或设备严重损坏的前提下进行评价。 2. 评价方法。 （1）自我评价：1~10 项中，能达到 9 项及以上要求为优秀，能达到 7 项及以上为良好，能达到 6 项及以上为合格，低于 6 项为不合格。 （2）小组评价：11~20 项中，能达到 9 项及以上要求为优秀，能达到 7 项及以上为良好，能达到 6 项及以上为合格，低于 6 项为不合格。 （3）教师评价：21~30 项中，能达到 9 项及以上要求为优秀，能达到 7 项及以上为良好，能达到 6 项及以上为合格，低于 6 项为不合格。 （4）学生个人综合成绩评定：教师根据学生自我评价、小组评价、教师评价以及课堂记录，对每个学生工作任务完成情况进行综合等级评价。 综合等级与分数的对应关系为： 优秀：90 分及以上，良好：75~89 分，合格：60~74 分，不合格：59 分以下。

任务 13　传输工业大数据工作单

工作任务		传输工业大数据				
姓名		班级		学号		日期

学习情境

在工业互联网中，通信系统的主要作用是将信息安全、可靠地传送到目的地。由于工业互联网具有异构性的特点，就使得工业互联网所采用的通信方式和通信系统也具有异构性和复杂性。

学习目标

- 掌握工业现场总线通信技术。
- 理解工业以太网通信技术。
- 理解工业现场无线网络通信技术。

任务要求

构建工业物联网。

任务分组

在下表填写小组成员信息。

组员分工表

班级		组号		分工	
组长		学号			
组员		学号			
组员		学号			
组员		学号			
分工选项（根据实际情况增加或减少）					

　A. 网络信息获取：通过手机或计算机上网收集查询完成任务的资料。
　B. 教材或 PPT 课件信息获取：负责通过查阅教材、PPT 课件或微课视频等收集完成任务所需的材料。
　C. 信息处理与记录：负责整理、筛选信息，并完成信息记录。
　D. 汇报材料准备：制作 PPT 课件，并设计小组成果展示汇报。
　E. 使用虚拟仿真程序或者真实网络设备验证任务内容。

获取信息

认真阅读任务要求，理解任务内容，明确任务目标。为顺利完成任务，回答下列引导问题，做好充分的知识准备、技能准备和工具耗材准备，同时拟订任务实施计划。

引导问题 1

现场总线一般定义为：

续表

工作任务		传输工业大数据					
姓名		班级		学号		日期	

引导问题 2
  现场总线技术的特点及优点有：
  _____
  _____
  _____

引导问题 3
  常见的现场总线技术特点与应用情况有：
  _____
  _____
  _____
  _____

引导问题 4
  工业以太网的技术优势有：
  _____
  _____
  _____
  _____

引导问题 5
  工业现场无线网络通信技术包括_____、_____、_____、_____。

引导问题 6
  学习完本任务后，你应该懂得_____、_____、_____、_____。

工作计划

工作材料清单

序号	工具或材料名称	型号或规格	数量	备注

工作步骤安排表

序号	工作内容	计划用时	备注

续表

工作任务		传输工业大数据				
姓名		班级		学号	日期	

进行决策
1. 各小组派代表阐述设计方案。
2. 各组对其他组的设计方案提出不同的看法。
3. 教师对大家完成的方案进行点评，选出最佳方案。

工作实施
查找工业大数据传输中组网用到的设备，填写下表。

设备类型	生产厂家	型号	参数	参考价格/元

创新讨论题
传输工业大数据是实现工业智能化转型的关键技术之一。通过传输工业大数据，可以对工业生产过程进行实时监测和数据采集，及时获取生产环节的各项指标和参数。请谈一谈国家实现高质量发展的过程中，传输工业大数据如何推动工业智能化转型升级。

_____
_____
_____

评价反馈

评价表

班级		姓名		学号		小组	
评价人	序号	学习任务名称				评价等级	
自我评价	1	6S 管理				□符合	□不符合
	2	准时上、下课				□符合	□不符合
	3	着装符合职业规范				□符合	□不符合
	4	独立完成工作单填写				□符合	□不符合
	5	利用教材、课程和网络资源等查找有效信息				□符合	□不符合
	6	正确使用工具及设备				□符合	□不符合
	7	制订合理的任务计划及人员分工				□符合	□不符合
	8	工作过程中材料工具摆放整齐				□符合	□不符合
	9	工作过程中自觉遵守安全用电规范				□符合	□不符合
	10	工作完成后自觉整理、清理工位				□符合	□不符合
	评价人签名：					□优秀 □良好 □合格 □不合格	

续表

工作任务			传输工业大数据			
姓名		班级		学号		日期

续表

评价人	序号	学习任务名称	评价等级
班级		姓名	学号	小组

评价人	序号	学习任务名称	评价等级
小组评价	11	能否在小组内积极发言，出谋划策	□能　□不能
	12	积极配合小组成员完成工作任务	□优秀　□良好　□合格　□不合格
	13	积极完成所分配的任务	□能　□不能
	14	能否清晰表达自己的观点	□符合　□不符合
	15	具有安全、规划和环保意识	□符合　□不符合
	16	遵守课堂纪律，不做与课程无关的事情	□符合　□不符合
	17	自觉维护教学仪器、设备的完好性	□符合　□不符合
	18	任务是否按时完成	□是　□否
	19	撰写个人任务学习小结	□优秀　□良好　□合格　□不合格
	20	是否造成设备或者工具可修复性破坏	□是　□否
	小组评价人签名：		□优秀　□良好　□合格　□不合格
教师评价	21	能否进行学习准备	□能　□不能
	22	引导问题填写	□优秀　□良好　□合格　□不合格
	23	是否按规范操作	□是　□否
	24	完成质量	□优秀　□良好　□合格　□不合格
	25	关键操作要领掌握	□优秀　□良好　□合格　□不合格
	26	完成速度	□按时　□不按时
	27	6S管理、环保节能	□符合　□不符合
	28	能否主动参与讨论	□能　□不能
	29	能否沟通合作	□能　□不能
	30	展示汇报	□优秀　□良好　□合格　□不合格
	评语：		□优秀　□良好　□合格　□不合格
	指导教师签名：		

续表

工作任务			传输工业大数据			
姓名		班级		学号	日期	

续表

评价说明	学生综合成绩评定：□优秀　□良好　□合格　□不合格 1. 在任务实施过程中未出现人身伤害事故或设备严重损坏的前提下进行评价。 2. 评价方法。 （1）自我评价：1～10项中，能达到9项及以上要求为优秀，能达到7项及以上为良好，能达到6项及以上为合格，低于6项为不合格。 （2）小组评价：11～20项中，能达到9项及以上要求为优秀，能达到7项及以上为良好，能达到6项及以上为合格，低于6项为不合格。 （3）教师评价：21～30项中，能达到9项及以上要求为优秀，能达到7项及以上为良好，能达到6项及以上为合格，低于6项为不合格。 （4）学生个人综合成绩评定：教师根据学生自我评价、小组评价、教师评价以及课堂记录，对每个学生工作任务完成情况进行综合等级评价。 综合等级与分数的对应关系为： 优秀：90分及以上，良好：75～89分，合格：60～74分，不合格：59分以下。

项目五　工业互联网网络传输

任务 14　集成工业大数据工作单

工作任务		集成工业大数据					
姓名		班级		学号		日期	

学习情境

　　工业制造数据具有规模海量、多源异构、多时空尺度、多维度等特点，具备大数据特征。通过工业大数据建立生产过程和运行决策间的关系，能对制造运行状态进行统计和分析，有助于提升生产效率和产品质量、降低能耗、保障设备健康等。

学习目标
- 掌握工业大数据集成框架。
- 掌握基于 CPS 的工业大数据集成。
- 理解基于云平台的工业大数据集成。

任务要求

基于云平台集成工业大数据。

任务分组

在下表填写小组成员信息。

组员分工表

班级		组号		分工	
组长		学号			
组员		学号			
组员		学号			
组员		学号			

分工选项（根据实际情况增加或减少）

A. 网络信息获取：通过手机或计算机上网收集查询完成任务的资料。
B. 教材或 PPT 课件信息获取：负责通过查阅教材、PPT 课件或微课视频等收集完成任务所需的材料。
C. 信息处理与记录：负责整理、筛选信息，并完成信息记录。
D. 汇报材料准备：制作 PPT 课件，并设计小组成果展示汇报。
E. 使用虚拟仿真程序或者真实网络设备验证任务内容。

续表

工作任务		集成工业大数据					
姓名		班级		学号		日期	

获取信息
　　认真阅读任务要求，理解任务内容，明确任务目标。为顺利完成任务，回答下列引导问题，做好充分的知识准备、技能准备和工具耗材准备，同时拟订任务实施计划。

引导问题 1
　工业大数据集成框架包括：

引导问题 2
　CPS 体系架构包括：

引导问题 3
　基于 CPS 的制造集成系统包括：

引导问题 4
　基于 CPS 的制造集成系统包含三个层次的内容，主要是：

引导问题 5
　面向制造的工业智能云平台由三部分组成，分别是：

引导问题 6
　学习完本任务后，你应该懂得 ＿＿＿＿＿＿＿＿＿＿＿＿＿＿＿、＿＿＿＿＿＿＿＿＿＿＿＿＿＿＿、＿＿＿＿＿＿＿＿＿＿＿＿＿＿＿。

续表

工作任务			集成工业大数据			
姓名		班级		学号		日期

工作计划

工作材料清单

序号	工具或材料名称	型号或规格	数量	备注

工作步骤安排表

序号	工作内容	计划用时	备注

进行决策
1. 各小组派代表阐述设计方案。
2. 各组对其他组的设计方案提出不同的看法。
3. 教师对大家完成的方案进行点评，选出最佳方案。

工作实施
查找云平台的工业大数据集成用到的设备，填写下表。

设备类型	生产厂家	型号	参数	参考价格/元

创新讨论题
　　CPS 构建了物理空间与信息空间中人、机、物、环境、信息等要素相互映射、适时交互、高效协同的复杂系统，实现系统内资源配置和运行的按需响应、快速迭代、动态优化，谈一谈 CPS 在数据集成中的重要性。

续表

工作任务		集成工业大数据				
姓名		班级		学号	日期	

评价反馈

评价表

班级		姓名		学号		小组	
评价人	序号	学习任务名称			评价等级		
自我评价	1	6S 管理			□符合 □不符合		
	2	准时上、下课			□符合 □不符合		
	3	着装符合职业规范			□符合 □不符合		
	4	独立完成工作单填写			□符合 □不符合		
	5	利用教材、课程和网络资源等查找有效信息			□符合 □不符合		
	6	正确使用工具及设备			□符合 □不符合		
	7	制订合理的任务计划及人员分工			□符合 □不符合		
	8	工作过程中材料工具摆放整齐			□符合 □不符合		
	9	工作过程中自觉遵守安全用电规范			□符合 □不符合		
	10	工作完成后自觉整理、清理工位			□符合 □不符合		
	评价人签名：				□优秀 □良好 □合格 □不合格		
小组评价	11	能否在小组内积极发言，出谋划策			□能 □不能		
	12	积极配合小组成员完成工作任务			□优秀 □良好 □合格 □不合格		
	13	积极完成所分配的任务			□能 □不能		
	14	能否清晰表达自己的观点			□符合 □不符合		
	15	具有安全、规划和环保意识			□符合 □不符合		
	16	遵守课堂纪律，不做与课程无关的事情			□符合 □不符合		
	17	自觉维护教学仪器、设备的完好性			□符合 □不符合		
	18	任务是否按时完成			□是 □否		
	19	撰写个人任务学习小结			□优秀 □良好 □合格 □不合格		
	20	是否造成设备或者工具可修复性破坏			□是 □否		
	小组评价人签名：				□优秀 □良好 □合格 □不合格		
教师评价	21	能否进行学习准备			□能 □不能		
	22	引导问题填写			□优秀 □良好 □合格 □不合格		

续表

工作任务			集成工业大数据			
姓名		班级		学号		日期	

续表

	23	是否按规范操作	□是　□否
	24	完成质量	□优秀　□良好 □合格　□不合格
	25	关键操作要领掌握	□优秀　□良好 □合格　□不合格
教师 评价	26	完成速度	□按时　□不按时
	27	6S 管理、环保节能	□符合　□不符合
	28	能否主动参与讨论	□能　□不能
	29	能否沟通合作	□能　□不能
	30	展示汇报	□优秀　□良好 □合格　□不合格
	评语： 指导教师签名：		□优秀　□良好 □合格　□不合格

学生综合成绩评定：□优秀　□良好　□合格　□不合格

评价说明

1. 在任务实施过程中未出现人身伤害事故或设备严重损坏的前提下进行评价。
2. 评价方法。
（1）自我评价：1~10 项中，能达到 9 项及以上要求为优秀，能达到 7 项及以上为良好，能达到 6 项及以上为合格，低于 6 项为不合格。
（2）小组评价：11~20 项中，能达到 9 项及以上要求为优秀，能达到 7 项及以上为良好，能达到 6 项及以上为合格，低于 6 项为不合格。
（3）教师评价：21~30 项中，能达到 9 项及以上要求为优秀，能达到 7 项及以上为良好，能达到 6 项及以上为合格，低于 6 项为不合格。
（4）学生个人综合成绩评定：教师根据学生自我评价、小组评价、教师评价以及课堂记录，对每个学生工作任务完成情况进行综合等级评价。
综合等级与分数的对应关系为：
优秀：90 分及以上，良好：75~89 分，合格：60~74 分，不合格：59 分以下。

任务 15　融合工业大数据工作单

工作任务		融合工业大数据				
姓名		班级		学号		日期

学习情境

制造业全球化、产品个性化、绿色低碳制造等对制造业企业构成了巨大挑战。在这种背景下,制造企业有效利用全球制造资源并与业务合作伙伴进行有效协作变得越来越重要。这需要建立协作和灵活的制造模式,以促进内部和外部制造资源的有效整合、无缝合作以及不同企业之间的资源共享。

学习目标
- 理解基于服务的工业大数据融合技术。
- 理解基于数字孪生的工业大数据融合技术。

任务要求

融合工业大数据实现。

任务分组

在下表填写小组成员信息。

组员分工表

班级		组号		分工	
组长		学号			
组员		学号			
组员		学号			
组员		学号			
分工选项(根据实际情况增加或减少)					

　A. 网络信息获取：通过手机或计算机上网收集查询完成任务的资料。
　B. 教材或 PPT 课件信息获取：负责通过查阅教材、PPT 课件或微课视频等收集完成任务所需的材料。
　C. 信息处理与记录：负责整理、筛选信息,并完成信息记录。
　D. 汇报材料准备：制作 PPT 课件,并设计小组成果展示汇报。
　E. 使用虚拟仿真程序或者真实网络设备验证任务内容。

获取信息

认真阅读任务要求,理解任务内容,明确任务目标。为顺利完成任务,回答下列引导问题,做好充分的知识准备、技能准备和工具耗材准备,同时拟订任务实施计划。

引导问题 1

考虑产品全生命周期中各个阶段的不同应用,可以将制造服务大致分为：

续表

工作任务			融合工业大数据			
姓名		班级		学号	日期	

引导问题 2
服务全生命周期管理可以分哪四个阶段：
_____
_____
_____
_____

引导问题 3
面向服务的工业大数据融合可分为：
_____
_____
_____
_____

引导问题 4
数字孪生车间（DTS）包括：
_____
_____
_____
_____

引导问题 5
学习完本任务后，你应该懂得_____、_____、
_____、_____。

工作计划

工作材料清单

序号	工具或材料名称	型号或规格	数量	备注

工作步骤安排表

序号	工作内容	计划用时	备注

续表

工作任务			融合工业大数据			
姓名		班级		学号		日期	

进行决策

1. 各小组派代表阐述设计方案。
2. 各组对其他组的设计方案提出不同的看法。
3. 教师对大家完成的方案进行点评，选出最佳方案。

工作实施

查找基于数字孪生的工业大数据融合过程，填写下表。

	包含数据类型	融合内容
虚拟车间		
车间服务系统		
物理车间		

创新讨论题

新一代信息技术的发展（如云计算、物联网、大数据等）使数字孪生的实现成为可能，谈一谈数字孪生的重要性。

_____
_____
_____
_____

评价反馈

评价表

班级		姓名		学号		小组	
评价人	序号	学习任务名称				评价等级	
自我评价	1	6S 管理				□符合	□不符合
	2	准时上、下课				□符合	□不符合
	3	着装符合职业规范				□符合	□不符合
	4	独立完成工作单填写				□符合	□不符合
	5	利用教材、课程和网络资源等查找有效信息				□符合	□不符合
	6	正确使用工具及设备				□符合	□不符合
	7	制订合理的任务计划及人员分工				□符合	□不符合
	8	工作过程中材料工具摆放整齐				□符合	□不符合
	9	工作过程中自觉遵守安全用电规范				□符合	□不符合
	10	工作完成后自觉整理、清理工位				□符合	□不符合
	评价人签名：					□优秀　□良好　□合格　□不合格	

续表

工作任务		融合工业大数据				
姓名		班级		学号	日期	

续表

班级		姓名		学号		小组	
评价人	序号	学习任务名称				评价等级	
小组评价	11	能否在小组内积极发言，出谋划策				□能 □不能	
	12	积极配合小组成员完成工作任务				□优秀 □良好 □合格 □不合格	
	13	积极完成所分配的任务				□能 □不能	
	14	能否清晰表达自己的观点				□符合 □不符合	
	15	具有安全、规划和环保意识				□符合 □不符合	
	16	遵守课堂纪律，不做与课程无关的事情				□符合 □不符合	
	17	自觉维护教学仪器、设备的完好性				□符合 □不符合	
	18	任务是否按时完成				□是 □否	
	19	撰写个人任务学习小结				□优秀 □良好 □合格 □不合格	
	20	是否造成设备或者工具可修复性破坏				□是 □否	
	小组评价人签名：					□优秀 □良好 □合格 □不合格	
教师评价	21	能否进行学习准备				□能 □不能	
	22	引导问题填写				□优秀 □良好 □合格 □不合格	
	23	是否按规范操作				□是 □否	
	24	完成质量				□优秀 □良好 □合格 □不合格	
	25	关键操作要领掌握				□优秀 □良好 □合格 □不合格	
	26	完成速度				□按时 □不按时	
	27	6S管理、环保节能				□符合 □不符合	
	28	能否主动参与讨论				□能 □不能	
	29	能否沟通合作				□能 □不能	
	30	展示汇报				□优秀 □良好 □合格 □不合格	
	评语：					□优秀 □良好 □合格 □不合格	
			指导教师签名：				

续表

工作任务		融合工业大数据				
姓名		班级		学号	日期	

续表

评价说明	学生综合成绩评定：□优秀　□良好　□合格　□不合格
	1. 在任务实施过程中未出现人身伤害事故或设备严重损坏的前提下进行评价。 2. 评价方法。 （1）自我评价：1~10 项中，能达到 9 项及以上要求为优秀，能达到 7 项及以上为良好，能达到 6 项及以上为合格，低于 6 项为不合格。 （2）小组评价：11~20 项中，能达到 9 项及以上要求为优秀，能达到 7 项及以上为良好，能达到 6 项及以上为合格，低于 6 项为不合格。 （3）教师评价：21~30 项中，能达到 9 项及以上要求为优秀，能达到 7 项及以上为良好，能达到 6 项及以上为合格，低于 6 项为不合格。 （4）学生个人综合成绩评定：教师根据学生自我评价、小组评价、教师评价以及课堂记录，对每个学生工作任务完成情况进行综合等级评价。 综合等级与分数的对应关系为： 优秀：90 分及以上，良好：75~89 分，合格：60~74 分，不合格：59 分以下。

项目六　工业互联网安全实践

任务 16　认知工业互联网安全框架工作单

工作任务		认知工业互联网安全框架				
姓名		班级		学号		日期

学习情景

安全体系是工业互联网系统稳定运行的保障。公司在完成工业互联网建设前，针对所有员工开展一次关于工业互联网安全的培训。你作为培训项目负责人，需要提前了解，进行技术储备，确保培训工作的顺利开展，为后续工业互联网系统的安全运营提供保障。

学习目标

- 了解工业互联网安全框架内容与范围。
- 了解工业互联网相关安全框架。
- 了解工业互联网安全框架设计方法。
- 了解工业互联网安全防护常用措施。

任务要求

完成当前国内工业互联网面临的主要安全问题调研，提出相应防护措施。

任务分组

在下表填写小组成员信息。

组员分工表

班级		组号		分工
组长		学号		
组员		学号		
组员		学号		
组员		学号		
分工选项（根据实际情况增加或减少）				

A. 网络信息获取：通过手机或计算机上网收集查询完成任务的资料。
B. 教材或 PPT 课件信息获取：负责通过查阅教材、PPT 课件或微课视频等收集完成任务所需的材料。
C. 信息处理与记录：负责整理、筛选信息，并完成信息记录。
D. 汇报材料准备：制作 PPT 课件，并设计小组成果展示汇报。
E. 使用虚拟仿真程序或者真实网络设备验证任务内容。

续表

工作任务				认知工业互联网安全框架			
姓名		班级		学号		日期	

获取信息

认真阅读任务要求,理解任务内容,明确任务目标。为顺利完成任务,回答下列引导问题,做好充分的知识准备、技能准备和工具耗材准备,同时拟订任务实施计划。

引导问题1：
工业互联网安全框架的防护对象主要包括哪些？

引导问题2：
工业互联网安全框架的防护管理主要包括哪些？

引导问题3：
工业互联网安全框架的防护措施主要包括哪些？

工作计划

工作材料清单

序号	工具或材料名称	型号或规格	数量	备注

工作步骤安排表

序号	工作内容	计划用时	备注

续表

工作任务			认知工业互联网安全框架				
姓名		班级		学号		日期	

进行决策

1. 各小组派代表阐述设计方案。
2. 各组对其他组的设计方案提出不同的看法。
3. 教师对大家完成的方案进行点评，选出最佳方案。

工作实施

查找收集有关工业互联网安全防护措施的实施的资料，填写下表。

序号	防护对象	防护措施	备注

创新讨论题

请简单介绍监测感知与处置恢复两类贯穿工业互联网全系统的防护措施。

_____
_____
_____
_____

评价反馈

评价表

班级		姓名		学号		小组	
评价人	序号	学习任务名称			评价等级		
自我评价	1	6S 管理			□符合 □不符合		
	2	准时上、下课			□符合 □不符合		
	3	着装符合职业规范			□符合 □不符合		
	4	独立完成工作单填写			□符合 □不符合		
	5	利用教材、课程和网络资源等查找有效信息			□符合 □不符合		
	6	正确使用工具及设备			□符合 □不符合		
	7	制订合理的任务计划及人员分工			□符合 □不符合		
	8	工作过程中材料工具摆放整齐			□符合 □不符合		
	9	工作过程中自觉遵守安全用电规范			□符合 □不符合		
	10	工作完成后自觉整理、清理工位			□符合 □不符合		
	评价人签名：				□优秀 □良好 □合格 □不合格		

续表

工作任务			认知工业互联网安全框架			
姓名		班级		学号		日期

续表

班级		姓名		学号		小组	
评价人	序号	学习任务名称				评价等级	
小组评价	11	能否在小组内积极发言，出谋划策				□能 □不能	
	12	积极配合小组成员完成工作任务				□优秀 □良好 □合格 □不合格	
	13	积极完成所分配的任务				□能 □不能	
	14	能否清晰表达自己的观点				□符合 □不符合	
	15	具有安全、规划和环保意识				□符合 □不符合	
	16	遵守课堂纪律，不做与课程无关的事情				□符合 □不符合	
	17	自觉维护教学仪器、设备的完好性				□符合 □不符合	
	18	任务是否按时完成				□是 □否	
	19	撰写个人任务学习小结				□优秀 □良好 □合格 □不合格	
	20	是否造成设备或者工具可修复性破坏				□是 □否	
	小组评价人签名：					□优秀 □良好 □合格 □不合格	
教师评价	21	能否进行学习准备				□能 □不能	
	22	引导问题填写				□优秀 □良好 □合格 □不合格	
	23	是否按规范操作				□是 □否	
	24	完成质量				□优秀 □良好 □合格 □不合格	
	25	关键操作要领掌握				□优秀 □良好 □合格 □不合格	
	26	完成速度				□按时 □不按时	
	27	6S 管理、环保节能				□符合 □不符合	
	28	能否主动参与讨论				□能 □不能	
	29	能否沟通合作				□能 □不能	
	30	展示汇报				□优秀 □良好 □合格 □不合格	
	评语：					□优秀 □良好 □合格 □不合格	
			指导教师签名：				

续表

工作任务		认知工业互联网安全框架					
姓名		班级		学号		日期	

续表

评价说明	学生综合成绩评定：□优秀　□良好　□合格　□不合格 1. 在任务实施过程中未出现人身伤害事故或设备严重损坏的前提下进行评价。 2. 评价方法。 （1）自我评价：1～10项中，能达到9项及以上要求为优秀，能达到7项及以上为良好，能达到6项及以上为合格，低于6项为不合格。 （2）小组评价：11～20项中，能达到9项及以上要求为优秀，能达到7项及以上为良好，能达到6项及以上为合格，低于6项为不合格。 （3）教师评价：21～30项中，能达到9项及以上要求为优秀，能达到7项及以上为良好，能达到6项及以上为合格，低于6项为不合格。 （4）学生个人综合成绩评定：教师根据学生自我评价、小组评价、教师评价以及课堂记录，对每个学生工作任务完成情况进行综合等级评价。 综合等级与分数的对应关系为： 优秀：90分及以上，良好：75～89分，合格：60～74分，不合格：59分以下。

任务17　在等保2.0框架下保障工业控制系统安全工作单

工作任务	在等保2.0框架下保障工业控制系统安全					
姓名		班级		学号		日期	

学习情景

公司要求根据国家网络安全法律规定，对工业互联网络进行等级保护测评。现要求你了解等保2.0相关要求，并制定公司工业互联网安全保障措施。

学习目标

- 了解网络安全等级保护2.0的基本要求。
- 掌握保障工业互联网安全的维度及措施。

任务要求

完成等保2.0的学习，并制定公司的工业互联网安全保障措施。

任务分组

在下表填写小组成员信息。

组员分工表

班级		组号		分工	
组长		学号			
组员		学号			
组员		学号			
组员		学号			
分工选项（根据实际情况增加或减少）					

A. 网络信息获取：通过手机或计算机上网收集查询完成任务的资料。
B. 教材或PPT课件信息获取：负责通过查阅教材、PPT课件或微课视频等收集完成任务所需的材料。
C. 信息处理与记录：负责整理、筛选信息，并完成信息记录。
D. 汇报材料准备：制作PPT课件，并设计小组成果展示汇报。
E. 使用虚拟仿真程序或者真实网络设备验证任务内容。

获取信息

认真阅读任务要求，理解任务内容，明确任务目标。为顺利完成任务，回答下列引导问题，做好充分的知识准备、技能准备和工具耗材准备，同时拟订任务实施计划。

引导问题1

我国网络安全等级保护1.0的要求是什么？

续表

工作任务		在等保2.0框架下保障工业控制系统安全					
姓名		班级		学号		日期	

引导问题2：
我国网络安全等级保护2.0是在1.0的基础上发生了哪些变化？

引导问题3：
我国网络安全等级保护2.0的基本要求是什么？

引导问题4：
为了满足等保2.0的要求，需要从哪几个方面为公司工业互联网提供保障？

引导问题5：
保障方案的具体措施是什么？

工作计划

工作材料清单

序号	工具或材料名称	型号或规格	数量	备注

工作步骤安排表

序号	工作内容	计划用时	备注

续表

工作任务	在等保2.0框架下保障工业控制系统安全					
姓名		班级		学号		日期	

进行决策
1. 各小组派代表阐述设计方案。
2. 各组对其他组的设计方案提出不同的看法。
3. 教师对大家完成的方案进行点评,选出最佳方案。

工作实施
编制有关工业互联网安全保障措施,填写下表。

序号	一级指标	二级指标	具体措施	备注

创新讨论题
谈一谈我国工业互联网遭到国内外攻击者的安全威胁有哪些。如何防御?

_____
_____
_____
_____
_____
_____
_____

评价反馈

评价表

班级		姓名		学号		小组	
评价人	序号	学习任务名称				评价等级	
自我评价	1	6S 管理				□符合	□不符合
	2	准时上、下课				□符合	□不符合
	3	着装符合职业规范				□符合	□不符合
	4	独立完成工作单填写				□符合	□不符合
	5	利用教材、课程和网络资源等查找有效信息				□符合	□不符合
	6	正确使用工具及设备				□符合	□不符合
	7	制订合理的任务计划及人员分工				□符合	□不符合
	8	工作过程中材料工具摆放整齐				□符合	□不符合
	9	工作过程中自觉遵守安全用电规范				□符合	□不符合
	10	工作完成后自觉整理、清理工位				□符合	□不符合
	评价人签名:					□优秀 □良好	□合格 □不合格

续表

工作任务			在等保2.0框架下保障工业控制系统安全				
姓名		班级		学号		日期	

续表

班级			姓名		学号		小组	
评价人	序号		学习任务名称			评价等级		
小组评价	11		能否在小组内积极发言，出谋划策			☐能 ☐不能		
	12		积极配合小组成员完成工作任务			☐优秀 ☐良好 ☐合格 ☐不合格		
	13		积极完成所分配的任务			☐能 ☐不能		
	14		能否清晰表达自己的观点			☐符合 ☐不符合		
	15		具有安全、规划和环保意识			☐符合 ☐不符合		
	16		遵守课堂纪律，不做与课程无关的事情			☐符合 ☐不符合		
	17		自觉维护教学仪器、设备的完好性			☐符合 ☐不符合		
	18		任务是否按时完成			☐是 ☐否		
	19		撰写个人任务学习小结			☐优秀 ☐良好 ☐合格 ☐不合格		
	20		是否造成设备或者工具可修复性破坏			☐是 ☐否		
	小组评价人签名：					☐优秀 ☐良好 ☐合格 ☐不合格		
教师评价	21		能否进行学习准备			☐能 ☐不能		
	22		引导问题填写			☐优秀 ☐良好 ☐合格 ☐不合格		
	23		是否按规范操作			☐是 ☐否		
	24		完成质量			☐优秀 ☐良好 ☐合格 ☐不合格		
	25		关键操作要领掌握			☐优秀 ☐良好 ☐合格 ☐不合格		
	26		完成速度			☐按时 ☐不按时		
	27		6S管理、环保节能			☐符合 ☐不符合		
	28		能否主动参与讨论			☐能 ☐不能		
	29		能否沟通合作			☐能 ☐不能		
	30		展示汇报			☐优秀 ☐良好 ☐合格 ☐不合格		
	评语：					☐优秀 ☐良好 ☐合格 ☐不合格		
				指导教师签名：				

续表

工作任务		在等保2.0框架下保障工业控制系统安全					
姓名		班级		学号		日期	

续表

学生综合成绩评定：□优秀　　□良好　　□合格　　□不合格	
评价说明	1. 在任务实施过程中未出现人身伤害事故或设备严重损坏的前提下进行评价。 2. 评价方法。 （1）自我评价：1~10项中，能达到9项及以上要求为优秀，能达到7项及以上为良好，能达到6项及以上为合格，低于6项为不合格。 （2）小组评价：11~20项中，能达到9项及以上要求为优秀，能达到7项及以上为良好，能达到6项及以上为合格，低于6项为不合格。 （3）教师评价：21~30项中，能达到9项及以上要求为优秀，能达到7项及以上为良好，能达到6项及以上为合格，低于6项为不合格。 （4）学生个人综合成绩评定：教师根据学生自我评价、小组评价、教师评价以及课堂记录，对每个学生工作任务完成情况进行综合等级评价。 综合等级与分数的对应关系为： 优秀：90分及以上，良好：75~89分，合格：60~74分，不合格：59分以下。

任务 18　部署防火墙保障网络安全工作单

工作任务		部署防火墙保障网络安全			
姓名		班级		学号		日期	

学习情境

当前，随着网络技术的不断发展，计算机网络为人们的生活带来了极大便利，也促进了工业互联网的发展和提速，然而，利用计算机网络进行的各种违法犯罪活动也在迅速增长，计算机犯罪、黑客、有害程序和后门等问题严重威胁着网络安全。

作为工业互联网内部网络与外部公共网络之间的第一道屏障，防火墙是最先受到人们重视的网络安全产品之一。为了增强工业互联网的安全性，需要安装部署防火墙。

学习目标
- 了解防火墙的功能和应用场景。
- 掌握防火墙在工业互联网中的部署。

任务要求

安装部署一台防火墙，实现工业互联网网络内网用户能访问互联网，能访问服务器区的 ICMP、Web 服务；外网用户能访问服务器区的 Web 服务。

任务分组

在下表填写小组成员信息。

组员分工表

班级		组号		分工	
组长		学号			
组员		学号			
组员		学号			
组员		学号			
分工选项（根据实际情况增加或减少）					

A. 网络信息获取：通过手机或计算机上网收集查询完成任务的资料。
B. 教材或 PPT 课件信息获取：负责通过查阅教材、PPT 课件或微课视频等收集完成任务所需的材料。
C. 信息处理与记录：负责整理、筛选信息，并完成信息记录。
D. 汇报材料准备：制作 PPT 课件，并设计小组成果展示汇报。
E. 使用虚拟仿真程序或者真实网络设备验证任务内容。

获取信息

认真阅读任务要求，理解任务内容，明确任务目标。为顺利完成任务，回答下列引导问题，做好充分的知识准备、技能准备和工具耗材准备，同时拟订任务实施计划。

引导问题 1

防火墙是指是一种位于_____与_____之间的网络安全系统。

续表

工作任务			部署防火墙保障网络安全			
姓名		班级		学号		日期	

引导问题 2

按软、硬件形式的不同，防火墙可分为_____防火墙、_____防火墙、_____防火墙。

引导问题 3

按过滤技术区分，防火墙分为_____、_____和_____等几大类型。

引导问题 4

华为防火墙上默认提供了四个安全区域，分别是_____、_____、_____和_____。

引导问题 5

Trust 区域：Trust 区域的默认安全级别是_____，该区域内网络的受信任程度_____，通常用来定义_____；DMZ 区域：DMZ 区域的默认安全级别是_____，该区域内网络的受信任程度_____，通常用于定义_____；Untrust 区域：Untrust 区域的默认安全级别是_____，该区域代表的是不受信任的网络，通常用来定义_____；Local 区域：Local 区域的默认安全级别是_____，代表防火墙本身，Local 区域中不能添加任何接口，但防火墙上所有接口本身都隐含_____。

引导问题 6

学习完本任务后，你应该懂得_____、_____、_____、_____。

工作计划

工作材料清单

序号	工具或材料名称	型号或规格	数量	备注

工作步骤安排表

序号	工作内容	计划用时	备注

续表

工作任务			部署防火墙保障网络安全				
姓名		班级		学号		日期	

进行决策
1. 各小组派代表阐述设计方案。
2. 各组对其他组的设计方案提出不同的看法。
3. 教师对大家完成的方案进行点评，选出最佳方案。

工作实施
查找收集有关部署工业局域网安全保障的资料，填写下表。

设备类型	生产厂家	型号	参数	参考价格/元

创新讨论题
谈一谈在工业互联网安全保障中，使用国产信息安全保障设备的必要性。

评价反馈

评价表

班级		姓名		学号		小组	
评价人	序号		学习任务名称			评价等级	
自我评价	1	6S 管理				□符合 □不符合	
	2	准时上、下课				□符合 □不符合	
	3	着装符合职业规范				□符合 □不符合	
	4	独立完成工作单填写				□符合 □不符合	
	5	利用教材、课程和网络资源等查找有效信息				□符合 □不符合	
	6	正确使用工具及设备				□符合 □不符合	
	7	制订合理的任务计划及人员分工				□符合 □不符合	
	8	工作过程中材料工具摆放整齐				□符合 □不符合	
	9	工作过程中自觉遵守安全用电规范				□符合 □不符合	
	10	工作完成后自觉整理、清理工位				□符合 □不符合	
	评价人签名：					□优秀 □良好 □合格 □不合格	

续表

工作任务		部署防火墙保障网络安全				
姓名		班级		学号		日期

续表

班级		姓名		学号		小组	
评价人	序号	学习任务名称				评价等级	
小组评价	11	能否在小组内积极发言，出谋划策				□能 □不能	
	12	积极配合小组成员完成工作任务				□优秀 □良好 □合格 □不合格	
	13	积极完成所分配的任务				□能 □不能	
	14	能否清晰表达自己的观点				□符合 □不符合	
	15	具有安全、规划和环保意识				□符合 □不符合	
	16	遵守课堂纪律，不做与课程无关的事情				□符合 □不符合	
	17	自觉维护教学仪器、设备的完好性				□符合 □不符合	
	18	任务是否按时完成				□是 □否	
	19	撰写个人任务学习小结				□优秀 □良好 □合格 □不合格	
	20	是否造成设备或者工具可修复性破坏				□是 □否	
	小组评价人签名：					□优秀 □良好 □合格 □不合格	
教师评价	21	能否进行学习准备				□能 □不能	
	22	引导问题填写				□优秀 □良好 □合格 □不合格	
	23	是否按规范操作				□是 □否	
	24	完成质量				□优秀 □良好 □合格 □不合格	
	25	关键操作要领掌握				□优秀 □良好 □合格 □不合格	
	26	完成速度				□按时 □不按时	
	27	6S 管理、环保节能				□符合 □不符合	
	28	能否主动参与讨论				□能 □不能	
	29	能否沟通合作				□能 □不能	
	30	展示汇报				□优秀 □良好 □合格 □不合格	
	评语：					□优秀 □良好 □合格 □不合格	
	指导教师签名：						

续表

工作任务		部署防火墙保障网络安全					
姓名		班级		学号		日期	

续表

评价说明	学生综合成绩评定：□优秀　□良好　□合格　□不合格
	1. 在任务实施过程中未出现人身伤害事故或设备严重损坏的前提下进行评价。 2. 评价方法。 （1）自我评价：1~10 项中，能达到 9 项及以上要求为优秀，能达到 7 项及以上为良好，能达到 6 项及以上为合格，低于 6 项为不合格。 （2）小组评价：11~20 项中，能达到 9 项及以上要求为优秀，能达到 7 项及以上为良好，能达到 6 项及以上为合格，低于 6 项为不合格。 （3）教师评价：21~30 项中，能达到 9 项及以上要求为优秀，能达到 7 项及以上为良好，能达到 6 项及以上为合格，低于 6 项为不合格。 （4）学生个人综合成绩评定：教师根据学生自我评价、小组评价、教师评价以及课堂记录，对每个学生工作任务完成情况进行综合等级评价。 综合等级与分数的对应关系为： 优秀：90 分及以上，良好：75~89 分，合格：60~74 分，不合格：59 分以下。

任务 19　部署入侵防御系统保障网络安全工作单

工作任务		部署入侵防御系统保障网络安全					
姓名		班级		学号		日期	

学习情景

为了增强公司工业互联网的安全性，公司决定部署一台入侵防御系统，现在让你负责入侵防御系统设备的选型、部署和优化。

学习目标

- 了解入侵防御系统的功能和应用场景。
- 掌握入侵防御系统在工业互联网中的部署。

任务要求

在网络中部署入侵防御系统，并根据需要进行配置，抵御针对网络的攻击。

任务分组

在下表填写小组成员信息。

组员分工表

班级		组号		分工	
组长		学号			
组员		学号			
组员		学号			
组员		学号			
分工选项（根据实际情况增加或减少）					

A. 网络信息获取：通过手机或计算机上网收集查询完成任务的资料。
B. 教材或 PPT 课件信息获取：负责通过查阅教材、PPT 课件或微课视频等收集完成任务所需的材料。
C. 信息处理与记录：负责整理、筛选信息，并完成信息记录。
D. 汇报材料准备：制作 PPT 课件，并设计小组成果展示汇报。
E. 使用虚拟仿真程序或者真实网络设备验证任务内容。

获取信息

认真阅读任务要求，理解任务内容，明确任务目标。为顺利完成任务，回答下列引导问题，做好充分的知识准备、技能准备和工具耗材准备，同时拟订任务实施计划。

引导问题 1

互联网中常见的攻击类型有哪些？

续表

工作任务		部署入侵防御系统保障网络安全					
姓名		班级		学号		日期	

引导问题2：
入侵防御系统的作用是什么？
_____
_____
_____
_____

引导问题3：
入侵防御系统应该部署在网络中的什么位置？是通过并联还是串联进行部署？
_____
_____
_____
_____
_____

引导问题4：
配置入侵防御系统的思路是什么？
_____
_____
_____
_____

工作计划

工作材料清单

序号	工具或材料名称	型号或规格	数量	备注

工作步骤安排表

序号	工作内容	计划用时	备注

续表

工作任务			部署入侵防御系统保障网络安全			
姓名		班级		学号		日期

进行决策
1. 各小组派代表阐述设计方案。
2. 各组对其他组的设计方案提出不同的看法。
3. 教师对大家完成的方案进行点评，选出最佳方案。

工作实施
查找收集有关入侵防御系统的资料，填写下表。

设备类型	生产厂家	型号	参数	参考价格/元

创新讨论题
谈一谈入侵防御系统的不是和配置思路，并用思维导图描述详细的步骤。

_____
_____
_____
_____

评价反馈

评价表

班级		姓名		学号		小组	
评价人	序号	学习任务名称				评价等级	
自我评价	1	6S 管理				□符合 □不符合	
	2	准时上、下课				□符合 □不符合	
	3	着装符合职业规范				□符合 □不符合	
	4	独立完成工作单填写				□符合 □不符合	
	5	利用教材、课程和网络资源等查找有效信息				□符合 □不符合	
	6	正确使用工具及设备				□符合 □不符合	
	7	制订合理的任务计划及人员分工				□符合 □不符合	
	8	工作过程中材料工具摆放整齐				□符合 □不符合	
	9	工作过程中自觉遵守安全用电规范				□符合 □不符合	
	10	工作完成后自觉整理、清理工位				□符合 □不符合	
	评价人签名：					□优秀 □良好 □合格 □不合格	

续表

工作任务		部署入侵防御系统保障网络安全				
姓名		班级		学号		日期

续表

班级			姓名		学号		小组	
评价人	序号			学习任务名称			评价等级	
小组评价	11		能否在小组内积极发言，出谋划策				□能　□不能	
	12		积极配合小组成员完成工作任务				□优秀　□良好 □合格　□不合格	
	13		积极完成所分配的任务				□能　□不能	
	14		能否清晰表达自己的观点				□符合　□不符合	
	15		具有安全、规划和环保意识				□符合　□不符合	
	16		遵守课堂纪律，不做与课程无关的事情				□符合　□不符合	
	17		自觉维护教学仪器、设备的完好性				□符合　□不符合	
	18		任务是否按时完成				□是　□否	
	19		撰写个人任务学习小结				□优秀　□良好 □合格　□不合格	
	20		是否造成设备或者工具可修复性破坏				□是　□否	
	小组评价人签名：						□优秀　□良好 □合格　□不合格	
教师评价	21		能否进行学习准备				□能　□不能	
	22		引导问题填写				□优秀　□良好 □合格　□不合格	
	23		是否按规范操作				□是　□否	
	24		完成质量				□优秀　□良好 □合格　□不合格	
	25		关键操作要领掌握				□优秀　□良好 □合格　□不合格	
	26		完成速度				□按时　□不按时	
	27		6S 管理、环保节能				□符合　□不符合	
	28		能否主动参与讨论				□能　□不能	
	29		能否沟通合作				□能　□不能	
	30		展示汇报				□优秀　□良好 □合格　□不合格	
	评语：						□优秀　□良好 □合格　□不合格	
				指导教师签名：				

续表

工作任务		部署入侵防御系统保障网络安全					
姓名		班级		学号		日期	

续表

评价说明	学生综合成绩评定：□优秀　□良好　□合格　□不合格
	1. 在任务实施过程中未出现人身伤害事故或设备严重损坏的前提下进行评价。 2. 评价方法。 （1）自我评价：1～10 项中，能达到 9 项及以上要求为优秀，能达到 7 项及以上为良好，能达到 6 项及以上为合格，低于 6 项为不合格。 （2）小组评价：11～20 项中，能达到 9 项及以上要求为优秀，能达到 7 项及以上为良好，能达到 6 项及以上为合格，低于 6 项为不合格。 （3）教师评价：21～30 项中，能达到 9 项及以上要求为优秀，能达到 7 项及以上为良好，能达到 6 项及以上为合格，低于 6 项为不合格。 （4）学生个人综合成绩评定：教师根据学生自我评价、小组评价、教师评价以及课堂记录，对每个学生工作任务完成情况进行综合等级评价。 综合等级与分数的对应关系为： 优秀：90 分及以上，良好：75～89 分，合格：60～74 分，不合格：59 分以下。

项目七　工业数据边缘处理应用

任务 20　剖析边缘计算工作单

工作任务		剖析边缘计算					
姓名		班级		学号		日期	

学习情景

工业互联网平台由云、边、端三个主要部分组成，边缘计算出现是为了解决云原生平台在物联网边缘场景下遇到的资源受限、架构不兼容以及网络不稳定等问题。除紧密依赖特定领域特定场景的边缘计算平台外，主流的开源边缘计算系统有两个，分别是由 WinDriver 开源的 StarlingX 系统和国内华为主导的开源 KubeEdge 系统。本任务以 KubeEdge 为例，理解和掌握该体系的部署。

学习目标

- 理解边缘计算的体系原理、与云平台的关系。
- 掌握部署 KubeEdge 边缘系统云端控制节点的方法。

任务要求

搭建和部署开源边缘计算平台 KubeEdge。

任务分组

在下表填写小组成员信息。

组员分工表

班级		组号		分工	
组长		学号			
组员		学号			
组员		学号			
组员		学号			
分工选项（根据实际情况增加或减少）					

A. 网络信息获取：通过手机或计算机上网收集查询完成任务的资料。
B. 教材或 PPT 课件信息获取：负责通过查阅教材、PPT 课件或微课视频等收集完成任务所需的材料。
C. 信息处理与记录：负责整理、筛选信息，并完成信息记录。
D. 汇报材料准备：制作 PPT 课件，并设计小组成果展示汇报。
E. 使用虚拟仿真程序或者真实网络设备验证任务内容。

续表

工作任务				剖析边缘计算			
姓名		班级		学号		日期	

获取信息

　　认真阅读任务要求，理解任务内容，明确任务目标。为顺利完成任务，回答下列引导问题，做好充分的知识准备、技能准备和工具耗材准备，同时拟订任务实施计划。

引导问题1：
边缘计算有什么特点？

_____
_____
_____

引导问题2：
边缘计算的应用场景主要包括哪些？

_____
_____
_____

引导问题3：
KubeEdge架构主要由哪些部分组成？分别有什么作用？

_____
_____
_____

工作计划

工作材料清单

序号	工具或材料名称	型号或规格	数量	备注

工作步骤安排表

序号	工作内容	计划用时	备注

续表

工作任务		剖析边缘计算					
姓名		班级		学号		日期	

进行决策
1. 各小组派代表阐述设计方案。
2. 各组对其他组的设计方案提出不同的看法。
3. 教师对大家完成的方案进行点评，选出最佳方案。

工作实施
部署 KubeEdge 边缘计算平台，填写以下步骤。
1. 部署节点的软件和硬件条件。

2. 安装配置 Docker 步骤。

3. 部署 K8s 生产环境节点步骤。

4. 部署 K8s 单节点集群步骤。

5. 验证实现。

创新讨论题
请简单介绍依托于边缘计算后，对社会生产、生活带来的改变案例。

续表

工作任务			剖析边缘计算				
姓名		班级		学号		日期	

评价反馈

评价表

班级			姓名		学号		小组	
评价人	序号		学习任务名称			评价等级		
自我评价	1		6S管理			□符合 □不符合		
	2		准时上、下课			□符合 □不符合		
	3		着装符合职业规范			□符合 □不符合		
	4		独立完成工作单填写			□符合 □不符合		
	5		利用教材、课程和网络资源等查找有效信息			□符合 □不符合		
	6		正确使用工具及设备			□符合 □不符合		
	7		制订合理的任务计划及人员分工			□符合 □不符合		
	8		工作过程中材料工具摆放整齐			□符合 □不符合		
	9		工作过程中自觉遵守安全用电规范			□符合 □不符合		
	10		工作完成后自觉整理、清理工位			□符合 □不符合		
	评价人签名：					□优秀 □良好 □合格 □不合格		
小组评价	11		能否在小组内积极发言，出谋划策			□能 □不能		
	12		积极配合小组成员完成工作任务			□优秀 □良好 □合格 □不合格		
	13		积极完成所分配的任务			□能 □不能		
	14		能否清晰表达自己的观点			□符合 □不符合		
	15		具有安全、规划和环保意识			□符合 □不符合		
	16		遵守课堂纪律，不做与课程无关的事情			□符合 □不符合		
	17		自觉维护教学仪器、设备的完好性			□符合 □不符合		
	18		任务是否按时完成			□是 □否		
	19		撰写个人任务学习小结			□优秀 □良好 □合格 □不合格		
	20		是否造成设备或者工具可修复性破坏			□是 □否		
	小组评价人签名：					□优秀 □良好 □合格 □不合格		
教师评价	21		能否进行学习准备			□能 □不能		
	22		引导问题填写			□优秀 □良好 □合格 □不合格		

续表

工作任务			剖析边缘计算				
姓名		班级		学号		日期	

续表

教师评价	23	是否按规范操作	□是 □否
	24	完成质量	□优秀 □良好 □合格 □不合格
	25	关键操作要领掌握	□优秀 □良好 □合格 □不合格
	26	完成速度	□按时 □不按时
	27	6S管理、环保节能	□符合 □不符合
	28	能否主动参与讨论	□能 □不能
	29	能否沟通合作	□能 □不能
	30	展示汇报	□优秀 □良好 □合格 □不合格
	评语：		□优秀 □良好 □合格 □不合格
		指导教师签名：	

学生综合成绩评定：□优秀　□良好　□合格　□不合格

评价说明	1. 在任务实施过程中未出现人身伤害事故或设备严重损坏的前提下进行评价。 2. 评价方法。 （1）自我评价：1~10项中，能达到9项及以上要求为优秀，能达到7项及以上为良好，能达到6项及以上为合格，低于6项为不合格。 （2）小组评价：11~20项中，能达到9项及以上要求为优秀，能达到7项及以上为良好，能达到6项及以上为合格，低于6项为不合格。 （3）教师评价：21~30项中，能达到9项及以上要求为优秀，能达到7项及以上为良好，能达到6项及以上为合格，低于6项为不合格。 （4）学生个人综合成绩评定：教师根据学生自我评价、小组评价、教师评价以及课堂记录，对每个学生工作任务完成情况进行综合等级评价。 综合等级与分数的对应关系为： 优秀：90分及以上，良好：75~89分，合格：60~74分，不合格：59分以下。

任务 21　搭建边缘计算实例工作单

工作任务		搭建边缘计算实例					
姓名		班级		学号		日期	

学习情景

在部署好的 K8s 集群的基础上，通过系统进程方式对 KubeEdge 边缘系统进行部署，主要部署 KubeEdge 的云组件和边缘组件。

学习目标
- 熟悉 KubeEdge 边缘端组件的作用。
- 掌握搭建边缘端实例的方法。

任务要求

部署 KubeEdge 边缘系统。

任务分组

在下表填写小组成员信息。

组员分工表

班级		组号		分工	
组长		学号			
组员		学号			
组员		学号			
组员		学号			

分工选项（根据实际情况增加或减少）

A. 网络信息获取：通过手机或计算机上网收集查询完成任务的资料。
B. 教材或 PPT 课件信息获取：负责通过查阅教材、PPT 课件或微课视频等收集完成任务所需的材料。
C. 信息处理与记录：负责整理、筛选信息，并完成信息记录。
D. 汇报材料准备：制作 PPT 课件，并设计小组成果展示汇报。
E. 使用虚拟仿真程序或者真实网络设备验证任务内容。

获取信息

认真阅读任务要求，理解任务内容，明确任务目标。为顺利完成任务，回答下列引导问题，做好充分的知识准备、技能准备和工具耗材准备，同时拟订任务实施计划。

引导问题 1：

Linux 服务器上开源软件包的安装方式有几种？分别有什么区别？

续表

工作任务		搭建边缘计算实例					
姓名		班级		学号		日期	

引导问题 2：
安装 KubeEdge 边缘组件的步骤是什么？
_____
_____
_____

引导问题 3：
安装 KubeEdge 边缘组件的步骤是什么？
_____
_____
_____

工作计划

工作材料清单

序号	工具或材料名称	型号或规格	数量	备注

工作步骤安排表

序号	工作内容	计划用时	备注

进行决策
1. 各小组派代表阐述设计方案。
2. 各组对其他组的设计方案提出不同的看法。
3. 教师对大家完成的方案进行点评，选出最佳方案。

工作实施
部署 KubeEdge 的云组件和边缘组件，填写以下步骤。
1. 下载源码的方法。
_____
_____
_____

续表

工作任务		搭建边缘计算实例					
姓名		班级		学号		日期	

2. 创建 Device Model、Device CRD 和 CA 证书的步骤。

_____
_____
_____
_____

3. 部署 K8s 生产环境节点步骤。

_____
_____
_____
_____

4. 安装 KubeEdge 边缘组件步骤。

_____
_____
_____
_____

5. 基于 KubeEdge 部署应用方式。

_____
_____
_____
_____

创新讨论题

搭载 KubeEdge 云原生边缘计算平台能为生活带来什么改变？

_____
_____
_____

评价反馈

评价表

班级		姓名		学号		小组	
评价人	序号		学习任务名称		评价等级		
自我评价	1	6S 管理			□符合 □不符合		
	2	准时上、下课			□符合 □不符合		
	3	着装符合职业规范			□符合 □不符合		
	4	独立完成工作单填写			□符合 □不符合		
	5	利用教材、课程和网络资源等查找有效信息			□符合 □不符合		
	6	正确使用工具及设备			□符合 □不符合		

续表

工作任务			搭建边缘计算实例			
姓名		班级		学号		日期

续表

班级			姓名		学号		小组	
评价人	序号		学习任务名称			评价等级		
自我评价	7		制订合理的任务计划及人员分工			□符合 □不符合		
	8		工作过程中材料工具摆放整齐			□符合 □不符合		
	9		工作过程中自觉遵守安全用电规范			□符合 □不符合		
	10		工作完成后自觉整理、清理工位			□符合 □不符合		
	评价人签名：					□优秀 □良好 □合格 □不合格		
小组评价	11		能否在小组内积极发言，出谋划策			□能 □不能		
	12		积极配合小组成员完成工作任务			□优秀 □良好 □合格 □不合格		
	13		积极完成所分配的任务			□能 □不能		
	14		能否清晰表达自己的观点			□符合 □不符合		
	15		具有安全、规划和环保意识			□符合 □不符合		
	16		遵守课堂纪律，不做与课程无关的事情			□符合 □不符合		
	17		自觉维护教学仪器、设备的完好性			□符合 □不符合		
	18		任务是否按时完成			□是 □否		
	19		撰写个人任务学习小结			□优秀 □良好 □合格 □不合格		
	20		是否造成设备或者工具可修复性破坏			□是 □否		
	小组评价人签名：					□优秀 □良好 □合格 □不合格		
教师评价	21		能否进行学习准备			□能 □不能		
	22		引导问题填写			□优秀 □良好 □合格 □不合格		
	23		是否按规范操作			□是 □否		
	24		完成质量			□优秀 □良好 □合格 □不合格		
	25		关键操作要领掌握			□优秀 □良好 □合格 □不合格		
	26		完成速度			□按时 □不按时		
	27		6S 管理、环保节能			□符合 □不符合		
	28		能否主动参与讨论			□能 □不能		

续表

工作任务			搭建边缘计算实例				
姓名		班级		学号		日期	

续表

教师评价	29	能否沟通合作	□能　□不能
	30	展示汇报	□优秀　□良好 □合格　□不合格
	评语： 指导教师签名：		□优秀　□良好 □合格　□不合格

学生综合成绩评定：□优秀　　□良好　　□合格　　□不合格
评价说明	1. 在任务实施过程中未出现人身伤害事故或设备严重损坏的前提下进行评价。 2. 评价方法。 （1）自我评价：1~10项中，能达到9项及以上要求为优秀，能达到7项及以上为良好，能达到6项及以上为合格，低于6项为不合格。 （2）小组评价：11~20项中，能达到9项及以上要求为优秀，能达到7项及以上为良好，能达到6项及以上为合格，低于6项为不合格。 （3）教师评价：21~30项中，能达到9项及以上要求为优秀，能达到7项及以上为良好，能达到6项及以上为合格，低于6项为不合格。 （4）学生个人综合成绩评定：教师根据学生自我评价、小组评价、教师评价以及课堂记录，对每个学生工作任务完成情况进行综合等级评价。 综合等级与分数的对应关系为： 优秀：90分及以上，良好：75~89分，合格：60~74分，不合格：59分以下。

项目八　工业互联网运维

任务 22　搭建工业互联网监控架构

工作任务		搭建工业互联网监控架构					
姓名		班级		学号		日期	

学习情境

运维监控平台是工业互联网平台运维工作中不可或缺的一部分，工业互联网平台架构日益复杂，终端和边缘端设备众多，采集指标参数繁多，运行状态异常展现，都需要搭建一个实时采集指标数据、动态可视化展示的运维监控架构。

搭建 Telegraf 和 InfluxDB 平台，能有效动态监控工业互联网平台工作状况。

学习目标

- 理解工业互联网的监控框架。
- 掌握搭建工业互联网监控框架的方法。

任务要求

在 CentOS7 中搭建 Telegraf 和 InfluxDB 平台，以监控主机 CPU 指标为例，由 Telegraf 采集指标数据并提供给 InfluxDB。

任务分组

在下表填写小组成员信息。

组员分工表

班级		组号		分工	
组长		学号			
组员		学号			
组员		学号			
组员		学号			
分工选项（根据实际情况增加或减少）					

A. 网络信息获取：通过手机或计算机上网收集查询完成任务的资料。
B. 教材或 PPT 课件信息获取：负责通过查阅教材、PPT 课件或微课视频等收集完成任务所需的材料。
C. 信息处理与记录：负责整理、筛选信息，并完成信息记录。
D. 汇报材料准备：制作 PPT 课件，并设计小组成果展示汇报。
E. 使用虚拟仿真程序或者真实网络设备验证任务内容。

续表

工作任务		搭建工业互联网监控架构					
姓名		班级		学号		日期	

获取信息

认真阅读任务要求，理解任务内容，明确任务目标。为顺利完成任务，回答下列引导问题，做好充分的知识准备、技能准备和工具耗材准备，同时拟订任务实施计划。

引导问题 1

相对于传统工业软件，工业 APP 具有 _____、_____、_____、_____ 和 _____ 的特点。

引导问题 2

工业互联网 APP 的发展路径大致为 _____ → _____ → _____ 。

引导问题 3

Telegraf 是一款开源非常流行的指标采集软件 Agent，可从 _____ 采集数据并转发。

引导问题 4

InfluxDB/Prometheus 是时序数据库软件，可以 _____ 。

引导问题 5

Grafana 是一款用 Go 语言开发的开源数据可视化工具，可以做 _____，带有 _____ 功能。

引导问题 6

学习完本任务后，你可以懂得 _____、_____、_____、_____ 。

工作计划

工作材料清单

序号	工具或材料名称	型号或规格	数量	备注

工作步骤安排表

序号	工作内容	计划用时	备注

续表

工作任务			搭建工业互联网监控架构			
姓名		班级		学号	日期	

进行决策
1. 各小组派代表阐述设计方案。
2. 各组对其他组的设计方案提出不同的看法。
3. 教师对大家完成的方案进行点评,选出最佳方案。

工作实施
在 CentOS7 中搭建 Telegraf 和 InfluxDB 平台,监控主机 CPU 指标,填写以下步骤。
1. 部署准备环境要求。

2. 启动 InfluxDB 和 Telegraf 方法。

3. 配置 InfluxDB 内容。

4. 在 InfluxDB 为 Telegraf 创建配置方法。

5. 验证实现。

创新讨论题
谈一谈在工业互联网平台运维中,工业互联网监控能实现的功能。

续表

工作任务			搭建工业互联网监控架构			
姓名		班级		学号		日期

评价反馈

评价表

班级		姓名		学号		小组	
评价人	序号		学习任务名称			评价等级	
自我评价	1	6S管理				□符合 □不符合	
	2	准时上、下课				□符合 □不符合	
	3	着装符合职业规范				□符合 □不符合	
	4	独立完成工作单填写				□符合 □不符合	
	5	利用教材、课程和网络资源等查找有效信息				□符合 □不符合	
	6	正确使用工具及设备				□符合 □不符合	
	7	制订合理的任务计划及人员分工				□符合 □不符合	
	8	工作过程中材料工具摆放整齐				□符合 □不符合	
	9	工作过程中自觉遵守安全用电规范				□符合 □不符合	
	10	工作完成后自觉整理、清理工位				□符合 □不符合	
	评价人签名：					□优秀 □良好 □合格 □不合格	
小组评价	11	能否在小组内积极发言，出谋划策				□能 □不能	
	12	积极配合小组成员完成工作任务				□优秀 □良好 □合格 □不合格	
	13	积极完成所分配的任务				□能 □不能	
	14	能否清晰表达自己的观点				□符合 □不符合	
	15	具有安全、规划和环保意识				□符合 □不符合	
	16	遵守课堂纪律，不做与课程无关的事情				□符合 □不符合	
	17	自觉维护教学仪器、设备的完好性				□符合 □不符合	
	18	任务是否按时完成				□是 □否	
	19	撰写个人任务学习小结				□优秀 □良好 □合格 □不合格	
	20	是否造成设备或者工具可修复性破坏				□是 □否	
	小组评价人签名：					□优秀 □良好 □合格 □不合格	
教师评价	21	能否进行学习准备				□能 □不能	
	22	引导问题填写				□优秀 □良好 □合格 □不合格	

续表

工作任务			搭建工业互联网监控架构			
姓名		班级		学号		日期

续表

	序号	评价项目	评价结果
教师评价	23	是否按规范操作	□是　□否
	24	完成质量	□优秀　□良好　□合格　□不合格
	25	关键操作要领掌握	□优秀　□良好　□合格　□不合格
	26	完成速度	□按时　□不按时
	27	6S管理、环保节能	□符合　□不符合
	28	能否主动参与讨论	□能　□不能
	29	能否沟通合作	□能　□不能
	30	展示汇报	□优秀　□良好　□合格　□不合格
	评语： 指导教师签名：		□优秀　□良好　□合格　□不合格

学生综合成绩评定：□优秀　□良好　□合格　□不合格

评价说明	1. 在任务实施过程中未出现人身伤害事故或设备严重损坏的前提下进行评价。 2. 评价方法。 （1）自我评价：1~10项中，能达到9项及以上要求为优秀，能达到7项及以上为良好，能达到6项及以上为合格，低于6项为不合格。 （2）小组评价：11~20项中，能达到9项及以上要求为优秀，能达到7项及以上为良好，能达到6项及以上为合格，低于6项为不合格。 （3）教师评价：21~30项中，能达到9项及以上要求为优秀，能达到7项及以上为良好，能达到6项及以上为合格，低于6项为不合格。 （4）学生个人综合成绩评定：教师根据学生自我评价、小组评价、教师评价以及课堂记录，对每个学生工作任务完成情况进行综合等级评价。 综合等级与分数的对应关系为： 优秀：90分及以上，良好：75~89分，合格：60~74分，不合格：59分以下。

任务 23　实现工业互联网 APP 可视化模块

工作任务			实现工业互联网 APP 可视化模块			
姓名		班级		学号		日期	

学习情境

InfluxDB2 和 Prometheus 在时序数据库核心功能的基础上，都逐步扩展了动态展示组件，结合内置数据源，非常方便地展示数据。

学习目标

- 熟悉 Grafana 可视化模块的配置。
- 掌握使用 Grafana 来显示硬件设备参数。

任务要求

配置 Grafana 可视化模块，显示硬件设备参数。

任务分组

在下表填写小组成员信息。

组员分工表

班级		组号			分工	
组长		学号				
组员		学号				
组员		学号				
组员		学号				
分工选项（根据实际情况增加或减少）						

A. 网络信息获取：通过手机或计算机上网收集查询完成任务的资料。
B. 教材或 PPT 课件信息获取：负责通过查阅教材、PPT 课件或微课视频等收集完成任务所需的材料。
C. 信息处理与记录：负责整理、筛选信息，并完成信息记录。
D. 汇报材料准备：制作 PPT 课件，并设计小组成果展示汇报。
E. 使用虚拟仿真程序或者真实网络设备验证任务内容。

获取信息

认真阅读任务要求，理解任务内容，明确任务目标。为顺利完成任务，回答下列引导问题，做好充分的知识准备、技能准备和工具耗材准备，同时拟订任务实施计划。

引导问题 1

Grafana 是一种现代的数据可视化仪表板解决方案，官方提供了对＿＿＿＿、＿＿＿＿、＿＿＿＿、＿＿＿＿和＿＿＿＿等数据源的支持。

引导问题 2

Grafana 可视化组件主要为＿＿＿＿、＿＿＿＿、＿＿＿＿。

续表

工作任务		实现工业互联网 APP 可视化模块			
姓名		班级		学号		日期	

引导问题 3

实现数据的可视化可通过 _____ 来组织和管理数据可视化图表。

引导问题 4

InfluxDB/Prometheus 是时序数据库软件,可以 _____。

引导问题 5

学习完本任务后,你应该懂得 _____、_____、_____、_____。

工作计划

工作材料清单

序号	工具或材料名称	型号或规格	数量	备注

工作步骤安排表

序号	工作内容	计划用时	备注

进行决策

1. 各小组派代表阐述设计方案。
2. 各组对其他组的设计方案提出不同的看法。
3. 教师对大家完成的方案进行点评,选出最佳方案。

工作实施

配置 Grafana 可视化模块,显示硬件设备参数。

1. 安装 Grafana 步骤。

2. 暂停防火墙放行 Grafana 服务方法。

续表

工作任务		实现工业互联网 APP 可视化模块					
姓名		班级		学号		日期	

3. 启动 Grafana 配置主页方法。

4. 使用 Grafana 动态样本测量数据显示方法。

5. 验证实现。

创新讨论题

谈一谈在工业互联网 APP 可视化模块开发中,开发哪些功能可以强化工业互联网应用范围。

评价反馈

评价表

班级		姓名		学号		小组	
评价人	序号	学习任务名称				评价等级	
自我评价	1	6S 管理				□符合	□不符合
	2	准时上、下课				□符合	□不符合
	3	着装符合职业规范				□符合	□不符合
	4	独立完成工作单填写				□符合	□不符合
	5	利用教材、课程和网络资源等查找有效信息				□符合	□不符合
	6	正确使用工具及设备				□符合	□不符合
	7	制订合理的任务计划及人员分工				□符合	□不符合
	8	工作过程中材料工具摆放整齐				□符合	□不符合
	9	工作过程中自觉遵守安全用电规范				□符合	□不符合
	10	工作完成后自觉整理、清理工位				□符合	□不符合
	评价人签名:					□优秀 □合格	□良好 □不合格

续表

工作任务			实现工业互联网APP可视化模块		
姓名		班级		学号	日期

续表

班级		姓名		学号		小组	
评价人	序号		学习任务名称			评价等级	
小组评价	11		能否在小组内积极发言，出谋划策			□能　□不能	
	12		积极配合小组成员完成工作任务			□优秀　□良好 □合格　□不合格	
	13		积极完成所分配的任务			□能　□不能	
	14		能否清晰表达自己的观点			□符合　□不符合	
	15		具有安全、规划和环保意识			□符合　□不符合	
	16		遵守课堂纪律，不做与课程无关的事情			□符合　□不符合	
	17		自觉维护教学仪器、设备的完好性			□符合　□不符合	
	18		任务是否按时完成			□是　□否	
	19		撰写个人任务学习小结			□优秀　□良好 □合格　□不合格	
	20		是否造成设备或者工具可修复性破坏			□是　□否	
	小组评价人签名：					□优秀　□良好 □合格　□不合格	
教师评价	21		能否进行学习准备			□能　□不能	
	22		引导问题填写			□优秀　□良好 □合格　□不合格	
	23		是否按规范操作			□是　□否	
	24		完成质量			□优秀　□良好 □合格　□不合格	
	25		关键操作要领掌握			□优秀　□良好 □合格　□不合格	
	26		完成速度			□按时　□不按时	
	27		6S管理、环保节能			□符合　□不符合	
	28		能否主动参与讨论			□能　□不能	
	29		能否沟通合作			□能　□不能	
	30		展示汇报			□优秀　□良好 □合格　□不合格	
	评语：					□优秀　□良好 □合格　□不合格	
			指导教师签名：				

续表

工作任务		实现工业互联网APP可视化模块					
姓名		班级		学号		日期	

续表

评价说明	1. 在任务实施过程中未出现人身伤害事故或设备严重损坏的前提下进行评价。 2. 评价方法。 （1）自我评价：1~10项中，能达到9项及以上要求为优秀，能达到7项及以上为良好，能达到6项及以上为合格，低于6项为不合格。 （2）小组评价：11~20项中，能达到9项及以上要求为优秀，能达到7项及以上为良好，能达到6项及以上为合格，低于6项为不合格。 （3）教师评价：21~30项中，能达到9项及以上要求为优秀，能达到7项及以上为良好，能达到6项及以上为合格，低于6项为不合格。 （4）学生个人综合成绩评定：教师根据学生自我评价、小组评价、教师评价以及课堂记录，对每个学生工作任务完成情况进行综合等级评价。 综合等级与分数的对应关系为： 优秀：90分及以上，良好：75~89分，合格：60~74分，不合格：59分以下。

学生综合成绩评定：□优秀　□良好　□合格　□不合格